A Guide to the Legal Services
for Doing Business in the Countries alor

“一带一路”国家法律服务和法律风险指引手册

江苏省南通市司法局
上海对外经贸大学 组织编写

知识产权出版社
全国百佳图书出版单位

图书在版编目（CIP）数据

“一带一路”国家法律服务和法律风险指引手册／江苏省南通市司法局，上海对外经贸大学组编．—北京：知识产权出版社，2016.1

ISBN 978－7－5130－4043－3

Ⅰ.①一… Ⅱ.①江… ②上… Ⅲ.①法律—汇编—世界 Ⅳ.①D911.09

中国版本图书馆CIP数据核字（2016）第017478号

责任编辑：齐梓伊　　责任出版：刘译文

封面设计：SUN工作室　韩建文

“一带一路”国家法律服务和法律风险指引手册

江苏省南通市司法局　上海对外经贸大学　组织编写

出版发行：知识产权出版社有限责任公司　　网　　址：http：//www.ipph.cn

社　　址：北京市海淀区马甸南村1号（邮编：100088）　　天猫旗舰店：http：//zscqcbs.tmall.com

责编电话：010－82000860转8176　　责编邮箱：qiziyi2004@qq.com

发行电话：010－82000860转8101/8102　　发行传真：010－82000893/82005070/82000270

印　　刷：北京建宏印刷有限公司　　经　　销：各大网上书店、新华书店及相关专业书店

开　　本：787mm×1092mm　1/16　　印　　张：29.75

版　　次：2016年1月第1版　　印　　次：2016年1月第1次印刷

字　　数：423千字　　定　　价：68.00元

ISBN 978－7－5130－4043－3

前言

PREFACE

根据联合国贸易与发展委员会一年一度发布的《世界投资报告》，中国已经连续三年位列世界第三大资本输出国，对外投资额分别为2012年840亿美元，2013年1010亿美元，2014年1160亿美元，增长率分别为20%和15%。

与此同时，中国国内的经济体制改革已经进入了攻坚克难的深水区，在以追求GDP增速为主要目标的经济发展过程中不断积累的低水平重复建设、产能过剩等问题日益成为阻碍经济结构调整的顽疾，其中钢铁、水泥等基础建设原材料行业的产能过剩问题尤为突出。2013年10月，国务院为此专门发文，就如何有效化解钢铁、水泥、电解铝、平板玻璃、船舶等行业产能严重过剩问题要求各地区、各部门通过坚决遏制产能盲目扩张、清理整顿建成违规产能、淘汰和退出落后产能、调整优化产业结构、积极拓展对外发展空间等手段加强对相关产业的宏观调控，强化需求升级导向，培育高端产品市场，促进产能结构优化，带动产业转型升级，最终实现过剩产能的消化和遏制。在此背景之下，“一带一路”构想最早由习近平主席在2013年9月和10月分别提出并迅速上升为国家战略，希望藉此连通沿线国家之间的基础设施，并以此为契机，带动国内相关产业的对外投资，以有效消化过剩产能，促动产业结构的调整，进一步推动国内经济体制改革。

在欣喜于“一带一路”战略在促进我国改革开放、经济转型升级、提高区域经济一体化水平、打造区域利益共同体方面的巨大意义的同时，我们也不能忽略在经济发展水平差异巨大、地缘政治复杂、缺乏多边自贸安全体系和有效投资合作机制的周边国家进行贸易和投资可能面临的巨大风险。因此，有必要对"一带一路"沿线65个国家有关外资准入、外资保护与监管、进出口贸易管理、劳工保护与环境保护立法进行比较全面的梳理和总结。

南通市司法局积极响应"一带一路"的国家战略，敏锐地发现该战略的实现有赖于企业实体积极有效的国际贸易和投资活动的扩展和推进，而企业与沿线国家有关实体之间的贸易交往以及对东道国的投资活动的顺利进行则很大程度上取决于对当地有关外资企业设立、外汇使用、进出口限制、关税、检验检疫等法规的了解和遵守程度。作为华东地区唯一的一所对外经济贸易类大学，上海对外经贸大学一贯致力于为国家培养对外经贸企业界的领军人物，国际跨国公司或涉外企业的精英骨干和国际商务专业人才。上海对外经贸大学法学院多年来则一直专注于国际贸易和国际投资法律规则和制度的研究与教学、拥有一大批在反倾销、反补贴、WTO、国际投资争端解决等领域学有所长的专家学者，更是建立了国际贸易法研究中心等近十个科研中心，其中国际经济组织法律文本研究中心旨在对当前主要国际经济组织发布的国际条约、示范法、法律通则、有关国际经贸法律规则的调研报告等法律文本进行翻译和分析研究，为我国政府对外缔结相关经贸协定提供信息和文本支持。中心不仅礼聘美国杜克大学的 Steven L. Schwarcz 教授、美国亚利桑那大学法学院国际投资法领域专家 David Gantz 教授及全国政协常委、中央民主建国会副主席、上海市政协副主席周汉民教授，上海对外经贸大学原副校长、国际商务外语学院叶兴国教授担任顾问，更拥有法学院院长倪受彬教授、国际商务外语学院院长王光林教授、徐凯教授、温建平教授、周小进教授、吴岚副教授、蔺捷副教授、朱佩芬副教授、徐东风副教授等一大批在国际经贸和投资规则领域各有所长的专家学者，在国际组织法律文本以及经贸法律规则的翻译和研究上具有雄厚的实力和得天独厚的优势。有鉴于此，南通市司法局组织有关研究人员，通过查询"一带一路"沿线国家商务部、外交部、经济贸易部及海关等官方网站发布的国内法律以及我国驻沿线国家使领馆、参赞处发布的有关外资企业设立、外资劳工雇佣及工作许可证的申请与发放、动植物及其制品检验检疫等法律规则，参照我国商务部发行的《对外投资合作国别（地区）指南》的有关内容，在此基础上写成《“一带一路”国家法律服务和法律风险指引手册》一书。分区域对“一带一路”沿线所有国家现行的公司法、外资法、外资优惠政策、进出口管理法规、动植物检验检疫法规、劳动法、环境保护法等内容进行了比较全面的整理和归纳，尤其针对南通本地建筑企业众多、对外投资以基础设施工程承包为主的特点，为更好地服务当地企业进行对外工程承包活动的客观需求，特别针对工程承包、招投标条件和程序等法律规则专设一节，为本地建筑企业通过工程承包进行海外投资提供有针对性的规则指引。

由于时间短、内容庞杂、资料搜索不易，《“一带一路”国家法律服务和法律风险指引手册》一书仅仅是对沿线国家有关国内立法和政策的一个较为粗略的整理，相关内容不可避免地存在一定的不足甚至错漏，在此恳切地希望有关专家、学者、研究人员、企业家等各界人士随时提出批评指正。在完成手册的写作工作之后，项目组计划在随后的两到三年时间内深入全国各地对企业进行广泛地调研，了解企业在对沿线国进行贸易和投资活动中遇到的实际困难和风险，在此基础上对有关国家法律规范作进一步深入研究和分析，形成有关国家法律制度、法律风险及其防范的国别研究报告和案例集，制作国别贸易、投资、工程承包、劳工管理等培训手册并对有意向沿线国家投资的企业进行有针对性的培训活动，期望能够对我国“一带一路”战略的顺利实施和企业对外贸易、投资活动提供实际帮助和支持。

简 目

BRIEF

目录

CONTENTS

导 言

改革开放三十多年来，中国通过改革经济体制、转变政府职能、吸引外资、引进先进科学技术和管理经验、普及高等教育等措施，极大地提高了生产力，实现了国民经济持续高速增长，使中国一跃成为世界第二大经济体。

但是，近年来，中国经济面临增长放缓的压力。传统的拉动经济增长的“三驾马车”渐渐放慢了脚步。自从2008年全球经济危机以来，海外市场的需求锐减，我国过去一直倡导的“以出口为导向”的经济战略遇到了前所未有的挑战。虽然国内需求不断提升，但是产能过剩仍然是亟待解决的问题。扩大财政支出在一定程度上可刺激经济增长，但其负面效应不容忽视且刺激效应也会不断减弱。过去经济发展模式还带来了环境恶化、自然资源匮乏、区域发展不平衡等诸多问题。与此同时，国际竞争日益激烈。为应对全球经济危机，保持并进一步提升本国在全球市场上的竞争力，各国掀起了商签各类区域性贸易投资协定的热潮，在本区域内实施更加宽松优惠的货物进出口与投资政策。与此同时，美国、日本和欧盟等经济体为了刺激经济复苏都轮番实行货币量化宽松政策，因而，中国政府持有的大量的外汇储备贬值风险越来越高。

为了应对国内的经济形势和世界格局的变化，中国政府提出了“一带一路”的倡议。2013年9月7日，习近平主席在哈萨克斯坦共和国发表重要演讲，首次提出了加强政策沟通、道路联通、贸易畅通、货币流通、民心相通，共同建设“丝绸之路经济带”的战略倡议；2013年10月3日，习近平主席在印度尼西亚共和国国会发表重要演讲时明确提出，中国致力于加强同东盟国家的互联互通建设，愿同东盟国家发展好海洋合作伙伴关系，共同建设"21世纪海上丝绸之路"。中国共产党十八届五中全会把"一带一路"提升为国家战略，要求努力推进"一带一路"建设，探寻经济增长之道，拓展发展空间，开创对外开放新局面，实现合作共赢。

2015年4月，发改委、外交部和商务部联合发布了《推动共建丝绸之路经济带和21世纪海上丝绸之路的愿景与行动》，宣告"一带一路"进入了全面推进阶段。"一带"，指的是"丝绸之路经济带"，是在陆地范围。它有三个走向，从中国出发，一是经中亚、俄罗斯到达欧洲；二是经中亚、西亚至波斯湾、地中海；三是中国到东南亚、南亚、印度洋。"一路"，指的是"21世纪海上丝绸之路"，重点方向是两条，一是从中国沿海港口过南海到印度洋，延伸至欧洲；二是从中国沿海港口过南海到南太平洋。

推进"一带一路"建设是党中央、国务院统筹国内国际两个大局作出的重大决策。2015年前三季度，我国企业共对"一带一路"沿线48个国家进行直接投资达到120.3亿美元，同比增长66.2%，2015年前三季度，我国企业在"一带一路"沿线57个国家承揽了3059个对外承包工程项目，新签合同额达到591.1亿美元，同比增长24.9%，主要涉及电力工程、房屋建筑、通信工程、石油化工、交通运输建设等领域。随着"一带一路"战略的推进，会有越来越多的中国企业加入到"走出去"的行列。对众多的中国企业来说，"一带一路"的建设蕴含无限的商机。

"一带一路"战略的实施既为我国企业与沿线国家进行贸易往来和对外投资带来机遇，也充满了挑战，需要我们有高度的风险意识。近年来，随着中国经济实力的不断增强，不少中国企业纷纷到一些发展中国家投资兴业，通过竞标承揽了重大的基础设施项目。但是，由于这些国家政局不稳定，党派斗争激烈、内乱和宗教冲突时有发生，政府颁布的对外政策随着执政党的变化而频繁更动，给中国企业的海外投资造成了巨大损失。也有些企业因对东道国法律法规缺乏足够的了解而在投资决策或者投资管理过程中蒙受损失。因此，准备走出去的中国企业有必要对东道国的政治格局、法律制度、投资环境乃至宗教、文化习俗进行仔细研究，在投资之前做好风险应对预案，以最大限度地降低投资风险。

《“一带一路”国家法律服务和法律风险指引手册》旨在向广大的中国企业和企业家介绍65个“一带一路”沿线国家的投资、贸易、劳工和建筑等方面相关的法律法规，重点关注他们在这些国家投资兴业的过程中遇到的法律问题，帮助他们提高法律意识和风险意识，确保他们能在东道国合法投资经营，顺利地完成建筑工程项目，获得预期的收益。

在投资法律制度方面，本书介绍了相关国家的外商投资准入条件（包括投资者的资质认定、投资额度等）、鼓励投资、限制投资以及禁止投资的领域、最惠国待遇和国民待遇、成立公司的程序、出资的方式、企业类型、需要上交主管部门的资料、土地使用和转让、持股比例、公司所得税和所得税的减免与优惠、外汇管理与利润汇出、投资援助与国家保障、政府采购、经济开发区和经济特区的特殊政策、投资争端解决机制等问题。

在贸易法律制度方面，本书重点介绍相关国家的进出口税率、关税减免、非关税壁垒（包括技术壁垒、配额和许可证制度、原产地标准、环保要求以及某些灰色区域等）、进出口禁令等进出口管理制度、动植物检疫制度以及外汇管理等方面内容。此外，本书还介绍了相关国家与中国签署的双边贸易协定的主要内容以及自由贸易区的免税政策。

在劳工法律制度方面，本书重点介绍“一带一路”沿线国家劳动法的相关规定，特别是外商投资者雇佣当地劳工应注意的事项，如合同双方的权利和义务，劳动合同的形式（如集体合同、临时合同）、合同的解除与终止、工会组织、大规模裁员、工人的薪酬、劳动时间和假期、劳动争议的解决等。其次，本书还介绍东道国对外籍劳工的许可条件（如外籍劳工的资质、在境内居留的时间长度）、限制、劳工本地化要求（包括有些东道国还规定当地劳工的优先权，或要求当地员工的人数在外商投资企业的职工中必须达到一定的比例）以及外国劳工的权利等问题。

在建筑工程法律制度方面，本书主要介绍“一带一路”沿线国家建筑行业的许可制度，以及工程项目的招投标方式和程序，还介绍部分国家的《设计法》《建筑法》《环评法》《土地改造法》的相关内容，如对项目承包商的资质要求、建设质量上的要求、设计上的要求、环保要求、安全要求等。本书列出了在相关国家承包建筑工程项目应注意的事项，如审批程序、当地代理、成本核算、项目工期、项目验收和移交、争端解决等。

最后，本书针对各国有关贸易、投资政策和法律的特点及其社会治安、政策稳定性、与周边国家关系等现实状况，对企业与该国进行贸易往来或者向该国投资提示了应当注意的事项并给出了相应的建议，希望对我国“一带一路”战略的顺利实施以及企业对沿线国家的贸易、投资活动有所助益。

新加坡共和国

一、国情简介

新加坡共和国（以下简称新加坡）地处东南亚，以英语为官方语言。新加坡推行议会制，现由人民行动党执政。

新加坡推行自由贸易经济，高度依赖国际市场。新加坡是东南亚国家联盟（东盟）10个成员国之一，也是亚洲太平洋经济合作组织（APEC）成员经济体之一。新加坡是东盟地区首个与中国签订自由贸易协定的国家——2008年10月，双方签署了《中国—新加坡自由贸易区协定》。

二、投资法律体系

（一）投资主管部门及主要投资法律法规

经济发展局是新加坡的投资主管部门，隶属新加坡贸工部的法定机构，主要负责吸引外资。①

新加坡投资环境风险低，适合进行投资。② 由于历史原因，其英美法律

---

① 商务部国际贸易经济合作研究院、商务部投资促进事务局、中国驻新加坡大使馆经济商务参赞处，“对外投资合作国别（地区）指南——新加坡（2014年版）”http：//www.fdi.gov.cn/1800000121_25_387_0_7.html，访问日期：2015-11-09。

② 新加坡中华总商会，《新加坡投资指南2014/2015》。“美国商业环境风险评估公司（BERI）发布的2011年第三次（12月）《投资环境风险评估报告》中，新加坡的投资环境评比与瑞士同列榜首，评委认为新加坡的运营、政治和汇兑风险相当低”。

体系特征明显，而贸易投资的成文法比较少见，[①] 与投资相关的有《公司法》《新加坡企业注册法》及《出口商品管理法》等。[②] 中国与新加坡签署了多部双边投资保护协定和经济合作协议。[③]

（二）投资准入及程序

投资者和家属要想在新加坡居留，以便亲自打理公司业务和出入境，必须向新加坡人力部申请《创业入境准证》。《创业入境准证》有效期为2年，只要企业持续在新加坡经营，持有者就可以申请续签。另外，《长期探访证》需要在新加坡进行可行性研究或业务洽谈的企业家在新加坡逗留长达6个月。持有《长期探访证》者可以多次入境，不必每次向当局重复申请。申请人也可以向移民与关卡局申请《多次出入境签证》，有效期分别为1年、2年和5年。企业家可向新加坡移民与关卡局提出申请（需要附加经济发展局出具的推荐信）。

新加坡不特别设置外商投资产业限制。原则上外资和内资、国企和民企一视同仁。需要特别批准和许可的商业活动包括：银行和金融业务；交易证券或担任财务顾问；制造《制造管制法》（第57章）附件一和附件二中所列商品；经营属于法定定义"毒药""有害物质""有毒工业废料"或"放射性材料"范围内的化学品；经营雇佣代理；经营酒店或旅游代理；贷款以及从事仅可由拥有法定资格的专业人士从事的活动，如律师和会计师。

新加坡政府为现有企业和新设企业提供许可信息和资源网上商业许可一

---

① 谭家才、韦龙艳："新加坡投资法律制度概况"，载《中国外资》2013年第18期，http://www.cnki.com.cn/Article/CJFDTotal-WQZG201318171.htm，访问日期：2015-11-09。

② 新加坡法律网，http://www.singaporelaw.sg/sglaw/laws-of-singapore/commercial-law，访问日期：2015-11-09。

③ 商务部国际贸易经济合作研究院、商务部投资促进事务局、中国驻新加坡大使馆经济商务参赞处，"对外投资合作国别（地区）指南——新加坡（2014年版）"，http://www.fdi.gov.cn/1800000121_25_387_0_7.html，访问日期：2015-11-09。有《关于促进和保护投资协定》（1985年11月）、《避免双重征税和防止漏税协定》（1986年4月）、《经济合作和促进贸易与投资的谅解备忘录》（1999年10月），还有《海运协定》《邮电和电信合作协议》《成立中新双方投资促进委员会协议》。

站式服务“OBLS”。[1] 申请执照的时间一般为一个星期到两个月。大多数营业执照可以通过 OBLS 网上申请。

（三）公司注册程序和要求[2]

首先，通过新加坡会计与企业管制局网站，进行企业名录查询，核查公司名称是否可用。其次，根据核准的公司名称和行业分类，准备公司注册文件，包括公司章程（M&AA）、董事任职声明（FORM45）、股东信息以及股权认购情况、董事利益披露、董事声明等其他相关文件。公司董事、股东等相关人员签署注册文件；最后，所有文件准备就绪后，由专业公司向新加坡会计与企业管制局电子提交所有注册文件和公司章程。公司变更名称，必须召开特别股东大会，上报新加坡会计与企业管制局。

公司法对公司董事数目没有限制，除非公司章程另有规定。但在注册公司时，需要至少一名新加坡常住居民担任董事，且董事必须符合年龄规定具有担任董事的能力。公司股东可以是自然人或法人。公司法对外国人、外国公司在新加坡公司的参股比例没有限制，公司股东可以同时兼任公司董事。公司若变更股东，须通过股权转让证书来完成，并上报新加坡会计与企业管制局。注册公司时，需要提供一个公司地址，该地址可以与经营或联络地址不同，但要确保所选择的公司地址已获得新加坡市区重建局（Urban Redevelopment Authority）批准作为商业用途。

新加坡公司以股权发放形式存在，公司在注册时需要至少发行一股，新注册的公司股权价格以新加坡元或美元等币种计算。在公司注册并开立银行账户之后，可以根据公司业务发展需要，增发股票，增加缴足资本。

公司自成立之日起 6 个月内，需要至少委任一位新加坡常住居民担任公司注册秘书。公司注册秘书一职，在任何时候不可以空缺超过 6 个月。公司可以从事所有合法经营活动，注册时需要选择一项或者两项公司的主营业务。

---

① http：//www. business. gov. sg/licencees。

② 设立企业的具体程序可查询 www. business. gov. sg。

投资者可以通过新加坡会计与企业管制局网站①，查询新加坡标准行业分类码（SSIC Code）业务种类。对于从事船舶加油、进口新鲜生鲜肉食、果蔬、私立学校、幼儿中心等行业及领域的公司在开始营业前需要向有关机关申请特别执照或准许证。

（四）公司的兼并和收购

对于上市企业的收购兼并，必须符合“Securities and Futures Act，Company Act and Merge and Take－over Code”的规定。对收购兼并的目标，需要由第三方独立的机构进行公允值评估，作为收购或者兼并的依据，而且在以下情况下，收购方需要发出全面要约，收购该公司全部股份：（1）收购股份达到公司表决权的30%或以上；（2）如果该收购者持有一家上市公司的30%到50%有表决权的股份，而在任何6个月内，收购了额外的股份，导致其表决权增加1%以上。新加坡竞争法禁止可能导致在新加坡服务或货物的任何市场的竞争明显减少或可能明显减少的收购，除非豁免。收购是否受到上述约定管辖首先由新加坡竞争委员会决定。并购不需要竞争委员会的事先批准，但是违反上述限制可能导致并购事后被撤销。在收购下列类型的公司的下述比例的股份时需要得到新加坡金融管理局或财政部的事先批准：（1）任何在新加坡注册的银行或金融控股公司的5%、12%或20%的股份；（2）任何在新加坡注册的金融公司的5%的股份；（3）任何在新加坡注册的保险公司的5%的股份；（4）任何在新加坡注册的报纸或电视转播公司的5%或12%的股份。新加坡没有BOT的方式。

新加坡政府制订多项计划以鼓励外资进入。同时，经发局还推出了一些优惠政策和发展计划来推动企业拓展业务，如创新发展计划、企业研究奖励计划、新技能资助计划等。②

---

① 或拨打热线：+6562486928。

② 商务部国防贸易经济合作研究所、商务部投资促进事业局、中国驻新加坡大使馆经济商务参赞处，“对外投资合作国别（地区）指南——新加坡（2014年版）”，http://www.fdi.gov.cn/1800000121_25_387_0_7.html，访问日期：2015－11－09。

（五）投资外汇制度

新加坡外汇无管制，资金自由流通，但政府为保护本国货币，实行新元非国际化政策。新加坡不设中央银行，金融管理局行使央行职能。新加坡是离岸人民币结算中心，外商独资企业和合资企业可以使用人民币进行注资。外资企业申请融资业务，并由银行或金融机构审核批准。[①] 现在外资企业可以在无须逐一审核的情况下将股息和利润汇出境外，如果企业在为流动资金需求寻找融资或者正在试图增长在岸业务，可以直接使用人民币。

（六）与投资相关的税收政策

新加坡对企业实施全世界最优惠的公司税税率，目前，新加坡企业的所得税的税率为17%。对于常规应税收入的首30万新加坡元，实际税率约为8.5%。符合相关规定的新公司成立后的前3年首30万的实际所缴所得税税率约为6%。政府不额外征收营业税和增值税。新加坡采纳按源地收税体制，在新加坡生产，赚取或者从国外汇到新加坡的收入，有税务免除的除外，都需要缴纳所得税。税务居民和非税务居民的所得税待遇不同，公司的注册地与衡量公司是否为税务居民没有关系，只要公司经营的控制管理权在新加坡，就视为新加坡的税务居民。税务居民可以受益于新加坡与77个国家缔结的避免双重课税协定，降低向非居民支付的股息、利息和版权费预扣税税率及通过申请税收豁免或外国税收抵减避免对跨国所得的双重征税。企业所得税退税（不论税收所在地），所有公司不论其税收所在地都将享有30%的企业所得税回扣，最高限额为3万新加坡元。

（七）关于投资土地的规定

在新加坡，城市重建局定期向私人开发商拍卖建设用地。企业或个人可以通过政府土地拍卖，购买土地进行开发。开发商业可以通过收购现有产业，

---

① 商务部国防贸易经济合作研究所、商务部投资促进事业局、中国驻新加坡大使馆经济商务参赞处，“对外投资合作国别（地区）指南——新加坡（2014年版）”，http://www.fdi.gov.cn/1800000121_25_387_0_7.html，访问日期：2015-11-09。

重新开发。如涉及改变土地用途（在整体规划许可的情况下），或延长有关土地的使用年限，可向政府补交相关的溢价/地价。政府基本上控制新加坡城市土地的开发利用。对土地开发来说，其经营机构和房地产市场分为两类：（1）由政府进行委托国内外企业开发；（2）由企业和个人通过购买政府拍卖的土地进行开发。土地交易程序详情请见新加坡土地管理局网站。①

对于非新加坡公民在新加坡投资非住宅地产，没有任何限制，但对于住宅地产的购买和投资，则规定了一系列详细的规定。个人和公司投资或购买住宅地产主要是通过《住宅地产法》进行约束和规定，其中个体作为买方被分为新加坡公民和非新加坡公民（即外国人也包括新加坡永久居民）。不同身份的买方，在购买住宅地产时，应适用不同的原则和规定。根据《住宅地产法》（2011 年修订版，即该法最新版本），非新加坡公民的买方在未征得新加坡相关部门同意的前提下，是不可以购买住宅用地的。公司也可以作为买方在新加坡购买住宅用地，公司购买住宅用地和非新加坡公民一样需要获得相关机构的审批。对于新加坡公司（在新加坡注册成立、股东和董事全部都是新加坡公民的公司）申请购买住宅用地，审批程序适用《住宅地产法》第 10 条的规定，对于非新加坡公司（未能满足新加坡公司定义要求的公司）申请购买住宅用地，审批程序则适用《住宅地产法》第 25 条的规定。

新加坡的工业用地分为特殊工业用地、普通工业用地、标准工厂用地、多层工厂用地和高科技园区用地。

（八）对外投资优惠政策②

新加坡政府提供一系列的财政奖励计划，覆盖的范围包括设备投资、技术、业务拓展、研发、知识产权保护、总部管理以及产业发展等。③ 从事环球贸易并具有良好口碑的国际企业在"环球贸易计划（GTP）"下享受 10%

---

① 新加坡土地管理局，www. sla. gov. sg。

② 商务部国防贸易经济合作研究所、商务部投资促进事业局、中国驻新加坡大使馆经济商务参赞处，"对外投资合作国别（地区）指南——新加坡（2014 年版）"，http：//www. fdi. gov. cn/1800000121_25_ 387_ 0_ 7. html，访问日期：2015 - 11 - 09。

③ 新加坡经济发展局（EBD），http：//www. edb. gov. sg. content/edb/en. html。

或5%的税收优惠。船舶租赁、船代、货代、物流运营商等在“海运海事优惠计划（MSI）”下享受税收部分豁免。符合生产力和创新计划（PIC）规定的各项费用可以加倍抵扣或给予津贴。[①]

二、贸易法律体系

新加坡的贸易主管部门是国际企业发展局（International Enterprise Singapore，简称企发局或IE Singapore）。[②] 与贸易相关的主要法律有《商品对外贸易法》《进出口管理办法》《商品服务税法》《竞争法》《海关法》《自由贸易区法》等。

（一）关于进出口贸易税收和检验

新加坡实行开放的进口政策，除酒类、烟草（含烟卷）、汽车及汽（柴）油外，进口货物的税率为零。货物消费税为7%，应税货物除征收消费税外，还需征收国内货物税和关税。[③] 新加坡对从中国进口的应税货物税率给予了优惠安排。农粮兽医局（简称农粮局或AVA）和卫生科学局（简称HSA）负责进口食品、动植物检验检疫和进口药品化妆品检验。[④] 进口植物及植物产品需出示原产国有关机构签发的植物检疫证书并获得AVA的进口许可。

（二）关于货物的进出口和转运

货物的进出口和转运，要在会计与企业管理局注册成立一家新的公司，并向新加坡关税局申请中央注册号码，之后通过贸易网系统提交进出口和转运准证申请。货物进口到新加坡前，进口商要向新加坡关税局提交准证申请。如果进口货物是受管制的，必须获得批准。货物通过海运或空运出口的必须在出口后3天内交准证申请。通过公路和铁路出口的，需要在出口之前提交

---

① 《新加坡投资指南2014/2015》，新加坡中华总商会2014年版，第33页。

② 商务部国防贸易经济合作研究所、商务部投资促进事业局、中国驻新加坡大使馆经济商务参赞处，“对外投资合作国别（地区）指南——新加坡（2014年版）”，http://www.fdi.gov.cn/1800000121_25_387_0_7.html，访问日期：2015-11-09。

③ 同上。

④ 同上。

准证申请。货物在自贸区之间转运的要事先获得转运准证。

（三）与贸易有关的知识产权法

新加坡在知识产权保护方面全球排名第一。专利、商标、注册外观设计、版权、集成电路设计、地理标识、商业秘密和机密信息以及植物品种等都受到保护。新加坡还是《巴黎条约》《伯尔尼公约》《马德里协议》《专利合作条约》《与贸易有关的知识产权协议》的成员国。有关新加坡知识产权保护的优惠政策和侵权处罚具体详情可见新加坡知识产权局网站。①

四、劳工法律体系

新加坡人力部（Ministry of Manpower）是外国人工作许可管理的主管部门。

新加坡的劳工法主要有《移民法案》《就业法案》《雇佣法案》《外国人力雇佣法案》等。中新双方还签署了《双边劳务合作的谅解备忘录》。

（一）关于劳工的法律规定②

劳动合同可以是书面、口头、明示或暗示等形式。签约一方在合约期满前提出终止劳动合同须提前书面通知对方。③ 劳动合同的内容必须包括：开始聘用的日期、职位和工作范围、工作时间、试用期（如有）、工资、福利（病假、年假、产假等）、合同终止（包括通知期）、行为守则（例如，守时、工作时不可打架）。

工人的正常工作时间每天不超过 8 小时，每周工作 5 天半，即每周不超过 44 小时或每两周不超过 88 小时。工人在雇主的要求下超过规定时间的工作，雇主应该至少支付正常工资的 1.5 倍。包括加班在内的每周工作时间不

① 新加坡知识产权局，www. ipos. gov. sg。

② "新加坡劳工法主要内容"，中华人民共和国驻新加坡共和国经济商务参赞处，http: //sg. mofcom. gov. cn/article/tjsj/sbmy/200902/20090206050449. shtml，访问日期：2015－11－09。

③ 如雇员工作少于 26 周须提前 1 天通知；雇员工作在 26 周至 2 年期间须提前 1 周通知；雇员工作 2 年至 5 年期间须提前 2 周通知；雇员工作超过 5 年须提前 4 周通知。

得超过72小时。新加坡通过建立中央公积金（CPF）来为雇员提供全面的社会福利保障。雇主和雇员缴纳的比例分别为15.5%和20%。外籍雇员无需缴纳中央公积金。新加坡法律法规要求，公司要为员工申请签证和/或办理保荐储蓄户口，[①] 用于支付个人及其直系亲属今后的医疗费用。年薪超过6000新加坡元的自雇人士也必须参与保健储蓄计划，按照上一年的净收入上缴一定的比例。

新加坡人力部对建筑业引进外劳规定条件是：（1）申请公司要有指标；（2）申请公司要雇佣足够的本地人，本地人与外劳的比例要在1∶5以上；（3）引进中国建筑劳务的公司的合同额应该在1000万新元以上；（4）引进中国建筑劳务的公司的资格原则上应该在BCA注册G6级以上。[②]

（二）关于雇佣外国人的规定[③]

《外国人力雇佣法案》列明了雇佣外国工人要满足的条件，对雇主或工人的违法行为处罚作了规定，并进一步放宽对引进中国工人的行业限制，具体内容如下：新加坡海事业公司、制造业公司、服务业公司聘用的中国工人分别不得超过公司外籍员工总量的75%、25%和10%。新加坡针外籍人员的工作许可分为工作许可证（WP）、S类准证（SP）及工作准证（EP）三类。工作准证适用于到新加坡就业的专业管理人士、企业的执行高管、外国专家及优秀的应届毕业生。工作准证又包括P1准证（基本月薪大于8000新加坡元）、P2准证（基本月薪大于4500新加坡元，有认可的学历及学位证书及工作管理经验）、Q1准证（基本月薪大于3000新加坡元，有认可的资质和学历证明）以及个人就业准证（PEP）（根据个人具体情况，优势和工作经验

① 《新加坡投资指南2014/2015》，新加坡中华总商会2014年版。保健储蓄计划是一项全民医疗储蓄计划，适用于所有受雇的新加坡公民和永久居民（永久居民从第三年起）。参与计划的个人需将个人收入比例（薪金的6.5%到9%，百分比按年龄而定）存入保健储蓄账户。

② 中华人民共和国驻新加坡共和国大使馆经济商务参赞处，http://sg.mofcom.gov.cn/article/tjsj/sbmy/200309/20030900129323.shtml，访问日期：2015-11-09。

③ “《外国人力雇佣法案》”，http://sg.mofcom.gov.cn/article/tjsj/sbmy/200902/20090206050449.shtml，访问日期：2015-11-09。

的长短申请，持此证在新加坡失业后，可继续停留6个月。PEP持有者在每个PEP日历年内的年薪必须至少达到144 000新加坡元)。S类准证申请者的基本月薪在2200新加坡元以上。公司雇佣的S准证持有者的人数均不能超过其外籍劳工顶限，如从事服务行业，不得超过公司雇员总数的15%，如从事其他行业，则不得超过公司雇员总数的20%。S准证对雇主征收外籍员工税，根据外籍员工所占比例不同分为：外籍员工比例小于15%，征税标准为每位外籍员工160新加坡元，外籍员工比例在15%~25%之间，征税标准为每位外籍员工250新加坡元。固定月薪不超过2200新加坡元的外籍人员可申请工作许可证。工作许可证根据教育水平和雇佣行业，可以分为"半熟练工"和"非熟练工"。如果雇主希望将来自北亚、非传统来源区和中国的劳工引入新加坡，则需要为每位劳工提供5000新加坡元的担保金，并为其支付外国劳工税。①

五、建筑法律体系

新加坡建设局（BCA）是新加坡建筑业的管理机构。

外国承包商可承揽与其建筑资质相符合的工程项目，无禁止领域限制。新加坡的承包商资质分为A1~C3（建筑工程类）、L1~L6（其他工程类）共13个等级。根据其所从事的工程行业和从事该工程行业的资质等级对承包商进行资质评定。外国承包商要先成立新的企业后才能获得建筑资质。承包特定行业的承包商要首先获得承包许可证书。新加坡做工程承包没有BOT方式。

新加坡所有公共工程的招标由政府对外公开发布信息。私人工程项目由业主对外发布信息。建筑承包商要在其资质等级的工程类型及范围进行投标，不得跨级、跨范围投标。

---

① 《新加坡投资指南2014/2015》，新加坡中华总商会2014年版，第39页。

六、小结

新加坡经济开放，贸易自由，拥有21个区域和双边自由贸易协定，中国企业在进出口和投资时可以享受诸多优惠政策；新加坡作为国际金融中心，拥有亚太地区乃至全世界最成熟的资本市场，中国企业融资便利且融资成本相对低；新加坡拥有75个全方位的避免双重税收计划使中国企业的新加坡公司享有税收优势。而且，除香港之外，新加坡是唯一的人民币离岸结算中心，有利于中国企业的投资和贸易。新加坡将吸引外资作为一项基本国策，提供完善的服务和全面的配套制度，但中国企业在新加坡投资时也应做好风险规避和管理工作，才能切实保障自身利益。建议企业在开展对外投资合作过程中使用中国政策性保险机构提供的信用风险保障产品，或使用政策性银行提供的商业担保服务。

马来西亚联邦

一、国情简介

马来西亚联邦（以下简称马来西亚）位于东南亚。首都吉隆坡。国教为伊斯兰教。国语为马来语，英语为通用语言。官方货币为马币。

马来西亚产品以经济作物为主，产量和出口量居世界前列。采矿业以开采石油、天然气为主。制造业以利用本国资源发展加工制造业为主。服务业自 20 世纪 90 年代开始逐渐成为马经济的重要支柱产业。马来西亚对外贸易在国民经济中占重要地位。马来西亚政府一直鼓励外商在制造业、出口导向型产业及高科技产业进行投资。

马来西亚现已与日本、巴基斯坦、新西兰、印度、智利、澳大利亚及土耳其等国签署了双边自由贸易协定，与欧盟的双边贸易协定谈判已经正式启动。

二、投资法律体系

（一）投资主管机关

马来西亚到目前为止并没有统一的对外投资主管部门，投资事宜因行业不同而由不同机关负责。马来西亚国际贸易及工业部及其下属的马来西亚工业发展局主要负责与制造业有关的对外投资。

（二）投资法律体系

马来西亚与投资有关的法律主要包括《1986 年投资促进法》《工业协调法》等。其中《1986 年投资促进法》[①] 是马来西亚工业投资促进方面最重要的法律。马来西亚《工业协调法》规定了从事制造行业的企业，如果投资或者企业雇员超过一定数额，须向国际贸易及工业部申请相关工业执照。1988 年，中国和马来西亚签署了《中华人民共和国政府和马来西亚政府关于相互鼓励和保护投资的协定》。[②]

（三）投资细则

马来西亚允许外国投资者直接投资在马来西亚境内的各类型企业及以股权投资方式收购当地企业股份。马来西亚政府积极鼓励外商投资其境内的五大区域经济发展走廊。[③]

此外，马来西亚鼓励私人资本与政府合作，以求降低政府公共开支负担。此类项目主管部门是马来西亚首相府经济计划署（Economy Planning Unit，简称 EPU）。2010 年马来西亚又设立了公私合作署（Public Private Partnership Unit，简称 3PU）负责公私合营项目协调。

马来西亚政府正大力发展 BOT 项目，并积极修订相关法律进行协调。具体而言，马来西亚通过修订《宪法》并通过《联邦道路法案》，为高速公路项目 BOT 扫清障碍；修订《电力供应法案》和《电力管理条例》，为私营电站建设和运营提供法律保障；2006 年实施的《仲裁法案》为外资进入马来西亚 BOT 项目市场打通了最后一个环节。

---

① http：//www. mida. gov. my/home/incentives - in - manufacturing - sector/posts/? lg = CHN，访问日期：2015 - 10 - 23。

② 马来西亚国际贸易工业部，http：//www. miti. gov. my/miti/resources/auto% 20download% 20images/5567e03fa2622. pdf，访问日期：2015 - 10 - 23。

③ 五大城市及区域经济走廊包括马来西亚半岛上依斯干达走廊，北部走廊经济特区，东海岸走廊经济特区，砂劳越再生能源走廊以及沙巴发展走廊。

三、贸易法律体系

(一) 贸易主管机关

国际贸易和工业部(MITI)为马来西亚对外贸易的主管部门。主要任务和宗旨是制定与投资、贸易及工业相关的政策和战略,规划并协调境内中小企业均衡发展,加强私人企业管理经营水平并力促多边贸易合作工作的开展等。

MITI下设10个独立的司局并管理6个外部执行局。其中,贸工部下的对外贸易发展局主要职能是促进马来西亚外贸出口,工业发展局则主要负责审批和管理与马来西亚制造业相关的外国直接投资。①

(二) 与贸易有关法律

马来西亚与贸易有关的法律体系包括《海关法》《海关估价规定》《海关出口管制条例》《反补贴和反倾销法》《海关进口管制条例》《保障措施法》《植物检疫法》《保护职务新品种法》以及《外汇管理法》等。

1.《海关法》②

马来西亚《海关法》赋予其财政部长及相关人员一系列与海关征税有关的权力。首先,马来西亚财务部长可以随时在相关政府公报上以命令的形式公布进出口商品的应税税率及一些应税商品的固定价格,以此作为海关征税的依据。其次,马相关政府官员可以对一些特定的进出口商品进行分类估价。

在进口方面,马来西亚现已取消了大部分与原料及零部件有关的进口税。根据马来西亚《海关法》的相关规定,首先,进口直接用于生产出口商品的原材料及零部件可以减免进口税。其次,进口用于生产供应国内市场商品所

---

① "马来西亚吸收外资的政策及措施",中华人民共和国驻马来西亚大使馆经济商务参赞处,http://my.mofcom.gov.cn/article/ddfg/tzzhch/200802/20080205393995.shtml,访问日期:2015-10-23。,访问日期:2015-10-23。

② 马来西亚皇家海关,Royal Malaysian Customs,http://www.customs.gov.my/en/pg/Pages/pg_act.aspx,访问日期:2015-10-23。

需的原材料及零部件（该原材料及零部件在国内没有生产销售）可以免征进口税。此外，对地处沙巴及马来半岛等企业，其进口在国内没有生产销售的原材料及零部件时可以全额免征进口税。

在出口方面，马来西亚已对绝大多数商品免征出口税，仅对一些资源性商品征税。

2.《海关进口管制条例》

马来西亚《海关进口管制条例》对其进口产品进行了分类，并根据不同的类别进行不同程度的管制。具体而言，马来西亚将其进口产品分为四大类。第一类为禁止进口产品，第二类为实行进口许可的产品，第三类是为保护国内产业而实行临时进口限制的产品，第四类则是可以自由进口的产品。

3.《海关出口管制条例》

马来西亚《海关出口管制条例》对其出口产品进行分类，并根据不同的类别进行不同程度的管制。具体而言，马来西亚将其出口产品分为三大类。第一类为可自由出口产品，对此类产品出口通常不施加额外限制。第二类为实行出口许可管制的产品。第三类为禁止出口产品。

4.《反补贴和反倾销法》

1993年，马来西亚颁布了《反补贴和反倾销法》。1994年，颁布了该法的实施细则。1998年，马来西亚对《反补贴和反倾销法》进行修改。《反补贴和反倾销法》及其实施细则制定的目的是授权马来西亚政府机关对国外不公平贸易采取相应的补救措施。[①]

1994年，马来西亚成立了马来西亚对外贸易发展局，负责反补贴和反倾销调查认定。其主要职能是贯彻和执行马来西亚1993年《反补贴和反倾销法》及其实施细则。通告受国外反补贴和反倾销调查的马来西亚的生产商或出口商，并给出相关建议。

---

① 《马来西亚反补贴和反倾销法》，法律快车网，http://www.lawtime.cn/info/fanqingxiao/fanqingxiaofa/20100603863.html，访问日期：2015-10-23。

5. 中马双边经贸协定

1985年，中国和马来西亚签署《中华人民共和国政府和马来西亚政府关于对所得避免双重征税和防止偷漏税的协定》,[①] 1987年该协定生效。此外，中马之间还缔结了《海运协定》[②]《贸易协定》《民用航空运输协定》《资讯谅解备忘录》《科学工艺合作协定》《体育协定》《教育谅解备忘录》《中马双边本币互换协议》《中华人民共和国政府和马来西亚政府关于部分互免持外交、公务（官员）护照人员签证的协定》《中华人民共和国政府和马来西亚政府关于扩大和深化经济贸易合作的协定》及《中华人民共和国政府和马来西亚政府关于马中关丹产业园合作的协定》等10余项合作协议。

（三）的税收制度

马来西亚实行分税制，由中央和地方分别征税。中央政府征收的税种为财政税和非财政税，其中财政税又分为直接税和间接税。州政府征收的税种则比较具体多样。

马来西亚联邦政府财政部（Ministry of Finance Malaysia，简称MOFM）是马来西亚税收主管机关，负责制定马来西亚与税收有关政策。财政部下属的内陆税收局负责征收直接税。皇家关税和货物税局则负责征收间接税。

一般情况下，除居民公司[③]和非居民公司汇入马来西亚境内的资金可以免征税收外，马来西亚公司的所有营业收入都应征税。对在马来西亚境内出售的不动产及不动产公司的股份收益应征收不动产盈利税。马来西亚个人所得税的范围包括居民在马来西亚取得的收入、从马来西亚境外汇入至境内的收入和非居民在马来西亚工作期间取得的收入等。此外，马来西亚当地制造的一些特定产品应征收国产税。针对一些特殊机构场所提供的特定货物

---

① 国家税务总局，http：//www. chinatax. gov. cn/n810341/n810770/c1153105/part/1153106. pdf（英）；http：//www. chinatax. gov. cn/n810341/n810770/c1153105/part/1153109. pdf（中），访问日期：2015 - 10 - 23。

② 中华人民共和国政府和马来西亚政府海运协定，法律图书馆，http：//www. law - lib. com/law/law_ view. asp? id =76662，访问日期：2015 - 10 - 23。

③ 居民公司指在马来西亚实施业务控制和管理的公司。

和服务应缴纳服务税。对特定票据和文件应征收印花税。2003 年 1 月 1 日起，东盟成员国进入马来西亚境内的绝大多数商品进口关税应控制在 5%以内。

四、劳工法律体系

（一）劳动主管部门及相关法律

马来西亚人力资源部（Ministry of Human Resources，简称 MOHR）是马来西亚的劳工主管部门。

马来西亚劳工法律体系主要包括《1955 年雇用法》（Employment Act 1955）、《1991 年雇员公积金法》《1969 年雇员社会保险法》《1967 年劳资关系法》（Industrial Relation Act 1967）[①]、《工会法》（Trade Union Act 1959）[②]、《儿童和青少年法案》（Children and Young Persons Act 1966）、《最低退休年龄法案》（Minimum Retirement Age Act 2012）[③]、2011 年《马来西亚最低薪金法》（the National Wages Consultative Council Act 2011）[④] 以及《2010 年就业（兼职人员）法规》（the Employment（Part – Time Employees）Regulations 2010）等法律法规。

其中，2011 年的《马来西亚最低薪金法》为马来西亚政府制定针对不同行业和部门及工作种类的最低工资标准提供法律上的指导。[⑤]

（二）劳工制度

马来西亚政府大力发展各类公司培训，鼓励境内企业使用当地劳动力，也允许如服务和制造等行业使用外国劳动力。

---

① Industrial Relation Act 1967 Arrangement of Sections，http：//www. pesaraonline. net/ircontents. htm，访问日期：2015 – 10 – 23。

② 同上。

③ Minimum Retirement Age Act 2012，http：//www. pesaraonline. net/mra2012. pdf，访问日期：2015 – 10 – 23。

④ 同上。

⑤ Minimum Wages Portal，http：//minimumwages. mohr. gov. my/，访问日期：2015 – 10 – 23。

马来西亚贸工部的“一站式”服务部门负责马来西亚制造领域的外籍劳工申请事宜。如果马来西亚相关企业要雇佣外国劳工，应由企业雇主向“一站式”服务部门提交雇员申请。至于制造业以外其他领域，则由内政部外籍劳工处负责。

马来西亚规定，在一般情况下，外籍劳工的雇用期为3年，表现良好可延长2年。如获得马来西亚国家技术训练理事会认可的相关证书，雇用期可超过5年。当雇用期届满，外籍劳工可获得3个月的宽限期。

马来西亚企业雇主只有在雇佣本国劳工未果且确有必要雇佣外籍劳工的情况下，才可向相关部门提出雇佣外籍劳工的申请。马来西亚对外籍劳工雇佣实行严格的个案批准制，但出于改善国内投资环境的目的，马来西亚逐渐放宽企业雇佣外籍劳工的相关规定。

五、建筑法律体系

马来西亚建筑主管机关为马来西亚建筑工业发展局（Construction Industry Development Board，简称CIDB）。CIDB核心目标是通过重点关注建筑领域专业化以提高建筑质量从而大力发展马来西亚建筑行业。[①]

马来西亚与建筑有关的法律主要有马来西亚520法案，即《马来西亚建筑业发展局法》（the Lembaga Pembangunan Industri Pembinaan Malaysia Act 1994）以及2015年6月1日对其进行修改的1407号法案。[②]《马来西亚建筑业发展局法》及其修正案对马来西亚建筑工业发展局的机构设置、具体职能等事项作了具体规定。[③]

---

① 马来西亚建筑工业发展局，http：//www. cidb. gov. my/，访问日期：2015－10－23。

② Lembaga Pembangunan Industri Pembinaan Malaysia（Amendment）Act 2011，http：//www. cidb. gov. my/cidbv4/index. php? option＝com_ content&view＝article&id＝1139&Itemid＝807&lang＝en。

③ 同上。

六、小结

得益于投资自由化的大力推进，马来西亚近几年投资环境得到很好改善，经济形势较好。同东南亚其他国家相比，马来西亚的政治风险也相对较低。但是不可否认的是，马来西亚内部也存在着包括党派之争、领土争端、毒品等社会治安问题及排华情绪等。中国企业对马来西亚进行投资时应做好充分准备，保持必要的谨慎。

印度尼西亚共和国

一、国情简介

印度尼西亚共和国（以下简称印尼）位于亚洲东南部太平洋和印度洋之间，是世界上最大的群岛国家，地形以山地和高原为主；[①] 处于亚洲大陆与澳洲大陆之间的印尼在全球战略中具有重要的位置，扼守出入太平洋、印度洋之间的咽喉要地——马六甲海峡。

印尼是世界第四人口大国。首都雅加达（Jakarta，印尼语含义“为胜利与光荣之堡”）。印尼的货币为印尼盾（IDR）。印尼实行总统内阁制度，现行宪法为“1945 年宪法”，宪法规定印尼为单一的共和制国家，人民协商会议为最高权力机构。人民代表会议、最高法院和最高检察院三权分立。[②] 印尼实行多党制，主要党派民主党（国会第一大党）。

印尼属热带雨林气候。石油、天然气和锡的储量世界领先。印尼矿产和稀有金属储量也很丰富，[③] 并且拥有巨大的天然气储量。[④] 森林和林地面积广阔，在世界上仅次于亚马逊地区。印尼的海产特别丰富，河流横贯各岛，对

---

① “印度尼西亚自然地理”，中国商务部、中华人民共和国驻印度尼西亚共和国大使馆经济商务参赞处，http：//id. mofcom. gov. cn/article/ddgk/zwjingji/201005/20100506903098. shtml，访问日期：2015 - 11 - 09。

② 同上。

③ 同上。

④ 其中已探明的天然气储量为 24 230 兆亿立方米，主产于苏门答腊的阿伦和东加里曼丹的巴达克等地。

交通运输和农业水利灌溉发挥着重要的作用。[①]

二、投资法律体系

印尼主管投资的部门是：管理工业和服务业的投资协调委员会、管理银行和金融服务的财政部以及管理能源和矿业开发的能矿部。

印尼关于投资的法律法规主要有《投资法》《2007 年关于有条件的封闭式和开放式投资行业的标准与条件的第 76 号总统决定》《2007 年关于有条件的封闭式和开放式行业名单的第 77 号总统决定》《禁止类、限制类投资产业目录》《非鼓励投资目录》《所得税法》《公司法》《所得税法》《劳动法》《知识产权法》等。

（一）与投资有关的商事企业设立

投资者在印尼投资前，应先查阅《非鼓励投资目录》，若进行资金投资，投资者必须专门查阅《资金投资技术指南》。投资申请先获得批准证书后，到税务等政府部门依法登记注册后成立。

在印尼设立贸易公司外国人可以 100% 持股。其中，两个股东，一个董事长（komisaris），一个总经理（direktur），持股 51% 和 49%，谁占 51% 或 49% 自行安排决定。公司设立的注册资金最低为 5M 印尼盾/250 万人民币（不用验资），需要准备的材料包括：（1）护照信息扫描件（含签字页）；（2）国籍国居住地址中英文翻译文件；（3）营业范围说明（不可跨行）；（4）印尼拟办公地点租约（kontrak sewa menyewa）和地址证明（surat pengantar），用于办理营业位置的说明文件（domisili）；（5）办公地点要配备座机电话，办理期限规定为 2 个月。设立工程公司的，法律规定印尼本地合作方必须要持股 33%，可以是印尼公民或企业。对于 IPC 总承包，则外国投资者和印尼本地人的持股比例各占 50%。而且本地的合作方需要满足属于

① “印度尼西亚自然地理”，中国商务部、中华人民共和国驻印度尼西亚共和国大使馆经济商务参赞处，http：//id. mofcom. gov. cn/article/ddgk/zwjingji/201005/20100506903098. shtml.，访问日期：2015－11－09。

工程建筑行业的公司和拥有施工服务经营许可证（SIUJK）。

设置代表处（BUT），中国投资者需要在国内准备好材料（英文）并进行公证，材料主要有：（1）致印尼公共事业部申请设立外国建筑服务公司代表处函；（2）由公司董事长签署的驻印尼代表处负责人任命书及董事长的身份证复印件；（3）印尼代表处负责人的学历证书；（4）印尼代表处负责人护照复印件；（5）总公司营业执照；（6）总公司公司章程；（7）总公司资质证书。对外投资者在中国办理如下手续：（1）派往代表处工作人员的护照。（2）公证文件包括任命书（Letter of Appointment），英文 2 份，任命期不得少于 2 年；意向书（Letter of Intent），英文 2 份；申明书（Letter of Statement），英文 2 份；个人简历（Curriculum Vitae），中英文各 2 份以及企业法人营业执照（Business License）复印件，中英文各 2 份。营业执照复印件上要加盖发照部门（工商行政管理局的印章，并注明“仅供办理公证手续用”）。上述文件公证到中国国际贸易促进委员会或公证处，公证后的文件送交印尼驻中国使馆商务部门进行认证，并要求该部门提供 1～2 份“关于拟设立代表处单位的公证信（Letter of Reference on the Company）”。中国国际贸易促进委员会可协助办理此事。在印尼境内准备的资料（英文、印尼语）有：（1）Domicile Certificate of Representative Office 印尼代表处注册地证明；（2）Lease Agreement in Indonesia 印尼办公场所租赁合约；（3）Indonesian translation of the Article of Association 印尼代表处公司章程（印尼语版）；（4）Embassy Recommendation Letter 中国驻印尼大使馆商务参赞处认证函。最终取得印尼代表处营业执照，有效期为 3 年。

（二）与投资有关的外汇管理

印尼外汇自由，印尼盾可自由兑换，资本可自由移转。货币实行自由浮动汇率政策，印尼银行采取一揽子货币汇率定价法，根据印尼主要贸易伙伴的货币汇率的特别提款权的汇率变化来确定印尼盾的对外比价，每日公布其汇率。

（三）与投资有关的土地使用

印尼实行土地私有，外国人或外国公司在印尼都不能拥有土地，但外商可以直接投资企业拥有对土地上建筑物30年的建筑权，特定目的使用土地25年的土地使用权和开发土地35年的开发权，并分别可延期20年和25年。目前印尼政府允许外国人有条件地在印尼拥有房地产。

（四）与投资有关行业规定

印尼法律规定除法律禁止和限制的行业外，投资者可以自由投资任何营业部门。法律禁止的行业包括生产武器、火药、爆炸工具与战争设备的部门。根据印尼第76号和第77号总统决定，[①] 印尼有众多行业被宣布为禁止投资行业，仅能由政府从事经营。印尼不断调整其国内的投资法律，现规定外国公司不再被禁止申请和持有矿业许可权。印尼国会通过新的《园艺业法》，规定外国投资最多只能占到30%，并且必须把资金存放在印尼的国内银行。印尼官方投资统筹机构公布了投资负面清单，放宽了对外资准入的限制。目前清单中完全禁止类的产业有部分化学品、特殊交通设施和博彩业等，部分禁止类的产业有制糖（特别许可方式）、矿业和医药等。建筑公共工程行业、文化旅游电影服务业、卫生医疗行业、电力行业的外资股权比例最高分别为67%、49%、67%和95%，且经营地点不再受限，即允许在全印尼境内开展经营。

印尼政府投资协调委员会（BKPM）以总统令的形式颁布了修订后的《禁止和限制投资领域的条例》。[②] 对某些领域的外资准入限制条件进行了调整，对在原有投资基础上开展或者拓展相同经营业务的不再要求设立新企业或再次许可申请，对在同一业务领域进行的兼并、收购和合并行为，存续公司要受到外资股权的限制，当既有投资在同一业务领域拓展经营而需要增加

---

① 《2007年关于有条件的封闭式和开放式投资行业的标准与条件的第76号总统决定》和《2007年关于有条件的封闭式和开放式行业名单的第77号总统决定》。

② http://id.mofcom.gov.cn/article/yinhang/sbmy/201006/20100606996809.shtml，访问日期：2015-11-09。

新的股权投资时本地投资方无增资能力时，外资方有优先增资权。若增资后外资方所持股权超过法规允许的最高比例，须通过向本地投资者出售超出上限的股份、通过本地资本市场出售超出上限的股份或者由合资公司回购超出上限的股份来降低持股比例。

印尼中央与地方政府实行投资审批一站式服务。需要中央政府审批的投资领域包括对环保有高破坏风险的天然资源投资、跨省级地区的投资、与国防战略和国家安全有关的投资。[①] 目前，印尼投资协调委员会已经正式推出新的投资许可发放机制，已有15个主要省份参加该"一站式"投资许可发放机制。该机制涉及电力、工业、农业这三个领域的135种许可，投资者将不需要四处奔波，只需要去投资协调委员会即可。

（五）与投资有关的税收规定

印尼实行中央和地方两级课税制度。税收立法权和征收权主要集中在中央。现行的主要税种有公司所得税、个人所得税、增值税等。印尼依照属人原则和属地原则行使其税收管辖权。个人所得税为30%，分为四档。目前企业所得税为25%并将在2016年年初降至18%。对中小微型企业采取鼓励措施，减免50%的所得税。印尼政府对企业所得税免税优惠期限进行延长，将从目前的10年延长至20年，对延长申请的投资行业类型没有要求，对之前特定行业内投资的行业在获得最长10年的企业所得税优惠期满后还可以视情况提供2年企业所得税减半的优惠。[②]

（六）投资优惠政策框架

在印尼的投资者可以申请免税优惠，但必须把总投资额10%的资金放在印尼国民银行。[③] 印尼对外投资的优惠和鼓励政策主要包括旅游业优惠、制

---

① 印尼《投资法》第30条第7款。

② 驻印度尼西亚经商参赞处，http：//id. mofcom. gov. cn/article/yinhang/sshzhd/201508/20150801076181. shtml，访问日期：2015－11－09。

③ "在印尼投资者即日起可申请免税优惠"，载《星洲日报》，http：//id. mofcom. gov. cn/article/yinhang/sbmy/201112/20111207861982. shtml，访问日期：2015－11－09。

造业优惠、税收优惠、行业优惠、投资便利、地区鼓励政策、特殊经济区域的开发。①

三、贸易法律体系

印尼主管贸易的政府部门是贸易部。② 与贸易有关的法律主要包括《贸易法》《海关法》《不正当贸易竞争法》等。

（一）与贸易有关的进出口规则

印尼除少数受许可、配额等限制外，大部分商品均开放经营。印尼实施进出口单一窗口制度，对进口采取配额和许可两种形式，配额主要针对酒精饮料以及包含酒精的直接原料，对进口配额只发放给经批准的国内企业。许可管理又分为自动许可和非自动许可，自动许可包括其中氟氯化氮、危险物品，工业用盐等，非自动许可为丁香、纺织品、钢铁等六类。其中许可证分为两种，即一般进口许可证（API－U）和制造商进口许可证（API－I）。一般进口许可证主要针对为第三方进口的进口商，制造商进口许可证主要针对进口供自己使用或者在生产过程中使用的进口商。③ 印尼允许企业从国外进口制成品，但它要求企业进口的制成品必须与该企业所生产的产品相关。2012 年第 30 号《关于进一步规范蔬果进口的条例》，通过进口许可证的方式限制新鲜蔬菜水果进口，对进口新鲜瓜果蔬菜采取贸易保护措施，将进口上述产品的 8 个航空港和海运港口缩减至 4 个，并对出口商增设限制。印尼政府要求婴幼儿纺织服装及玩具要符合 SNI 标准的要求，且生产商需要持有 SNI 标志，否则不能进入印尼市场。

出口货物必须持有商业企业注册号/商业企业准字或由技术部签发的商业

---

① 商务部国际贸易经济合作研究院、商务部投资促进事务局、中国驻印度尼西亚大使馆经济商务参赞处，“对外投资合作国别（地区）指南——印度尼西亚（2014 年版）”，http：//www. fdi. gov. cn/1800000121_ 25_ 391_ 0_ 7. html，访问日期：2015－11－09。

② 同上。

③ “国别贸易投资环境报告 2011－印度尼西亚”，中国商务部，http：//images. mofcom. gov. cn/trb/accessory/201104/1303180990406. pdf，访问日期：2015－11－09。

许可，以及企业注册证。出口货物分为四类：受管制的出口货物、受监视的出口货物、严禁出口的货物和免检出口货物。印尼对65种矿产品出口加征20%出口税并实行了其他限制措施，并再次明确2014年禁止原矿出口，鼓励外国投资者在印尼投资设立冶炼加工厂。

印尼贸易部规定，要求包括进出口产品在内的所有产品必须附有印尼文说明。经转运的产品还需提供转运授权的证书。印尼政府在食品、饮料、渔业等诸多行业强制推行国家标准。印尼海洋渔业部规定要求81种渔业产品必须符合印尼国家标准，甚至将捕鱼工具、渔产加工程序及微生物学测试程序等也列入国家标准。

（二）与自贸区汽车进出口有关的规定

《有关汽车在自由贸易区和自由港进口和出口规则的财政部长条例》① 规定，机动车辆属于动产，拥有上述汽车必须向相关的主管机构注册。自由贸易区和自由港是在印尼司法辖区内而与海关辖区分开的特定区域，因此得以豁免征收进口税、增值税、奢侈品销售税和税费。为了对汽车在自由贸易区和自由港的进口和出口进行监督，防止滥用免税优惠，除了向海关申报，也必须申请由海关办事处发出的出入口证明书。已获得自由贸易区营业机构发给营业执照的企业家可以从区外进口汽车。

（三）与贸易有关的税收规定

印尼进口产品关税分为一般关税和优惠关税两种。印尼对部分港口推行和提供每周7日每日24时的海关和港口服务。根据"2013年印尼审议报告"②，印尼的关税税率从2006年至2012年有所下降。印尼的简单平均最惠国适用关税从9.5%降到7.8%；农产品的简单平均最惠国适用关税税率从11.4%降到9.5%；非农产品的简单平均最惠国适用关税税率从9.5%降到

---

① "国别贸易投资环境报告2011－印度尼西亚"，中国商务部，http：//images. mofcom. gov. cn/trb/accessory/201104/1303180990406. pdf，访问日期：2015－11－09。

② 2013年4月10～12日，世贸组织秘书处对印度尼西亚作出第六次贸易政策审议报告（以下简称2013年印尼审议报告）。

7.5%。印尼对属于非基本需求的国内生产和进口的产品征收奢侈品税，该税在进口环节根据海关估价加上进口关税征收，税率从最低的10%至最高的75%，出口环节免征此税种。据统计，2012年该奢侈税的收入占印尼总税收收入的1.7%。

（四）与贸易有关的知识产权

印尼现行的知识产权法主要有《专利法》《商标法》《著作权法》等，专利保护期为20年，期满后不得续展。商标保护期为10年，保护期满后可以续展。著作权有效期视不同情况分为作者生前及其死后50年和首次发表后50年。印尼加入的国际条约包括：《保护工业产权巴黎公约》《专利合作条约》《商标法条约》《伯尔尼公约》以及《WIPO版权条约》和《WIPO表演和录音制品条约》《与贸易有关的知识产权协议》，印尼也是世界知识产权组织的成员国，还是WTO与贸易有关知识产权协议（TRIPS）委员会中的活跃成员。

四、劳工法律体系

印尼的劳工主管部门是劳工与安置部。[①] 负责外国人工作许可管理的是移民局。关于劳工的法律主要有《劳工法》《劳工法实施细则》《劳工法实施条例》《劳工保险实施条例》等。

《劳工法》给予劳工比较全面的保护。但是该法案过于偏袒劳动者，客观上提高了企业用工成本、影响印尼产品的竞争力。《劳工法》规定离职薪金增加到9个月，罢工在公司厂房范围内进行，罢工期间雇主仍要支付劳工的公司，若劳工违反罢工程序那么雇主即可暂时禁止劳工进入工厂并不予支付罢工工资。印尼允许雇佣14周岁以上的童工，童工每天的工作时间以3小时为上限。临时工以3年为限。

① "印尼政府机构部门一览表"，中华人民共和国驻印度尼西亚共和国大使馆经济商务参赞处，http：//id. mofcom. gov. cn/article/jmjg/zwjrjg/201005/20100506897419. shtml，访问日期：2015－11－09。

目前印尼只允许引进外籍专业人员，普通劳动人员不许引进。对于印尼经济建设和国家发展需要的专业人员，优先录用本国专业人员。受聘的外籍专业人员到达印尼前必须向印尼政府主管技术部门提出申请取得劳工部批准并到移民厅申请签证。外国合资公司聘用的外籍人员需向印尼投资协调委员会提出申请。印尼政府通过电子政务系统，简化办理手续，改善外籍劳工工作证件办理服务，为外籍劳工提供便利。①

五、建筑法律体系②

印尼的工程建设主管部门是公共工程部③，承包工程的主管部门是公共工程部门。

外国承包商在印尼执行承包工程需要获得许可。印尼限制外企进行基础设施建设，以保护国内企业份额。外资企业只被允许参加部分基础设施、其他部门服务采购以及合同价值在100亿印尼盾以上的服务咨询投标。外企投资只能投资于政府采购项目，私企则不受此限制。印尼的承包工程项目分为国际金融机构援助项目，外国资金援助的印尼政府项目，外国和本国资金投资的政府项目，私人资金项目四类。印尼实施严格的招标制度。承包工程业务的外国公司必须找具有"A"级④资格的印尼承包商协会或印尼承包商联合会成员作为合作伙伴。

---

① "印尼政府将简化外籍劳工工作证办理手续"，中国驻印度尼西亚经商参赞处，http：//id. mofcom. gov. cn/article/yinhang/tzwl/201506/20150601013047. shtml，访问日期：2015－11－09。

② 商务部国防贸易经济合作研究院、商务部投资促进事务局、中国驻印度尼西亚大使馆经济商务参赞处，"对外投资合作别国指南——印尼（2014年版）"，http：//fec. mofcom. gov. cn/gbzn/guobiezhinan. shtml？COLLCC＝3155909125&，访问日期：2015－11－09。

③ "印尼政府机构部门一览表"，中华人民共和国驻印度尼西来共和国大使馆经济商务参赞处，http：//id. mofcom. gov. cn/article/jmjg/zwjrjg/201005/20100506897419. shtml，访问日期：2015－11－09。

④ "A"级资格的承包商是指有价值1亿印尼盾的设备，至少有3名工程师，一年至少有10亿印尼盾营业额的工程承包商。

六、小结

印尼政府在不断地完善国内的基础设施，改善投资环境，吸引外资。但中资企业到印尼投资要特别注意投资法律环境问题，印尼的法律具有体系性，但是很多规定较为弹性，而且不同的法律之间有矛盾和冲突。企业注册程序繁杂，时间比较长，并且在印尼投资企业要有效控制工资成本，印尼《劳工法》对劳工保护力度大，但对资方不利。虽然印尼政府鼓励投资和贸易，但其国内的民族主义和少数保守团体的阻碍不利于外资政策的实行。印尼的市场环境整体比较复杂，风险比较高，中方企业要切身保障自身利益，对项目或者客户进行资信调查，聘请当地专业的律师团体进行风险规避。

缅甸联邦共和国

一、国情简介

缅甸联邦共和国（以下简称缅甸）是东南亚国家联盟成员国之一，地处亚洲中南半岛西北部，北部和东北部与中国接壤。上座部佛教是缅甸的普遍信仰。货币为缅元，官方语言为缅甸语。

缅甸实行总统制共和制，按照和平共处五项原则处理国与国关系。缅甸是一个以农业为主的国家，自然资源丰富。中国一直是缅甸第一大贸易伙伴和第一大外资来源地。

二、投资法律体系

（一）投资主管机构及法律法规

缅甸的投资主管机构是缅甸投资委，负责对申报项目的资信情况、项目核算、工业技术等进行审批、核准并颁发项目许可证，在项目实施过程中提供必要帮助、监督和指导，同时也受理许可证协定时限的延长、缩短或变更的申请等。

相关立法主要包括《外国投资法》及其实施细则、《关于国内外合资企业的规定》《经济特区法》《土瓦经济特区法》以及《缅甸允许私人投资的经济项目》等。

2001 年 12 月 12 日，中国和缅甸签订《投资促进和保护协定》，但中国政府还未与缅甸政府签署避免双重征税协定。

（二）《外国投资法》的相关规定

关于投资准入问题，缅甸新《外国投资法》明确将依据相关原则审批外商投资项目。《外国投资法》也规定了限制或禁止外商在缅投资的项目，项目具体类型参见该法。[①] 此外，缅甸政府不允许外国企业从事玉石、宝石相关矿业开采项目。投资项目需获联邦政府同意，并经投资管理委员会批准。

外商投资生产制造业的最低金额为50万美金，服务业为30万美金，投资形式可以是货物也可以是现金。新《外国投资法》对此并未予以规定，具体由投资委根据投资项目行业和规模来确定。

外国企业在缅甸可以采取独资、与缅甸国民或相关政府部门或组织进行合作等方式进行投资。[②] 如果外国公司转让全部或部分股份，需要得到缅甸投资委的事先同意，并取得许可书。因缅甸尚无正规的证券交易市场，外商无法通过并购上市的方式进行外商投资。

（三）《经济特区法》的相关规定

目前在缅甸，正在开发的有三个经济特区。外资在特别经济区的投资有优惠政策。第一个5年可以免除公司所得税；第二个5年可以减免一半的公司所得税；如果企业将盈余继续在当地投资，第三个5年可以继续获得免除一半的公司所得税。获得上述税收优惠的前提是：外资企业在第一个5年至少需要雇佣25%的当地员工；在第10年至少需要雇佣10%的当地员工，在第15年时至少雇佣75%的当地员工。[③]

（四）《土瓦经济特区法》的相关规定

缅甸国家和平与发展委员会颁布了第2011/17号法律《土瓦经济特区法》。

---

① 《缅甸外国投资法》，Invest in Myanmar，http：//www. investinmyanmar. com/myanmar - investment - laws，访问日期：2015 - 10 - 07。

② 同上。

③ 同上。

《土瓦经济特区法》第12条规定了投资人享有的特殊待遇，对于投资人在特区内可从事的行业也有所规定。具体内容参见中国驻缅甸经济商务参赞处网站。[①]

三、贸易法律体系

缅甸贸易主管部门为缅甸商务部。与贸易管理有关的现行法律、法规有《缅甸联邦贸易部关于进出口商必须遵守和了解的有关规定》（1989年）、《缅甸联邦关于边境贸易的规定》（1991年）、《缅甸联邦进出口贸易实施细则》（1992年）、《缅甸联邦进出口贸易修正法》（1992年）等。[②]

《缅甸海关进出口程序》规定了禁止进口和出口的商品类型，具体类型参见东盟网网站。[③] 2015年缅甸对自中国进口的90%以上产品实现零关税。

四、劳工法律体系

缅甸主要的劳工法律包括：《就业培训法》（The Employment and Training Act，1950）、《就业限制法》（The Employment Restriction Act，1959）、《工厂法》（The Factories Act，1951）、《请假法》（The Leave and Holidays Act，1951）、《薪资给付法》（The Payment of Wages Act，1936）、《商业纠纷法》（The Trqde Dispute Act，1929）、《工人补偿法》（The Workmen's Compensation Act，1923）等。

（一）劳动合同的签订和解除

雇员和雇主之间需要签订劳动合同。劳动合同中规定的员工试用期不

---

① 中华人民共和国驻缅甸联邦共和国大使馆经济商务参赞处，http：//mm.mofcom.gov.cn/article/ddfg/201103/20110307444390.shtml，访问日期：2015-10-03。

② 商务部国际贸易经济合作研究院、商务部投资促进事务局、中国驻缅甸联邦共和国大使馆经济商务参赞处，"对外投资合作国别（地区）指南——缅甸（2014年版）"，载http：//www.fdi.gov.cn/1800000121_25_365_0_7.html，访问日期：2015-10-03。

③ 东盟网，http：//news.asean168.com/a/20141204/1040.html，访问日期：2015-10-05。

得超过 3 个月。在劳动合同签订后，需要将劳动合同副本交给镇区劳动办备案。

任何一方都有权提前解除劳动合同，但需提前一个月通知对方。关于解除劳动的补偿，如果雇主提前解除固定期限劳动合同，对于 3 年以下工龄的员工，雇主需要支付 3 个月工资作为补偿；对于工龄超过 3 年的员工，作为补偿则需要须向员工支付 5 个月的工资。但是，如果雇员主动提出辞职，需要向雇主支付一定数额的违约金。

（二）劳动时间和报酬

根据《工厂法》规定，服务、贸易、娱乐行业的员工，每天工作不得超过 8 小时，每周不得超过 48 小时；工厂、油田、矿井工人每天工作不得超过 8 小时，每周不得超过 44 小时。对于流水线作业的工厂工人每周工作不得超过 48 小时，井下作业工人每周工作不得超过 40 小时。

根据《请假法》，私人企业工作的员工每年可临时请假 6 天，30 天病假，10 天带薪假期，公共假期 21 天。①

（三）最低薪资

根据缅甸劳工就业与社会保障部消息，2015 年 8 月 18 日举行的缅甸国家劳工最低工资标准制定委员会会议通过了 3600 缅元/日的最低劳工工资标准，在联邦政府颁布后开始生效。②

五、建筑法律体系

（一）许可制度

2013 年缅甸总统发布了政府部门招标准则，主要内容包括：（1）总则。

---

① 商务部国际贸易经济合作研究院，商务部投资促进事务局，中国驻缅甸联邦共和国大使馆经济商务参赞处，“对外投资合作国别（地区）指南——缅甸（2014 年版）”，http：//www. fdi. gov. cn/1800000121_ 25_ 365_ 0_ 7. html，访问日期：2015 - 10 - 06。

② 中华人民共和国驻缅甸联邦共和国大使馆经济商务参赞处，http：//mm. mofcom. gov. cn/article/ddgk/201509/20150901101557. shtml。

政府部门须为招标成立招标工作委员会、计算底价委员会、投标审核委员会、质量检查委员会等，各委员会须制定相关规则。在规定日期公开开标，并按照投标规则选择最低价投标者。(2) 采购方面。政府部门须公布采购货物的种类和标准，优先采购政府工厂产品。(3) 建筑方面。任何公司均须公开参与竞标：对劳工费、业务服务费提出最低百分率者给予优先，对低价进行破坏性竞争的公司予以通报，不予选择。

(二) 禁止领域

虽然缅甸政府没有相关法律法规规定禁止承包的工程类型和领域，但是涉及国防安全的项目、贵重矿产资源（如宝石矿、玉矿等）的开发，少数民族地区政府的项目，一般不允许外国公司介入。①

(三) 招标方式

缅甸工程项目一般实行公开招标制度，由政府部门自筹资金且金额在10万美元以上的项目，必须有3家以上的承包商进行投标。由企业带资参与的卖方信贷项目，则一般只采取议标方式。缅甸政府招标的一般程序：缅甸政府在官方报纸上发布招标通知；参与企业到政府制定部门购买标书，并缴纳投标保证金；第一轮竞标，在规定时间内提交技术标书；第二轮竞标，在规定时间内提交商务标书，并提交最终报价；公开招标。②

六、小结

目前缅甸无法直接与中国各银行间开展信用证结算，要通过设在新加坡或中国香港等第三地的公司。因此，与缅甸的贸易在结汇方面有风险，需要

① “缅甸投资概述”，http://wenku.baidu.com/link?url=8NWpyw2goXrzlgcisHhv5p7Th7XFtCr0zfabSdCNBIWd7g7LeTfqv-MVO6rA9lvDdgc4xpQnwnhUppybSCfYUEZ7G_LCNhHmQ3JScBrGyxa，访问日期：2015-10-06。

② 商务部国际贸易经济合作研究院，商务部投资促进事务局，中国驻缅甸联邦共和国大使馆经济商务参赞处，“对外投资合作国别（地区）指南——缅甸（2014年版）”，http://www.fdi.gov.cn/1800000121_25_365_0_7.html，访问日期：2015-10-06。

谨慎。[1] 由于国内各方势力相互敌对，不仅导致投资缅甸的政治风险略高，而且导致缅甸国内政策的不统一，提高了投资风险。企业在缅甸开展投资活动时，要和各相关方均保持良好的关系，提前制定各项应对措施，保证投资利益的最大化。

① 商务部国际贸易经济合作研究院、商务部投资促进事务局、中国驻缅甸联邦共和国大使馆经济商务参赞处，“对外投资合作国别（地区）指南——缅甸（2014 年版）”，http：//www. fdi. gov. cn/1800000121_ 25_ 365_ 0_ 7. html，访问日期：2015 - 10 - 06。

泰王国

一、国情简介

泰王国（以下简称泰国），主要民族为泰族。国教为佛教。泰语为国语，英语也广泛使用。

泰国实行君主立宪制政体，国王为最高国家元首。内阁是最高行政机构，由总理、副总理和各部部长组成。总理为政府首脑，拥有实权。泰国政治具有典型的军人政治的特点。议会为泰国的最高立法机构。泰国的司法体系由宪法法院、行政法院、军事法院和司法法院组成。

农业是泰国的支柱产业。泰国盛产大米、橡胶和木薯。泰国产业结构布局合理。第一产业以种植业和渔业为主，第二产业以出口导向型工业为主，第三产业以旅游业为主。

从中泰经贸联系来看，据泰国驻华大使馆统计，2013 年，泰中贸易总额达到649. 65 亿美元，其中泰国对华出口 268. 3 亿美元，进口 376. 1 亿美元。此外，近些年东盟尤其是泰国基础设施建设对中国而言是一个巨大的投资市场。[①] 总而言之，中泰贸易往来密切，投资机会丰富。

① “‘一带一路’投资政治风险研究之泰国”，http：//th. mofcom. gov. cn/article/ddgk/zwdili/201505/20150500961542. shtml，访问日期：2015 - 10 - 23。

二、投资法律体系

（一）投资主管机关

泰国投资主管部门为投资促进委员会和投资促进委会员办公厅。其中投资促进委员会主要是制定与投资奖励优惠有关政策并为投资者提供奖励及服务。投资促进委员会总部设在曼谷，国内设6个分支机构，国外设有5个分支机构。投资促进委员会办公厅则是投资促进委员会的执行和办事机构。

（二）投资法律体系

1.《民商法典》①

泰国《民商法典》是一部规范泰国商事行为的基本法，主要目的是调整泰国法人企业相关的商业经营活动，规定了泰国法人的设立、组织、经营及变更等行为。

2.《外籍人经商法》②

《外籍人经商法》由泰国商业部下设的商业注册厅在1972年颁布实施。该法主要用于指导、调整外商在泰国的商事行为。该法将在泰外商分为三大类。具体详见中国驻泰王国大使馆经济商务参赞处。此外，该法对禁止外国人从事的相关经营活动进行具体规定。

泰国为了更好地鼓励外商投资，对《外籍人经商法》进行过修改，放宽外商参与泰国投资范围，以促进投资自由化。

3.《泰国投资促进法》③

《泰国投资促进法》明确了外商在泰国投资可以享受的各项优惠权益。

---

① Civil and Commercial Code Book III Specific Contracts Title XXII Partnerships and Companies, http://www.dbd.go.th/dbdweb_en/more_news.php?cid=265&filename=index，访问日期：2015-10-23。

② Department of Business Development of Ministry ofCommerce，http://www.dbd.go.th/dbdweb_en/more_news.php?cid=329&filename=index，访问日期：2015-10-23。

③ Investment Promotion Act（NO.3）B.E.2544，www.boi.go.th/english/download/boi_forms/proact_eng.pdf，访问日期：2015-10-23。

根据该法的规定，相关企业要想获得投资优惠，需满足两个条件。一是投资总额需大于1000万泰铢，二是该企业须获得ISO9000国际质量标准或其他相等的国际标准的认证。

4.《商品及服务价格法》和《商业竞争法》

《商品及服务价格法》和《商业竞争法》主要目的是保护投资者的生产经营活动。其中《商品及服务价格法》通过规定相关措施进而严格规范商品及服务的价格，防止企业牟取暴利。《商业竞争法》则通过严格限制四类的垄断商业行为，鼓励自由竞争。

5.《金融机构业务法》

首先，根据该法的规定，在一般情况下，泰国公民应在泰国各类商业银行中至少拥有全部发行股份及银行全部董事席位的3/4。但是在例外情形下，泰国银行有权批准外国人持有泰公司出售的不超过49%的有投票权的股份，并允许外国人在公司内占有超过1/4但不多于一半的董事席位。与此同时，出于稳定国内金融秩序的目的，财政部在特殊情况下可以完全解除外籍董事席位的限制。①

三、贸易法律体系

（一）贸易主管机构

泰国出口促进部主要职责是负责制定国内外贸易政策和发展战略、管理内外贸易秩序、促进双边贸易合作及推动进出口贸易良性发展、企业注册监管及保护知识产权等。

商业部在国内设有多个商业办公室，在国外设有66个驻外商务机构，其中4个最主要的由次长办公室管理，其余62个由出口促进厅负责。目前泰国商业部在华设立了8个派驻机构。

① "泰国外商经营企业法简介"，中华人民共和国驻泰国大使馆经济商务参赞处，http://th.mofcom.gov.cn/article/ddgk/zwdili/201202/20120207950982.shtml，访问日期：2015-10-23。

（二）与贸易有关的法律

泰国与贸易有关的法律主要有《货物进出口控制法》《反倾销和反补贴法》《外汇管理法》《出口商品标准法》《直销贸易法》和《商品竞争法》等。

1.《货物进出口控制法》

1979 年《货物进出口控制法》为禁止进口货物提供了法律依据。该法规定，进口货物须在得到商业部外贸厅的同意后方能进口。泰国政府采用公告的形式公布实行进口管制的商品种类。①

2.《反倾销和反补贴法》

1999 年出台的《反倾销和反补贴法》弥补了泰国之前反倾销方面的法律空白。泰国政府认为该法实施宗旨与 WTO 关于执行 GATT1994 第 6 款的精神是相符的。

但是不得不提的是，泰国商业部外贸厅在反倾销调查程序中很难保证独立性和公正性，因为其既要进行反倾销调查，又要对损害的程度进行评估。

3.《外汇管理法》

泰国财政部根据该法赋予的权力，颁布了财政部法规、通知，其属下外汇管理机关也相应颁行了有关通知，以对泰铢和外币的携带和汇划具体执行办法加以规范。②

四、劳工法律体系

泰国劳工主管部门为泰国劳工部（Ministry of Labor）、劳动保护与社会福利部（Department of Labour Protection and Welfare）、就业部（Department

---

① “进出口管理规定及保护措施”，中华人民共和国驻泰国大使馆经济商务参赞处，http：//th. mofcom. gov. cn/article/ddfg/waimao/200305/20030500090741. shtml，访问日期：2015－10－23。

② “泰国外汇管制简介（2011 年版）”，中华人民共和国驻泰王国大使馆经济商务参赞处，http：//th. mofcom. gov. cn/article/ddfg/waimao/201203/20120308026549. shtml，访问日期：2015－10－23。

of Employment)、技能发展部(Department of Skill Development)以及社会保障局(Social Security Office)。

(一)《劳动保护法》

泰国《劳动保护法》涉及雇主和雇员之间的权利和义务。该法主要为一般劳动力、妇女儿童劳动力使用,为雇员薪资、离职金以及福利金建立最低标准。[①]《外籍人工作法》为在泰工作外籍人的根本法律。主要调整外国人就业、对外国人工作准入保障以及为泰国劳动力保留特定职业。[②]

泰国社会保障法要求雇主,雇员以及政府支付一定的费用。以便在出现非工伤、疾病、残疾、死亡、生育、儿童津贴以及失业等情况时,能够给已经被保险的劳动者提供相应的保障和福利。三方当事人共同提交的费用的比例不得超过以下限制:工资的4.5%用于伤害、疾病、残疾、死亡以及生育;工资的9%用于儿童和老年人福利;工资的15%用于失业。[③]

(二)《就业与求职保护法》

起初,1968年的《就业法》在出现不断增长的海外就业服务企业和泰国就业情况不断恶化之前是有效的。1985年泰国对此法进行了修正。取而代之的是1985年《就业与求职保护法》(the Employment and Job Seeker Protection Act B. E. 2528)。[④]

(三)《劳动关系法》

《劳动关系法》涉及雇主与雇员之间劳动关系执行系统和程序。该法主要包含就改变职业条件提交申请时适用的法律、法规和程序,劳动争议解决程序,雇主与雇员建立劳动联盟的权利等。[⑤]

---

① 泰国劳工部,http://www.mol.go.th/en/anonymouse/labour_ law#1,访问日期:2015-10-23。

② 同上。

③ 同上。

④ 同上。

⑤ 同上。

（四）有关外资企业佣工的具体规定

泰国作为劳务输出国，对于外籍劳工的劳务输入有着严格规定。

在雇员记录方面，雇用10人及以上的雇主自雇员达到10人之日起15天内必须制定劳动管理章程并公示，管理章程应在宣布或公示之日起7天内提交给劳工部劳动福利保护厅。雇用10人及以上的雇主还必须建立雇员记录，雇员记录和证明材料在雇员离职后还需保存至少2年。

在雇用关系的解除方面，对于没有时限的雇用合同，雇主和雇员双方都可在发薪日当天或之前通知对方，然后在下一个发薪日前解除雇用关系。雇员出现违法犯罪、因故意或疏忽给雇主带来巨大损失、连续旷工3日以上等情况，雇主不需事先通知即可解雇雇员。无过错而被解雇的雇员，有权取得离职费。雇主因部门和业务调整、设备技术改造等原因裁员，应提前60天通知雇员或支付给雇员60天工资作为离职费。对于为同一雇主连续工作年满6年的雇员，还需增发最多不超过360天工资的离职费。

五、建筑法律体系

泰国建筑主管部门为工业部工业促进厅和土地发展厅等部门。

从总体上看，泰国不鼓励外资投资建筑业，根据相关法律规定，泰国建筑业及工程服务业限制外国人进入。外国投资者如要进入建筑领域从事相关经营活动，须与泰国本土企业进行合营，且外籍人投资所占比例不得超过49%。虽然在法律层面，除关于合资公司或联合体外籍人不得持大股的要求外，泰国并未对外国承包商在工程承包领域作出任何限制规定，但在实际操作层面，泰国几家大的本土工程承包商在一些项目招标中，尤其是政府公共项目中占有天然优势地位。

六、小结

由于高度重视外资引进，泰国近几年经济发展良好。中国企业投资泰国有着得天独厚的政治和人文优势。一方面，中泰两国经贸关系密切，政治关系稳定。另一方面，泰国是华人集中的主要国家之一，两国人民一直有着深厚的历史情谊。但是中国企业到泰国投资也会面临一些不利因素和挑战。首先，泰国投资市场竞争比较激烈。其次，泰国的投资成本高于我国。最后，泰国的相关社会制度（如法律法规及办事方式等方面）同中国存在较大差异。中国企业要投资泰国，仍需做好充分研究和准备。

老挝人民民主共和国

一、国情简介

老挝人民民主共和国（以下简称老挝）位于东南亚的中南半岛，首都万象是全国的政治、经济、文化和科研中心。老挝的官方语言为老挝语，英语正逐步普及。国民大多信奉小乘佛教，主要的禁忌也与佛教有关，例如，忌讳亵渎佛像等。老挝货币为基普，基普为有条件兑换货币。

老挝实行社会主义制度，人民革命党是老挝唯一政党。国会是国家最高权力机构和立法机构，负责制定宪法和法律。

老挝境内自然资源和水电资源丰富，以农业为主，工业基础薄弱。2014年，我国企业对老挝非金融类直接投资9.97亿美元，增长24.1%。[①] 老挝主要出口金、铜等自然资源类产品；进口基础设施建筑物资及消费品。[②] 我国主要从老挝进口铜、木材、农产品等，出口汽车、摩托车、纺织品、钢材、电线电缆、通信设备、电器电子产品等。

二、投资法律体系

2009年老挝颁布新的《投资促进法》对国内外投资者均适用。[③] 投资分

---

① 中华人民共和国商务部亚洲司，http：//yzs. mofcom. gov. cn/article/t/201506/20150601008662. shtml，访问日期：2015－10－18。

② 中华人民共和国驻老挝人民民主共和国大使馆经济商务参赞处，http：//la. mofcom. gov. cn/article/ztdy/201506/20150601009466. shtml，访问日期：2015－10－18。

③ Law on Investment Promotion，July 8，2009。

为一般投资、特许经营投资和经济特区投资。对于这三种投资，老挝均规定了审核程序，根据投资类别的不同，审核程序及批准所需的时间也不相同。投资者既可设立独资企业，也可通过合资、协议合作的方式与当地企业进行联合经营。国内外合资企业中，外国投资者所投资本不得低于企业总资本的10%。以合同形式联合经营是指通过合同约定出资，但不在老挝新设立公司或成立分支机构，且合同须经法院公证处公证。

除对环境会造成严重破坏、危害人民健康、危害社会治安的项目以及会对老挝文化传统造成破坏的项目禁止外国投资之外，老挝政府鼓励投资者在所有其他行业领域的合法投资活动，尤其是那些有助于加强基础设施、有利于帮助当地人民脱贫致富、培养本地人才、扩大就业的投资项目，能够得到不同程度的优惠。

对于外国投资者投资设立的幼儿园、各类学校等教育机构，老挝政府给予不同年限的免费租赁场地、免费使用土地的优惠。

外汇进出老挝需要申报。在老挝工作的外国人，其合法税后收入可全部转出。携带现金如超过10 000美元，在申报并获得同意后方可出入境。中资企业尚不能使用人民币在老挝开展跨境贸易和投资合作。

三、贸易法律体系

老挝贸易主管部门为老挝工业与贸易部。

老挝禁止进出口武器与毒品。禁止危险性杀虫剂、不良性游戏、淫秽刊物等商品的进口。而原木、石斛花等珍贵植物以及古董、佛像以及法律禁止出口的动物及其制品等商品则在允许进出口之列。①

① 本节参考商务部国际贸易经济合作研究院、商务部投资促进事务局、中国驻老挝人民民主共和国大使馆经济商务参赞处，“对外投资合作国别（地区）指南——老挝（2014年版）”，第21页。其他禁止出口的物品还包括锯材、自然林出产的沉香木；龙血树；藤条；硝石；古代圣物等。

需要进口许可证的商品则包含活动物、奶制品、未加工宝石等25类。[①] 活动物、虫胶等7类商品的出口则需要申请出口许可证。[②]

四、劳工法律体系

老挝《劳动法》规定雇员每周工作6天，每天不超过8小时，每周不超过48小时。特殊行业的雇员每天工作不超过6小时或每周不超过36小时。[③] 雇主在征得工会或工人代表和雇员事先同意的基础上可以要求雇员加班，加班时间每天不得超过3小时、每月不得超过45小时。[④] 工人每周至少休息一天，休息时间可与雇主协商确定。[⑤] 工作满一年以上者，可以申请15天带薪年假；从事重体力工作或者有害身体健康工作的，可以申请18天带薪年假。[⑥]

经双方一致同意，可终止雇佣合同。对于无固定期限劳动合同，任何一方均可终止合同，体力劳动的需提前30天通知对方；技术劳动的需提前45天通知对方。解除固定期限劳动合同须在合同期满前15天内通知对方。[⑦]

老挝政府根据每一个时期内生活成本的变化确保雇员的最低生活标准。在8小时工作时间以外加班的，白天加班每小时按正常工资的1.5倍发放加班工资；晚上加班按2倍发放。周末或节假日加班的，白天按正常小时工资

---

① 本节参考商务部国际贸易经济合作研究院、商务部投资促进事务局、中国驻老挝人民民主共和国大使馆经济商务参赞处，“对外投资合作国别（地区）指南——老挝（2014年版）”。其他需要进口许可证的商品包括鱼、水生物；食用肉及其制品、稻谷、大米；食用粮食、蔬菜及其制品；饮料、酒、醋；养殖饲料；水泥及其制品；燃油；天然气；损害臭氧层化学物品及其制品；化学制品；药品及医疗器械；化肥；部分化妆品；杀虫剂、毒鼠药、细菌；锯材；原木及树苗；书籍、课本；银块、金条；钢材；车辆及其配件（自行车及手扶犁田机除外）；游戏机；爆炸物等。

② 同上，其他需要出口许可证的物品还包括稻谷、大米；树脂、林产品；矿产品；木材及其制品；未加工宝石；金条、银块等。

③ 如与辐射或危险传染病直接接触的、危害健康的烟汽直接接触的、与危险化学品直接接触的职业及在坑道、地下沟渠、水下或空中作业的工作等。《老挝人民民主共和国劳动法》，2006年版，第16条，http://wenku.baidu.com/view/17e42649c5da50e2534d7f0c.html?from=search，访问日期：2015-10-20。

④ 同上，第18条第1款。

⑤ 同上，第19条。

⑥ 同上，第21条。

⑦ 同上，第28条。

的2.5倍发放；晚上加班按正常小时工资的3倍发放。工人轮值夜班的，即当晚10：00至次日凌晨5：00值班的，应额外支付不低于正常小时工资15%的补贴。[①] 任何用人单位均应通过社会保障基金出资参与社会保障机制。[②]

五、建筑法律体系

老挝工程建设除了世界银行、亚洲开发银行等国际组织援助项目及部分国家投资项目实行严格招标制度外，其他项目一般采用议标形式。[③]

外国自然人只有通过在老挝注册的公司才能在老挝承揽工程项目，但外国公司可以以自己的名义在承揽工程，而无须再成立当地公司。按老挝法律规定，外国承包商在老挝承包工程需获得许可。在老挝承包重大工程项目，一般是通过项目业主向老挝总理府报批，获批后即可签订工程承包协议并进行施工，监理单位可由施工单位推荐并由项目业主最终决定。

六、小结

近年来，老挝加大了对外开放的力度，法律修改与完善的脚步也随之加快。投资者在关注老挝的优惠政策时，需结合具体法律确定自己的权利与义务，以免发生争议。与老挝进行商品交易主要是通过现金的方式结算，因此，需特别关注汇率的变化。此外，老挝是佛教国家，投资者应入乡随俗，了解当地的民俗风情，尊重当地的民族文化。

---

① 《老挝人民民主共和国劳动法》，2006年版，第48条，http：//wenku.baidu.com/view/17e42649c5da50e2534d7f0c.html？from=search，访问日期：2015-10-20。

② 同上，第58条。

③ 商务部国际贸易经济合作研究院、商务部投资促进事务局、中国驻老挝人民民主共和国大使馆经济商务参赞处，"对外投资合作国别（地区）指南——老挝（2014年版）"，http：//www.fdi.gov.cn/1800000121_25_360_0_7.html，访问日期：2015-10-20。

柬埔寨王国

一、国情简介

柬埔寨王国（以下简称柬埔寨）位于亚洲中南半岛，绝大部分人口信仰佛教。货币是瑞尔，美元能够自由流通。官方语言是高棉语，会英语、法语和中文的人较多。

柬埔寨实行君主立宪制，立法、司法、行政三权分立。国内党派众多、派系矛盾尖锐，目前人民党全面掌控国会权力。

柬埔寨的矿产资源有金、磷酸盐、宝石、石油、铝土等；当地森林覆盖率高，盛产高级木材；水资源丰富，水产品种类多；服务业和旅游业是国民经济的支柱产业，但配套设施的落后限制了其发展。①

柬埔寨市场高度开放，政府鼓励投资农业、基础设施、矿产业、电力和银行业。该国出口欧盟的产品享受零关税待遇，出口美国的产品享受低关税。柬埔寨向中国出口的商品主要有木制品、针织服装、橡胶、非针织或非钩编服装，从中国进口的商品主要有棉花、工业机械、电子零件等。目前双方已经签订《关于柬埔寨精米输华的植物卫生要求议定书》《关于柬埔寨木薯干输华的植物检验检疫要求议定书》，但目前双方尚未签署有关避免双重征税的协定。

---

① 中国驻柬埔寨大使馆经济商务参赞处，http：//cb. mofcom. gov. cn/article/jmxw/，访问日期：2015－10－03。

二、投资法律体系

柬埔寨主管投资的专设机构是发展理事会，[①] 由重建发展委员会和投资委员会组成。该机构审查外国投资项目，批准合格项目申请，并颁发最终注册证书。但对于总投资额超过5000万美元、涉及政治问题或矿产及自然资源的勘探与开发、可能对环境产生不利影响的项目以及基础设施等项目，需提交内阁办公厅批准方可进行。[②]

（一）投资准入及相关程序

《柬埔寨投资法》鼓励外资投向基础设施及能源产业、创新和高科技产业、出口导向型产业等领域。[③]《柬埔寨投资法修正案实施细则》的附件对投资活动领域作出了进一步规定。精神及麻醉物质生产及加工等行业领域则禁止外商投资。[④] 在投资程序上，投资人须向发展理事会提交投资申请，该机构须在受理后45日内答复，否则可追究其法律责任。[⑤] 企业计划终止投资活动时，须以书面方式将原因告知发展理事会，并附投资人或其代理人签字。除通过司法程序解散外，企业均要向发展理事会提供其已清偿债务的证明和经济财政部要求的相关文件。被允许解散的企业之剩余资产可自由选择是否转移境外，但其免税进口未满5年的设备物资须补缴关税。[⑥]

（二）投资优惠

在柬埔寨投资可享受美、欧、日等28个国家给予的普惠制待遇，包括进出口的宽松配额和关税减免。

---

① 《柬埔寨投资法》，第3、4、7条。

② 中国信保"柬埔寨投资与经贸风险分析报告"，载《国际融资》2013年3期，第62页。

③ 鼓励外资的行业领域还包括促进就业的产业、旅游业、农工业及加工业、各省及农村发展、环境保护以及在特别开发区的投资。

④ 其他禁止外商投资的具体领域还包括使用国际规则或世界卫生组织禁止使用、影响公众健康及环境的化学物质生产有毒化学品、农药、杀虫剂及其他产品；使用外国进口废料加工发电以及为《森林法》所禁止的森林开采业务。

⑤ 《柬埔寨投资法》，第6、7条。

⑥ 同上，第20、21、22条。

对合格投资项目详细的投资优惠政策详见《柬埔寨投资法》第 14 条，该法附录还列举了享受投资优惠和不享受投资优惠的具体项目。

《柬埔寨投资法修正案实施细则》第 5 条规定，在发展理事会或省市级投资委员会取得最终注册证书的合格投资项目可免交利润税，进口生产设备和建筑材料可免税；当投资企业转让合格投资项目时，其享受的权利和待遇可一并让渡给收购人。第 6、7、8 条规定，投资者拟享受投资优惠及投资保障的，需填写投资建议申请表，提交发展理事会或省市级投资委员会，并缴纳一定的申请费。对于涉及柬埔寨国家利益或环境问题的特定项目，主管机构有权推迟注册，并在受理投资建议的 3 个工作日内告知申请人。投资建议申请通过的，核发最终注册证书，即日开始免除利润税。投资人有下列行为的，最终注册证书将被吊销：使用欺诈手段取得注册证书或守法证明的；收到注册证书后 6 个月内未启动投资活动的，但特许项目合同中对此期限另有约定的除外。

（三）企业设立

柬埔寨法律对投资活动的规定较为宽松，股东国籍或持股比例均不受限制，可以个人、合伙、独资、合资等形式设立企业，柬埔寨政府机构亦可作为合格投资项目的合资方。但当合资企业拥有或拟拥有该国土地或土地权益的情况下，非柬埔寨籍的实体投资者合计最高持股比例不得超过 49% 。[①]

在柬埔寨申请设立企业时，须向发展理事会和投资委员会提供投资项目的经济报告，经审议通过后，可获得财经部、海关、商业部、税务局等机构的免税批文和一站式服务。企业申请的免税批文根据产品类型而有所不同[②]：生产出口产品的企业应申请出口免税批文，享受免征利润税及税利附加税。为其他出口企业供货的生产性企业，应申请永久性免进口增值税批文和扶助工业批文，享受免征增值税。企业生产用于出口的产品，但缺少订单、需要

---

① 《柬埔寨投资法修正案实施细则》，第 13 条。

② “柬埔寨企业注册流程”，中国驻柬埔寨大使馆经济商务参赞处，http：//cb. mofcom. gov. cn/article/ddfg/201410/20141000758916. shtml，访问日期：2015 - 10 - 06。

做来料加工时，应申请扶助工业批文，享受免征加工税。

公司注册程序主要分为三个阶段：首先，在商业部法律处设立登记，约需2~3周；其次，在税务总局进行税务登记，约需2周；最后，在劳动与职业培训部的劳务登记，约需1~2周。涉及石油和矿产开发的项目须由主管机关进行前置审批。公司注册所需的文件主要包括：公司章程、存入最低资本金的银行确认函（注册最低资本金约为1000美元）、股东身份信息以及办公地点的所有权证书或租赁协议。上述文件应使用柬文、英文或法文，否则须经翻译并由投资者国籍国的主管机构公证。①

（四）土地的所有与使用

柬埔寨严禁外国人获得该国土地的所有权，伪造柬籍身份购买王国土地的外国人依据《柬埔寨土地法》第251条的规定，将面临1~5年的有期徒刑，其购买的土地无偿收归国有。② 在建筑物方面，《外国人房屋产权法》允许外国人购置公寓（除底层以外），并可以自己的名义转售和出租；但外国投资者对同一栋公寓的所有权比例不得超过70%，除非整栋公寓已向土地管理局注册为共同拥有物业。

投资者可申请最长期限为99年的土地使用许可，但必须用于社会或经济目的，如建立民用建筑、耕耘国家土地、为工业化农业开发清除土地，且被许可的土地使用权不得转让。③ 如果被许可人不遵守合同规定的特殊条款，或工业化耕作的土地许可未在12个月内开发的，该许可将被撤消。④ 此外，投资者开发矿产时需向该区域的土地所有者支付开发许可费。⑤

用于投资活动的土地，其所有权只能为由柬埔寨籍自然人或法人直接持有一半以上股份的企业所有；该国允许外国投资者长期租赁土地，最长租期

① "如何在柬埔寨注册设立公司"，http：//blog. sina. com. cn/s/blog_ 6269b3eb0100h9yl. html，访问日期：2015-11-15。

② 见《柬埔寨土地法》，第8条。

③ 同上，第49、50、61条。

④ 同上，第55、62条。

⑤ 同上，第128条。

为70年，可申请展期。[1] 但在该租赁土地上的建设事宜必须由其产权所有人申请建筑许可证。

经济特许地[2]是当地政府为鼓励投资种植园和农场的一项土地优惠政策，企业可以较低租金租用土地70～99年。开发项目要取得环保评估报告，确认开发行为对环境有益。目前中国有约20家公司在柬经营经济特许地，主要从事橡胶、木薯和大米的种植。然而自该政策实施以来，外资企业与原住居民的矛盾不断激化，2012年后柬埔寨政府不再批准新的经济特许地。

（五）外汇管理

外国投资者可以在柬埔寨银行系统购买外汇汇往国外，前提是该外汇必须用来清偿与投资有关的债务，此类清算包括：支付进口货款、偿还贷款本息；支付特许费及管理费；利润转移；汇出投资资本。[3]

根据《柬埔寨外汇法》规定，通过政府授权银行进行的外汇业务不受管制，但单笔转账金额达到10 000美元以上的，授权银行应向国民银行报告。在该国商业主管部门注册的企业均可开立外汇账户。

（六）企业税负

《柬埔寨税法》《柬埔寨税法修正法》《柬埔寨财经法》《关于营利税的第18号和19号令》《关于房屋和土地出租税的第21号令》《关于鼓励投资的优惠税收法令》构成柬埔寨的税收法律体系。

按纳税人的经营规模、经营种类和产品标准来决定适用实际税制、简化税制或承包税制，各税制的详细计算方法规定在《柬埔寨税法》第6条，该法第29、30条规定了不同税制下的纳税人义务，柬埔寨的主要税种包括利润税、最低税、工资税、增值税、保险税等。其中，利润税税率按公司类型、业务类型和营业水平确定，一般为20%，超过免税期限的投资企业为9%，

---

① 《柬埔寨投资法》，第16条。

② “柬埔寨加强经济特许地监管，中资企业需注意”，http：//cb. mofcom. gov. cn/article/ddfg/201408/20140800707061. shtml，访问日期：2015－10－14。

③ 《柬埔寨投资法》，第11条。

石油产品、天然气、经营自然资源的项目为30%。[①] 企业分配红利之前的纳税规定详见《柬埔寨税法》第23条。最低税由采用实际税制的纳税人缴纳，税率为企业年营业额的1%，于年度利润清算时缴纳；利润税达到年营业额1%以上的，仅需缴纳利润税。增值税税率为10%，从该国出口的货物免交增值税。[②] 非居民源于该国境内的工资须缴纳工资税，根据分段累进税率计算，由雇主在发放工资时提前扣留，最迟于次月中旬送至税务机关。[③] 房产税税率为0.1%，起征点是单笔价值约为20 000美元的房地产。[④]

根据《柬埔寨投资法》第14条规定，根据投资项目性质及优先发展级别制定税收优惠政策；自投资项目初次赢利起算，享受3~8年的免税期，并允许亏损结转5年；免税期满后按税法交纳税率为9%的所得税；如项目利润用于境内再投资，免征该部分利润的全部公司税。对于红利、投资收益汇出以及境内分配的部分不征税。

三、贸易法律体系

柬埔寨与贸易有关的法律法规包括《进出口商品关税管理法》《关于制衣行业原产地证书、商业发票、出口许可证核发的规定》、《关于商业公司贸易行为的规定》《关于实施装运前检验服务的规定》《加入世界贸易组织法》《关于风险管理的次法令》《关于成立海关与税收署风险管理办公室的规定》等。

（一）海关管理

柬埔寨商业部负责进出口免税审批的核准手续，经济财政部海关与税务司负责监管外贸活动。

在多数情况下，进口货物无须许可证，但部分产品需要获得相关政府部

---

① 《柬埔寨税法》，第20条。

② 同上，第64条。

③ 同上，第52、52条。

④ “柬埔寨关于企业税收的规定”，东盟网，http://news.asean168.com/a/20141204/756.html，访问日期：2015-10-29。

门特别出口授权或许可后方可出口。法律禁止或严格限制出口的产品包括文物、麻醉品和有毒物质、原木、贵重金属和宝石、武器等。2013 年初，柬埔寨政府明令禁止红木的贸易与流通。此外，服装出口需向商业部缴纳管理费；普惠制下服装出口至美国或欧盟的，需获得出口许可证。①

海关与税务司、进出口检验与反欺诈局联合负责进出口商品的检验工作，检验地点为工厂或港口。目前，柬埔寨的全部进出口货物均须接受检验，政府正计划逐年降低检验比率。根据《关于实施装运前检验服务的规定》，价值 5000 美元或以上的进口货物，在出口国进行装运前必须进行检验，其检验报告和其他检验文件须送呈柬埔寨海关，货主凭检验单据到海关交纳税款并提取货物。根据《关于成立海关与税收署风险管理办公室的规定》，清关采用了计算机化海关清关综合系统和一站式服务系统以减少腐败滋生。

（二）关税制度

根据《柬埔寨投资法》第 14 条规定，对于用于以下项目的建筑材料、生产工具、设备、半成品、原材料及零配件，免征全部进口关税：产品 80% 以上用于出口的出口导向型项目；特别开发区内的投资；旅游业、劳动密集型产业、加工业及农工业。柬埔寨出口产品的出口关税全部免除。但对于出口导向型或设立在特别开发区内的基础设施和能源产业，关税优惠仅适用于厂房施工阶段和生产运营的第一年。该法的附件二列举了可免征关税的货物，包括：投资项目用建筑材料；直接用于生产的机械；除管理设备、运输及分销设备以外的直接用于投资项目的其他设备；用于上述第二、第三项所述机械设备的零件；直接用于生产的原料和半成品。

柬埔寨进口关税税率由 7%、15%、30%、35% 和 50% 五种税率构成，现有税率级别如下：进口免税物品；初级产品和原材料的关税税率为 7%；

① “《关于制衣行业原产地证书、商业发票、出口许可证核发的规定》”，南博网，http://cambodia.caexpo.com/zcfx_jpz/fghj/2015/07/15/3648292.html，访问日期：2015-10-05。

资本货物、机械设备及本地可用的原材料的关税税率为15%；成品、酒精、汽油产品、汽车、贵重金属和宝石的关税税率为35%。[①] 所有进口产品统一征收10%的增值税。在东盟共同关税体制下，除少数特例商品外，柬埔寨关税税率已于2010年降至0~5%。出口方面，除天然橡胶、未经加工的宝石、经加工的木材和水产外,[②] 一般货物不需缴纳出口关税。

根据《中华人民共和国政府与东南亚国家联盟成员国政府全面经济合作框架协议货物贸易协议》附录一第6条的规定，中国与东盟各成员国应不迟于2012年1月1日前取消所有正常类税目的关税。

四、劳工法律体系

（一）劳动法概要

《柬埔寨劳动法》对工资的扣减标准作了严格限定，雇主只有在雇员有过错的情况下才能扣减工资，且扣减后发放的工资不能低于最低工资。[③] 该法还明文列示了绝对不可扣减工资的情况，如因员工违反规章制度或者拒绝加班进行罚款、扣减部分工资作为续签合同的保证金等。

劳动者晚上22点至次日5点工作的，属于夜间工作，须支付按小时支付1.3倍的工资。加班仅限于紧急和例外事项，且必须员工自愿，每天加班时间最长不超过2小时。加班费的计算分为三种情况。[④]

工作场所满50人的，必须设置医务室。工作场所的采光、噪声、通风、温度等在该法中都有详细规定。企业可以雇佣15周岁以上的人，但劳动部强

① "柬埔寨进出口关税"，中国驻柬埔寨王国大使馆，http://kh.china-embassy.org/chn/jpzzx/t1262234.htm，访问日期：2015-10-05。

② 天然橡胶：2%、5%或10%的梯级税率；经加工的木材：税率为5%或10%，视木材的等级和加工程度而定；鱼类和其他水产产品、未经加工的宝石：税率为10%。

③ 柬埔寨政府只针对纺织、服装和制鞋业规定了最低工资，其余行业只要求"所支付的工资足以维持人格尊严"。2014年，纺织、服装和制鞋业的最低工资为128美元，试用期员工最低为123美元。

④ 周一至周六加班，1.5倍工资每小时；周一至周六夜间加班，2倍工资每小时；周日或公休假日加班，2倍工资每小时。

烈建议只雇佣年满18周岁的人。企业可以设定最长不超过3个月的试用期。

劳动争议一般通过协商、调解、仲裁、罢工和诉讼的方式解决。在劳动争议解决期间，员工一方不得罢工，企业一方也不得阻止员工工作。通常争议双方先协商解决争议，协商不成的，再自愿选择是否进入调解程序；调解由劳工部主持，在受理后的15日内完成。调解达成一致后，双方必须执行；调解不成的，将争议提交仲裁委员会处理。争议双方在收到仲裁裁决后8日内如无异议，则必须执行该裁决。

（二）外籍劳工管理制度

《柬埔寨劳动法》严格限制外来劳工来本地就业，但从2002年至今都未得到有效的施行。[①]

外国人在柬埔寨工作的，必须获得劳动部的许可。劳动与职业培训部为柬埔寨劳动就业的政府主管部门，其下设的外国劳工管理委员会负责管理所有来柬埔寨就业的外国劳工，协助外国劳工与雇主解决相关事宜。[②] 2014年劳动部和内政部联合发布规章，要求企业提交雇佣外国人的详细情况，并规定了企业雇佣外国人的比例。企业须在每年的11月底前向劳动部提出配额申请，说明下一年拟雇佣的外籍雇员数量和雇佣外国人的理由。获得配额批准后，企业最迟在第二年的3月底前须帮助每个外籍员工申请当地工作许可。非法雇佣外国人的企业将被处以最高180美元的罚款，外国人可能被驱逐出境。

企业雇佣外籍员工的前提[③]是柬埔寨公民中无具备相应资质及专业技能人选。受雇外国人必须持有合法护照、有效签证、无传染性疾病、适合工作，还要向发展理事会提交护照、学历和学位证书副本及简历等相关文件。原则上要求企业优先雇佣柬埔寨人，可以雇佣外国人作为技术人员、管理人员和

---

① “柬埔寨劳动法概要”，中国驻柬埔寨大使馆经济商务参赞处，http：//cb. mofcom. gov. cn/article/ddfg/201504/20150400944762. shtml，访问日期：2015 - 10 - 04。

② “柬埔寨外劳十问”，东盟网，http：//www. asean168. com/a/20140814/27553. html，访问日期：2015 - 10 - 07。

③ 《柬埔寨投资法》，第18条。

专家、工程师或者其他专业工作人员。[①] 雇佣的外国人一般不得超过柬籍员工总数的10%，超过10%的，企业需要详细说明特别理由。[②]

五、建筑法律体系

柬埔寨的建筑主管部门有发展理事会、国土规划与建设部。此外，省市级的政府主管部门有权批准当地的建筑许可。柬埔寨在当地建筑工程承包方面无特别限制，只要具备资质的外国公司均可参与承包和投标。[③]

（一）建筑施工

《柬埔寨建筑施工法》的管理原则是：保证公共安全和公民健康，保留城市规划和农业发展所必须的土地；优先保护当地居民住宅，尤其是木质房屋；禁止有害自然环境或有可能扩大污染的建筑施工。[④]

根据该法，包括新建、翻修、扩大面积等在内的任何建筑施工都必须事先获得建设许可。由柬埔寨政府、自治局和省政府派出的授权代表组成委员会，负责召集建设许可申请人、审查其资质和申请文件并发布建设许可，审批时间为申请提交之日起的45日内。申请建设许可需要提交以下文件：土地所有权证或房屋产权证明；经过土地管理局认证的建筑物详细情况，包括申请者对建筑物的所有权比例、建筑物的名称、地址、规格、附近的方向标志和公共道路等；建筑施工方案；申请人或实际承包方的公司资质。上述文件需以柬文写就，一式10份，可使用英文和法文文本作为附件，须附土地所有者、建筑所有者或实际承包方的签名。

该法对建筑施工现场做了严格的规定。禁止占用公共区域堆放建筑材料。

---

① 《柬埔寨投资法》，第14条。

② 《柬埔寨劳动法》，第261条。

③ "柬埔寨建筑工程"，东南亚商务通，http：//finance huanqiu. com/roll/2015 -08/7235197. html，访问日期：2015 -10 -07。

④ "《柬埔寨建筑施工法》"，百度文库，http：//wenku. baidu. com/link? url = Qo7yhexqmZnC17_KPKT3W6xNpcH1GBVG6g9r2RhMoKPYBPzp9VS6nA8ZrWBPvPn_ eZQFKdYQkek，访问日期：2015 -10 -20。

当建设施工必须暂用或可能影响到公共用地时，必须在施工现场周围设置护栏，且护栏离人行道的距离不得低于2米。施工结束后一周内，所有暂设的护栏和遗留的建筑材料必须被清理干净，否则由政府相关部门代为清理并由建设方支付清理费和罚款。省市级的政府行政部门有权在任何时间勘察或控制施工现场，如果他们发现建筑施工不符合法律规定，有权采取暂停施工、责令限期整改等强制措施。

（二）关于BOT合同的规定

在柬埔寨的BOT合同仅能是国家、公共法人作为许可方，私人法人作为被许可方的项目，且必须是发展理事会或政府授权单位的道路、医院、学校、机场等公共基础设施项目。①

由被许可方交纳履约保证金并负责合同规定的基础设施营运的所有费用。被许可方有权转让给第三方其在合同项下的权利，但必须满足以下条件：按照合同已完成全部投资的30%以上；获得柬埔寨政府或许可方的同意。② 对于已完成的项目部分，被许可方与第三方负连带责任。此外，当被许可方进入破产程序，或经许可方多次警告仍不履行合同主要义务，或违反柬埔寨法律法规时，柬埔寨政府有权罚款、中止或撤销合同，并不给予任何补偿。③

任何以柬埔寨公共法人名义批准的BOT合同，应由该公共法人的主管部门决定被许可方。④ 批准机构应在被许可方按照财经部长命令交纳履约保证金后，颁发BOT许可证，该许可证应明确BOT合同有关各方的权利和义务。⑤

六、小结

我国与柬埔寨的经济互补性较强，在农业、能源和矿产资源开发领域的

---

①《柬埔寨关于BOT合同的规定》，第2、3条。

② 同上，第7条。

③ 同上，第8条。

④ 同上，第10条。

⑤ 同上，第11条。

合作潜力较大。国内企业可抓住中国—东盟自贸区建成的机遇“走出去”，充分利用柬埔寨的劳动力优势、土地优势以及其出口欧美市场享受的优惠政策。

但柬埔寨的投资环境存在一定的风险。[①] 一是当地劳动生产率偏低，罢工、抗议活动较多，容易影响企业的正常运营。二是外资企业与当地居民的土地纠纷较为严重，有时会影响到投资项目的进展。

① “‘一带一路’之柬埔寨投资法律规则与实践”，和讯网，http：//forex. hexun. com/2015 - 08 - 10/178213133. html? from = rss，访问日期：2015 - 10 - 03。

越南社会主义共和国

一、国情简介

越南社会主义共和国（以下简称越南），位于中南半岛东端。其首都为河内，最大城市是胡志明市。[①]

共产党是越南唯一的执政党，直接管理越南的行政、司法和立法各个部门，政务职位由共产党员担任。最高军事决策机构为中央军事党委，其书记由越共中央总书记兼任，依靠国防部同意领导和指挥全国的武装军事力量。

越南的主要产业部门是制造业和农业，主要的出口产品为原油、海洋产品、大米、咖啡、橡胶、茶、服装、鞋子及胡椒粉，而主要进口产品包括机械设备、石油产品、化肥、钢材、粮食和摩托车。

二、投资法律体系

（一）投资主管机关

越南投资主管机关为国家计划投资部外国投资局，其隶属于国家计划投资部对外投资机构，直接管理和促进外国在越南的投资项目，同时也直接审阅越南在外国投资等事宜。

（二）投资相关法律规定

越南存在两种投资形式，即直接投资和间接投资。前者指的是投资者投

---

① “越南国家概况”，中华人民共和国驻越南社会主义共和国大使馆经济商务参赞处，http://vn. mofcom. gov. cn/article/ddgk/zwdili/201508/20150801088091. shtml，访问日期：2015－11－08。

入资本，并且参与投资活动当中，包括投资成立经济组织、通过合资经济组织开展活动、以出资购买经济组织的股份、入股出资额的形式参与投资、PPP合同、BCC合同；后者指的是投资者通过购买证券或者中介金融机构进行投资，而并不直接参与其中。

《越南投资法》附录一中规定的毒品，附录二中规定的化学品、矿物质，附录三中规定的自然濒危野生、一类稀缺动植物标本，卖淫活动，贩卖和购买人口、人体标本、肢体，与人类无性繁殖有关的投资活动以及《濒危野生动植物种国际贸易公约》附录一中规定的野生动植物标本禁止外商投资经营。《越南投资法》附录四则对有条件准入投资行业、领域目录进行了具体规定。

（三）公司设立

外资在越南投资设立公司的类型主要为外商独资工厂、外商独资商贸公司和联营公司。外商独资工厂要求股东人数为1～50人，没有内外销比例的限制；联营公司要求至少一名外资股东和一名内资股东，外商的股权比例最高可以达到90%。越南的法律对于外资企业的投资总额和注册资本没有作出限制，但法定资本不少于投资额的30%，其中鼓励类及金额较大的，法定资本准予调降至投资额的20%。

三、贸易法律体系

（一）贸易主管机关

越南的贸易主管部门是工贸部，与贸易相关法律主要包括《商法》《进出口税法》《个人所得税法》以及《海关法》等。

（二）税收相关规定

越南税收种类主要包括企业所得税、个人所得税和增值税。

企业所得税的纳税人分为居民企业和非居民企业。居民企业应当就其来源于全世界的经营所得纳税，非居民企业仅就来源于越南的经营所得纳税。内资企业、外资企业、外国企业的分支机构以及不受《外国投资法》约束的外国承包商适用的“经营所得税”的标准税率为25%。[①] 32%～50%的高税率则适用于石油、天然气等自然资源部门企业；教育、保健、特定经济区与社会经济状况条件较差地区的新建企业适用10%和20%的优惠税率。优惠税率有时段限制，通常为十年，之后恢复适用25%的正常税率。

针对不同的商品和劳务，增值税税率分为零税率、5%和10%（标准税率）三类，其中，出口货物和劳务适用零税率；标准税率适用于货物或服务贸易；5%或零税率的适用取决于交易特性、农业交易以及基于教育目的的商品贸易适用5%的税率。

（三）进出口相关规定

越南禁止进口的商品主要包括烟草制品、麻醉剂、毒品、武器弹药等危险品以及含有石棉的产品和材料等。禁止出口的商品主要包括毒品、有毒化学品武器弹药和军事装备器材、古玩、野生动物和珍惜动物等。

越南现行关税制度包括普通税率、最惠国税率、东盟自由贸易区税率和中国—东盟自由贸易区框架下特别优惠税率这四种税制。普通税率最高，适用于与越南建立正常贸易关系的国家；中国产品享受最惠国税率，同时根据中国—东盟自由贸易区框架下特别优惠税率的规定，到今年为止，越南将对少量敏感产品外的商品适用零关税。

（四）外汇相关规定

相比较于外汇的流出，越南国家银行对外汇流入的管理更加严格。只有银行、非银行信贷机构和其他授权机构能够提供外汇兑换服务。2015年5月7日，越南央行将越南盾兑美元的基准汇率降为1美元兑21 673越南盾。

越南居民与非居民在购买、转账或携带外汇出境时，需要提供相关支持文件。通过进出口或境外收入方式获得外汇的居民，需要将其外汇转入外汇账户中，此账户必须开设于越南授权信贷机构下。

---

① 国家税务总局，http：//202.108.90.130/2013/n1586/n1904/n1933/n31845/n31866/n31868/c310466/content.html，访问日期：2015－11－08。

外国直接投资者，必须在授权信贷机构开设直接投资外汇账户。如越南盾为投资货币，外国投资者必须在其账户的授权信贷机构开设直接投资越南盾账户。通过直接投资活动获得的收入，外国投资者可以购买外汇且在购买外汇后的30天转账到国外。

如果居民发行股份、投资资金证明或其他形式证券，必须在授权信贷机构开设外汇账户。非居民组织可以在越南发行越但其处理与证券发行有关的越南盾收入和支付交易等时必须开设越南盾账户。

四、劳工法律体系

（一）劳工主管机关

越南政府对全国劳动领域进行国家统一管理；社会荣军劳动部负责执行政府对劳动领域的国家管理工作；各部会、部级机关在其任务及权限范围内，负责与社会荣军劳动部配合，对劳动领域执行管理；各级人民委员会负责执行辖区政府劳动管理工作。

《越南劳动法》与相关规定形成了完整的劳工保护体系，这些规定包括：《工会法第10条规范工会代表并保护劳工合法和正当权益的权限及责任条文之实施细则》《劳动法劳动和约若干条文之实施细则》《劳动法作息时间、职场安全及卫生若干条文之实施细则》《劳动法劳资纠纷若干条文之实施细则》《劳动法薪资若干条文之实施细则》《劳动法第54条第3项规定人力中介企业活动许可证核发/缴交保证金及外包劳工适用作业项目清单之实施细则》《有关劳动法第63条第3项在职场落实基层民主规则的实施细则》。

（二）劳工相关规定

《越南劳动法》第22条规定劳动合约分为无固定期限劳动合约、固定期限劳动合约和季节性劳动合约三类。

劳动合约应当以书面形式签订。但是从事3个月以下的临时作业，双当可以口头劳动合约的方式进行缔结。约定的劳动条件不能够低于国家劳动基准、团体协议及企业内部规定的水准，当企业发生合并、分立等事项时，存续企业的雇主应当承受原雇主的劳动契约责任，如无法如数留用劳工，则应当依法编订劳工使用计划。企业因特殊状况或生产需要而调转劳工工作种类时，应提前3天发出通知，说明调转期间并为劳工安排事宜的作业环境。

五、建筑法律体系

（一）建筑主管机关

越南的建筑主管机构是越南建设部。建设部是履行建设、建筑规划，建设投资活动，都市发展，都市及工业区、经济区、高新技术开发区的技术基础设施，住房、办公场所、房地产市场、建材等职能的政府部门。

（二）土地相关规定

越南法律规定，土地的所有权属于国家，但其使用权可以由集体和个人享有。使用权的期限可以分为长期稳定使用和有期限使用两种情况，后者分为5年、20年、50年、70年、90年不等。

外国投资者可以通过租赁方式获得越南土地使用权，使用期限一般为50年，在特殊情况下最多可以申请延长至70年。外国投资者应当与项目所在地的土地管理部门联系，办理土地交接和租用手续，从而获得土地使用权。在使用过程当中，当地政府可以协助进行征地拆迁，但补偿费用由投资者自行负责。若在使用权期限内投资人仍未实施项目，或土地实际使用情况与批准内容不符，越南政府有权收回土地，并撤销其投资许可证。

六、小结

总而言之，越南在吸引外资政策方面缺少具体的行业政策法规，同时投资申请手续繁多、审批周期长。出于产业调整或保护国内企业利益的目的，越南进口关税经常会发生变动，给外资企业的正常生产和经营带来影响。同时，外资企业在生产经营过程中不仅要按照规定交付固定费用，还需要缴纳额外的高昂费用。中国企业在越南进行投资时，要注意相关问题。

文莱达鲁萨兰国

一、国情简介

文莱达鲁萨兰国（以下简称文莱），位于加里曼丹岛西北部，北濒南中国海。首都是斯里巴加湾市，国语为马来语，英语通用。伊斯兰教为其国教。文莱实行“马来、伊斯兰和君主制”三位一体的政治制度。1995 年，成为世界贸易组织成员国。

文莱是东南亚主要产油国和世界主要液化天然气生产国。石油和天然气的生产和出口是国民经济的支柱，约占国内生产总值的 67% 和出口总收入的 96% 。[①] 外商对文莱的主要投资领域为采矿业、制造业、建筑业和批发零售行业。[②] 文莱主要出口商品为矿物燃料、机械和运输设备、化学药品和各类制成品，进口机械和运输设备、化学制品、制成品和食品。[③] 中方从文莱进口的商品主要是原油，向其出口的商品主要为纺织品、建材和塑料制品等。[④]

---

① 中华人民共和国外交部网站文莱国家概况，http：//www. fmprc. gov. cn/mfa_ chn/gjhdq_ 603914/gj_ 603916/yz_ 603918/1206_ 604714/，访问日期：2015 - 10 - 21。

② 文莱达鲁萨兰国政府，http：//www. depd. gov. bn/SitePages/Foreign% 20Direct% 20Investment. aspx，访问日期：2015 - 10 - 22。

③ 文莱经济计划发展局，http：//www. depd. gov. bn/DEPD% 20Documents% 20Library/DOS/IMTS/2015/IMTSJuly_ 2015. pdf，访问日期：2015 - 10 - 22。

④ 中华人民共和国外交部，http：//www. fmprc. gov. cn/web/gjhdq_ 676201/gj_ 676203/yz_ 676205/1206_ 677004/sbgx_ 677008/，访问日期：2015 - 10 - 21。

二、投资法律体系

文莱主管国内投资和外国投资的政府部门为工业与初级资源部和经济发展局。武器、毒品及与伊斯兰教义相悖的行业等属于文莱禁止投资的行业；林业不对外资开放；鼓励化工、制药、制铝、建筑材料及金融等行业。

2001 年新的投资法令明确了先锋行业和先锋服务公司等，并为其提供相应优惠政策。先锋产业是指符合公众利益，具有良好发展前景及领先性，且在文莱未达到饱和程度的产业。先锋产品主要包括 13 个子项，① 先锋服务主要包括 16 个子项，此类先锋服务公司可享受免所得税以及可结转亏损和补贴待遇。② 除此之外，该投资法令还对出口型生产企业、服务出口、国际贸易作出了相关规定。

出口型生产企业，即从事农业、林业或渔业的企业，若产品出口不低于其销售总额的 20%，且年出口额不低于 2 万文元，文莱工业与初级资源部可认定其为出口型生产企业并颁发证书。③ 出口型生产企业申请续期每次不超过 5 年，最长不超过 20 年。

出口型生产企业如果满足下列条件之一，则可获得 15 年的免税期：已经或者将要发生的固定资产开支不低于 5000 万文元；固定资产开支在 50 万文元以上、5000 万文元以下，本地公民或持居留许可人士占股 40% 以上，且该

---

① 中华人民共和国外交部网站，先锋产品包括航空食品、搅拌混凝土、制药、铝材板、轧钢设备、化工、造船、纸巾、纺织品、听装、瓶装和其他包装食品、家具等。

② Investment Incentives Order 2001Pioneer Service Companies，http：//www. bedb. com. bn/index. php/invest－in－brunei/business－and－investment－incentives/，访问日期：2015－10－23。先锋服务主要包括涉及实验、顾问和研发的工程技术服务；计算机信息服务和其他相关服务；工业设计的开发和生产；休闲和娱乐的服务；出版；教育产业；医疗服务；有关农业技术的服务；有关提供仓储设备的服务；组织展览和会议的服务；金融服务；商业顾问、管理和职业服务；风险资本基金业务；物流运作和管理；运作管理私人博物馆；部长指定的其他服务和业务。

③ Investment Incentives Order 2001，Production For Export，http：//www. bedb. com. bn/index. php/invest－in－brunei/business－and－investment－incentives/production－for－export，访问日期：2015－10－23。

企业已经或将要促进文莱经济或科技发展。①

服务出口，即企业出口下列服务，自服务提供日起最长可获得11年的免除所得税及抵扣补贴与亏损的待遇：建筑、分销、设计及工程服务；顾问、管理监督、咨询服务；机械设备装配以及原材料、零部件和设备采购；数据处理、编程、计算机软件开发、电信及其他信息通信技术服务；会计、法律、医疗、建筑等专业服务；教育、培训；文莱工业与初级资源部认可的其他服务。②

国际贸易，即从事国际贸易的企业，只要符合下列条件之一，自开始进出口业务之日起可获得8年的免税期：（1）从事合格制成品或文莱本地产品国际贸易的年出口额超过或有望超过300万文元；（2）从事合格商品转口贸易的年出口额超过或有望超过500万文元。③

三、贸易法律体系

文莱工业与初级资源部主要负责贸易政策的制定和实施。2010年1月，中国—东盟自贸区正式建成，文莱作为老“东盟六国”之一，对中国90%以上约7000种产品实行了零关税政策。

文莱实行自由贸易政策，但对石油天然气的出口加以控制，对动物、植物、木材、大米、食糖、食盐、文物、军火等少数物品实行出口许可证管理。出于环境、健康、安全和宗教方面的考虑，文莱海关对少数商品实行进口许可管理。

文莱禁止有关毒品、淫秽品、印有钞票式样的印刷品等物品的进口，对

---

① Investment Incentives Order 2001，Production For Export，http：//www. bedb. com. bn/index. php/invest – in – brunei/business – and – investment – incentives/production – for – export，访问日期：2015 – 10 – 23。

② Investment Incentives Order 2001，Export Of Services，http：//www. bedb. com. bn/index. php/invest – in – brunei/business – and – investment – incentives/export – of – services，访问日期：2015 – 10 – 23。

③ Investment Incentives Order 2001，International Trade Incentives，http：//www. bedb. com. bn/index. php/invest – in – brunei/business – and – investment – incentives/，访问日期：2015 – 10 – 23。

水泥、锌皮瓦片等商品实行临时禁止进口，严格限制酒精饮料的进口。

农作物、大米、糖、盐、军火等物品的进口分别需要不同的主管部门签发进口许可证。具体情况详见中国驻文莱大使馆经济商务参赞处网站以及商务部国别指南文莱部分的内容。[①]

四、劳工法律体系

文莱劳动法要求雇主必须在每个月的上旬之前支付职工工资，否则将会面临1500文元以下的行政处罚；未获得许可即雇佣外来劳工则会受到10000文元或入狱6个月至3年的处罚。文莱正常工作时间为每天8小时，超过8小时的部分视为加班，目前加班工资水平无法律规定。[②]

外国人到文莱就业需要先向劳工局申请，申请者需提供一定押金或银行担保，经劳工局推荐后，由移民局颁发许可证。工作准证签发后6个月内不得更改。

2014年5月，文莱政府开始收紧外籍劳工准入政策，取消所有已批准但尚未使用的劳工配额。新劳工政策对必须雇佣本地员工的岗位作出了规定，具体包括批发零售、酒店服务、通讯技术等领域的诸多岗位，如收银员、司机、售货员、面点师等；已经使用的劳工配额和现有的经营许可在申请延期时将适度削减；企业如不提高本地员工比例，将较难获得经营许可；非本地居民申请开办咖啡馆、快餐店等传统餐饮业将受限，并无法在乡村地区开办企业；根据企业本地雇员与外籍雇员的比例，雇主每引进一名外籍劳工需缴纳480~960文元的外劳税。[③]

文莱通过“雇员准备基金”对雇员进行保护，除工资外，所有雇主和雇

---

① 商务部国际贸易经济合作研究院、商务部投资促进事务局、中国驻文莱大使馆经济商务参赞处，“对外投资合作国别（地区）指南——文莱（2014年版）”，http://www.fdi.gov.cn/1800000121_25_367_0_7.html，访问日期：2015-10-22。

② 同上。

③ 中华人民共和国驻文莱达鲁萨兰国大使馆经济商务参赞处，http://bn.mofcom.gov.cn/article/ddfg/laogong/201405/20140500603656.shtml，访问日期：2015-10-22。

员均须按雇员工资的5%向文莱雇员准备基金缴费；此外，雇主还须交纳雇员保险和医疗体检费，前者根据雇员工资水平确定，后者为每人38文元。[①]

五、建筑法律体系

发展部是文莱主管承包工程的主要机关，负责发放建筑工程许可证并对承包工程进行监督审查。政府项目必须采取招投标方式进行，一般须承包方带资进行，但政府会根据工程进度支付相应的款项且一般情况不会出现延误。外国投资者只能通过与当地企业合资、合作的方式投标或者接受当地企业的项目分包。如与当地企业合资成立公司，则应向发展部公共工程局申请建筑工程执照。

私人工程一般不公开招标。外国建筑商承包私人开发项目不需要有政府建筑执照，但必须得到劳工局的批准才可以申请公司职员和技术人员进入文莱的工作准证（本地注册的公司可以协助办理）。文莱对外国承包商承包当地工程没有规定禁止领域，但承包合同金额较小的项目只能由本地企业或与本地企业合资承包。[②]

六、小结

近年来，文莱收紧了外籍劳工政策，投资者应注重人才的本土化，加强对员工职业技能的培训。文莱的节假日比较多，政府部门的办事效率会受到影响，投资者应加以考虑，规划好时间。文莱是一个伊斯兰教国家，我国投资者前往文莱投资应当入乡随俗，尊重伊斯兰教文化。

---

① 中华人民共和国驻文莱达鲁萨兰国大使馆经济商务参赞处，http：//bn. mofcom. gov. cn/article/ddfg/laogong/201507/20150701032018. shtml，访问日期：2015 - 10 - 22。

② 商务部国际贸易经济合作研究院、商务部投资促进事务局、中国驻文莱大使馆经济商务参赞处，"对外投资合作国别（地区）指南——文莱（2014年版）"，http：//www. fdi. gov. cn/1800000121_ 25_ 367_ 0_ 7. html，访问日期：2015 - 10 - 22。

菲律宾共和国

一、国情简介

菲律宾共和国（以下简称菲律宾）地处亚洲东南部，首都为大马尼拉市。马来族是其最主要的民族。天主教为其主要宗教。

菲律宾实行总统制。总统是国家元首、政府首脑兼武装部队总司令。菲现行宪法于1987年2月11日生效。国会为最高立法机构，司法权属最高法院和各级法院，自由党为现执政党。①

菲律宾为出口导向型经济。第三产业地位突出，以农业和制造业为主。阿基诺总统执政后，增收节支，加大对农业和基础设施建设的投入，扩大内需和出口，国际收支得到改善，经济保持较快增长。菲律宾近年来大力发展对外贸易，与150个国家缔结贸易关系，积极促进出口商品多样化和外贸市场多元化。非传统出口商品已超过了传统商品出口总额。

二、对外投资法律体系

（一）投资主管部门

菲律宾贸易和工业部（Department of Trade and Industry，简称DTI）负责菲律宾的对外投资相关事宜。具体的对外投资相关的政策则由DTI下设的

① 中国驻菲律宾共和国大使馆，http：//www. fmprc. gov. cn/ce/ceph/chn/flbgk/jbqk/，访问日期：2015－10－23。

投资署、经济特区管理委员会负责。此外，菲律宾在苏比克、克拉克等地设立了自由港区或经济特区，并成立了相应的政府机构进行管理。

（二）贸易相关法律

1.《1987 年综合投资法典》

该法调整菲律宾对外投资事宜并具体阐述其投资政策，为菲律宾投资方面的基本法。此外，《1987 年综合投资法典》还为菲律宾企业提供了一系列与国家优先发展领域相关的综合激励措施。企业需参与“投资优先计划”所列的领域踩了享受这些优惠措施。

2.《1991 年外国投资法》

该法将菲律宾投资领域分优先、限制和禁止投资领域三类。一般情况下，外国投资者可在菲律宾绝大多经济领域进行投资。菲律宾的《外国投资限制清单》对限制和禁止投资范围进行了具体规定。该清单主要包括两部分：清单 A 为宪法或其他法律规定的禁止和限制外国投资的领域；清单 B 为外商所有权受法律限制的领域。[①]

3. 菲律宾经济特区及《1995 年经济特区法案》

根据 1995 年通过的《经济特区法》，菲律宾中央、地方政府及私人部门可以创立经济特区（主要包括工业园区、出口加工区、自由贸易区和旅游消闲中心等）。特区内实行自我管理，自主发展。贸工部下设的经济特区署对其进行协调管理。菲律宾建立经济特区目的是为了鼓励、促进和引导菲律宾境内的私人投资，促进经济发展。

此外该法还具体规定了投资菲律宾经济区具体的优惠政策以及特区内企业注册相关程序。具体内容详见中国驻菲律宾大使馆经济商务参赞处。

4.《投资者租赁法案》

该法规定外国投资者在菲律宾租用商业用地期限最长不超过 75 年。外国

① 《1991 年外国投资法案》（附限制外资项目清单），http：//cebu. mofcom. gov. cn/article/ddfg/201407/20140700680089. shtml，访问日期：2015 - 10 - 23。

投资者可租赁菲律宾私人土地但需要遵守相关法律规定。

菲律宾有数个涉及投资的重要法律，目前有关方面正在推动将所有促进投资的法律合并成一部法律，进一步规范各部门出台财政或非财政激励政策。

二、贸易法律体系

（一）贸易主管部门

菲律宾贸易和工业部是菲律宾的外贸政策制定及管理部门，前身为菲律宾商务部。菲律宾贸工部下设20个业务司局和14个附属机构。主要职责是制定综合的工业发展战略和进出口政策；创造有利于产业发展和投资的环境；负责双边和多边投资贸易合作的谈判；支持中小企业的发展，维护消费者合法权益。

贸工部的日常工作是定期回顾和评估国家出口状况；确定影响出口发展的主要问题；监督有关部门制定和实施质量控制；向国会建议有利于出口发展的立法；组织和参加国际贸易展览会；为国内外进出口商提供信息服务；整理进出口贸易数据库；对本国的消费者和贸易商进行培训；审批各种贸易商会成立的申请；审批外资企业在菲律宾投资设厂；颁发进出口许可证。

（二）与贸易有关法律

菲律宾与对外贸易相关的法律可以分为两类。第一类为涉及贸易公平的法律法规；第二类为涉及贸易保护的法律法规。

具体而言，菲律宾管理进出口贸易的法律法规有《菲律宾出口促进法》《反补贴法》《反倾销法》《保障措施法》以及《海关法》等。[①]

1. 《菲律宾出口促进法》[②]

根据该法的规定，菲律宾出口商可以享有包括简化出口手续、免缴出口

① 东南亚信息港，http：//www. ectpa. org/article/zcfg/wmzc/201210/20121000021907. shtml，访问日期：2015－10－23。

② 中华人民共和国驻菲律宾大使馆经济商务参赞处，http：//ph. mofcom. gov. cn/article/ddfg/waimao/200406/20040600229153. shtml，访问日期：2015－10－23。

附加税、退缴进口商品再出口增值税及获得出口融资等各种出口优惠政策。此外，在菲律宾的出口加工区及各类型工业园区内，相关的原材料和关税等还可享有额外的特殊优惠。

2. 《菲律宾反倾销法》[①]

根据该法规定，隶属菲律宾贸工部的进口服务署负责菲律宾工业产品的反倾销调查，而菲律宾农产品的反倾销调查则由菲律宾农业部负责。需注意，正式的反倾销调查工作由菲律宾关税委员会负责。进口服务署和农业部只负责初步的反倾销受理申请。菲律宾关税委员会需在规定时间内向上述两机构提交是否征收反倾销税的最终报告。而具体负责执行并征收反倾销税的部门则是菲律宾财政部下设的关税局。

3. 《菲律宾保障措施法》[②]

菲律宾保障措施程序流程类似于反补贴和反倾销程序。根据该法规定，在特殊情况下，菲律宾农业部可对菲律宾境内敏感农产品实施特殊保障。

4. 《菲律宾关税与海关法》[③]

菲律宾进出口关税的主要法律是《菲律宾关税与海关法》。根据该法，菲律宾进口关税税率由关税委员会确定，出口关税的税率由海关总署确定，海关授权的菲律宾中央银行负责关税征收。

此外，菲律宾对大部分进口产品征收从价关税，对特殊进口产品征收从量关税。海关对非必要商品征收进口消费税，对进口货物征收印花税。在进口关税方面，菲律宾海关将应税进口商品分为21个类别。在出口关税方面，菲律宾对特定出口商品征收关税。[④]

5. 《BOT法》

1993年颁布的《BOT法》分为两大部分，其对菲律宾境内的各种BOT

① 中华人民共和国驻菲律宾大使馆经济商务参赞处，http://ph.mofcom.gov.cn/article/ddfg/waimao/200406/20040600229153.shtml，访问日期：2015-10-23。

② 同上。

③ 同上。

④ "菲律宾队外国投资合作法规和政策（2014）"，http://philippines.caexpo.com/zcfx_flb/fghj_flb/2015/07/15/3648291.html，访问日期：2015-10-23。

进行了详细的规定，完善了国内有关 BOT 法律制度的空缺。2009 年，菲律宾成立 PPP 中心，取代 BOT 中心，负责 PPP 项目的推进。需要注意的是，菲律宾 PPP 项目亦由《BOT 法》进行调整。[①]

四、劳工法律体系

（一）劳动主管部门

菲律宾是劳务输出大国，劳动主管部门为劳动与就业部（Department of Labor and Employment，简称 DOLE）。DOLE 是国家政府机构，专门制定和执行劳工与就业领域的项目和政策。[②] 菲律宾海外就业署（Philippine Overseas Employment Administration，简称 POEA）通过促进菲律宾外籍劳工工作便利化并为外籍劳工预留必要工作，加强菲律宾社会稳定。[③]

（二）劳动有关法律

1.《菲律宾宪法》

《菲律宾宪法》是维护菲律宾工人权利的根本大法。根据规定，菲律宾工会有权代表工人进行劳资谈判，以更好维护工人合法权利。在谈判结束后，双方应达成具体的资谈判协议。菲律宾劳资谈判协议可分为经济性和非经济性两大类。经济性谈判协议直接与工人的福利挂钩，而非经济性谈判协议则与工会权益有关。[④]

2.《菲律宾劳动法》[⑤]

依据《菲律宾劳动法》，菲劳动者每天工作时间不得超过 8 小时或每周不超过 48 小时。劳动者在连续工作 6 天后应享受连续 24 小时的休息。但是

---

① “‘一带一路’之菲律宾投资法律规则与指南”，http：//world. xinhua08. com/a/20150728/1531292. shtml，访问日期：2015 - 10 - 23。

② 菲律宾劳动与就业部，http：//www. dole. gov. ph/pages/view/7，访问日期：2015 - 10 - 23。

③ 菲律宾海外就业署，http：//www. poea. gov. ph/about/aboutus. html，访问日期：2015 - 10 - 23。

④ 中华人民共和国商务部，http：//www. mofcom. gov. cn/aarticle/i/jyjl/j/201203/20120307995851. html，访问日期：2015 - 10 - 23。

⑤ 菲律宾劳动与就业部，http：//www. dole. gov. ph/labor_ codes，访问日期：2015 - 10 - 23。

此项要求不适用于政府雇员、野外作业人员、提供私人服务者及根据工作成果领取工资人员等。

加班补贴指超过规定工作时间而对劳动者给予的补贴。具体费率因加班时间、休息日与节假日而不同。菲律宾最低工资由各地区的三方工资委员会决定。终止雇用制度指除非有特殊原因或得到劳动法的授权，所有的雇主不得随意终止劳动者服务，该项制度可以保护工人不会被相关企业任意剥夺工作，有利于维护劳动者权利。

此外，所有菲律宾公民均可享受国家非强制性的健康保险计划。劳动和就业部为在菲律宾工作的外籍人颁发就业许可证、工作证及身份证。如果在菲律宾境内发生劳务纠纷，外籍劳动者有两种渠道进行救济。一是通过法律手段进行维权。二是向菲劳工部及其下属的工作环境局或相应的员工补偿委员会寻求救济。

五、建筑法律体系

菲律宾主管建筑的主管机关是菲律宾工业部。相关法律主要包括：《建筑物区分所有权法》[①]《投资房屋法》[②]《租赁改革法》[③]。

六、小结

尽管菲律宾近几年经济发展有所增长，但菲律宾境内税率较高且基础设施建设薄弱，导致企业运营成本较高。所以，菲律宾的目前的投资风险仍然相对较高，中国企业对菲律宾投资需保持足够谨慎。

---

① http：//www. boi. gov. ph/index. php? option = com_ content&view = article&id = 299&catid = 82&Itemid = 456&lang = en，访问日期：2015 - 10 - 23。

② http：//www. boi. gov. ph/files/laws/ra/RA% 208366. pdf，访问日期：2015 - 10 - 23。

③ 同上。

蒙 古 国

一、国情简介

蒙古国地处亚洲中部，居民主要信奉喇嘛教。蒙古国的官方语言为喀尔喀蒙古语。

蒙古国的政治制度为宪政共和国，实行议会制。国家大呼拉尔是最高权力机关，行使立法权。总统为国家元首。总理领导下的政府为国家权力最高执行机关。蒙古国矿产资源丰富，但未全面开展大规模勘探开发。

二、投资法律体系

（一）外国投资主管部门及其职责

蒙古国主管外国投资的政府部门是外国投资局。根据蒙古国《投资法》第 8 条第 1 款的规定，主管外国投资事务的国家行政机关履行下列职责：落实和监督投资法的实施；起草投资政策及扶持投资措施，并提交政府作出决定；审批外国国有资产法人在矿业、金融、新闻通讯领域建立的蒙古国法人总股份占比达到 33% 或以上的公司或项目；要求央行、劳动、税务、海关、社会保险、注册登记、外国公民事务管理等国家机关按半年、全年提供有关投资信息（包括投资来源及数量、纳税情况、工作岗位数量、外国公民居住许可、外国投资企业数量、以进口产品、服务形式的投资数量）；法律规定的其他职责。

（二）投资形式[1]

在蒙古国，外国投资者可以通过以下形式进行投资：单独或与其他投资人合作成立企业；购买股票、债券和其他有价证券；并购、合并公司；签署租让权、产品分成、市场营销、经营管理合同和其他合同；融资租赁和专营权；法律未禁止的其他形式。

（三）外国投资安全审查[2]

在金融、矿业、新闻通讯领域的蒙古国法人的总股份中，外国国有资产法人占有比例达到33%或以上的，须获得批准。

外国国有资产法人可直接或通过在蒙古国的代表机构及委托代表向主管投资事宜的政府机关提出申请，并附下列材料：由注册机构颁发并经公证的申请法人注册登记证件复印件；申请方及共益方、由注册登记机构出具的上述主体的执行领导最近2年的信息资料；外国国有资产法人与蒙古国企业之间事先达成的协议及其类别、条件、各缔约方及其收购股份数量和占股比例、合同价格及法人章程等相关信息；外国国有资产法人和蒙古国企业的财务报告及其说明；申请法人在蒙古国的投资计划及商业规划。以上材料需用蒙古语提供。

（四）对外商投资的扶持

蒙古国税法对外国投资企业、外国法人分支机构纳税作出了规定。

对外商投资的扶持形式主要有两类：税收扶持和非税收扶持。[3] 向外国投资者提供的税收扶持包括：免税、减税、加速式核减纳税收入中的折旧费、从未来收入中核减纳税收入中的亏损和纳税收入中核减员工培训费用。[4] 进口机器设备用于下列情况下可免除关税并可将增值税税率降至0%：建设建材、石油、农牧业加工和出口产品工厂；建设包含纳米技术、生物技术和科

① 《蒙古国投资法》，第5.1条。
② 同上，第21、22条。
③ 同上，第10.1条。
④ 同上，第11.1条。

技创新产品工厂；建电厂及铁路。[①] 此外，还可按税法调整上述扶持政策。[②]向外国投资者提供的非税收扶持包括以下形式：允许投资者按照合同的约定占有、使用土地最长60年，并可按原有条件延期，延长期限最长40年；向自由贸易区、工业技术园区经营的投资者提供扶持，简化注册登记和检验通道手续；扶持基础设施、工业、科技、教育建设项目，增加引进外国劳务及技术人员数量，免除岗位费，简化相关许可的审批手续；扶持科技创新项目的融资，向生产出口型创新产品的融资提供担保；依法向在蒙古国投资者及其家人发放多次往返签证及长期居住许可；法律规定的其他扶持。[③]

二、贸易法律体系[④]

蒙古国主管贸易的政府部门是经济发展部。蒙古国与贸易相关的主要法律有《投资法》《公司法》《海关法》《增值税法》《特别税法》《关税法》等。

蒙古国主要使用关税和非关税两种基本手段在世界贸易组织的框架内协调外贸政策。

（一）进出口规则

蒙古国的出口需要许可证，由政府主管部门审查出口合同、计划，签发许可证。对进出口的单证要求是：承运者的3份发票，发票中须写明货物名称、规范、买卖双方的姓名、地址、启运时间、货物数量、毛重、净重、运输包裹或箱柜件数、价值等内容。对运货单无特别规定。但习惯上，运货单上必须写明发货方、承运方、收货人及地址、到达港、商品种类、名称、运货单号码、承运方正式收据的日期和签名。

---

① 《蒙古国投资法》，第11.2条。

② 同上，第11.3条。

③ 同上，第12.1条。

④ 商务部国际贸易经济合作研究院、商务部投资促进事务局、中国驻蒙古大使馆经济商务参赞处，"对外投资合作国别（地区）指南——蒙古国（2014年版）"，http://www.fdi.gov.cn/1800000121_25_366_0_7.html，访问日期：2015-10-05。

蒙古国规定，自1995年2月16日起，凡通过航空与铁路进人蒙古国境内的进口货物均需持有货物清单。采取这一措施的目的是使进口管理与国际通行做法接轨，同时保障海关的检查，减少运输工具在边境口岸的滞留。

中蒙之间按1994年签订的《进出口货物质量认证协议》，对对方货物在各自口岸进行商品质量检查，检查合格后进行相互认证，以书面文件为凭。在通过海关时，要进行报关，填写海关报税单，缴纳关税。

根据蒙古国《通过禁止出入境和非关税限制商品列表》，国家禁止麻醉品及使用、生产麻醉品的工具、麻醉植物出入境（医用麻醉品、植物的进口根据主管卫生的中央行政机关的批复放行），禁止各类酒精入境。

（二）海关管理制度

蒙古国海关管理的主要依据是《海关法》和《海关税率关税法》等。关税税率分为三种：普通税率、最惠国税率和优惠税率。原产于给予蒙古国最惠国待遇的国家的货物，适用于最惠国税率。原产于给予蒙古国优惠税率的国家的货物，适用于优惠税率。原产于上述规定以外的其他国家的货物，适用于普通税率。普通税率比最惠国税率高出一倍。因获得了蒙古国家大呼拉尔的授权，政府可以在必要时调整关税税率。①

四、劳工法律体系

（一）劳动合同的有关规定

蒙古《劳动法》规定劳动合同应与法规、集体合同、协议的规定相符。低于法规、集体合同、协议规定条件的劳动合同条件无效。雇主和职工以书面形式签订劳动合同，双方各执一份。在国有企业中担任有财产处置权的工作或职务的员工，不得与从事类似业务的企业签订合同，在其中担任监督、管理职务或与其目前工作性质类似的其他职务。

除法律另有规定，雇主有义务自签订劳动合同之日起为职工办理社会和

① 《蒙古国关税法》，第4条。

健康保险。对于季节性工作和从事生产、服务的固定职工，雇主按最低标准为其支付未工作期间的社会和健康保险费。在外资企事业单位工作的职工，其社会和健康保险费按法律规定缴纳。[①]

（二）工资[②]

工资由基本工资、附加工资、补助、奖金构成。雇主可根据法律规定、集体合同和协议制定如下实施细则：工作、职务序列；工作岗位细则和职务等级；劳动标准、定额；基本工资结构、标准工资和附加工资、补贴数额、奖金及颁发条件、规则等。根据工作岗位细则，雇主应给予职工专业等级、劳动条件及其他补助，并将其写入集体合同条款中。

（三）外国劳工的规定[③]

根据蒙古国相关法律规定，在蒙古国雇用外国劳动力以及专业技术人员应当向当地的劳动部门提出申请，经政府主管部门审核合格后方可取得劳务许可。一般情况下，劳务许可的有效期为1年。如需要延期，应当由雇主向相关部门提出申请。

企业单位雇佣外国劳工应当按月缴纳岗位费，岗位费的数额为蒙古国政府规定的最低工资的2倍，目前是28.08万图格里克。外交机构、领事代表处和国际机构代表处雇佣的外籍员工，教育科技领域的外国专家、技术人员以及根据政府间相关协定工作的专家和工作人员，聘用单位不需缴纳岗位费。

（四）外国劳工许可证[④]

蒙古国劳动部负责管理外国劳工事务。

在蒙古国申请工作准证时，需提供以下文件：外籍劳务需求说明，承担的工作范围、期限、劳动特点、住所、专业技术、经验、能力说明文件；经

① 《蒙古国劳动法》，第3章。

② 同上，第4章。

③ 《蒙古国劳动法》，第113条。

④ “赴蒙古国的准工作证如何办理？”，蒙古国投资网，http：//www.mongollaw.com/business/business733.html，访问日期：2015-10-05。

公证的企业登记证或外国投资企业登记证副本；与外国法人签订的引进劳务合同；外国劳务护照复印件；外国劳务技术证明副本；劳务审批部门的确认函。

五、建筑法律体系

对于国家级的大型建筑项目，技术监督由专业监督机构负责安排国家总监察员、国家主任监察员和国家监察员实施监督；对于省级或在首都范围内的中小型建筑工程，技术监督由地方行政机关和地方技术监督机构负责安排国家监督员实施监督。

按照蒙古国相关法律规定，外国承包商在蒙古国承包工程应当在蒙古国注册公司，取得蒙古国的建筑与城市建设部颁发的《建筑工程许可证》。项目开工时，应当到国家技术监督总局办理《建设开工许可证》。大型综合性工程则应当根据招标方提出的要求执行。蒙古国不允许外国自然人在当地承包工程项目。

目前，蒙古国法律对于禁止外国承包商承包工程项目的领域还未有明文规定，但是，承包工程应当经过政府建设部门和技术监督部门审查许可。

国家投资的大型项目多数是通过国际公开招标进行的，此外，部分中小型项目多数是采用灵活的议标形式或自行协商签约的方式进行。国家和各省市政府部门出资的项目由各主管部门通过报纸、电视等渠道公开发布招标信息进行招标。公司、企业、个人项目既可通过公开招标进行，也可通过各种关系网络介绍方式进行，小型、非政府项目往往通过后一种方式进行。

六、小结

鉴于蒙古国投资合作环境的特殊性，中国投资者在蒙古国投资合作应当充分考虑法律环境的复杂性。在蒙古国注册公司手续相对简单，但退出机制烦琐，因此，应当在做好项目可行性研究，慎重决策后启动公司注册手续。中国企业赴蒙古国承包工程时，难免遇到工程和劳务纠纷。中国企业应建立完善的工程管理和人员管理制度。派出前，应当对相关人员进行必要的培训和安全教育，教育其遵守当地法律和风俗习惯，同时做好安全防范措施，建立高效的危机应对处理机制，防止人身和财产损失。

此外，蒙古国冬季气候寒冷，一年的施工期只有不足 6 个月时间，每年 9 月 15 日至次年 5 月 15 日为供暖期。因此，中国工程承包企业在签承包工程、公路项目时要特别注意要求业主延长工期，如不能按期完工，将会蒙受巨大损失。

伊朗伊斯兰共和国

一、国情简介

伊朗伊斯兰共和国（以下简称伊朗）地处于亚洲的西南部，北面与亚美尼亚、阿塞拜疆、土克曼斯坦为邻，西面与伊拉克和土耳其为邻，东面与阿富汗斯和巴基斯坦坦为邻，更与哈萨克斯坦和俄罗斯隔海相望。伊朗是一个由许多民族共同组成的伊斯兰国家，其中波斯人占大多数，阿塞拜疆人其次，其余为库尔德人、阿拉伯人、巴赫蒂亚里人等少数民族。伊朗以伊斯兰教为国教，首都是德黑兰，官方语言为波斯语。

伊朗的最高国家立法机构是伊斯兰议会，实行一院制；政府实行总统内阁制。

伊朗是亚洲主要的经济体之一，经济实力处于亚洲前列，并在近几年都保持较为稳定的增长率。① 伊朗的矿藏资源丰富，尤以石油、天然气和煤炭最为丰富。伊朗的经济主要依靠石油开采，是世界第四大石油生产国、欧佩克第二大石油输出国。另外，伊朗的石油化工、钢铁、汽车制造等行业也比较发达。

伊朗长期因为其核问题受到世界的关注。2015 年 7 月 14 日，在经过多年的艰苦谈判，伊朗就核问题终于承诺永不寻求获取核武器。

---

① 排名前六位的分别是中、日、印、韩、印尼和沙特。

二、投资法律体系

（一）投资主管部门及主要投资法律法规

伊朗的投资主管部门为伊朗投资和经济技术支持组织（OIETAI）[①]。负责外资的投资许可以及资本的进入、利用和撤出等。该组织在接到申请后的15天内对申请进行初步研究，通过后将意见提交伊朗的最高投资委员会审核，该委员会在1个月内出具书面的审批结果。

目前，外国投资者在伊朗从事经济活动的法律依据主要有：《伊朗吸引和保护外国投资法》及实施细则、《外国投资促进和保护法》《税法》等。

（二）《伊朗伊斯兰共和国鼓励和保护外国投资法》[②]

根据《伊朗鼓励和保护外国投资法》，外国资本的准入必须符合伊朗其他现行法律、法规的要求，并且有利于促进伊朗经济的发展，增加其就业机会等，同时不得危害伊朗的国家安全和公共利益、不得破坏其生态环境、扰乱其国民经济发展。此外，获得许可的外国投资者也以垄断的手段影响其本国经济的发展（即外资提供的生产性服务或产品价值不应超过规定的价值总量的25%，特殊情况不得超过35%）。

根据该法规定的投资方式有：建设、经营、转让、回购等。

由于受到国际社会的经济制裁，伊朗现阶段无法自由进出外汇，需通过中介代理；外国的投资者无法在伊朗当地银行开设外汇账户，必须兑换成伊朗的货币方可进行储蓄。投资产生的利润在扣除税费及法定的储备金后，经委员会通过并财经部部长批准后方可汇出伊朗。[③]

根据该法第3条规定，外资可以合资、合作或独资的方式在伊朗国内经

① 伊朗投资和经济技术支持组织（OIETAI），http：//hosseini9250. en. forbuyers. com/，访问时间：2015－11－15。

② 中华人民共和国驻伊朗伊斯兰共和国大使馆商务参赞处，http：//ir. mofcom. gov. cn/article/ddfg/tzzhch/200208/20020800036747. shtml，访问时间：2015－11－15。

③ 周金虎：“‘一带一路’之伊朗投资法律规则与实践（下）”，http：//world. xinhua08. com/a/20150804/1534615. shtml，2015－11－15。

营所有领域的私营企业；在国有垄断经营的领域如油气、大型矿山等，则可以“回购”的方式经营。

（三）《伊朗伊斯兰共和国直接税法》[①]

根据该法，原则上对房地产、未开发的土地、继承财产、从事农业活动、工资、职业、公司、附带收入以及通过各种来源获得的总收入征收直接税收。但是，根据具体情况，可以进行相应的税收入减免。

伊朗税法规定，职工的工资收入应纳税额按照不同数额分级缴纳。[②]

此外，个人在伊朗从事经营活动所获得的收入应缴纳营业所得税。[③] 公司的营业收入和法人从事经营活动按照企业所得税缴纳。[④]

外国航运和海运公司在伊朗的货运和客运收入按5%的固定税率征税。

（四）《伊朗伊斯兰共和国吸引和保护外国投资法》

外国人在伊朗投资享受一般优惠和特殊优惠政策。

一般优惠指外国投资者可享受与国内投资者同等的待遇，如外国现金资本和非现金资本的进入仅需取得投资许可即可；对外国投资的数量不设金额限制；外国资本在被执行国有化和没收所有权时，应当获得赔偿；保证外资企业所生产的商品出口的自由。

特殊优惠指允许在私人经营方面获许可的企业进行投资不设百分比的限制。

---

① 中华人民共和国驻伊朗伊斯兰共和国大使馆商务参赞处译，http：//ir. mofcom. gov. cn/article/ddfg/sshzhd/200305/20030500090549. shtml，访问日期：2015－11－15。

② 扣除免税部分后收入的10%；对于收入达4200万里亚尔的，扣除免税部分后的税率为10%，超出部分按以下税率纳税：超出部分在3000万里亚尔以下税率为15%；超出部分在3000万～1亿里亚尔，税率为20%；超出部分在1亿～2.5亿里亚尔，税率为25%；超出部分在2.5亿～10亿里亚尔，税率为30%；超出部分在10亿里亚尔以上，税率为35%。

③ 应税收入在3000万里亚尔以下税率为15%；应税收入在3000万～1亿里亚尔，税率为20%；应税收入在1亿～2.5亿里亚尔，税率为25%；应税收入在2.5亿～10亿里亚尔，税率为30%；应税收入在10亿里亚尔以上，税率为35%。

④ 依照25%的税率纳税；对于在伊朗签订的任何有关建设承包、转让、制造安装、运输、建筑规划、测量、绘图、技术监理与核算、技术援助和培训、技术转让等项目和其他的服务合同，按总收入的12%纳税。

外外，该法第2条关于伊朗对外资企业获得土地的规定，禁止以外国投资者的名义以任何形式拥有伊朗任何土地。但根据实施细则第33条的规定，因外国投资而设立的伊朗公司在经过伊朗投资与经济技术援助组织的批准后，可根据其投资项目需要拥有适当的土地。①

二、贸易法律体系

（一）贸易主管部门及主要贸易法律法规

商务部是伊朗主管贸易的主要政府部门，负责制定、编制有关货物进出口的法规草案并监督执行。②

伊朗与贸易有关的主要法律有《进出口条例》《海关法》及其实施细则。

（二）《进出口条例》

伊朗的进出口商品可分下列3类：允许类、限制类和禁止类。经营商品进出口业务须持有商业许可证，该许可证由伊朗商会经商务部认可后发放，具体项目规定可见中华人民共和国驻伊朗伊斯兰共和国大使馆商务参赞处的贸易部分资料。

伊朗将进口货物分为授全权的、有条件授权的（若干部门决定）、未授权的和禁止进口的四大类。由于“进口规定”不断变化，因此建议需要时提前向主管的“采购供应中心”询问。③

（三）《海关法》相关规定

海关法禁止进口有损伊朗国家形象以及有伤风化的出版物和音像制品；规定武器、弹药、毒品等物品的进口须分别获得不同主管机关的许可，否则

---

① 周金虎：“‘一带一路’之伊朗投资法律规则与实践（下）”，http：//world. xinhua08. com/a/20150804/1534615. shtml，访问日期：2015－11－15。

② “伊朗对外贸易相关政策及法律法规”，中华人民共和国驻伊朗伊斯兰共和国大使馆商务参赞处，http：//ir. mofcom. gov. cn/article/ddfg/waimao/201105/20110507527344. shtml，访问日期：2015－11－15。

③ 同上。

不得进口。①

伊朗海关对特定食品、饮料、药品和盥洗设备的标签提出了特殊要求。②活动物、昆虫、禽蛋、植物、种子等都需原产国的卫生证明文件，并得到伊朗农业部的事先许可方可进口。

四、劳工保护法律体系

（一）劳动主管部门及主要劳动法律法规

伊朗的劳工保护由劳动和社会事务部负责，该部门的作用为促进有效的劳动管理关系，集体谈判和协商，确保在伊朗的各行业部门的劳动纠纷的有效解决。主要的法律有《劳动法》。

（二）《劳动法》③

伊朗有关立法将劳工合同分为临时合同和长期合同。书面劳工合同一式4份，一份给劳工科，一份给工人，一份给业主，一份给伊斯兰劳工委员会。试用期的长短应在劳工合同里明确，一般工人和半熟练工人，最多为1个月，熟练工人和高水平的专业工人，最多3个月。

辞职的工人有责任再工作1个月，然后书面向业主提交辞呈。在15天内，如果工人向业主书面提出放弃辞职，则被视为其辞职作废。劳工合同规定的工作或临时期限一旦结束，业主有责任向那些遵守合同工作了1年或1年以上的工人发放工作结束补贴，按其最后工资标准每年工龄发放1个月工资。

根据劳工合同，工人的所有合法收入包括工资、家庭补贴、住房补贴、

---

① 武器、弹药、爆炸物等须获得国防部和武装部队许可；毒品须获得卫生医疗部的许可；空中摄影、摄像专门仪器须获得国防部和武装部队许可；发射机及其零配件须获得邮电部的许可。详见“《伊朗伊斯兰共和国海关法》”，中华人民共和国驻伊朗伊斯兰共和国大使馆商务参赞处，http：//ir. mofcom. gov. cn/article/ddfg/haiguan/200212/20021200057872. shtml，访问日期：2015－11－15。

② 必须标明商品名称、制造商的信息以及原产地、商标在伊朗的登记注册号码以及卫生部所颁发的的许可证号码和日期。

③ 周金虎：“‘一带一路’之伊朗投资法律规则与实践（下）”，http：//world. xinhua08. com/a/20150804/1534615. shtml，访问日期：2015－11－15。

副食补贴、交通补贴、非先进补贴、超产奖、年终奖等。工人每天工作时间不超过8小时，每周不超过44小时。在工人同意并支付比正常工资多40%的加班费情况下，工人可以加班，但每天加班时间不得超过4小时。每周五是工人带薪休息日。工人有权在整个工作期间享受一次为期1个月的法定休假或用于朝圣的不带薪休假。

伊朗社会保险法规定，伊朗在职人员需缴纳工资或收入的21%来办理社会保险，其中业主负担14%、政府负担2%、个人负担5%。该法涉及的内容主要包括疾病和事故、怀孕、工资损失补偿、丧失工作能力、退休、死亡等。

根据伊朗《劳工法》第120条的规定，除非经伊朗外交部确认，外国公民只有根据伊朗的相关法规取得签证及工作许可，才能在伊朗受雇工作。

伊朗国内失业率较高，对引进外籍劳工持较消极态度。拟雇用外国公民的雇主应在该外国公民入境后1个月内，向伊朗劳动及社会事务部的相关主管部门提交申请工作准证的相关材料。任何需增加雇佣外国公民数量，或已批准雇佣外国公民的专业岗位发生变化的情形，都应经过伊朗雇佣外国公民技术专家委员会的重新评估。根据规定，公司的外国员工与伊朗本地员工的比例至少应达到1∶3，即每进入伊朗市场1名外国人，至少要另外聘用3名伊朗人。伊朗国内有的省份对雇员本地化的比例要求甚至比上述规定更高。不论以何种理由中断了外国人与业主的雇佣关系，业主有责任在15天内通知社会事务劳工部。外国人也有责任在15天内将工作准证交回社会事务劳工部，并取得收据。社会事务劳工部在必要时可要求权威机关驱逐外国人。

另外，伊朗对外籍人员的长期居留和工作采取十分严格的限制措施。外籍人员取得工作签证及准证的法定条件是拥有伊朗公民不可替代的专业知识、技能或是向伊朗公民培训传授专业技术。在伊工作准证的最长有效期为1年，且续期或更新都需经过重新评估和审核。在伊超期居留将面临每日50美元的高额罚款。此外，外籍人员在离境时还需办理离境许可，相关手续费时费钱，给外籍人员流动造成诸多不便。

近年来，伊朗国内失业率居高不下。在此背景下，伊朗劳工部收紧了新申请工作准证的发放数量，这些不仅为伊朗吸引新增外资制造障碍，而且对已在伊朗投资企业的正常经营造成严重干扰。①

五、建筑法律体系②

伊朗建设管理局是伊朗对其国内的建筑业行使管理职能的机构，它代表政府保证伊朗建筑市场的秩序，提供相关行业监管的服务，培育和发展健康、统一、完善的建筑市场。

《伊朗鼓励和保护外国投资法》第 2 条关于伊朗对外资企业获得土地的规定，禁止以外国投资者的名义以任何形式拥有伊朗任何土地。但根据实施细则第 33 条的规定，因外国投资而设立的伊朗公司在经过伊朗投资与经济技术援助组织的批准后，可根据其投资项目需要拥有适当的土地。

伊朗要求与建设和设备有关的咨询、工程、合同服务等必须指派伊朗当地公司和机构执行，或可以通过得到经济委员会的批准的且伊方占有 51% 以上的工作比例的伊朗公司和国外公司组成的合作（合资）联营体来执行。合同的执行方可以将部分工作分包出去，但不能将所有的工作任务全部分包出去。

伊朗工矿部只在本国企业没有能力完成项目时才允许外国投资者参与项目投标，同时外国投资者必须与当地企业合作投标。在进行国际招标之前，业主应向工矿部递交申请国际招标的报告并获得最高经济委员会的批准。此外，中资企业在伊朗参与大型工程项目投标应事先取得中国驻伊朗经商参处的项目支持函。为保证当地工人就业，除当地工人无法完成的特殊工作之外，所有工程的土建工作必须由伊朗当地劳务承担。

---

① "伊朗外商投资法律制度中阻碍吸引外资的几个因素及其规避方法分析"，中华人民共和国驻伊朗伊斯兰共和国大使馆商务参赞处，http：//ir. mofcom. gov. cn/article/ddfg/laogong/201107/20110707636807. shtml，访问日期：2015 - 11 - 15。

② 周金虎："'一带一路'之伊朗投资法律规则与实践（下）"，http：//world. xinhua08. com/a/20150804/1534615. shtml，访问日期：2015 - 11 - 15。

如需雇佣外籍人员，业主须向伊朗劳动部门申请办理工作许可。根据项目工期的长短，发放的工作许可的有效期在3个月到1年之间，如确有需要可以视后续工程的进度申请延期。工作许可的办理需要交纳一定的手续费，具体金额视外籍员工的工资情况而定。外籍劳工尚需缴纳个人所得税，只有按照规定完税后方能获得离境签证。

六、小结

鉴于在伊朗办理外籍工作人员的工作准证和海关清关等事务的实际困难，建议参与项目的中资企业在合同谈判中明确，办理工作准证和海关清关等申请当地许可的工作由伊方业主负责并承担相关费用。

伊拉克共和国

一、国情简介

伊拉克共和国（以下简称伊拉克）位于亚洲西南部，阿拉伯半岛东北部，主要宗教信仰为伊斯兰教。货币为伊拉克第纳尔。官方语言为阿拉伯语和库尔德语。

名义上伊拉克是民主的共和国政体，但实际上直到2003年前都由复兴党控制的专制体制，现在伊拉克是联邦制国家。

石油工业是伊拉克的经济支柱，原油储量排名世界第四。在利用外国直接投资方面，2009年累计合同外资额约30亿美元，实际利用15亿美元，主要投资于石油生产行业。2014年中伊贸易额达285亿美元。[①]

二、投资法律体系

伊拉克投资方面的国家部门是国家投资委员会，主要负责制定国家投资政策、规划、法规和指导准则并监督投资指导准则和规定的执行。与投资相关的法律有《投资法》《公司法》《商业法》《劳动法》以及进出境、海关和纳税相关规定。

（一）《伊拉克共和国投资法》相关规定

《伊拉克投资法》允许使用进口到伊拉克的实物资产和无形资产或者使

① “2014中伊贸易简况”，中华人民共和国驻伊拉克共和国大使馆经济商务参赞处，http://iq.mofcom.gov.cn/article/zxhz/201508/20150801073219.shtml，访问日期：2015-10-02。

用转移到伊拉克的现金从本地市场购买的实物资产和无形资产；与项目有关的实物资产；项目建设所需的机器、工具、设备、建筑物、施工、运输工具、家具和办公用具；无形资产（包括专利、注册商标、商业机密、工程服务、行政和营销服务等）进行投资。[①] 除军工、自然资源和土地（库区除外）领域外，其他领域均可投资。在伊拉克投资企业形式可以是独资、合资、合作、股份制等。[②]

根据投资委员会颁布的法律，如果无法聘用满足所需资格并且能够承担同等工作的伊拉克公民，则投资人有权聘请非伊拉克人；允许投资者依照法律规定汇出投入伊拉克的资本和获得的收益。非伊拉克技术人员和管理人员在向伊拉克政府和所有其他主管部门偿清税款和债务后，均有权根据法律将其收入或补贴转移到伊拉克境外。[③]

《伊拉克投资法》规定外国人不得拥有土地，但可以租用土地，租期一般为50年，可续租。[④] 外国投资者可以在伊拉克证券交易所买卖股票和申请股票上市。

《伊拉克自由贸易区管理局第3/1998（FZL）令》规定，允许通过工业、商业和服务项目投资自由贸易区。在自由贸易区内可以从事装配、安装、整理等工业活动；贮存、再出口和贸易业务；各种服务项目及储存和运输项目；银行、保险和再保险业务；补充和辅助的专业和服务活动。但禁止从事诸如武器制造、环境污染行业、原产地被禁止的活动以及被其他法律所禁止的活动。[⑤]

理论上讲，资本、利润和投资收益项目在运营期间免除一切税费。然而，

---

① 《伊拉克投资法》，第21条，中华人民共和国驻伊拉克共和国大使馆经济商务参赞处，http：//iq. mofcom. gov. cn/article/ddfg/201301/20130100003657. shtm，访问日期：2015－10－02。

② 中华人民共和国驻伊拉克共和国大使馆经济商务参赞处，http：//iq. mofcom. gov. cn/article/ddfg/201104/20110407514110. shtml，访问日期：2015－10－02。

③ 《伊拉克投资法》，第10～12条，中华人民共和国驻伊拉克共和国大使馆经济商务参赞处，http：//iq. mofcom. gov. cn/article/ddfg/201301/20130100003657. shtml，访问日期：2015－10－02。

④ 同上。

⑤ 同上。

据自由贸易区管理委员会的官员讲，进口货物通过自由贸易区时仍征收5%的关税。伊拉克法律在相当范围内对外国投资者设置了障碍，外国人不允许拥有不动产。在一个伊拉克公司中，所有的股东、发起人或合伙人必须是伊拉克人或者是其他阿拉伯国家的国民。一系列针对商业活动的特许要求可能阻碍某些投资。[①]

（二）投资原油炼制的有关规定

私营企业可以建立精炼原油的炼油厂，拥有、经营和管理炼油厂的设施，并推销炼油厂的产品，但不得占有土地。财政部负责通过租赁方式为投资公司划拨合适的土地，租赁期限不超过40年，该租赁期限可以延长，年租金由双方约定。另外，投资公司不得从事石油部提供的原油贸易或政府炼油厂生产的石油产品贸易。炼油厂应具备先进的技术水平，能够生产最多达20%的重油产品。[②]

三、贸易法律体系

伊拉克贸易部是外贸主管部门，负责制定贸易政策，实施行政管理。中国和伊拉克在1981年签订了政府贸易协定。

商品进口伊拉克必须交纳关税、印花税和国防税，但对于某些国家急需的产品和机械设备免收关税。但进口没有商业价值的样品和贸易目录（如价格表、广告传单和海报），可以免税。

伊拉克各自由贸易区是吸引外资和发展对外贸易的重要区域，各自由贸易区进出口将享受一定程度的贸易通关便利化措施。根据伊拉克《海关法》（1984）规定，以下商品禁止进入自由贸易区：违反总则的禁运货物，禁运货物清单由相关部门确定，并在官方报纸上公布；腐烂或易燃的货物，经营机构允许的经营工作所需的必要的燃料除外；武器、弹药和其他爆炸物；违

① 陶景洲："战后伊拉克营商的法律环境"，载《国际经济合作》2003年第9期第59页。

② "伊拉克私人投资原油炼制法"，http://iq.mofcom.gov.cn/article/ddfg/201301/20130100003669.shtml，访问日期：2015-10-02。

反商业、工业、文学、艺术产权保护相关法律的货物；毒品及其衍生物；与伊拉克断绝经济关系的国家生产的货物。[①]

四、劳工法律体系

伊拉克《劳动法》于1987年生效，2004年修改，该法对职业技能和培训、劳动关系、工资、工作时间和假期、工作和劳动者的保护等方面作了规定。

（一）劳动合同的订立与解除

《劳动法》规定雇主和员工应签订书面劳动合同，合同应写明工作性质、工资标准。雇主可以对劳动者进行试用，试用期不超过3个月。[②]

劳动者本人想终止未确定具体劳动期限的工作合同须至少提前30天，书面通知雇主。未通知雇主或未按规定期限通知雇主的劳动者，要支付给雇主规定期限内的等同于劳动者本人工资数额的赔偿金。[③] 但因雇主未能履行本法律或其他相关法律规定雇主所应履行义务，或是未按个人或集体劳动合同履行义务的，雇主本人对劳动者或是劳动者家人在工作地点以及工作地点以外造成伤害的，劳动者可在不通知雇主的情况下自行解除劳动合同。[④]

（二）工作时间

除《劳动法》另有规定外，每日工作时间为8小时。如某一工作需要两班轮换，或是分段工作，则劳动者待在工作地点的时间不得超过12小时，其实际工作时间一天内不能超过8小时。对于有危险性的工作和特别繁重的工作，应适当减少每天和每周劳动者的工作时间。劳动者的用餐或休息时间应

---

① 《伊拉克海关法》，第124条，中华人民共和国驻伊拉克共和国大使馆经济商务参赞处，http：//iq. mofcom. gov. cn/article/ddfg/201301/20130100003656. shtml，访问日期：2015－10－02。

② 《伊拉克劳动法》，第29、30、31条，中华人民共和国驻伊拉克共和国大使馆经济商务参赞处，http：//iq. mofcom. gov. cn/article/ddfg/201301/20130100003654. shtml，访问日期：2015－10－02。

③ 同上，第36条。

④ 同上，第37条。

不少于半小时且不超过1个小时，具体时间由雇主确定，但连续工作时间不应超过5个小时。劳动者在某一项目中工作期间，由于技术原因或是生产过程特性或是劳动者所从事工作特性而导致的工作不能暂停时，劳动者可以享受一段或多段的休息时间，时间的总长度不超过20分钟。如某一工作需要两班轮换，两班轮换间的休息时间应不少于1个小时且不超过4个小时。[①] 劳动者每周有权享受至少1天的带薪假期。[②]

（三）其他

此外，《伊拉克投资法》规定，在就业和招聘中，应优先考虑伊拉克人。外国投资者将帮助训练伊拉克雇员，提高其工作效率、技能和能力。[③]《私人投资石油炼制法》则要求伊拉克员工至少应占投资公司员工数的75%。[④]

五、建筑法律体系

伊拉克政府对外国公司承揽当地工程没有规定禁止领域，也允许分包给当地公司或雇佣当地工人。

不同类型的工程项目需要经伊拉克相关政府部门审批。石油部审批石油开采项目，公共工程和住房部审批住宅项目，通讯部审批通讯项目，运输部审批铁路项目。

招标方式包括举办招标会和议标。对于私人业主承包工程主要通过议标的方式。伊拉克贸易部公司注册处负责注册公司。另外，伊拉克也可以通过邀请的方式进行议标。如果企业签订政府项目承包合同，需要向伊拉克政府缴纳约合同额1%的费用。另外，在合同签字后半年内必须动工，否则企业

---

① 《伊拉克劳动法》，第54~58条。中华人民共和国驻伊拉克共和国大使馆经济商务参赞处，http://iq.mofcom.gov.cn/article/ddfg/201301/20130100003654.shtml，访问日期：2015-10-02。

② 同上，第60条。

③ 《伊拉克投资法》，第12条，中华人民共和国驻伊拉克共和国大使馆经济商务参赞处，http://iq.mofcom.gov.cn/article/ddfg/201301/20130100003657.shtml，访问日期：2015-10-02。

④ 《伊拉克私人投资石油炼制法》，第3条，中华人民共和国驻伊拉克共和国大使馆经济商务参赞处，http://iq.mofcom.gov.cn/article/ddfg/201301/20130100003669.shtml，访问日期：2015-10-02。

将被处以罚金。[1]

六、小结

伊拉克政治环境的特殊性，加剧了中国投资者的风险，中国投资者应当积极采取投保海外投资保险等手段降低投资风险，投资者在进行投资决策前十分有必要关注当地相关法律的变动情况，积极应对投资、贸易、劳工等有关方面的法律风险。

---

① 中华人民共和国驻伊拉克共和国大使馆经济商务参赞处，http：//iq. mofcom. gov. cn/article/ddfg/201104/20110407514122. shtml，访问日期：2015－10－02。

土耳其共和国

一、国情简介

土耳其共和国（以下简称土耳其）横跨欧亚两洲，国土包括安纳托利亚半岛以及巴尔干半岛东色雷斯地区，与叙利亚等8个国家接壤。首都是安卡拉，伊斯坦布尔是其境内最大城市。[①] 土耳其族占80%以上，库尔德族约占15%，其他少数民族还有库尔德族、维吾尔族和阿拉伯族。绝在多数土耳其居民信奉伊斯兰教。

作为新兴工业化国家，土耳其经济主要以农业和制造业为基础。棉花、烟草等经济作物是其重要的出口商品。土耳其是主要的铬铁矿生产国，多数用于出口。土耳其经济过去10年实现稳定增长，成为西亚地区外国直接投资的主要流入国之一。目前，土耳其是世界上第17大经济体，欧洲第6大经济体。

二、投资法律体系

土耳其的投资主管部门是工业贸易部。[②] 土耳其的投资立法较为简单，主要立法包括《鼓励投资和就业法》《外国直接投资法》《外国直接投资法实

---

① "土耳其最新投资鼓励政策（英文版）"，中华人民共和国驻伊斯坦布尔总领事馆经济商务室，http：//istanbul. mofcom. gov. cn/article/ddfg/201504/20150400945720. shtml，访问日期：2015－10－25。

② "土耳其外资制度"，中华人民共和国驻土耳其共和国大使馆经济商务参赞处，http：//tr. mofcom. gov. cn/article/ddfg/tzzhch/201003/20100306826453. shtml，访问日期：2015－10－25。

施条例》、促进行业投资的相关规章以及对外缔结的多边和双边投资协定、条约。①

（一）投资激励机制及优惠措施

2012年1月1日起，土耳其投资激励机制正式生效，② 该文件规定5种投资激励机制，包括一般性投资激励机制、战略性投资激励机制（旨在提高有高进口依赖度的半成品或成品的产量）、大规模投资激励机制（致力于改善土耳其技术与研发能力）、优先性投资激励机制（着重增加关键部门商品与服务产量）以及区域③性投资激励机制（旨在消除区域间不平衡）。④

优先性投资激励机制，主要支持有关文化产业保护的旅游业、采矿业⑤、铁路与海运、国防工业、汽车、航空或国防工业相关试验设备生产、幼儿园或中小学投资、土耳其科技技术部门支持研发用于出口的产品制造业、不小于5万平方米国际展览建造、火力发电、废热循环发电、能源高效利用研发产业、最低投资额达5千万里拉的液化天然气及地下燃气存储、碳光纤、符合OECD技术密集标准的高技术产品等领域。大规模投资激励机制，主要对12个品类的投资项目给予支持，包括：最低投资额达10亿里拉的精炼石油产品制造业，最低投资额达2亿里拉的化学制品制造业、海港及港口服务业、汽车贴牌加工与供应业，以及最低投资额达5千万里拉的铁路及轨道电车、管道运输服务、电力、医疗与高精器械制造、制药业、航空器制造、机械制

① “关于鼓励外资的法律”，中华人民共和国驻土耳其共和国大使馆经济商务参赞处，http：//tr. mofcom. gov. cn/article/ddfg/tzzhch/200210/20021000043745. shtml，访问日期：2015－10－25。

② The Frameworkof New Investment Incentives Programin Turkey，http：//www. doc88. com/p－9435408988510. html，访问日期：2015－10－25。

③ 土耳其将全境范围内的省份划分为6个类别，见“THE FRAMEWORK OF NEW INVESTMENT INCENTIVES PROGRAM IN TURKEY，REPUBLIC OF TURKEY MINISTRY OF ECONOMY”官网。

④ “《土耳其最新投资鼓励政策（英文版）》”，中华人民共和国驻伊斯坦布尔总领事馆经济商务室，http：//istanbul. mofcom. gov. cn/article/ddfg/201504/20150400945720. shtml，访问日期：2015－10－25。

⑤ 限于有采矿许可证并在规定区域内进行的项目。

造以及合成金属制造。①

土耳其境内区域一至五可适用的投资激励机制的主要措施包括增值税豁免、关税减免、减税、雇主社保基金支持、利息支持、土地分配以及增值税退还。其中，利息支持适用于符合区域性投资激励机制要求并且投资区域位于区域三、四、五、六的项目。增值税退还针对战略性投资激励机制，即免除符合战略性投资激励机制框架且最低投资额 5 亿土耳其里拉的建筑工程投资之增值税。只能适用于第六类区域（最不发达地区）的激励措施有 2 个，分别是减免所得税和雇员社保基金支持。②

（二）投资待遇

土耳其《外国直接投资法》最新修订版本规定，外国投资者设立企业不再需要经过预审，其股份转让条件也与当地投资者一样。外国投资者投资额度不得低于 5 万美元的规定也被废除。国际资信机构、投资者所在国家的法庭及有资格的机构对投资者股份的估值将被视为有效。设在土耳其的外资公司可以购买房产。外国投资实体可以在土耳其雇佣外国人，并可向劳动部申请工作许可。新外国投资法允许设立办事处，申请人需向土耳其外国投资管理局提出申请，初次申请办事处的有效期为 3 年，并可视其表现给予延长。值得注意的是，土耳其侨民在外国定居，并取得当地工作或居住许可的，都将被视为外国投资者。③

（三）企业设立类型及程序

在土耳其从事经营活动，可设立的企业形式有独资公司、合资公司或合作组织三种。④ 其中合资公司包括股份公司、有限责任公司、集体公司以及

---

① The Frameworkof New Investment Incentives Programin Turkey，http：//www. doc88. com/p－9435408988510. html，访问日期：2015－10－25。

② 同上。

③ “土耳其企业设立的程序”，中华人民共和国驻伊斯坦布尔总领事馆经济商务室，http：//istanbul. mofcom. gov. cn/article/ddfg/200511/20051100750582. shtml，访问日期：2015－10－25。

④ 商务部国际贸易经济合作研究院、商务部投资促进事务局、中国驻土耳其大使馆经济商务参赞处，“对外投资合作国别（地区）指南——土耳其（2014 年版）”，http：//www. fdi. gov. cn/1800000121_25_ 378_ 0_ 7. html，访问日期：2015－10－25。

两合公司四种类型。[①]

设立合资公司至少有5个发起人（自然人或法律实体），法定资本限额不少于50 000新里拉。在合资企业中，外资参股比例无限制。外资企业的利润及收益可自由汇出。所有对土耳其私营企业开放的行业均对外资开放，对外籍管理人员和技术人员的任用也无限制。[②]《外国直接投资法实施条例》要求企业及分支机构履行信息披露义务。企业或分支机构在设立、变更或转移股权获准后1个月内须向总理事会备案该信息。[③]

土耳其外国投资框架法令规定了有关申请和审批遵循的规则。[④] 国库署外资总局直接审批。或者银行及其他金融机构的组建申请应报外资总局及有关规定中指定的部门审批。[⑤] 需提交的具体材料请见国库署外资总局网站公布的信息。[⑥]

（四）外国投资者参股与增加资本

《外国投资框架公告》第3章规定了外国投资者的参股问题，在土耳其成立公司或购买土耳其公司股份的境外人员和机构需携带以下文件向国库署外资总局提出申请（符合第14章中免除条款规定的除外）。在土耳其的外资企业，经过批准可以参与现有的公司或将要建立的公司。外国股东参股比率的最少金额可以自由确定。土耳其商法规定最小注册资金和出资额，境外人员和机构要按照外国投资总局（The General Directorate of Foreign Investment，以下简称GDFI）授权的方式支付其注册资金。

---

① “土耳其企业设立的程序”，中华人民共和国驻伊斯坦布尔总领事馆经济商务室，http：//istanbul. mofcom. gov. cn/article/ddfg/200511/20051100750582. shtml，访问日期：2015-10-25。

② “土耳其鼓励投资的优惠政策概要”，中华人民共和国驻伊斯坦布尔总领事馆经济商务室，http：//istanbul. mofcom. gov. cn/article/ddfg/200210/20021000044332. shtml，访问日期：2015-10-25。

③ Regulation for Implementation of FDI Law。

④ “关于外国投资框架法令的公报”，中华人民共和国驻土耳其共和国大使馆经济商务参赞处，http：//tr. mofcom. gov. cn/article/ddfg/tzzhch/200210/20021000043747. shtml，访问日期：2015-10-25。

⑤ 同上。

⑥ 同上。

外国股东之间或外国股东向境外的其他人或机构转移股权不需报批。但是应在转移后一个月内将转移情况连同经公证的股份份额表及新的外国股东的上述有关文件一起报送国库署外资总局。当地股东之间的股权转让也不需报批。[①]

现有外资公司可增加资本，外国合伙人参股比率不变情形下可以直接向贸工部申请，无须获得 GDFI 的批准。若外国合伙人的参股比率改变，外资公司要携带相关材料向 GDFI 申请批准。增加资本需在规定的期限内全额支付。现有的外资公司可以预先从合伙人那里取得资本，用于将来的资本追加。外国合伙人预先从国外带来的资金可以存在公司现有的外汇账户中，无须授权公司即可使用。如果放弃增加资本，则预备资本转回外国合伙人，或其他人。一年之内没有注册为资本金的，则从转到外币账户那天开始视为外国借款，并适用相关法律基本框架。[②]

（五）投资利润转移

根据土耳其《税法》，与外国资本有关的利润和红利的税款减免后，其净额在相关各方提交给银行的文件后可转移到国外。如果外资公司的外国股东的股份部分或全部地卖给在土人员或机构，收到或清算的资金要通过相关的银行转移，出售或清算按规定要由 GDFI 批准。

外资企业无须 GDFI 授权即可自由地获得外国贷款用于投资和经营，但获得的外国贷款应该根据外币兑换法在国库署相关部门登记。框架公告第 15 章还规定了报告制度，根据公报或以前的法律条款授权的外资企业，必须按 GDFI 的要求，提交所有业务活动信息和文件。[③]

① "关于外国投资框架法令的公报"，中华人民共和国驻土耳其共和国大使馆经济商务参赞处，http：//tr. mofcom. gov. cn/article/ddfg/tzzhch/200210/20021000043747. shtml，访问日期：2015 - 10 - 25。

② 同上。

③ 同上。

二、贸易法律体系

土耳其总理府及外贸署是管理对外贸易的主要政府机构。[①] 主要贸易法规涉及关税、进口管理、出口管理和贸易救济等内容[②]，包括《自由贸易区法》《对外贸易法》《海关法》《配额及关税配额行政法》《保护自由竞争法》《进口加工体系法令》《进口不公平竞争保护法》《出口加工体系法》《进口保护措施法规》《进口保护措施实施条例》、《进口监管实施法规》以及《与进口监管执行相关的法令》等。

（一）自由经济区优惠政策

根据土耳其《自由贸易区法》[③]，土耳其自由经济区提供税收及货币转移等优惠政策。一般情况，区内货物贸易不足5000美元或同等价值的土耳其里拉的货物免除出口程序。设立于自由贸易区内的企业，免除从国外向自由经济区购买商品的关税、收入税、生产性企业所得税、区内企业增值税和特殊消费税。自由流通的商品从自由经济区运至土耳其或其他欧盟国家时免除任何关税，区内企业利润自由转移。

此外，对区内生产产品的85%用于FOB项下出口的企业，其雇员收入不收个人所得税。自由贸易区内生产商相关交易及单据活动不收印花税。区内企业如在2004年2月6日前只取得“经营许可”，在许可证有效期内继续豁免相关税收。2004年2月6日之后，只取得“经营许可”的企业不享有企业

① “土耳其外贸法规及政策”，中华人民共和国驻土耳其共和国大使馆经济商务参赞处，http：//tr. mofcom. gov. cn/article/ddfg/waimao/201003/20100306826411. shtml，访问日期：2015－10－25。

② 商务部国际贸易经济合作研究院、商务部投资促进事务局、中国驻土耳其大使馆经济商务参赞处，“对外投资合作国别（地区）指南——土耳其（2014年版）”，http：//www. fdi. gov. cn/1800000121_ 25_ 378_ 0_ 7. html，访问日期：2015－10－25。

③ “自由贸易区法”，中华人民共和国驻土耳其共和国大使馆经济商务参赞处，http：//tr. mofcom. gov. cn/article/ddfg/tzzhch/201104/20110407506029. shtml，访问日期：2015－10－25。

所得税豁免政策。商品可无限期存放在自由经济区。①

（二）技术开发区、规划工业区及免税区优惠政策

土耳其技术开发区提供如下优惠政策：（1）2023 年 12 月 31 日之前，软件开发和研发活动中获得的收入免征所得税和企业税。（2）2023 年 12 月 31 日之前，对技术开发区内生产并销售的应用软件免征增值税。②（3）2023 年 12 月 31 日之前，区内受雇研发、支持人员薪水免征所有税。但享受免税政策的支持人员的数量不应超过研发人员数量的 10%。（4）2024 年 12 月 31 日之前，5 年之内应由雇主缴纳的社会保险费的 50% 由政府支付。③

土耳其规划工业区内企业不仅享有境内投资鼓励政策，还可以享有免征土地购买增值税、自厂房建成起 5 年免缴房地产税，享有低价的水、天然气和电信费用、合并和（或）拆分土地不必支付税费等优惠政策。另外，免缴建筑市政税和厂房使用税。如果有企业在工业区内不享受市政服务，可以免缴固体垃圾处理市政税等优惠政策。④

土耳其有 20 多个与欧盟和中东市场紧密联系的免税区，区内优惠政策包括：完全免除关税、关税对应职责、制造型企业所得税、增值税以及特殊消费税；完全免除员工工资所得税（适用于位于免税区、至少将 85% 的货物以离案价格出口的公司）；商品可在免税区内无限期存放；企业可随意将从免税区获得的利润向国外及土耳其转移，不受任何限制。⑤

（三）进出口加工机制

依据 WTO 有关规定，土耳其《进口加工机制》⑥ 规定境内对用来生产出口产品的原材料、中间半成品免除关税。

---

① The Frameworkof New Investment Incentives Programin Turkey, http://www.doc88.com/p-9435408988510.html，访问日期：2015-10-25。

② 同上。

③ 同上。

④ 同上。

⑤ 同上。

⑥ "土耳其有关进口规定"，中华人民共和国驻土耳其共和国大使馆经济商务参赞处，http://tr.mofcom.gov.cn/article/ddfg/waimao/200303/20030300077483.shtml，访问日期：2015-10-25。

自2008年起，针对不同国家或群体土耳其采用不同的关税税率，所有产品分为6大类，包括农产品、工业品、农业加工品、鱼类和水产品、暂缓名单及用于民航免关税的产品。土耳其采用非优惠原产地规则和优惠原产地规则。前者的原产地指产品经受最后重大变革和重要生产阶段的国家；后者的原产地则特指相关产品的加工和增值标准，适用于进口自与土耳其签署过双边或多边贸易优惠安排的国家。

四、劳工法律体系

与劳工权利有关的土耳其立法主要规定在《劳动法》[①]《工会法》以及《外国人工作许可法》等法律法规中。

（一）劳动合同

根据《劳动法》，雇主与劳动者建立1年或1年以上的劳动关系必须签订书面劳动合同，如无书面劳动合同，雇主有义务在2个月内与劳动者签订书面劳动合同。除非法律有特殊的要求，劳动合同没有固定的格式。书面劳动合同免除印花税及各种费用。劳动合同的种类分为短期合同（不超过30天）、长期合同、有固定期限合同、无固定期限合同、兼职合同、全日劳动合同、集体合同、含有试用期的劳动合同（试用期不超过2个月，经协商可最多延长至4个月）。

劳动合同的任何一方拟终止合同必须提前通知另一方，工作时间达到6个月或超过6个月，但是不到18个月的，需提前4周通知对方；工作时间达到18个月或超过18个月，但是不到3年的，需提前6周通知对方；工作时间达到超过3年的，需提前8周通知对方。任何一方违反规定，需向对方支付法定通知期等额的工资作为赔偿。若雇主提前终止合同，需以书面形式通

① “土耳其劳工政策”，中华人民共和国驻土耳其共和国大使馆经济商务参赞处，http：//tr. mofcom. gov. cn/article/ddfg/laogong/201003/20100306826460. shtml，访问日期：2015－10－25。商务部国际贸易经济合作研究院、商务部投资促进事务局、中国驻土耳其大使馆经济商务参赞处，“对外投资合作国别（地区）指南——土耳其（2014年版）”，http：//www. fdi. gov. cn/1800000121_25_378_0_7. html，访问日期：2015－10－25。

知对方，并需清晰、准确地说明原因。若雇主违反通知期的规定，需向劳动者支付相当于通知期3倍工资的赔偿。若员工人数达到30人或超过30人的，雇主与在该公司已经工作6个月的无固定期限劳动合同的员工终止合同，必须有正当理由。雇主在给予劳动者抗辩机会之前，不能以劳动者的操行和业绩为由终止劳动合同。但是在劳动者有不正当行为、恶意行为或不道德行为的情况下，《劳动法》保留了雇主提前终止劳动合同的权利。

（二）工时与工资

在土耳其，劳动者每周最多工作45小时。经劳资双方同意，工作时间可由雇主在法律限制范围内安排。一般超过每周45小时限值的时间均应支付"加班"费。每小时加班工作的薪水为正常工作时薪的1.5倍。雇主也可以通过向员工提供1.5小时休假时间代替加班费的支付。在周末和公众假期加班的，按一天假期工资和加班工资支付加班费。这些工资可以根据员工和雇主之间签订的集体或个人雇佣合同相应增加。每年的加班时间总时数不得超过270小时。

《劳动法》规定劳动者每年有6天带薪公众假期①和2天带薪宗教节日，总共8天。员工有权在工作一定时间（包含见习期）后享受带薪年假：工作年限达1~5年（含5年），可享受14天带薪年假；5~15年，可享受20天带薪年假；15年（含15年）或以上，可享受26天带薪年假。这些福利都是法律规定的最低水平，可以根据集体或个人雇佣合同相应增加。

（三）外国人工作许可法

《外国人工作许可法》② 规定外国人在土耳其工作必须取得工作许可，申请工作许可前需取得工作签证和居住许可。因土耳其国家利益或不可抗力，

---

① 分别是1月1日、4月23日、5月1日、5月19日、8月30日和10月29日。

② "《土耳其劳工政策》"，中华人民共和国驻土耳其共和国大使馆经济商务参赞处，http://tr.mofcom.gov.cn/article/ddfg/laogong/201003/20100306826460.shtml，访问日期：2015-10-25。商务部国际贸易经济合作研究院、商务部投资促进事务局、中国驻土耳其大使馆经济商务参赞处，"对外投资合作国别（地区）指南——土耳其（2014年版）"，http://www.fdi.gov.cn/1800000121_25_378_0_7.html，访问日期：2015-10-25。

外国人可在取得工作许可前在土耳其工作，但不能超过1个月。工作许可分为有确定期限的工作许可和无确定期限的工作许可。

有确定期限的工作许可有效期最长为1年，1年后，继续在原工作场所或公司从事同一工作的，工作许可可延长至3年；3年后，外国人继续从事同一职业，且雇主有需求并给予安排的情况下，工作许可可延长至6年。外国人的配偶、成年子女在土耳其不间断地居住至少5年的，可以取得有确定期限的工作许可。无确定期限的工作许可：在土耳其不间断的合法居住至少8年或合法工作达到6年的外国人，可以取得无确定期限的工作许可，且不再限制外国人的单位、职业、工作地点等。

外国人可从事农业、工业、服务业、民用和地质领域的特别岗位等方面的工作。

五、建筑法律体系

土耳其关于外国公司承包当地工程的规定主要规定于《政府采购法》。该法就申请要求、资格限制、工程建设规定以及招标方式都作出了较为具体的规制。对于禁止承包的领域没有特别规定，除非在某个项目中对发包方设定一定的条件。①

随着土耳其经济的蓬勃发展，对基础设施的需求不断增大，发展的主要行业包括但不限于：建筑、住宅及非住宅类建筑物、交通运输及能源等。2013年，土耳其政府对基础设施领域的投资达到260亿美元，其中，30%用于交通运输行业，其余是教育、能源、医疗卫生以及农业等行业。政府对基础设施建设设定的主要目标为：将高速铁路轨道的长度从888公里增加至10 000公里，达到25%的年复合增长率；2015年，高速公路长度从2155公里增长至8000公里；在2023年年底前，将机场客运量从1.65亿增长至4

① 商务部国际贸易经济合作研究院、商务部投资促进事务局、中国驻土耳其大使馆经济商务参赞处，“对外投资合作国别（地区）指南——土耳其（2014年版）”，http：//www.fdi.gov.cn/1800000121_25_378_0_7.html，访问日期：2015－10－25。

亿；集装箱运输行业完成处理 3200 万标准箱；具备 1000 万载重吨位的造船能力；将游船码头的数量增加至 100 个，让游艇容纳数量达到50 000艘。对于能源行业，电力装机容量从 2015 年的71 430百万瓦增加至 2023 年的100 000百万瓦。

六、小结

近年来，土耳其激励政策收效良好，中土投资日益兴盛。2014 年，中国在土累计签订工程承包合同额达 142 亿美元，完成营业额 91.3 亿美元。同年 7 月，中国在海外建设的首个高铁项目安卡拉—伊斯坦布尔高速铁路二期项目正式建成通车。土耳其已成为中国在西亚地区重要的工程承包市场之一。[①] 土耳其政府旧城改造计划将给中国企业带来巨大的投资机会，但由于该国周边局势动荡，投资该国还需注意政治风险。

---

① 合同额 6 亿美元。中华人民共和国驻伊斯坦布尔总领事馆经济商务室："中土经贸合作－中土双边经贸合作简况"，http：//istanbul. mofcom. gov. cn/article/zxhz/hzjj/201501/20150100872848. shtml，访问日期：2015－10－12。

阿拉伯叙利亚共和国

一、国情简介

阿拉伯叙利亚共和国（以下简称叙利亚）位于亚洲大陆西部，地中海东岸，绝大多数居民信奉伊斯兰教。首都为大马士革，货币为叙利亚镑（Syrian Pounds），阿拉伯语为国语，英语和法语通用。

2012 年 2 月，叙利亚举行公投，通过新宪法，规定国家政治制度以多元化为原则，改一党制为多党制；通过投票实施政权民主，总统由人民直接选举产生，任期为 7 年，只能连任一次等。议会又称人民议会，是国家立法机构。

叙利亚地处世界石油天然气最丰富的中东中心位置，主要资源有石油、天然气、磷酸盐、岩盐、沥青等。叙利亚发生政治动荡前，主要出口产品有石油和石油产品、棉花和棉花制品、磷酸盐、香料、皮革等。主要进口产品有机械、钢材、纺织品、燃料、粮食、罐头、糖、化工原料、文教用品、医药、木材等。贸易伙伴国主要为法国、意大利、德国、土耳其。

从 2011 年 3 月起，叙利亚局势发生动荡并持续升级，境内武装暴力冲突不断，由此造成叙利亚部分通讯中断，有关网站已处于瘫痪状态。

二、投资法律体系

叙利亚投资主管部门为叙利亚投资总局。叙利亚于 2007 年 1 月公布了第 8 号新《投资法》，允许投资者投资除涉及军事和国家安全项目外的其他任何领域。

该法鼓励投资者对农业和土地开垦、工业、运输、通信和技术、环境、服务、电力、石油、矿产等项目进行投资。允许投资者享有和租用用于投资项目或扩大投资项目必要的房地产，以项目经营为目的的，面积可超出现行法律规定的权限。投资者放弃或完成项目时，根据法律规定，超出的财产须转让给叙利亚阿拉伯人。非叙利亚投资者将用于项目的土地及地面上的建筑，叙利亚人或外国人转让给非叙利亚人建立投资项目时，要事先获得董事会的同意，且上述转让最长期限为 2 年。投资者自项目开工或开始生产时须书面通知叙利亚投资局，同时根据国际财会标准对项目实行正规财会制度，向投资局提供一份项目预算，并经注册的财会公司、办公室公证；对项目不动产进行详细登记；向投资局提供所要求的任何材料、报表和文件，允许投资局授权的任何工作人员对这些资料、报表进行现场核对。除此之外，投资者有权通过外汇将每年资本利息汇往国外，也有在叙利亚任何一家经过注册保险公司对项目进行保险的自由。①

三、贸易法律体系

叙利亚贸易主管部门是经贸部，负责制定国家总体经济政策和贸易政策，是监督实施该政策的最高权利机关。

叙利亚目前实施的是“第十个五年计划（2006 - 2010）”。大阿拉伯自由贸易区成员国生产的全部商品允许自由进口，并且减免关税、免除进口许可证和领事认证费。金融措施方面，取消出口商外汇进款必须储存到叙利亚国有银行的限制。关税措施方面，关税税率降低 3%，且总额不超过进口商品价值的 7%。

① 见叙利亚《投资法》第 8 号法令，http：//www. gfta. org. cn/Syria/Law/uaimao/43212. html，访问日期：2015 - 10 - 25。

四、劳工法律体系

叙利亚《劳动法》规定，劳资双方应签订雇佣合同，合同形式分为单独劳动合同和共同劳动合同。单独劳动合同需写明试用期，且试用期不得超过3个月。共同劳动合同的合同期限不超过3年，3年后无异议则视为合同自动续签，只有在公司倒闭、雇员偷窃及长期生病等极少有明确规定的情况下，才能终止合同。在合同到期或雇主终止合同的情况下，雇主须向雇员额外支付一定量的薪水作为奖励。该法规定每周最长工作时间不超过48小时，劳动者享有14天的带薪休假，工作10年后增加到21天。星期五为公众假日。在社保基金方面，如果企业雇员少于5人，社保局征收5%，全部由雇主承担；如果雇员多余5人，雇员承担基本工资的7%，雇主承担17.1%。[①]

外国人到叙利亚工作需要申请工作签证，工作签证的有效期一般为一年。如果外资企业或合资企业是为政府部门工作或与国营企业合作，所属员工的工作签证相对容易申请，只需申请企业向政府部门或国营企业提交正式申请函。该政府部门或国营企业还需准备给移民局的函件和企业申请函，到安全部门备案并提交员工身体检查单即可，所需时间一般为3~4个月。若是申请私营企业的工作签证，则需向劳动部提交所需相关材料，向移民局出具正式的函件，该私营企业在叙利亚的注册材料，需到安全部门备案。因为所需要的材料比较多，所以周期也会更长。[②]

五、建筑法律体系

叙利亚法令规定与叙利亚国营公司签订承包工程合同的外国公司和机构必须有在叙利亚注册的商务代理。叙利亚承包业务主要通过参加叙利亚公开

---

① 本节参考商务部国际贸易经济合作研究院、商务部投资促进事务局、中国驻阿拉伯叙利亚共和国大使馆经济商务参赞处，“对外投资合作国别（地区）指南——叙利亚（2014年版）”，http://www.fdi.gov.cn/1800000121_25_431_0_7.html，访问日期：2015-10-26。

② 中国驻阿拉伯叙利亚共和国大使馆经济商务参赞处，http://sy.mofcom.gov.cn/article/ddfg/201106/20110607594854.shtml，访问日期：2015-10-26。

招标进行，因招投标做法不规范，有时会出现屡次招标和废标现象。

我国企业在进入叙利亚承包工程市场时应注意以下四个方面，一是项目进行投标时要做好成本核算，认真审查合同条款；二是项目执行过程中要协调好与合作方的关系，充分发挥代理商的作用；三是执行项目要把握好项目工期，减少因土建工程分包发生工期延误的问题；四是项目验收时要认真准备最终验收方案，确保验收成功。

此外，我国承包企业应有计划地组织对叙方的培训工作，使叙方人员熟练掌握操作技术，为工程的验收和移交创造条件。①

六、小结

叙利亚目前仍处于内战阶段，国内政局动荡，前往投资会面临严峻的非商业风险。欲前往叙利亚投资的投资者需关注叙利亚的局势，放眼未来。

① 中华人民共和国驻阿拉伯叙利亚共和国大使馆经济商务参赞处，http：//sy. mofcom. gov. cn/article/ddfg/200902/20090206056144. shtml，访问日期：2015 - 10 - 26。

约旦哈希姆王国

一、国情简介

约旦哈希姆王国（以下简称约旦）位于亚洲的西南部，北与叙利亚接壤，东部和南部与伊拉克和沙特阿拉伯为邻，西部是以色列。国教为伊斯兰教，货币为约旦第纳尔，官方语言是阿拉伯语。

约旦是一个阿拉伯君主立宪制国家，王位世袭。国王是国家元首，立法权和军事统率权属于国王。

约旦系发展中国家，经济基础薄弱。据商务部统计，截至2013年末，中国对约旦直接投资存量2343万美元，以经营小额贸易为主；约旦对华投资约4076万美元，大多数是在中国负责订货、采购的贸易公司或办事处。据中国海关的统计，近3年中约双方双边经贸保持良好发展势头，中国主要向其出口商品是机电产品、通信器材和纺织服装类产品，主要进口钾肥和化工产品。中国对约旦贸易长期顺差。

二、投资法律体系

（一）投资主管部门及主要法律法规

约旦投资主管部门为约旦投资委员会（JIB），总部设在安曼，目前约旦投资委员会在海湾国家和中国北京设有办事处，并将中国作为约旦14个重点招商的国家之一。

目前，在约旦从事经济活动的法律依据主要有：《关于非约旦人投资管理条例》《中约双边投资保护协定》《投资促进法》。

（二）《投资促进法》

据1995年第16号《投资促进法》的规定，非约旦籍投资者的权利包括：可通过独资、合资或参股进行投资；非约旦投资者投资时享受和约旦人同等待遇；投资者有权以自己的方式，或指派他人来管理公司；有关部门应提供所需服务。非约旦籍投资者的义务包括：在完成固定资产安装及为项目所做准备后，必须以书面形式告知约旦投资委员会（JIB）其开业日期或实际生产日期；必须备有由约旦注册审计师审计的日常账簿和记录；必须备有包含项目固定资产全部详细情况的固定资产记录。①

（三）《中约双边投资保护协定》

中国自然人与法人在约旦具有同等权利，自然人在约旦投资必须遵守同法人相同的投资法规。目前，外商直接投资主要采用合资经营、独资经营等形式，还可采用BOT和BOO合作开发、补偿贸易、加工发展、技术转让、国际贷款、承包经营等方式。②

（四）《亚喀巴经济特区法》

约旦亚喀巴自由贸易区是由约旦自由贸易公司所管理的特殊贸易区域，在自由贸易区内建立的外国和当地公司享受下列奖励措施和豁免政策③：在自由贸易区内所经营的项目自成立之日起12个月内免收企业所得税和社会事务税；在自由贸易区内工作的非约旦籍雇员免征个人所得税和社会事务税；所有进口商品或者出口外国的商品免征关税、进口税和其他相关费用；所有在自由贸易区内建造的建筑物免收印花税和房产税；自由转让自由贸易区内

① 中华人民共和国驻约旦哈希姆王国大使馆经济商务参赞处，http：//jo. mofcom. gov. cn/article/ddfg/tzzhch/200602/20060201592282. shtml，访问日期：2015－10－02。

② 商务部国际贸易经济合作研究院、商务部投资促进事务局、中国驻约旦大使馆经济商务参赞处，“对外投资合作国别（地区）指南——约旦（2014年版）”，http：//www. fdi. gov. cn/1800000121_25_408_0_7. html，访问日期：2015－10－02。

③ 约旦哈希姆王国政府，http：//www. kinghussein. gov. jo/economy10. html，访问日期：2015－10－03。

所投资资本及其资本利得，不受任何限制或制约；自由贸易区内利用当地资源所生产的用于当地市场消费的产品免征关税。

二、贸易法律体系

（一）贸易主管部门及主要法律法规

约旦主管对外经济贸易活动的政府部门是工业、贸易与供给部。其职责是管理工业、注册公司，对发展工业。提高竞争力进行研究；管理内、外贸，保护国家和企业的合法利益。约旦进出口贸易主要法律为《2000 年进出口法》，该法对进出口管理机构、管理范围、管理的方式，如进出口许可证管理、自动许可管理、禁止进出口的货物等，都作出了明确的规定。

（二）进出口管理制度

约旦对部分进口商品实施许可证管理制度，目前须申领进口许可证的商品有：未获进出口主管机关允许的部分商品；外国香烟；根据内阁决定而组成的各委员会特殊安排进口商品；为遵守财政安排及监控与别国之间贸易平衡，必须符合主管部发布进口通告的商品。

无须申请进口许可证的商品包括：临时带入的商品；残疾人专用车，同时免收进口附加费；海关仓库储藏的货物；原油及其副产品，但矿物油除外。禁止进口的产品包括：塑胶废料、使用苯以外燃料的客车、非公路用自动卸货汽、若干类烟花、使用子弹珠的玩具枪、激光笔及激光章、圣水（洗礼水）、额外的汽车装置（包括召唤装置及闪光灯、车牌隐形喷剂、警报系统及汽车高灯装置），但进口供下列部门使用则可豁免：卫生部、军队、情报局、公安署、民防署、海关以及私家医院救护车。[①] 除下列两类商品外，所有出口商品都无须申领出口许可证：出口到与约旦签有政府间银行账务安排协定的国家（伊拉克、叙利亚）的商品；海关价值超过 1000 第纳尔（约合

① 香港贸发局经贸研究，http：//emerging - markets - research. hktdc. com/business - news/article/%E4% B8% AD% E4% B8% 9C/% E7% BA% A6% E6% 97% A6% E5% B8% 82% E5% 9C% BA% E6% A6% 82% E5% 86% B5/mp/sc/1/1X000000/1X06JPMB. html，访问日期：2015 - 10 - 02。

1400美元）的再出口商品。金银等贵金属、小麦、面粉、糖、大米、油、鸡蛋等出口商品需获得授权政府机关的批准，方可申请出口许可证。

根据《1995年第14号所得税法》第3条第6款之规定，除钾盐、磷酸盐和化肥外，所有商品出口的营业收入免征所得税。[①] 约旦政府为发展出口导向型经济和转口贸易，设立了自由贸易区（Free Zone），主产业为工业、商业、服务业和旅游业，功能和服务领域是：进口、仓储、混合、包装、冷藏、转运、展览、调配和再出口。

约旦自由贸易区内进出口贸易免征关税，运往外国的货物免交关税或国内货物税。此外，本地附加值低于40%的出口产品也可获得原产地证明。

货物可由船运机构、陆运代理或结关企业运往约旦自由贸易区，所有装运单据须及时在卸货前送交管理机构。约旦本国和外国投资者都平等享有在自由贸易区投资、贸易、服务及储运的权利。进入约旦的转口货物可在亚喀巴港口货舱内存放一个月，超期货物则必须存放在自由贸易区。除规定禁止进口的商品及产自禁止贸易国家的商品外，任何类型的外国商品，无论产自何处，都可进入、寄存在自由贸易区，或从自由贸易区出口而不需要进出口许可证。[②]

四、劳工法律体系

约旦劳动部负责有关劳动和劳工方面的事务，主要的劳动立法是《劳动法》。根据约旦《劳动法》，外国人如申请在约旦工作，必须在具备专门的工作经验而约旦籍雇员又缺乏此经验，或约旦籍雇员数量不能满足该工作的需要的情况下申请。阿拉伯专家、技术人员、雇员具有优先权。业主雇佣外籍劳动者，必须经过劳动大臣或其代表批准并得到工作许可，许可期限不得超

① “约旦对外贸易及进出口政策简介”，内蒙古自治区商务厅，http：//www. nmgswt. gov. cn/publicServiceNews－88bb87de－76ac－4fca－a78e－9dc5fc4d34ee. shtml，访问日期：2015－10－02。

② “约旦对外贸易及进出口政策简介”，内蒙古自治区商务厅，http：//www. nmgswt. gov. cn/publicServiceNews－88bb87de－76ac－4fca－a78e－9dc5fc4d34ee. shtml，访问日期：2015－10－02。

过1年，期满后可以申请续签。为适应当前反恐和防止流行病进入的需要，约旦劳工部在批准外籍雇员工作许可之前，申请劳动者还需经过约旦内政部的审核及卫生检疫部门检查。[①]

根据约旦的法律规定，在国营公司和私营部门工作的工人有权建立和加入公会，尽管工会必须在经过登记之后才被认定为合法。在约旦，有超过30%的工作者加入了包括约旦联邦贸易工会在内的17个工会。宪法禁止工会歧视，工会被授予集体谈判的权利。劳动纠纷主要通过调解和仲裁的方式解决，如果一项劳动纠纷无法通过调解的方式解决，那么劳工部将会根据当事人双方的约定将纠纷上交到劳资法庭。如果仅有一方当事人接受，那么劳工部将会把这项纠纷移交到内阁然后由内阁转交给议会。劳动者不需要担心因劳动纠纷而失业，因为约旦的《劳动法》规定禁止企业因劳动纠纷而解雇劳动者。[②]

五、建筑法律体系

（一）建筑主管部门及主要法律法规

约旦政府主管工程承包的部门是公共工程与住房部，该部门下设政府招标委员会，负责本国承包商的分类、分级和政府工程承包工作。当地承包商根据规模和业绩分为6级，从专业角度分为建筑、路桥、机电、供水和污水类承包商。

（二）建筑承包商管理制度

约旦涉及建筑标准的法律主要为1988年颁布的《建筑承包商法》，同时成立了约旦承包商协会（简称JCA）协助政府实施该法律，并管理承包公司

---

① “约旦劳动法”，中华人民共和国驻约旦哈希姆王国大使馆经济商务参赞处，http：//jo. mofcom. gov. cn/article/ddfg/laogong/200807/20080705652593. shtml Article 12，访问日期：2015－10－02。

② 约旦哈希姆王国政府，http：//www. kinghussein. gov. jo/resources5. html，访问日期 2015－10－02 。

的登记注册，约旦承包商法律所涉及国外公司在约旦开展承包业务的规定如下：外国公司必须加入该协会，并成为正式会员，进行注册登记，每年缴纳会费1000第纳尔，登记费用为1500第纳尔；外国公司应出具其所属国家官方管理机构的注册登记证明；根据约旦现行《公司法》，外国公司应当在约旦贸易与工业部进行注册登记，申请领办营业许可证。只有符合上述3条才能在约旦开展承包劳务业务。[1]

六、小结

在约旦投资或从事贸易的中国企业，要注意加强与当地政府的联系。首先，在约旦地方官员大部分只用阿拉伯语工作，中国企业应事先配备一名阿拉伯语翻译。中国企业或工作人员在与约旦公司和商人来往时要注意依法依规签订合同，选择可靠的合伙伙伴，尽量减少贸易纠纷。其次，在约旦投资或承包工程的企业，要注意和了解所在地的周边环境，制定本项目的安全保卫措施，建立应急预案，并与中国驻约旦使馆领事部和经商参赞处的应急预案接轨，以便在发生紧急情况时，能够在第一时间采取措施。

① 常万学：“约旦的建筑承包商法”，载《国际经济合作》1988年第5期，第2页。

黎巴嫩共和国

一、国情简介

黎巴嫩共和国（以下简称黎巴嫩）位于亚洲西南部，该国大部分人信仰伊斯兰教和基督教，政治体制以教派分权为基础。官方语言是阿拉伯语，通用法语和英语。货币是黎巴嫩镑，汇率长期稳定，与人民币不可直接兑换。

黎巴嫩的政治体制是议会制共和制，三权分立。中央银行、发展与重建委员会、投资发展局、中央统计局等非内阁部门的政府机构对黎巴嫩的贸易与投资活动影响重大。自 1943 年独立后，政局持续动荡，中东紧张局势对该国产生较大影响。

黎巴嫩金融自由化程度高，市场开放度大、贸易限制少。国内矿产资源主要有铁、铅、褐煤和石油等，国内两大经济支柱是银行业和旅游业。中国是其第一大贸易伙伴国。近年，黎巴嫩引进外资的重点为能源、交通、教育、医疗、媒体、高科技、环境、农业、工业和基础设施建设等领域。[①] 我国对黎巴嫩主要出口贱金属及其制品、电气设备和纺织类商品，从黎巴嫩进口商品主要为贱金属类制品和塑料橡胶制品。[②] 目前，中黎双方未签署《避免双重征税协定》。

---

① “《美国国务院：2015 黎巴嫩投资环境报告》”，国研网，http：//www. drcnet. com. cn/eDRCnet. common. web/docview. aspx？chnid = 5714&leafid = 22568&docid = 4024973&uid = 8004&version = YDYL，访问日期：2015 - 10 - 13。

② “2010 - 2015 年中黎贸易数据”，中国驻黎巴嫩大使馆经济商务参赞处，http：//lb. mofcom. gov. cn/article/d/，访问日期：2015 - 10 - 10。

二、投资法律体系

黎巴嫩投资发展局（IDAL）是鼓励投资的窗口性机构，旨在简化投资审批程序、优化投资法律环境和提供信息咨询。[①] 该管理机构在签发行政许可和许可证方面具有垄断的管理权力。[②]

（一）企业设立程序

外资在黎巴嫩投资主要采取设立合资公司、分公司、办事处和直接在当地注册公司的方式。政府对于外国投资股权的比例没有限制，且允许外国资本在当地注册独资公司。由于政府推崇金融自由化，对于外资的利润汇出和撤资方面不设限制。[③] 黎巴嫩对于外资准入行业的限制集中在房地产、保险、媒体和银行业，在这些行业的外国投资须取得相应主管部门的审查批准。[④]

在黎巴嫩注册公司，首先，要委任律师携带经黎巴嫩驻中国大使馆认证的材料去相关部门办理手续，包括在黎巴嫩经贸部注册和在当地商业登记处登记，其次，要向财政部申请营业授权和增值税税号，最后，要办理外籍员工的工作许可证和长期居留证。[⑤]

（二）土地的取得与使用

黎巴嫩对于外国投资者拥有财产的特殊规定主要体现在土地取得方面。在各地区，外国人获得的房地产累计不得超过该地区土地总面积的 3%；在贝鲁特港口区该比例为 10%。外资企业取得 3 千平米以上的房地产需报内阁

---

① 《黎巴嫩投资法》，第 3、5 条。

② 同上，第 6 条。

③ 商务部国际贸易经济合作研究院、商务部投资促进事务局、中国驻黎巴嫩大使馆经济商务参赞处，"对外投资合作国别（地区）指南——黎巴嫩（2014 年版）"，http：//www. fdi. gov. cn/1800000121_ 25_ 424_ 0_ 7. html，访问日期：2015 - 10 - 14。

④ "Companies Regulations"，黎巴嫩投资发展局，http：//www. alem - associates. com/images/knowledge/laws - and - regulations/Holding_ Companies_ Decree_ Law_ No_ 45_ English. pdf，访问日期：2015 - 10 - 14。

⑤ 商务部国际贸易经济合作研究院、商务部投资促进事务局、中国驻黎巴嫩大使馆经济商务参赞处，"对外投资合作国别（地区）指南——黎巴嫩（2014 年版）"，http：//www. fdi. gov. cn/1800000121_ 25_ 424_ 0_ 7. html，访问日期：2015 - 10 - 14。

批准。黎巴嫩政府对土地使用年限没有规定，一经取得将永久享有使用权。①

三、贸易法律体系

经济和贸易部是黎巴嫩的贸易主管部门，主要负责国际贸易和国际收支的统计、核发进出口许可证、协调商会与组织等。

黎巴嫩实行自由贸易，进出口商品中只有极少数受到政府贸易措施的限制。管制措施包括禁令、许可证、技术证书和动植物检疫证书。当进口的商品在境内因安全理由而受到数量控制时，需要在当地商会进行登记。② 该国禁止进口的9类产品为：雪松种子及幼苗、用于生产面包的化学改良剂、不含碘的食盐、矿物和金属制品的废料、黑色水泥和熟料、出厂超过8年的车辆或使用超5年的货物运输车辆、使用过的医疗器械和辐射仪器、气体燃料打火机、频率为900兆赫的无线电话机。③ 除此之外，黎巴嫩遵守阿拉伯国家对以色列的抵制，禁止进口、销售在以色列制造或有以色列相关标识的产品。

对于向欧洲以外地区出口的商品，黎巴嫩商会要求生产者提供原产地证书。源于植物的所有食品，需要具备经农业部认证的原产地证书；所有工业产品，需要具备经工业部认证的原产地证书。④ 对于一些特殊商品，商会还要求提供特定单证，如食物品质合格证、农业卫生证等。

四、劳工保障法律体系

---

① “Foreign Acquisition of Property Law of the Republic of Lebanon”，黎巴嫩投资发展局，http：//investment. lebanon. gov. lb/en/doing_ business/legal_ framework/investment_ legislation，访问日期：2015 - 10 - 13。

② “黎巴嫩贸易管理情况”，中国驻黎巴嫩大使馆经济商务参赞处，http：//lb. mofcom. gov. cn/article/ddfg/waimao/201508/20150801074995. shtml，访问日期：2015 - 10 - 12。

③ “Customs Guide Principles and Procedures of Customs Declarations”，全球法律法规网，http：//policy. mofcom. gov. cn/PDFView? id = ffd188cf - e23c - 47d9 - 8bc8 - 5daa9f78ca80&libcode = flaw，访问日期：2015 - 10 - 12。

④ “黎巴嫩对外国投资合作的法规和政策有哪些？(2010年版)”，http：//www. mofcom. gov. cn/aarticle/i/jyjl/k/201008/20100807071420. html，访问日期：2015 - 10 - 12。

（一）《劳动法》概要

《黎巴嫩劳动法》规定劳动合同必须以阿拉伯语拟定，对于外国投资者签订的合同可采用双语对照的形式。劳动合同中应规定试用期，但试用期不得超过3个月且针对一个员工只能规定一次试用期。试用期内双方均可随时终止劳动合同且无须事先通知对方。双方欲终止正式劳动关系的，须提前1个月告知。劳动者工作时间每周不得超过48小时。每月雇主从雇员工资中扣除的罚款不得超过该员工当月5天的工资。对于公共节假日加班的员工须支付双倍工资。

黎巴嫩针对劳动者的社会保障主要是国家社会保险基金，涵盖医疗、生育、家庭津贴和退休金。劳工部规定，缴纳的款项相当于劳动者每月工资的23.5%，其中当地劳动者的公司须承担21.5%，然而对于外籍劳动者而言，须支出工资的15%用于缴纳国家社会保险基金。①

（二）外籍劳工管理制度

外籍劳工在黎巴嫩工作必须由雇主提出申请，由相关部门逐案审批，审批步骤较为复杂。同时，需要在劳工部和公安总局办理工作许可证和长期居住证（以下简称两证）。对于非法居留、逾期不归等违法行为，劳工和雇主须承担连带责任。外籍劳工须缴纳银行保证金、医疗保险金、国家社会保险基金等。在当地，中籍劳务人员被划定为收费最高等级，两证年费约每人2400元美元。另外，外资公司必须雇佣3个以上黎巴嫩籍员工后才可招聘外籍员工。黎巴嫩当地劳动力素质较高，但价格昂贵。叙利亚籍劳工较为便宜，但大部分只能从事低技能的工作，他们可自由进出黎巴嫩而无须办理工作证。

五、建筑法律体系

除了涉及国家安全方面，黎巴嫩政府对于建筑工程承包领域没有特别限

① 商务部国际贸易经济合作研究院、商务部投资促进事务局、中国驻黎巴嫩大使馆经济商务参赞处，"对外投资合作国别（地区）指南——黎巴嫩（2014年版）"，http：//www.fdi.gov.cn/1800000121_25_424_0_7.html，访问日期：2015-10-14。

制。政府部门工程一般实行公开招标和议标；私人资本项目往往是由项目业主单方确定，投标方式与国际惯例基本相同。[1] 当地政府对建筑承包工程的公司实行资格预审制，工程投标方需通过招标方的资格审查，因此我国投资方最好和实力较强的黎巴嫩代理商合作。在选择代理商时，应尽量找政治倾向不明显的代理，还要注意代理商的信贷情况、业务经营、宗教派别等。

但在黎巴嫩承包工程也具有一定的局限性：由于自然资源匮乏，大型工程所需资源相对短缺。涉及与工程有关的程序审批多、时间长，如石料运输证、开采许可等。而且上至项目业主、下至分包商和材料供应商等当地企主经常出现合同延期的情况。有时党派斗争和武装袭击也会影响到工程的施工安全和进度。

六、小结

中国投资者在黎巴嫩开展经贸合作时，在合同上应明确争议的解决途径和适用的法律规则。由于当地华人很少，找到中阿、中英或中法翻译相当困难，建议企业事先配好翻译人员。

叙利亚危机对黎巴嫩影响巨大，目前在黎巴嫩的叙利亚注册难民人数已超 100 万。一方面，大批难民的涌入使黎巴嫩的公共服务水平和社会治安状况有所下降；另一方面，根据西亚经社理事会预计[2]，叙利亚战后重建将会对黎巴嫩的经济发展起到带动作用。不过，由于当地居民可合法持有枪支，自叙利亚危机爆发以来，黎巴嫩境内暴力冲突和暗杀事件频发。

① “黎巴嫩对外国公司承包当地工程的规定”，中国驻黎巴嫩大使馆经济商务参赞处，http：//lb. mofcom. gov. cn/article/jmxw/201103/20110307466861. shtml，访问日期：2015 - 10 - 13。

② “叙利亚危机对黎巴嫩经济的影响”，中国驻黎巴嫩大使馆经济商务参赞处，http：//lb. mofcom. gov. cn/article/ztdy/201407/20140700681816. shtml，访问日期：2015 - 10 - 10。

以色列国

一、国情简介[①]

以色列国（以下简称以色列）地处亚洲西部，整个国家呈狭长型，以色列的官方语言为希伯来语和阿拉伯语，当地还通用英语。

包括约旦河西岸和东耶路撒冷犹太居民在内的以色列人口为813.2万，其中犹太人占人口总数的75.2%；阿拉伯人占20.6%。以色列居民的宗教信仰主要有犹太教、伊斯兰教和基督教三大宗教。

以色列主要依靠高科技产业吸引外国直接投资。以色列高端人才资源丰富，科研实力雄厚，创业条件优越，微软、谷歌、苹果等高科技跨国公司均在以色列投资设立研发中心。以色列国内市场狭小，主要通过扩大出口推进经济增长，对外贸易依存度高，2012年货物和服务贸易额总计达1859亿美元。其中出口932亿美元，进口927亿美元。根据以色列中央统计局公布的数据，2013年，以色列货物贸易实现出口2405亿谢克尔，同比下降1.2%；进口2595亿谢克尔，同比下降7.9%。

二、投资法律体系

以色列主管投资的政府部门是经济部，其下设的以色列投资促进中心负

---

① 商务部国际贸易经济合作研究院、商务部投资促进事务局、中国驻以色列大使馆经济商务参赞处，“对外投资合作国别（地区）指南——以色列（2014版）”，http://www.fdi.gov.cn/1800000121_25_433_0_7.html，访问日期：2015-10-12。

责协调各政府部门和有关机构相关职能，并为外国投资者提供帮助和服务。

依据有关法律[①]规定，整个国家被分为两个区域。（1）优先发展区域A区（主要包括：北部的加利利，南部的内盖夫，和耶路撒冷）；（2）国家中心区域（即1项未列地区）。符合要求的公司有权享受下列公司税率。此外，位于优先发展区域的公司还可享受投资补助金。

优先发展区域享受20%的补助金（根据授权认可的投资额计算）税收优惠没有终止期限。也就是说，只要公司具备国际竞争力，即可依据法律享有税收优惠。[②] 针对大型公司，有特殊税收优惠，该类大型公司应当符合以下条件：（1）在以色列的全年总收入至少为15亿新谢克尔。（2）公司的合并资产负债表至少为200亿新谢克尔。（3）公司的商业计划包括几下几项之一：①针对国家中心区域的生产设备投资，至少为8亿新谢克尔，或针对优先发展区域的生产设备投资，至少为4亿新谢克尔，投资期限超过3年。②针对国家中心区域的研发投资，至少为1.5亿新谢克尔，或针对优先发展区域的研发投资，至少为1亿新谢克尔。③在国家中心区域的雇佣至少500位职员，或在优先发展区域雇佣至少250位职员。[③]

以色列的税收优惠包括：在国家中心区域，企业所得税为8%，股息税为15%；在优先发展区域，企业所得税为5%，股息税为15%。

三、贸易法律体系

以色列主管贸易的政府部门是经济部（原工贸部），大多数与出口有关的事宜由经济部负责，该部颁布有关规定，协调有关程序。海关是被授权执行这些规定的部门，负责审阅出口文件、实施出口限制措施、退税、办理临时许可与临时出口等。

---

① “《以色列资本投资鼓励法》”，http://www.israeltrade.org.au/wp-content/uploads/2011/01/Law-for-the-Encouragement-of-Capital-Investments.pdf，访问日期：2015-10-12。

② 同上。

③ 同上。

目前以色列的平均最惠国关税为8.9%，但农产品平均关税仍然很高，为32.9%。对于来自自由贸易协定国家的进口工业产品基本免除关税，农产品也享受优惠税率。最惠国非农产品平均关税为5.1%。约有48.5%的税目实行零税率，其他经常商品的税率包括12%（2094项）、10%（614项）、8%（603项）等不同档次。以色列与贸易相关的主要法律有《标准法》《贸易征税法》《海关法》《自由进口法令》《消费者保护法》等。

根据1939年《进口许可法》，第1～97章和在关税条例第一计划中第201、207、210、212、414、611、614、616、622、628、807、816、825和826项中所涉及的货物都可以进口，除了在关税条例中所禁止进口的货物，以及在第一计划表中需要强制进口许可的货物；在第二计划中的货物可以进口，只要能满足第二计划表第C项所标注的情形或条件，并且进口商应该将进口许可附在相关进口文件中。

但该进口法令不适用于以下情形：被《危险药品（毒品）条例》（最新版本，5733－1973）定性为危险品的，以及在本条例第四计划中所列明的从下述国家进口的情形：（1）与以色列无外交关系的国家，并且该国禁止进口由以色列进口的产品；（2）货物专产于该地，但是缺少从以色列转移的允许，或者不能获得《商品和服务管控条例（5752－1991）》项下的许可；（3）与以色列的条约中不包含最惠国待遇条款，或者部长或部长授权的人直接或间接表达限制从以色列进口任何形式的货物。①

四、劳工保护体系

以色列进行劳动关系规管的依据包括：宪法权利，具体以基本法为准；法规和规章项下的法定权利；根据集体协议和集体协议扩展命令设定的权利以及个人劳动合同和惯常实践。

以色列议会于1969年成立了专门处理个人和集体劳动争议和问题的独立

① "《以色列资本投资鼓励法》"，http：//www.israeltrade.org.au/wp－content/uploads/2011/01/Law－for－the－Encouragement－of－Capital－Investments.pdf，访问日期：2015－10－12。

司法体系。劳动法庭的管辖权涵盖雇主和员工之间的所有工作相关纠纷。雇主—雇员关系的存在应该以事实和具体情况为准。以色列劳工法庭对此问题的裁定是，员工这一身份应在双方皆不能随意终止相关协议的情况下成为事实。在确定雇佣关系是否存在时，劳动法庭一般会考虑的因素包括但不限于：雇主的控制和管理权限；员工执行的工作与雇主的业务之间在多大程度上存在联系；双方有哪些个人承诺；付款方式以及税费扣缴的方式。

（一）劳工合同的签订和解除①

以色列涉及劳工就业的法律非常具体，共有30多部，对劳工关系的产生、内容、集体协议、劳资双方的权利、义务、福利报酬等作出了详细的规定。大部分情况下，由劳动者组织代表与雇主签订集体协议，但个人签订劳动合同的情况正在增多。法律和有的集体协议中规定了雇主必须为雇员支付社会保障、失业保险、离职保险等。

解除合同须提前通知员工。根据法律规定，在解雇、员工到达退休年龄退休和其他规定情况下，雇主向雇员支付离职费，标准为1个月的基本工资乘以雇佣年限。按日雇佣的员工，在1993年以前开始雇佣关系的，离职费为12天的基本工资乘以雇佣年限。劳资纠纷由劳工法庭受理。

（二）最低工资规定②

《最低工资法》提供了全国统一的最低工资标准，即政府定期制定的全国平均工资水平的47.5%。绝大部分企业采取每周5天工作制，平均工作时间为每周43小时。加班和轮班工作可享受额外的加班费和交通补贴。雇佣关系超过1年后，雇员根据其工作年限，可获得每年最少10~12个工作日、最多22~24个工作日的带薪休假。

---

① 商务部国际贸易经济合作研究院、商务部投资促进事务局、中国驻以色列大使馆经济商务参赞处，“对外投资合作国别（地区）指南——以色列（2014版）”，http：//www.fdi.gov.cn/1800000121_25_433_0_7.html，访问日期：2015-10-12。

② “以色列《最低工资法（5747-1987）》”，http：//www.tamas.gov.il/NR/rdonlyres/5905C4D7-9496-479F-A777-B5EE40C3340E/0/30.pdf，访问日期：2015-10-12。

最低工资的计算：(1) 为了满足前款的目的，对于在正常的劳务活动中进行了劳动的工人应当从其劳务地获取相关的劳务报酬。(2) 工资的计算应当从下列工资组成成进行计算：基本工资和综合工资；生活所需开支，没有包含在综合工资中部分；因为工作而获得的固定的额外收入，但是这些不能纳入家庭收入中，也不能纳入短期服务开销和轮换岗工资，工资，授予年度基本工资和费用补偿，包括雇主提供的生存费用，住宿费、旅游费。(3) 废止；(4) 如果雇员的工资没有按照上述 (b) (1) 和 (2) 给全部或部分工资，那么应该基于 (a) 条款而给付工资，没有任何例外。

五、建筑法律体系

根据以色列法律规定，在以色列承包工程的外国承包商须获得许可。以色列是 WTO《政府采购协议》的缔约方。按照以色列政府承诺，政府投资在 500 万特别提款权及以上的公共工程项目，只对《政府采购协议》其他成员开放，非成员国家的企业禁止参与。

以色列工程建设项目按照 1992 年制定并实施的《强制招标法》以及根据该法延伸出的《强制招标规定》(1993)、《关于优先选用以色列产品和强制性商业合作的强制招标规定》(1995)、《国防设施合同强制招标规定》(1993)、《关于优先选用国家优先区域产品的强制招标规定》(1998) 等二级立法和法规确定招标方式和适用范围，并须由相关单位组成招标委员会，实行招标，不进行公开招标的项目需要特别说明。

以色列承包工程的主管部门隶属于经济部的工业合作局，获准承包工程的企业应当向工业合作局申请成本工程许可证，并接受其对承包工程的审查和监督。

以色列国家筹资建设的项目由各政府部门网站发布信息，主要项目主管部门有运输部、住房和建设部、基础设施部、环保部和电信部。此外，各大媒体也定期发布招标信息。

根据条例，国家的投资项目均采用招投标方式。因为以色列法律体制较为健全，所以项目的招投标往往要经历漫长而严格的审核过程。除通过招标方式之外，项目单位也可向建筑承包主管部门申请以其他方式向外承包。

六、小结

总体而言，以色列本国鼓励外国投资，针对外国投资出台了一系列的投资优惠措施，特别是对于投资特定区域的外国投资活动。除此之外，以色列国内重视科学技术发展，国民受教育程度比较高。但是，由于欧洲以及其他一些国家对以色列实行了限制进口以色列原产的物品，以色列对于没有建立外交关系的国家或者其他特定国家亦限制进口该国物品。以色列存在比较动荡的地缘政治风险，较易发生战争等动荡局势，建议将在以色列投资的投资者在投资前向保险公司投保政治险、汇兑险等。

巴勒斯坦国

一、国情简介

巴勒斯坦国（以下简称马勒斯坦），由加沙和约旦河西岸两部分组成。主要居民为犹太人和阿拉伯人，95%以上的居民信奉伊斯兰教。巴勒斯坦使用以色列货币（谢克尔）和约旦货币（第纳尔）作为货币。官方语言为阿拉伯语。

巴勒斯坦解放组织简称巴解，巴勒斯坦全国委员会是巴解组织的最高权力机构，代表巴勒斯坦境内外的全体巴勒斯坦人。2004年11月阿拉法特去世后，卡杜米继任主席。

巴勒斯坦尚未建立起完整的经济体系，百废待兴。巴勒斯坦工业水平很低，规模较小，主要以加工业为主，如塑料、橡胶、化工、食品、石材、制药、造纸、印刷、建筑、纺织、制衣、家具等。2012年，巴勒斯坦工业产值约为14亿美元，约占国内生产总值的19%。截至2013年底，巴勒斯坦共有工业企业5400余家，外资企业仅25家。

二、投资法律体系

（一）投资主管部门及主要法律法规

巴勒斯坦投资促进局[1]（Palestinian Investment Promotion Agency）负责

---

[1] Investment Legislation，巴勒斯坦投资促进局，http：//www. pipa. ps/index. aspx，访问日期：2015-10-04。

办理外籍投资者在巴勒斯坦的投资事宜，依据的主要法律是《巴勒斯坦鼓励投资法》。投资方面的优惠政策包括：固定资产投资免除关税；备件价值不超过固定资产总价值15%的免交关税；投资者可自由转让投资所得；在3年内，对农业收取0%的所得税，对工业和旅游业收取5%的所得税，并可申请额外的税收优惠宽限期；外国投资者和国内投资者享受同等待遇。[①]

（二）《巴勒斯坦鼓励投资法》

所有在巴勒斯坦进行的投资必须经过登记注册，并且基于法律不得受到歧视，同巴基斯坦签署单双边优惠贸易协定的依条约享有国民待遇[②]。除为公共利益考虑和经过正当法律程序外，巴勒斯坦当局禁止对境内的投资进行国有化。[③]

三、贸易法律体系

巴勒斯坦境内外公司在参与贸易活动之前必须获得授权，外籍贸易商所获得的进出口授权是一次性的，授权申请书需向国家经济部（Ministry of National Economy）提出申请。

（一）进口法律制度

依据巴勒斯坦进口法律制度，进口商从事货物进口必须满足以下条件：持有有效进口许可证；持有有效货物原产地证明；货物符合国家标准；货物符合检查条例；货物有合理的标签和包装。[④]

（二）出口法律制度

巴勒斯坦并非所有货物的出口都需要经过许可，但是特定种类的货物出

① Investment Legislation，巴勒斯坦投资促进局，http：//www. pipa. ps/index. aspx，访问日期：2015－10－04。

② 《巴勒斯坦鼓励投资法》，第5、6条。

③ 《巴勒斯坦鼓励投资法》，第7条。

④ 巴勒斯坦投资促进局，http：//www. pipa. ps/page. aspx？id＝gkbG1Ja1817848230agkbG1J，访问日期：2015－10－04。

口需满足一定的标准并获得出口许可证，如农业产品、食物和化工产品。[①]

货物出口时不缴纳关税，但需要缴纳港口费。关税由货物的进口商在运输目的地国家缴纳，港口费为装船货物价值的1.3%。[②]

下列种类的货物出口需事先获得巴勒斯坦国家相关部门的批准：石油或石油制品需要获得巴勒斯坦石油总公司的批准；烟草或酒精需要获得巴勒斯坦烟草局的批准；杀虫剂和油漆混合物需要获得巴勒斯坦环境部的批准；汽车及相关零部件需要获得巴勒斯坦交通运输部的批准；电子通讯设备需要获得巴勒斯坦通讯部的批准；农产品和食品需要获得巴勒斯坦农业部的批准；化学产品需要获得巴勒斯坦健康部的批准。[③]

四、劳工法律体系

（一）劳动主管部门及主要法律法规

巴勒斯坦劳动部（The Ministry of Labour）是巴勒斯坦劳务活动的主管部门，其法律依据是《劳动法》。劳动部有权允许或禁止外籍劳动者在巴勒斯坦境内工作，并有权对劳动力市场和外籍劳动者的雇佣活动进行规范。

（二）《劳动法》

巴勒斯坦《劳动法》规定劳动者每周工作时间不得超过45小时。在恶劣工作条件下工作的劳动者，每天至少减少1小时的工作时间；每日工作时间中至少包括不超过1小时的休息时间；周五是休息日，除非工作的性质要求以其他日期替代，否则不能对其进行更改；职工有权在宗教和官方假日带薪休假，休假时间不被计入年假时间。[④] 在雇员恶意履行职务的情况下，雇主可以在不通知雇员的情况下单方面解除合同。

---

① 巴勒斯坦投资促进局，http：//www. pipa. ps/page. aspx？id = gkbG1Ja1817848230agkbG1J，访问日期：2015-10-04。

② 同上。

③ 同上。

④ 《劳动法》，第68、69、70、73、75条。

劳动争议原则上由劳动合同的双方协商解决，如果争议双方不能协商解决争端，可寻求劳动部调停处的协助。如果调停处在 10 日内未能解决争端，那么劳动部有义务组成调解委员会解决争议。调解委员会由雇主和劳动者选出的同等数量的劳动部职员组成。如果调解委员在 2 周内未能解决争端，争议双方当事人可以司法途径解决纠纷。①

五、建筑法律体系

建筑业是巴勒斯坦最具影响力的经济部门之一，每年巴勒斯坦国内向建筑行业的投资超过 10 亿美元，占总投资额的 48% 。巴勒斯坦境内有 326 家建筑公司，其中 90% 以上是私营公司。巴勒斯坦房地产业有着极大的发展潜力，随着巴勒斯坦约旦河以西地区和加沙地区的巴勒斯坦人归国潮，当地房屋需求量正以每年 50 000 座的速度增长。

自从建筑承包业建立以来，巴勒斯坦民族权力机构（PNA）就通过投资和政策优惠给予了建筑业优先发展权，基于巴勒斯坦改革发展计划巴勒斯坦将为新建的公共基础设施提供 9 千万美元的贷款。

六、小结

目前，巴勒斯坦地区政治动荡，投资、贸易等法律制度尚在完善中。在投资之前，建议投资者事先通过中国驻巴勒斯坦大使馆的工作人员了解有关当地的政治局势、投资环境、法律制度和风土人情，有针对性地做好预警措施。中国驻巴勒斯坦大使馆可以为中国赴巴勒斯坦的企业和公民提供服务，如果遇到突发状况，可向其寻求帮助。

---

① “巴勒斯坦投资指南”，巴勒斯坦投资局，http：//www. pipa. ps/userfiles/file/publication/Palestine% 20Investment% 20Guide_ EN. pdf，访问日期：2015 - 10 - 04。

沙特阿拉伯王国

一、国情简介

沙特阿拉伯王国（以下简称沙特）地处阿拉伯半岛。国教是伊斯兰教。沙特实行君主制，禁止一切政党活动。国家的执法依据是《古兰经》和《圣训》，没有宪法，最高行政权和司法权由国王所有。

沙特的原油储量大约362亿吨，约占全世界储量的16%，排世界第二位。天然气储量居世界第五位，约291万亿立方英尺。此外，金属类矿藏资源也相当丰富。该国的贸易政策主要以自由贸易和低关税为主，主要出口石油以及石油产品，这类产品的贸易额占到出口总额的90%左右，而进口以纺织、食品、机械设备等消费品为主，中国是其主要贸易伙伴国之一。

二、投资法律体系

根据沙特最高经济委员会决议成立的沙特投资总局是沙特的投资主管部门，其宗旨是改善沙特国内的投资环境，提高对外资的吸引力，为境内外投资者提供全方位的服务。[①] 与外国投资相关的国内法律主要有《外商投资法》及其执行条例、《矿业投资法》《所得税法》及其执行条例、《非沙特公民拥有房产及投资法》以及《仲裁法》等。

---

① 商务部国际贸易经济合作研究院、商务部投资促进事务局、中国驻沙特大使馆经济商务参赞处，“对外投资合作国别（地区）指南——沙特（2014年版）”，http：//www.fdi.gov.cn/1800000121_25_235_0_7.html，访问日期：2015-10-04。

（一）投资条件

外国投资者要想在沙特进行投资，须获得沙特投资总局颁发的许可证。外国投资者在不同的投资活动中可以取得不止一个许可证。一旦外国投资者的投资项目被批准，则享受和沙特国内项目同等优惠待遇和保障。外国投资者有权将股份出售或获得的企业结算的盈余或利润汇往国外。[①] 非沙特人可以基于合理用途在沙特拥有房屋，如从事获得批准的活动，或作为宿舍安置企业员工。除非是为了执行司法判决或者为了公共利益，否则不得全部或部分没收外国企业在沙特的投资，即便是基于公共利益的要求没收外国投资者的财产也须根据法律予以公正的补偿。[②]

外国投资者要获得沙特投资总局颁发的许可证须满足一定条件，具体参见《外国投资法执行条例》第 6 条的规定，[③] 主要对外国投资项目的合法性、投资总局的权限、部分投资项目的金额、投资者的资质、投资项目的种类等作出具体的规定。经合法批准的外国投资企业可以获得国民待遇，具体包括：伊斯兰历 1381 年 12 月 23 日第 50 号国王令发布的保护和促进国民行业规定的优惠；企业可以根据伊斯兰历 1421 年 4 月 17 日第〔15/M〕号国王令发布的非沙特人拥有房地产的法律而拥有用于合理目的的住房；享有避免双重征税协议和王国的保护并促进投资协议的优势；同一投资企业内投资者之间的份额可以自由移转；通过产业发展基金获得贷款；企业在以后年度若出现亏算，不需要进行税务核算，仅在以后利润年才须进行税收结算。[④] 沙特的企业虽然在沙特可以享受一定的优惠待遇，但同时须承担一定的义务，如依照作出的承诺及时开展经批准的项目，但有合理理由且经投资总局许可，可适当延长，但不得超过一年（经投资总局管理委员会决定可延长超过一年）。[⑤] 经批准的项目在申请时确立的条件和目标不得随意更改，除非获得投资总局

---

① 《外商投资法》第 7 条。

② 《外商投资法》第 11 条。

③ 《外国投资法执行条例》第 6 条。

④ 同上。

⑤ 《外国投资法执行条例》第 16 条。

同意。[①]

（二）对矿业的投资

《矿业投资法》主要适用于沙特籍或非沙特籍自然人或团体法人对沙特境内矿藏业的投资。该法规定，获得许可之人在许可限定的时间和地点开采出矿产，则矿产归私人所有；除此之外，国家对矿产资源的所有权不因任何其他法律条文而转予其他主体。该法将以下矿藏资源排除在外：石油、天然气及其派生物；珍珠、珊瑚和类似的海洋有机物。[②] 投资者要想投资于沙特的矿藏业，必须获得许可证。矿产业投资的许可证种类繁多，其中包括：勘测许可证、发现许可证、矿物收集许可证和开采许可证，其中开采许可证又包括采矿许可证、矿石开采证、小型矿证、建材采石场开采证。该法还允许一个自然人或团体法人可以获得一个以上的许可证。[③]

沙特为吸引投资，在以下领域鼓励外商投资：以原油炼化、石化、化肥、淡化海水与发电业、冶金开矿业等能源为基础的产业；航空、铁路、港口码头、道路和物流等运输物流业；信息通信技术产业；医疗卫生领域；生命科学领域；教育等产业。[④] 但对于工业领域和服务业领域，沙特却严禁外商投资，主要涉及沙特国内支柱产业、军用设备、国家安全、宗教信仰、不动产所有权、代理、医疗卫生等，具体参见《沙特外商投资禁止目录》。[⑤] 该禁止投资领域并非固定不变，最高经济委员会每年都会对此清单进行核对，以便逐步开放部分领域。对此名单中未提及的领域，投资总署将根据外商的申请，

---

① 《外国投资法执行条例》第18条。

② 《外国投资法》第3条。

③ 《外国投资法》第6条。

④ 商务部国际贸易经济合作研究院、商务部投资促进事务局、中国驻沙特大使馆经济商务参赞处，"对外投资合作国别（地区）指南——沙特（2014年版）"，http：//www.fdi.gov.cn/1800000121_25_235_0_7.html，访问日期：2015-10-04。

⑤ "沙特外商投资禁止目录"，中国华人民共和国驻沙特王国大使馆经济商务参赞处，http：//images.mofcom.gov.cn/sa/accessory/201101/1294661174975.pdf，访问日期：2015-10-19。

出具必要的执照。[1]

（三）与投资相关的税收

沙特的税收和财政由中央统筹，按计划和预算分配给地方。[2] 沙特没有工资税、间接税、印花税和转让税等，宗教税只对本国企业和个人征收，现有的税种中针对外国企业和个人仅涉及所得税。沙特的所得税税率在不同领域有不同的标准，基本标准是20%，但在天然气领域是30%，在石油等工业领域更是高达85%，具体规定参见沙特《税法》第7条。这也印证了石油等工业领域的税收是其财政收入的主要来源。但外国企业的税率不完全依据沙特国内税法确定，因其还受到沙特签署的税收协议的约束，如中国与沙特签订的《避免所得税双重征税协议规定》。在税收优惠方面较为有限，仅对哈伊勒、吉赞、纳吉兰、巴哈、焦夫等边缘地区实施一些优惠政策。[3]

（四）非沙特阿拉伯王国公民拥有房产及投资的条件和限制

沙特对房产的管制尤为严格，非沙特籍公民只有在以下情况下才能获得沙特的房产。获准从事专业、职业和经济活动，具有自然人或法人人格的非沙特籍投资者，可以获取必要的房产。如果在房地产领域进行投资，对于该项目的投资不得少于3000万里亚尔，并且项目完工后须在5年内出租或出售。[4] 另外，有一点值得强调，非沙特籍公民非但不能在麦加和麦地那地区通过购买方式获得房产所有权，就连房产的使用权和收益权也不能通过购买获得，仅能通过继承取得。此外，沙特的外交人员可以根据外交对等原则获得用于居住或办公的房产。除此之外，非沙特籍投资者要想获得房产必须经内阁批准。

---

① “沙特投资总署公布外资禁入行业清单”，中国华人民共和国驻沙特大使馆经济商务参赞处，http：//sa. mofcom. gov. cn/article/ddfg/200703/20070304499959. shtml，访问日期：2015－10－19。

② 商务部国际贸易经济合作研究院、商务部投资促进事务局、中国驻沙特大使馆经济商务参赞处，“对外投资合作国别（地区）指南——沙特（2014年版）”，http：//www. fdi. gov. cn/1800000121_25_ 235_ 0_ 7. html，访问日期：2015－10－04。

③ “沙特财税金融制度与重点法规简介”，中国华人民共和国驻沙特大使馆经济商务参赞处，http：//sa. mofcom. gov. cn/article/ddfg/201401/20140100457523. shtml，访问日期：2015－10－19。

④ 《非沙特公民拥有房产及投资法》第1条。

三、贸易法律体系

沙特的贸易主管部门为沙特商工部，与贸易相关的机构还有海关、标准局、农业部、卫生部和工商会等。沙特国内与贸易相关的法规主要有《商业代理法》《关税法》《商业代理执行条例》以及《沙特动植物卫生检疫规定》等。

（一）与贸易相关的代理规则

《商事代理法》共6条，对代理制度仅作了原则性的规定，具体规则由《商事代理法执行条例》规定。与其他中东国家一样，沙特实行严格的商业代理制度，非沙特籍人，无论是以自然人还是法人，均不得在沙特境内从事商业代理。而且，代理的公司资金必须来自于沙特，董事会成员、经理和被授予签字权的人应为沙特籍人。[①] 禁止由外国委托人直接或间接掌握代理权的"借壳代理（shell agent）"。[②]

这种严格的代理制度意味着外商在沙特如果没有设立公司等经营实体，必须通过沙特的代理商和经销商从事贸易，包括进口货物的分销及本地商品的零售。该代理商或经销商必须经商业部登记注册，才能正式营业。被拒绝登记注册者在收到通知后的一个月内有权向商业大臣申诉，商业大臣的决定为最终决定。商业代理合同必须写明被代理人的原始国籍或该国经营者，同时明确包含双方的权利和义务及双方对消费者应履行的有关保证维修和零配件的义务。[③] 此外，双方的身份和国籍、代理内容和区域，包括业务、服务和货物、代理期限及延期方式、代理终止或中断方式等条款也应当明确规定于代理合同中。[④] 商业大臣可以委派专人确认有关违反《商业代理法》及

---

① 《外国投资法执行条例》第2条。

② 商务部国际贸易经济合作研究院、商务部投资促进事务局、中国驻沙特大使馆经济商务参赞处，"对外投资合作国别（地区）指南——沙特（2014年版）"，http：//www. fdi. gov. cn/1800000121_25_235_0_7. html，访问日期：2015-10-04。

③ 《外国投资法执行条例》第10条。

④ 《外国投资法执行条例》第11条。

《商事代理条例》的行为，如果发现有违反者，将处5000至5万里雅尔的处罚。如果外籍人或存在非沙特籍合作人的沙特公司触犯该法，除罚款之外，公司还可能被勒令解散，在一定时期内甚至永久禁止经营，内政大臣还可依法将外籍人驱逐出境。[①]

外国公司要想不通过代理将货物卖入沙特境内，可以采取在沙特境外交货，由沙特买家自行办理进口手续的方式。外国投资者还可以与沙特本国投资者成立合资公司，直接从事贸易活动，但门槛极高，要求外资股权不得超过75%，每名外国投资者的最低投资额为2000万里亚尔，且每年最少要对15%的沙特员工进行培训。[②]

（二）与贸易相关的进出口规则

沙特内阁负责关税税率和关税制度的修改，所有关税条令的执行、修改或取消都需要得到王室法令认可后由内阁颁布执行。为了履行入世承诺，沙特这些年不断减少各类商品的关税种类，2007年之前减少了472种，2007年减少了22种，2008年减少了180种，2009年减少了20种。[③]

沙特禁止进口以下商品：猪及猪肉制品，狗和青蛙肉等；麻醉品；天然有机肥料（由动物或植物制成）；可乐果；含酒精的饮料；在加工过程中使用了动物血液的食品；动物干尸；带有Zamzam井（沙特的圣井）描述的饮料；萎叶；鼻烟；香烟宣传品；石棉及制品；沙林毒气；工业废品及有害垃圾；供儿童用的焰火制品；遥控飞机及部件；两轮、三轮及四轮儿童用摩托车等机动车；产生噪音的玩具枪或形似真枪的玩具枪；古兰经；沙特邮票；带有电路（有音乐或灯饰）的贺卡；Hadi纸券（带有祭祀用的牺牲动物，如羊、骆驼、牛等的纸品）；外国企业的空白发票；能产生警车或动物鸣叫声音的警报器；针对警车的雷达探测器；卫星互联网接收器；各种赌具；科威

① 《外国投资法执行条例》第20条。

② “沙特经贸制度与重点法规简介”，中国华人民共和国驻沙特大使馆经济商务参赞处，http：//sa. mofcom. gov. cn/article/ddfg/201401/20140100457525. shtml，访问日期：2015－10－19。

③ “沙特削减122种进口商品关税”，沙特投资经贸指南，http：//www. gfta. org. cn/Saudi_Arabia/Law/waimao/22400. html，访问日期：2015－10－19。

特及伊拉克战争遗留的机械设备；受辐射或核污染的产品；旧轮胎或再生轮胎；废车及右舵车；带有电路的，可发射红光的望远镜；制作成移动电话、打火机、寻呼机、笔及其他形状的枪支。[①]

在沙特销售的食品必须要粘贴由沙特标准组织制定的相关标识，食品类出口商除需要遵守标准组织的强制性标准外，还必须提供以下证明：食品生产商的成分证明；消费者保护证明；价格标签。除此之外，还对肉类、种子和谷物、牲畜饲料添加剂、牲畜、宠物、马匹、蔬菜和水果、电器、电子设备和配件、机动车辆等货物进口作了特殊规定。[②] 为促进沙特标准局标准的执行，沙特商工部于 1995 年 9 月实行国际统一证书程序制（ICCP），货物要想进入沙特港口必须提交统一证书，否则将被拒绝入港。[③]

四、劳工法律体系

2005 年沙特颁布新的《劳动法》，适用于沙特和非沙特籍雇员。2006 年劳工部根据新的《劳动法》出台了《沙特劳工部外籍劳工在沙务工指南（2006 年第 2 版）》，进一步明确了非沙特籍工人的权利义务。

沙特《劳动法》的第 3 章专门规定了非沙特籍人员的就业，具体包括：外国人来沙务工，必须经过沙特劳工部的批准，并获得其颁发的工作许可证；外籍工人必须与雇主签订书面合同，且受雇主担保；外籍工人必须持有有效居住证和工作签证；一名雇员只能受雇于其担保人，不得为他人工作；担保人不得让自己的雇员为他人工作，或者脱离担保人自行就业。除此之外，雇主还要负责非沙特籍雇员在沙特所需的一切费用，具体包括办理居住证及与工作许可证相关的费用，如办证迟延的罚款、出入境费用等。

---

① "沙特禁止进口商品目录"，中国华人民共和国驻沙特大使馆经济商务参赞处，http://images.mofcom.gov.cn/sa/accessory/201101/1294829568625.pdf，访问日期：2015-10-19。

② "沙特有关特定货物进口法规汇编"，中国华人民共和国驻沙特大使馆经济商务参赞处，http://images.mofcom.gov.cn/sa/accessory/201108/1312987543374.pdf，访问日期：2015-10-19。

③ "沙特进口标准和进口程序"，中国华人民共和国驻沙特大使馆经济商务参赞处，http://sa.mofcom.gov.cn/article/ddfg/200410/20041000298364.shtml，访问日期：2015-10-19。

为提高本国劳工的就业率，2011年9月，沙特政府开始实行“沙特化”分级制度，该制度以推动私营部门雇员沙特化为原则。为了实现此一目标，沙特政府采取奖励和惩罚并行的方法，即奖励那些雇佣沙特籍员工的外国企业并帮助其发展，惩罚那些雇员未达到沙特化比率的外国企业。以“优秀”“绿色”“黄色”和“红色”4个等级来衡量企业劳工的沙特化比率。其中“红色”是最低级，“优秀”是最高级，根据不同级别对企业进行奖励和惩罚。[①] 在清除非法劳工的同时，沙特也进一步完善了《劳工法》，并且提升了劳工待遇，其中包括将私有行业从业人员每周工作时长由45小时缩减至40小时，并赋予其周末休息2天的权利；劳动者在用人单位工作超过4年，或者劳动合同经过3次续签的，应当签订无固定期限合同；用人单位不得要求劳动者连续工作超过5小时，连续工作期间必须有半小时的吃饭和祷告时间；每天工作不得超过8小时等。同时，新的劳工法修正案规定，在9种情况下，用人单位可以解除劳动合同，且不需要提前通知和支付赔偿，包括劳动者袭击雇主、高级管理人员或其他雇员，一年之中无故旷工累积30天以上或连续旷工15天以上等情况。劳动者不服用人单位裁决的，可以向相关部门上诉。[②] 另外，沙特劳工部决定暂缓施行关于外籍劳工最多只能在沙特工作7年以及限制外籍劳工携带家属入境的草案，此举受到了沙特商人及商工会的一致欢迎。[③]

五、建筑法律体系

沙特的工程承包市场施行资质管理制度，由沙特城乡事务部统筹管理。该部根据市场特点划定了29个专业类别，并由该部所属的承包商评级署依据

① “沙特外交部就推动劳工市场沙特化‘分级’计划实施时间和内容向驻沙外交机构普发照会”，中国华人民共和国驻沙特大使馆经济商务参赞处，http：//sa. mofcom. gov. cn/article/ddfg/201109/20110907724494. shtml，访问日期：2015－10－19。

② 同上。

③ “沙特暂缓对外籍劳工限制”，中国华人民共和国驻沙特大使馆经济商务参赞处，http：//sa. mofcom. gov. cn/article/ddfg/201401/20140100475403. shtml，访问日期：2015－10－19。

企业注册资金、累计承揽项目总额等参数将沙特的承包商分为5个等级，其中1级为最高，级别的划分主要是对承揽项目规模的限制。如房地产领域，单个项目总额不超过420万里亚尔的，参与企业无等级要求，随着项目总额的增加，对承包商资质的要求就越高，一旦项目总额超过2.8亿里亚尔，则承包商的资质必须是1级。① 沙特国内与建筑工程相关的法律主要有《政府采购和招标法》。

沙特的招标方式主要有两类；一类是国内招标，另一类是国际招标。只有国内承包商不具有实施能力的项目才能进行国际招标。政府在紧急情况下可以直接采购实施100万沙特里亚尔以下的工程，不需要通过招投标程序。对于以下项目，即使标的额超过100万沙特里亚尔，沙特政府也可以不采取公开招标实施：武器、军事设备及其配件；咨询、技术、研究、规范制定、规划设计、监理、会计服务、律师和法律顾问等业务；用于机械、设备、电气、电子等行业的配件；在商品、建筑、服务供应等方面仅有唯一且不可替代的生产、承包、提供商；应付疫情需用的卫生和医疗急需品。②

该法还规定投资者在投递标书时须按招标要求随附相当于报价1%－2%的投标保函，但下列两种情况下无需保函：一是不使用密封报价的直接采购；二是与一贯遵守本法，能自行履约的机构，以及慈善、公益等机构缔约。③ 当投标者中标后，政府应该与投标者签署合同，但合同额低于30万沙特里亚尔的项目政府可用往来文书替代合同。中标者签署合同后应于10天内提交相当于合同额5%的履约保函，但特殊情况可以延长10天。不按固定期限提交履约保函的中标者即被没收投标保函，随后依顺次评定其他报价；直接采购时，政府认为在没必要的情况下以及承诺履行合同的是公共机构、政府控股

① 商务部国际贸易经济合作研究院、商务部投资促进事务局、中国驻沙特大使馆经济商务参赞处，“对外投资合作国别（地区）指南——沙特（2014年版）”，http：//www.fdi.gov.cn/1800000121_25_235_0_7.html，访问日期：2015－10－04。

② 《政府采购和招标法》第47条。

③ 《政府采购和招标法》第11条。

51% 以上的公司、慈善或公益团体的，可以省略履约保函。[1]

六、小结

总体而言，沙特对外国企业投资的限制较少，但投资者仍须谨慎。投资前须熟知沙特国内的相关法律，尤其应注意非沙特籍自然人在沙特拥有住房的问题，沙特虽然没有完全禁止非沙特籍自然人在沙特拥有住房，但用途限于获准投资项目的需要。另外，需要关注的是沙特禁止投资的领域与禁止进出口商品的种类。除此之外，雇佣非沙特籍员工不仅需要承担较大的雇佣成本和更重的法定义务，而且还要受到沙特化率的影响，即必须雇佣一定比例的沙特籍员工。外国企业要想在沙特成功投资尤其要关注以上问题。

① 《政府采购和招标法》第33条。

也门共和国

一、基本情况

也门共和国（以下简称也门）位于亚洲西南部，阿拉伯半岛南端，国土面积55.5万平方千米，海岸线2200千米。截至2013年底，也门总人口约为2360万。也门是一个典型的资源型国家，石油和天然气是其最主要的自然资源。也门的非石油资源如金属矿藏也比较丰富。

也门实行共和民主制，人民通过选举投票的方式直接行使政治权力，通过立法、行政、司法和地方委员会等机构间接行使政治权力。协商会议负责研究和讨论同国家最高利益有关的国内外重大问题，但无立法权。

宗教在也门的国家生活中占有极其重要的地位，国家的一切活动、社会组织以及风俗习惯都直接或间接地受宗教信仰的影响。伊斯兰教为其国教。也门99%的居民信奉伊斯兰教，什叶派的宰德教派和逊尼派的沙斐仪教派各占50%。[①]

中也双边贸易发展迅速，中国已经成为也门最大的贸易伙伴国。中也双边贸品具有很强的互补性。据中国商务部统计，2013年中国对也门直接投资

---

① 商务部国际贸易经济合作研究院、商务部投资促进事务局、中国驻沙特大使馆经济商务参赞处，“对外投资合作国别（地区）指南——也门（2014年版）”，http：//www.fdi.gov.cn/1800000121_25_409_0_7.html，访问日期：2015－08－20。

流量达3.31亿美元。截至2013年末，中国对也门直接投资存量为5.49亿美元。[①] 中国企业对其投资领域主要是资源开发、餐饮、建筑工程和渔业捕捞等，其中，中资企业在也门油气和矿产资源开发领域的风险性投资较为活跃。

二、投资法律体系

也门对国外投资实行“国民待遇”原则，所有外国投资者享有与也门当地投资者的同等待遇，可以与也门企业或个人合资经营，也可以独资经营。

也门正在修订《投资法》关于BOT的规定。目前，亚丁自由区主要以BOT和成立合资企业的方式建设。

（一）投资者保护

也门现行的投资法是2010年8月颁布的《也门投资法》（2010年第15号法案）。该法主要规定了以下引资政策和措施：非歧视性原则（国家保障也门和外国投资者按该法规定自由投资，外国投资者与也门投资者在权利、责任、制度、程序、遵守法规等方面一律平等）；法律保障原则（投资者，无论法人或自然人，在完成缴税义务后，为支付股息、资本利润利息、版税、管理费、许可证费、支付供货商或支付其他成本，有权通过指定注册的银行，以任何可兑换货币，将任何数额的资金汇出也门境外）。[②]

任何为投资项目工作的外雇人员，在完成缴税及其他义务后，有权通过指定银行将工资和所得报酬汇出境外。在不抵触本条其他规定的情况下，政府不得侵占任何投资项目及资产，或将其国有化。除公共利益原因，及根据宪法及相关法律规定的情况，政府不得没收投资项目。[③]

无论其他法律如何规定，对被没收的投资项目进行补偿时，将适用以下

---

① 商务部国际贸易经济合作研究院、商务部投资促进事务局、中国驻沙特大使馆经济商务参赞处，“对外投资合作国别（地区）指南——也门（2014年版）”，http://www.fdi.gov.cn/1800000121_25_409_0_7.html，访问日期：2015-08-20。

② 《Investment Law No. 15 of 2010》，Article（7）。

③ 同上，Article（8）。

条款：支付给投资者的补偿金额，根据《也门投资法》第 8 条的规定，由政府和投资者协议决定或由主管商业法庭裁决。支付给投资者的补偿金额，以项目宣布被没收前一日的市场价值和资产价值为基础。补偿金需在不晚于自项目宣布被没收之日起 180 天之内支付。如超出此支付期限，投资者有权要求由主管商业法庭重新估算补偿金额。如投资者对被没收项目及资产的补偿评估金额不满意，可以诉诸于主管商业法庭。支付给投资者的补偿金，不得晚于裁定的应付款日期。[①]

（二）投资优惠政策框架

也门没有对外国投资制订特殊的优惠政策框架，但允许外商投资享有以下特别待遇：外国投资项目有权拥有土地及所有权；允许外商独资；外商在获得信用贷款方面有优先权；允许外国投资者雇佣外籍劳工；外商投资项目出口产品可获得退税；可以自由转入/转出外汇；可在 15 日内完成投资注册手续；满足以下条件时，企业所得税可由 35% 降至 15%：投资项目在基础设施（能源、水利、道路）、交通、医疗、IT、旅游、工业、农业和制造业领域，投资资本不少于 300 万美元且雇佣的本地劳动力不少于 100 人，实际经营项目与注册项目相符，未发生偷税漏税和拖欠工资现象，报税时，应通过注册会计师审计。

（三）企业设立法律规则

也门对于外国投资企业的注册形式和行业没有明确限制。一般工商业企业在也门工业和贸易部办理注册手续，大型投资项目在也门投资总局办理注册手续。

外国企业在也门注册设立公司须向也门工业和贸易部提供以下规定的材料：公司商业注册证明，经认证的公司合同。金融类公司还须提供公司基本章程并认证。私人公司还须提供成立公司合同并认证。总公司商业注册证明须经认证，同时根据银行和《投资法》规定，在商业注册证明里应注明金

① 《Investment Law No. 15 of 2010》，Article（8）。

额。公司上个财政年度的决算，须经公司一把手或者其授权人签字并认证。总公司任命分支公司经理或代表的正式授权书。银行存款证明，最低金额为3万美元。外国公司注册费用收据。以上所有材料如以外语书就，均须指定的翻译机构译成阿拉伯语。工业和贸易部受理上述注册的法定时限为2天。

投资总局将根据《投资法》规定征求各分支机构意见。各分支机构在收到申请15日内提出同意或否定意见；在有效期内没有提出反对意见，视为同意。投资总局在收到符合法律规定的全套注册申请资料之日起15日内完成注册手续。

（四）企业税收

也门的税务主管部门是税务总局。也门的税收制度原则上采用属地主义，即收入来源地税收管辖体制。在该体制下，非本国居民的外国人或外国企业在也门境内所获得的收入应计入所得税的征税范围，具体的征税原则由该外国人所从事的工作或外国企业的经营范围，以及工作年限和时间等因素来决定。也门本国居民或企业在境外获得的收入原则上不计入征税范围。

法律规定了可以免于缴纳所得税的情况，包括非营利性的人道主义团体、学校和职业学院，国债利息，个人的储蓄利息，外交人员、投资法规定的免税项目等。企业所得税税率为企业年利润的35%。

三、贸易法律体系

也门政府在1996年（16）号修正案中废除1992年外贸法中的进口许可证制度，但规定以下产品仍需工业和贸易部签发进口许可证方可入境[①]：有关国家补贴的产品，如小麦、面粉等；有关危害也门的宗教、人民健康、环境和安全的产品；事先需要获得相关主管当局批准的产品，如药品、农业杀虫剂。

---

① 《Law No（16）of 2007 On Foreign Trade》，Article（7）。

在2007年（16）号修正案中，也门政府对进口商的进口行为提出如下要求：产品的规范和质量标准要符合国家的规定；进口机械设备、交通工具、电器设备等产品需要维修和零配件的，进口商要承担提供零配件和维修中心的义务；产品如果是在有效期规定的药品、食品等要获得检验部门的检测报告；进口活的牲畜、植物和种子等需要事先经过检验、检疫部门的依法安全检测后，方可进口；禁止进口有悖伊斯兰教义、国家安全、危害健康，有悖道德规范和污染环境等的产品；进口要服从法律的临时规定、双边协定和议定书的相关条款。

也门的出口商品免除出口许可证，且不受海关的任何限制。有关维护国家安全、环境保护以及需要检验检疫的特殊产品，在出口前必须按照工业和贸易部的规定办理。此外，出口产品的规范要按照国家的统一规范、标准或进口国指定的标准实施。①

四、劳工保护标准

也门的劳动主管部门是社会事务与劳动部。也门1995年第5号法颁布了《劳动法》。② 雇佣双方必须签订雇佣合同，劳动合同应包括报酬金额、工种、劳动地点、参加劳动日期和劳动期限等内容。没有书面合同的情况下，劳动者应通过各种方式证明其权利。

根据劳动规模和质量，按照下列原则确定劳动和职业报酬的种类、等级和金额：任务、义务和职责的性质；从事劳动的必要的资格和经验；劳动的重要性和在发展生产中的作用；劳动产出；劳动条件和劳动地点；劳动者付出的努力。

劳动者的报酬最低限度不得低于国家行政机关中报酬的底线；在生产或

---

① 《Law No （16） of 2007 On Foreign Trade》, Article （15） and Article （16）, http：//www. moit. gov. ye/moit/，访问日期：2015－08－20。

② 中华人民共和国驻也门共和国大使馆经济商务参赞处，http：//ye. mofcom. gov. cn/article/ztdy/200805/20080505511533. shtml，访问日期：2015－08－20。

计件基础上的劳动者日报酬的平均数，不得低于职业或制造业规定的报酬底线；报酬不按月、周或日支付的劳动者的日报酬，按同种劳动者在一个雇主处劳动的最后一年或劳动的一段时期（不足一年）的实际劳动天数所得到报酬的平均数计算。

雇主在劳动者违反《劳动法》或旧合同中规定的义务时，可行使其权利实施下列惩罚：书面提醒、书面警告、扣除不超过基本报酬20%的报酬、开除。但劳动者有权保留在该法和其他法律条款中规定的费用在下列情况下，雇主不得对劳动者签署任何惩罚：在揭露违反行为15天后；没有证据在刑事或行政上能够归罪于劳动者；惩罚细则中不包含的违反行为。

五、建筑工程法律体系

（一）关于不动产的法律规则

2009年8月也门政府颁布了《外国人拥有不动产法》，允许非也门人拥有土地与房屋等不动产，结束了外国人只能租赁不动产的历史。新法案包括3章19条，对外国人在也门境内购买土地和房产的条件、程序和保障等内容作出了详细规定。这一法案是也门政府为吸引外国投资、刺激经济发展所采取的措施之一，适用于也门国有和私有的土地和房产。

符合法案规定条件的外国个人和机构，都可以申请购买也门境内的土地或房地产。法案主要内容为：任何外国法人、自然人均可在也门获得土地和不动产，可以获得一线城市和二线城市土地作为投资项目，如住宅、旅游等，但未涉及农业项目；不可拥有古迹、边境地区及军事区域等重要地区；拥有土地和不动产的目的局限于居住或办公场所；不可无偿获得国有土地，除非为了公共利益并且获得总统批准。

（二）外商承揽工程项目的程序规定

外国承包商在也门当地承揽工程主要是根据《也门共和国也门投标、拍卖、仓储法》（简称《也门招投标法》）的规定来实施。实施方式是招投标，可采取公开竞争招标（普遍适用）、有限邀请招标（不少于3家）、议标（适用于不超过一定限额的小型项目）、直接命令实施（适用于突发自然灾害、危险的施工场地和特殊小型工程等情况）4种形式之一。[①]

由于材料或者工程复杂的自然属性而不能确定全部技术规范的，可以采用两阶段投标方式。第一阶段为技术标，第二阶段为财务标。如技术标未通过，不允许开财务标，投标取消。

（三）工程招标

也门的工程招投标采取下列4种形式之一：公开竞争招标（普遍适用）；有限邀请招标（不少于3家）；议标（适用于不超过一定限额的小型项目）；直接命令实施（适用于突发自然灾害、危险的施工场地和特殊小型工程等情况）。

招标程序包括：企业通过报纸了解项目招标信息后，报送资格预审材料或直接向业主购买招标文件；企业根据要求准备并按时递交投标文件，随附投标保证金；企业出席开标会并当场开标，法律允许在只有唯一投标的情况下正常开标；业主组织评标并决标；业主向中标企业发出授标通知书；中标企业提供履约保证金，撤回投标保证金，并与业主签订合同。

也门政府单独设立最高投标和拍卖委员会（简称最高投标委员会）作为项目招投标的主管部门。也门境内的工程招投标无论采取上述哪一种招标方式，都需要通过最高投标委员会的批准。业主需将项目评标结果报最高投标委员会审批后方可发出授标通知书。任何投标人自开标后享有10天的申诉期。在获得最高投标委员会同意后，合同实施的任何阶段都可以对合同进行调整，但增减幅度不超过合同总金额的10%，且调整必须有充分合理的理由。

① 中华人民共和国驻也门共和国大使馆经济商务参赞处，http：//ye.mofcom.gov.cn/article/ztdy/201411/20141100785663.shtml，访问日期：2015－08－20。

六、小结

也门的法律较为复杂，投资成本较高，建议投资企业向也门开展投资合作过程中使用中国政策性保险机构（中国出口信用保险公司）提供的包括政治风险、商业分险在内的信用保障产品。也门是一个传统的伊斯兰国家，投资企业在也门进行投资时应当适当了解当地主要宗教的背景、民俗、生活习惯等，尊重其居民的宗教信仰。

阿曼苏丹国

一、国情简介

阿曼苏丹国（以下简称阿曼）位于阿拉伯半岛东南部，以伊斯兰教为国教，绝大多数本国穆斯林属伊巴德教派。官方语言为阿拉伯语，通用英语。

阿曼是世袭君主制国家，禁止一切政党活动。苏丹享有绝对权威，颁布法律、任命内阁、领导军队、批准和缔结国际条约。

阿曼的石油和天然气资源极为丰富，主要出口产品为原油、液化天然气、矿产品。主要进口产品为交通工具、电子和机械设备、贱金属及制品。中国是阿曼最大原油出口目的国。中国则主要向阿曼出口机械设备、电器及电子产品、计算机与通信技术产品。

二、投资法律体系

阿曼商工部是外国投资的主管部门，其职能包括向投资者提供相关服务，审批投资申请，发放许可和商业注册。其所属“外国投资委员会”具体负责审核外国投资申请，对于投资领域、是否属于经济发展项目、是否存在与《外国投资法》相冲突等方面向大臣提出意见和建议。

（一）投资准入限制

阿曼对以下活动只允许本国人进行：宗教朝觐活动；劳务的雇佣和提供；保险服务；商业代理；海关清关服务；机场货物处理；海运服务；政府部门的跟踪服务；房地产服务、土地和建筑租赁与管理；相关社会活动：残障人士福利机构、残障人士康复机构、老年人福利机构、任何形式的社会服务中心；相关文化活动：出版印刷、报刊杂志、照相与电影、艺术生产、商业演出、电影院、博物馆；租车服务；广告服务；各类运输服务及旅行社的经营。①

（二）外国投资许可

所有外国投资者在阿曼均享受“国民待遇”，既可以与当地企业或个人进行合作经营，也可以独立经营，但须经商工部根据《外国投资法》给予许可。

许可的颁发须满足下列条件：商务活动应由资本不少于15万里亚尔（约39万美元）、外资不超过其总资本49%的阿曼公司来进行。经外国投资委员会的推荐，由工商大臣批准，外资可超过上述比例至总资本的65%。若项目有助于阿曼国民经济的发展且总投资在50万里亚尔（约130万美元）以上，经工商大臣推荐，上述外资比例可超过65%乃至100%。业已存在的合资公司参与新的合资公司时，外资股份应视为在每个公司的所有股份，阿曼人的股比不得低于上述规定的比例。经苏丹敕令批准为阿曼政府执行特殊合同或协议的公司或者由内阁宣布从事国家需要工作的公司不需要符合上述条件。

（三）公司注册

在阿曼投资可以采取一般合伙公司、有限合伙公司、合资企业②、股份公司、有限责任公司③以及控股公司6种形式。④

阿曼商工部是负责外国企业注册的主要部门，为方便在马斯喀特地区投

---

① 商务部国际贸易经济合作研究院、商务部投资促进事务局、中国驻阿曼大使馆经济商务参赞处，“对外投资合作国别（地区）指南——阿曼（2014年版）”，http：//www.fdi.gov.cn/1800000121_25_397_0_7.html，访问日期：2015-08-20。

② 外国企业的投资比例一般不超过总投资的49%，经商工大臣批准，最高可放宽至70%，注册资本不低于39万美元。详见《商业公司法》，第51条至第55条。

③ 如无外国资本，最低注册资本为2万里亚尔（约5.2万美元），有外国资本，则须15万里亚尔。详见《商业公司法》，第136条至第169条。

④ 最低注册资本为200万里亚尔（约520万美元）。

资设立企业，该部提供一站式服务（简称 OSS），[①] 程序如下：挑选企业名称，应提供3个名称供现场选择；购买并填写《投资人表格》；向 OSS 提交申请，不同类型企业应递交不同的文件；申请受理期间，如果涉及环保、民防或劳务许可，OSS 的官员可能在10天内实地查看公司预设地点；OSS 将告知申请人缴纳各项费用；缴纳有关费用 2 至 3 天后，OSS 颁发必要的各项许可。

（四）投资鼓励与优惠

阿曼鼓励在信息技术、旅游、加工制造、农牧渔业、采矿、医疗、私有化项目及在自由区和工业区的投资。阿曼政府为鼓励行业提供低息贷款；制造业和战略工业投资项目进口的机械设备、零配件、原材料、半成品在生产期前5年免关税，原材料和半成品免征关税还可再延长5年；在自由区、IT 园和工业区，外商可设立独资企业；向外资部分拥有股份的工业和旅游投资项目提供免息长期贷款。

三、贸易法律体系

阿曼商工部是负责贸易管理的主管部门，负责依法对贸易企业进行监督、规范进出口贸易程序等事务。

（一）关税

阿曼大部分商品的进口关税为5%以内（以 CIF 价计算），烟草及制品、猪肉及制品和酒精饮料进口关税为100%。对进口柠檬征收100%的保护性关税，对椰枣、鲜香蕉分别征收20%和25%的保护性关税。进口原产地为海湾合作委员成员国的工业、农业和动物产品免关税，其他免关税进口商品还有

① 商务部国际贸易经济合作研究院、商务部投资促进事务局、中国驻阿曼大使馆经济商务参赞处，“对外投资合作国别（地区）指南——阿曼（2014年版）”，http://www.fdi.gov.cn/1800000121_25_397_0_7.html，访问日期：2015-08-20。

活畜、冷冻或新鲜可食用的动物内脏（不含猪）、种子、幼苗和切片等。[①] 限制或禁止进口的物品种类参见阿曼海关进口关税表。[②]

（二）海关管理规章制度

海关报关应提交的文件包括：商业发票、原产地证明和装箱单。某些产品的进口需要获得相关部门的特别许可。[③] 商品进入阿曼应提供原产地证明，禁止进口原产地为以色列的产品。阿曼对出口没有限制，也没有出口税，但具有历史价值的出口物品应获得出口许可。

四、劳工法律体系

阿曼《劳动法》规定工人劳动时间每天最多不超过9小时，每周最多48小时，不包括吃饭和休息的间隔时间。斋月期间，伊斯兰教徒每天工作时间须减至6小时，每周36小时。吃饭和休息时间不得少于半小时，连续工作时间不超过6小时。工人连续工作6天，应给予连续24小时休息时间。阿曼人最低工资为每月325里亚尔（约845美元），并适当增加津贴，但此规定不适用外籍劳务。

《劳动法》还规定禁止企业雇用15岁以下的未成年人。晚8时至早8时禁止雇用18岁以下的工人。18岁以下的工人每天工作时间不得超过6小时。不允许妇女在晚7时到次日早7时工作，除非是大臣令所规定的情形。

阿曼人口结构年轻，每年新增就业人口比较多，就业压力大，故阿曼制定了就业本土化的国策，规定所有在阿曼注册的企业应按一定比例雇用阿曼人。阿曼个人或企业雇用外国劳工应向阿曼劳工部申请，经批准后才能按照批文的数量和职位引进外国劳务。劳工部批准后，雇主应按每位外籍劳务（包括管理人员）200里亚尔交费。

---

① 中华人民共和国驻阿曼苏丹国大使馆经商处，http：//om. mofcom. gov. cn/，访问日期：2015－10－19。

② “阿曼海关进口关税表”，中华人民共和国商务部，http：//www. mofcom. gov. cn/aarticle/i/jyjl/k/200212/20021200059640. html，访问日期：2015－10－19。

③ 农产品、食品、出版物、电影及音像制品、药品、武器防卫装备等。

五、建筑法律体系

除政府批准的少数旅游地产外，外国人不允许在阿曼购买土地和房地产。

阿曼对于外国人承包当地工程颁布了《招标法》和《招标规则》，并成立了招标委员会。《招标法》规定，所有政府部门（军队和安全部门除外），包括国有企业的进口、工程、运输、服务、咨询、采购、房屋租赁等均需通过公共招标签约。50 万里亚尔（约 130 万美元）以上的合同要由招标委员会直接招标，须在政府公报上发布。

阿曼对于外国承包商参与当地工程建设没有设置禁止领域，但有一些特殊规定的许可制度和招投标程序。对于政府的国际招标项目，外国企业可直接参加竞标，不需要当地的代理或者合作伙伴，对于国内标，外国企业则不能直接参加，只能采取与当地企业合作的方式参与项目建设。对于私营部门的招标，外国企业不能以自己的名义参加，必须与当地企业合作参与。①

中国与阿曼签订了《中国人民共和国与阿曼苏丹国鼓励与保护投资协定》来保护中国企业或个人在阿曼的合法利益。

六、小结

阿曼开放的投资环境以及丰富的资源是我国企业海外投资佳地，但我国企业须注意阿曼就业本土化的国策以及其较高的环保标准。阿曼是伊斯兰教国家，节假日较多，加上其自然环境特殊、《劳动法》对工作时间进行了诸多限制，这可能会导致企业的工作效率低，这些都是欲前往阿曼投资的企业应该考虑的因素。

---

① 商务部国际贸易经济合作研究院、商务部投资促进事务局、中国驻阿曼大使馆经济商务参赞处，"对外投资合作国别（地区）指南——阿曼（2014 年版）"，http：//www.fdi.gov.cn/1800000121_25_397_0_7.html，访问日期：2015－08－20。

阿拉伯联合酋长国

一、国情简介

阿拉伯联合酋长国（以下简称阿联酋）位于阿拉伯半岛东部，首都阿布拉比。阿联酋由阿布扎比、迪拜等7个酋长国组成，由7个酋长国的酋长组成的阿联酋联邦最高委员会是其最高权力机构，总统和副总统都从这7个酋长中选出。国民大多是阿拉伯人，信仰伊斯兰教。阿联酋政治经济稳定，地理位置优越，基础设施发达，社会治安良好，商业环境宽松，关税低，是中东地区最具有投资吸引力的国家之一。

二、投资法律体系

阿联酋联邦政府负责对外贸易投资管理的部门是经济部和财政部。阿联酋涉及外商投资的法律有阿联酋的《外国投资法》《商业公司法》《阿联酋竞争法》等。

（一）投资准入

阿联酋并未对外商在自然资源领域额投资方面有所规定，而是交由各酋长国加以规范。其中石化工业更是完全由各酋长国所有，并由其对外商在此领域的投资进行限制，即使采用合资企业的形式，该企业也必须由阿联酋国家控股。但近年来个别酋长国已经开始尝试将某些项目领域放开，使其部分私有化。阿布扎比酋长国在一些水电项目中做出了尝试。

关于禁止及限制外国投资的其他行业的内容，详见该国《外国投资法》

的规定。

（二）《商业公司法》相关规定

阿联酋《商业公司法》将企业分为普通合伙公司、有限合伙公司、合资公司、公开合股公司、非公开合股公司、有限责任公司及合股经营公司7大类。除此之外的企业组织形式将被视为无效。

根据企业从事的经营活动的性质，企业应当申请不同的营业执照。从事贸易活动的企业申请商业执照，从事工业或制造业活动的企业申领工业执照，从事专业服务、手工业和艺术活动的企业则应申领专业执照。

在阿联酋注册公司的具体程序、受理机构及所需材料依各酋长国及执照种类、公司种类不同而有所差异。例如，根据阿布扎比商会官网的介绍，在阿布扎比注册公司应当提交由经济规划部批准的公司名称、护照复印件、用于从事业务活动的公司总部的租房合同、由公证人员完全公证的签字样本、由公证人员根据法律公证的合伙合同或者服务代理协议、有权机关的许可证（如注册旅游公司需要阿布扎比旅游局的批准）。①

在阿联酋成立的所有公司51%以上的股份必须由阿联酋国籍公民所有，但是以下情况除外：自由区内的公司可由外商100%所有；海合会成员国100%控股企业的商业活动；海合会成员国100%控股企业与阿联酋籍国民合作；专业型公司可由外商100%所有。②

三、贸易法律体系

阿联酋联邦政府负责对外贸易投资管理的部门主要是经济部，相关的法律有《商业公司法》《商业代理法》以及海合会的相关制度规定。

（一）《商业公司法》相关规定

《商业公司法》规定，除在自由区内，外国公司不得在阿联酋境内直接

① Open New Business in Abu Dhabi，http：//www.abudhabichamber.ae/English/Membership/Pages/OpenNewBusiness.aspx，访问日期：2015－10－19。

② 中国驻阿联酋经商处，http：//ae.mofcom.gov.cn/aarticle/ddfg/tzzhch/200302/20030200068163.html，访问日期：2015－10－19。

从事经营活动。只有通过阿联酋公民或由阿联酋公民完全所有的企业法人作为保人或代理人，外国公司方可从阿联酋经济部取得营业执照。

（二）《商业代理法》相关规定

阿联酋《商业代理法》规定，外国公司可以在阿联酋境内委托一家代理，也可在一个或几个酋长国委托一家代理，但不得在一个酋长国委托多家代理。双方必须签订书面代理协议。外国公司在阿联酋境内以代理的名义销售产品和提供售后服务。没有合理的理由，外国公司不得任意终止代理协议。除非原代理协议到期失效、双方同意解除原代理协议或经法院判决解除原代理协议，否则，外国公司不得更换代理人。代理协议终止所造成的任一方的损失，可以要求另一方补偿。

（三）进出口商品检验检疫制度①

在食品进口方面，阿联酋实行严格的检验检疫制度。一旦世界卫生组织宣布哪个国家有某种疾病，或者海湾合作委员会总秘书处宣布禁令，阿联酋便宣布禁止从该国进口相关产品。阿联酋各酋长国政府均有权视具体情况对当地口岸的进出口产品实施进口禁令。所有进口食品需提供相关单证，符合联邦有关法律对有效期、标签等方面的规定，在确认单证无误、标签与日期符合规定且实地检验合格后方可入关。清真食品必须符合伊斯兰教对屠夫、被宰动物、屠工具及方法等方面的要求，并获得阿联酋驻出口国使领馆或其授权机构、阿联酋有关机关认可的伊斯兰教组织颁发的认证。

四、劳工法律体系

（一）《劳工法》相关规定②

正常情况下，雇工每天的工作时间最长为 8 个小时，每周 48 小时。对于

① 中国驻阿拉伯联合酋长国使馆经商处，http://ae.mofcom.gov.cn/article/ddfg/，访问日期：2015－10－19。

② 同上。

某些特殊性质的工作或部门，经劳工部同意，工作时间可以延长或者减少。周五是除计时工之外的所有工人的休息日。劳务人员在周五工作的，雇主应当给予其一定比例的加班费。另外，该国还对劳务人员可享受的休假时间以及孕、产假作出了规定，包括具体的计算方法和相应的工资安排。

（二）外国人在当地工作的规定

外籍劳务进入阿联酋实行工作许可制度，外籍劳务只有取得经劳工部注册许可企业的担保下才能获得工作许可。劳务人员在进入阿联酋前，应与雇主签订雇用合同。外籍劳务合同服务期满后应迅速离开阿联酋，否则属于非法居留。阿联酋经济自由，对劳务的国籍没有限制，合法入境的外籍人员在阿联酋务工面临的法律和政策风险较小。

五、建筑法律体系

阿联酋《土地法》规定外国人可以在阿布扎比的投资区租赁房地产，但租期有限，房地产租赁最长租期为99年，土地租赁的最长租期则为50年。

阿联酋对工程项目从策划到执行过程中的环境保护均有要求，企业在阿联酋承包工程基本上都需要向所在酋长国的环境主管部门提交环评报告，申请环评的方式一般为委托官方认可的专业环评报告公司，针对项目撰写环评报告费用因项目而异，撰写时间大约为3周。

外国人承包当地工程必须按规定在阿联酋设立机构，每个酋长国的规定不同。外国公司在阿布扎比开展承包工程业务首先需要注册登记，取得当地营业执照，还必须在阿布扎比酋长国经济规划局履行分级登记手续并取得分级证书。向经济发展局分级委员会申请办理分级等级手续所需的文件详见商务部《对外投资合作国别指南——阿联酋（2014年版）》。[①]

外国自然人不能以个人身份承揽工程承包项目。但外国自然人可以持有

① 商务部国际贸易经济合作研究院、商务部投资促进事务局、中国驻阿曼大使馆经济商务参赞处，"对外投资合作国别（地区）指南——阿联酋（2014年版）"，http：//www.fdi.gor.cn/1800000121_25_412_0_7.html，访问日期：2015-10-19。

阿联酋当地的工程承包公司不超过51%的股份。阿联酋关于外国承包商的法律规定，不适用于外国自然人。对于私人类项目不存在禁止外国承包商进入的领域，前提是外国承包商有资格在阿联酋经营。对于公共类项目，不禁止外国承包商从事于一般的房建、基础设施类项目的承建，但对于国防类的军事项目须遵循国防部的特别规定。

六、小结

我国企业在对阿联酋进行投资时要遵守阿联酋的法律，在实际运行中高度重视阿联酋的伊斯兰宗教传统，尊重伊斯兰教的基本风俗，遇到纠纷应积极与阿方沟通，与中国在阿联酋的官方保持联系。建议企业在开展对外投资合作过程中使用中国政策性保险机构如中国出口信用保险公司，防止自身的利益受损。

卡塔尔国

一、国情简介

卡塔尔国（以下简称卡塔尔）位于阿拉伯湾西海岸的中部，阿拉伯语为官方语言，通用英语。伊斯兰教为国教。首都多哈市是全国政治、经济、文化中心，系君主立宪制国家。①

石油、天然气是卡塔尔的经济支柱。亚洲是卡塔尔最大的贸易伙伴，其次是欧盟和海湾合作委员会国家。在亚洲国家中，日本、韩国和印度依次是卡塔尔的最大出口国；中国是卡塔尔最大的进口来源国，其次是日本和印度。卡塔尔出口商品以液化天然气为主，进口商品主要是汽车、铁矿石及飞机零部件等。②

二、投资法律体系

卡塔尔主管经贸和投资事项的部门是经济贸易部，简称经贸部。根据2000年第13号《卡塔尔投资法》的规定，卡塔尔鼓励外国投资者在农业、工业、卫生、教育、旅游、自然资源、能源、采矿业、艺术品、信息技术等

---

① “2015～2016年全球竞争力报告”，http：//reports. weforum. org/global－competitiveness－report－2015－2016/competitiveness－rankings/，访问日期：2015－10－18。

② 《经济日报》，http：//finance. southcn. com/jrcj/content/2015－07/17/content_128614838. htm，访问日期：2015－10－17。

领域投资，外国投资者可以在这些投资领域享有49%以上甚至100%的股权。[①] 除非获得特别许可，卡塔尔禁止外国投资者在银行业、保险公司及商业代理和房地产等领域进行投资。外国投资者可通过长期租赁的方式使用投资项目用地，最长租赁期不超过50年，期满可以续租。[②]

该法还规定，免除不超过10年的外国投资资本所得税；对外国投资的建设项目所需进口的仪器和设备，给予免除关税的优惠；外国投资于工业领域的项目，因生产所需进口的、本国市场没有的原材料和半成品，可予免除关税。[③]

外国投资者可将其投资随时汇入和汇出。如因公共利益的需要对外国投资采取征收措施的，需及时给予适当的补偿。与卡塔尔股份合资公司如需将其在卡塔尔的年利润全部汇往国外，该合资公司必须将相当于其年利润的10%存入一个合法的储蓄户头，直至该账户金额至少达到其投资资金的50%。[④] 这是卡塔尔法律对外国合资公司往国外汇款的唯一限制。

三、贸易法律体系

卡塔尔贸易主管部门是经济贸易部，简称经贸部。卡塔尔禁止进口酒类及猪肉产品，[⑤] 禁止向以色列出口货物；古董、某些带有补贴性质的食品也禁止出口。

卡塔尔不征收个人所得税和出口税，关税低至4%。在工业和服务领域，法律允许非卡塔尔方与卡塔尔进行联合经营贸易，但是卡塔尔方需持有51%

---

① 卡塔尔外交部，http：//www. mofa. gov. qa/en/Qatar/Pages/InvestmentIncentives. aspx，访问日期：2015－10－16。

② 同上。

③ 同上。

④ 中华人民共和国驻卡塔尔国大使馆经济商务参赞处，http：//qa. mofcom. gov. cn/article/ddfg/whzhch/201508/20150801070915. shtml，访问日期：2015－10－15。

⑤ 同上。

的资本。[①]

四、劳工法律体系

卡塔尔《劳工法》规定，雇佣合同须一式三份，并经劳工部门认可[②]；雇佣合同可以约定试用期，但试用期不得超过 6 个月[③]；雇员工资必须在卡塔尔境内以卡塔尔里亚尔支付[④]；雇员每周工作时间不得超过 48 小时，即每周工作 6 天，每天工作时间不得超过 8 小时。斋月期间每周工作不得超过 36 小时，每天不得超过 6 小时[⑤]；雇员加班时间每天不得超过 2 小时；平日加班工资为日常工作的 1.25 倍，节假日为 1.5 倍[⑥]；雇员在工作满 3 个月后可以享受全薪病休；但雇员生病必须提交医生证明并经雇主同意，并且全薪病休不得超过 2 周；病休者自第 3 周到第 6 周可享受半薪，超过 6 周雇主有权停发工资[⑦]；雇员工作满 1 年以上的，在结束雇佣合同时有权得到工资补偿，工资补偿每年度不得少于 3 个星期的原工资。[⑧]

五、建筑法律体系

1990 年修订的第十号《招标法》对有关政府项目的招投标活动进行了规范，但军队、警察机构和卡塔尔石油公司（QP）项目以及其他由卡塔尔内阁规定不适用此法的项目除外。

《招标法》规定外国自然人在当地承揽工程必须在当地成立合资公司；投标保函必须按标书要求与投标文件一起全额支付；中标企业需在一周内完

① 卡塔尔外交部，http：//www. mofa. gov. qa/en/Qatar/Pages/InvestmentIncentives. aspx，访问日期：2015 - 10 - 16。

② 《Law No 14 of the Year 2004》，Article38，http：//qatarlaborlaw. com/qatar - labor - law/，访问日期：2015 - 10 - 17。

③ 同上，Article39。

④ 同上，Article66。

⑤ 同上，Article73。

⑥ 同上，Article74。

⑦ 同上，Article82。

⑧ 同上，Article74。

成与业主签约、交付履约保函（一般为承包额的10%）和做好开工准备的工作，否则有可能被投标委员会取消资格、没收投标保函并追加罚款；总承包商在将全部或部分工程分包出去之前，必须取得业主的书面同意；100万卡塔尔里亚尔（约27.5万美元）以下的项目仅限本地公司（包括合资公司）投标。①

六、小结

卡塔尔人性格豪爽、直率，谈生意习惯，直奔主题。卡塔尔是抵制以色列的阿拉伯国家之一，在与卡塔尔进行投资或商务往来时，应牢记这一禁忌。

① 商务部国际贸易经济合作研究院、商务部投资促进事务局、中国驻卡塔尔大使馆经济商务参赞处，“对外投资合作国别（地区）指南——卡塔尔（2014年版）”，http://www.fdi.gov.cn/1800000121_25_419_0_7.html，访问日期：2015-10-19。

科威特国

一、国情简介

科威特国（以下简称科威特）地处阿拉伯半岛东北部，绝大多数居民是伊斯兰教徒，其中又分逊尼派和什叶派。

科威特的最高法院院长和总检察长由国家元首任命，法院以国家元首的名义行使司法权。目前在政坛较为活跃的几个主要政治派别是：伊斯兰宪章运动、伊斯兰联盟、宪章联盟、民主论坛、自由独立派。

科威特石油和天然气储量丰富，也因此成为国内支柱产业，产值占GDP的45%。现已探明的石油储量为140亿吨，居世界第六位。天然气储量居世界第十八位，大约1.78亿立方米。除开采石油外，现正开采丰富的海底气田。科威特是个富油国，但资源单一，出口主要以石油和石化产品为主，约占出口总额的95%。进口主要以工业制品、机械、粮食和食品、运输设备等为主。

二、投资法律体系

科威特工商部是负责外国直接投资事宜的主管部门。隶属于科威特工商部的直接投资促进局负责为投资者提供相关的信息、数据、豁免和担保；对投资者的申请进行合法及安全评估；建立经济特区使投资与总体规划相协调；经部长理事会的批准建立企业孵化器以促进相关产业发展；简化投资程序并改善投资环境等。[①]

（一）投资条件和优惠待遇

《科威特直接投资促进法》要求对投资项目有所限制，提出负面清单。[②] 负面清单明确了原油开采、天然气开采、焦炭生产、肥料和氮化合物生产、煤气制造、通过主管道分配气体燃料、房地产（不包括私人运营的建设项目）、安全和调查活动、公共管理与国防、强制性社会保障、成员组织、劳动力雇佣（包括家政人员雇佣）等十余类不允许外商进入的领域。[③] 科威特对于外资在企业的持股比例没有限制，[④] 另外，该法律还规定只有符合董事会提出的标准、原则和评估规则，投资者才能获得许可证。[⑤] 如果董事会拒绝投资者的申请，须书面表达并给出理由，申请者可以上诉，上诉后30日内没有回复则视为董事会驳回上诉。

投资者有权全部或部分转移或让渡有许可证的投资实体，交易对象可以是外国投资者也可以是科威特本国投资者，新的所有权人或受托人将承担该投资实体的权利与义务。[⑥] 两个以上的投资实体也可以进行合并，但需要先得到投资促进管理局董事会的同意，才能向有关机构提出申请。合并后的实体可以继续享受之前的投资实体所获得的优惠中最短的期限。[⑦]

投资者可以向直接投资促进局申请，经过董事会批准后可以享有以下优惠：最多10年的所得税豁免权，对部分进口物品全部或部分免征关税，如机械、工具、设备以及交通工具和其他技术设备；用于维护前述物件的备件和

---

① Law NO. 116 of 2013 Regarding hte Promotion of Direct Investment in the State of Kuwait, Article 1。

② 同上，Article 11。

③ “科威特明确不允许外商投资进入的领域”，载中国人民共和国驻科威特大使馆经济商务参赞处官网，http://kw.mofcom.gov.cn/article/ddfg/tzzhch/201502/20150200900756.shtml，访问日期：2015-10-19。

④ Law NO. 116 of 2013 Regarding hte Promotion of Direct Investment in the State of Kuwait, Article 12。

⑤ 同上，Article 14。

⑥ 同上，Article 20。

⑦ 同上，Article 21。

必要物资；商品、原材料、半成品、包装材料及包装品；外国企业可以雇佣外国劳动力，但前提是须按一定比例雇佣科威特籍工人；工商部可以决定授予投资实体该条之外的其他优惠待遇。①

投资者在享有权利的同时，也应承担一定的义务：应该书面通知直接投资促进局在投资实体开始运作前准备工作的开始日期和完工日期，该通知不能晚于相关工作完成后的30天；应当书面通知直接投资促进局投资实体实际运行的日期，该通知不能晚于实际开展运营日期生效后的30天；遵守金融和税收法律法规；提供任何直接投资促进局要求的信息、数据和文件；允许直接投资促进局行政长官委派的任何雇员进入投资实体进行监督、核查投资者提供的信息、数据、文件的内容；无论如何，投资者都有义务在法律规定的范围内进行投资活动，尤其要承担保护环境的义务，遵守关于生产安全、公共健康和公共秩序的规章，不能带来额外的风险。

如果投资者违反了法律或者许可证的要求，直接投资促进局可能采取以下惩罚措施：一个投资者或投资实体在1年内受到3次口头警告，之后将会受到书面警告或其他更严厉的惩罚；部分或全部撤销授予的优惠待遇；短期的行政拘留。对于第二和三项的惩罚，投资者可以在收到惩罚通知的30天内提起上诉，而且，这些惩罚并不排除投资者应该承担的其他民事或刑事责任。②

（二）外国人参股科威特国股份公司的规定

《外国间接投资法》允许外国投资者和在科威特生活的外国人拥有在证券市场挂牌的科威特公司100%股权，但对于上市银行，外国人拥有股权不能超过49%，除非向中央银行申请并报内阁批准。在现行法律下，外国人只能通过投资公司拥有科威特银行40%股权。非科威特人持有的股票要想进行交易要通过在科威特证券市场注册的经纪人进行。非科威特人不得在科威特

① Law NO. 116 of 2013 Regarding hte Promotion of Direct Investment in the State of Kuwait，Article 27。

② 同上，Article 32。

证券市场外买卖其持有的股票，凡在场外交易自己股票的证券公司不予认可。[①]

三、国贸易法律体系

科威特在1995年加入WTO，国内与贸易相关的法律逐步与WTO规则同步，以实现对外贸易的快速发展。国内的贸易主管部门是工商部。

（一）与贸易相关的自由区制度

自由贸易区的第一大特点就是尽管由工商部管辖，但是经营管理可以由私营企业来进行。[②] 该法规定区内企业的商品如果仅在区内加工、展销且不涉及区外事宜，再出口时免交关税，并且没有配额限制，也不需办理海关手续。在区内存放超过60天的商品，无须像海湾地区其他自由区所规定的那样必须交纳关税。区内的企业和个人所得也免征所得税。在区内设立公司，注册资金没有下限限制。外资投入比例也不受限制，鼓励全资外企，并且不需代理。区内金融制度也高度自由，无外汇管制，资金和利润可以自由进出自由区。[③]

（二）商业代理制度

科威特不允许外国个人和公司在科威特经商和拥有房产。外国个人或公司要想在科威特经商，必须通过科威特的代理商。此外，外国个人或公司也可以通过设立公司的方式从事商业活动，现行的《科威特直接投资促进法》允许外国投资者设立独资公司。科威特的公司类型主要有3种，即股份公司、有限责任公司和两合公司，第一种公司的最低资本为3000科第，后两种公司

---

① 陇汇通："关于允许非科威特人持有科威特股份公司股份的法律"，http：//www.gfta.org.cn/Kuwait/Law/touzi/25355.html，访问日期：2015－10－19。

② 见Law NO.26 of 1995 on Free Zones，Article 11.

③ "科威特自由贸易区"，中国人民共和国驻科威特大使馆经济商务参赞处，http：//kw.mofcom.gov.cn/article/ztdy/200302/20030200068479.shtml，访问日期：2015－10－23。

的最低资本为500科第。[1]

科威特的商业代理有合同代理[2]、代销合同[3]及佣金代理三类[4]。任何形式的代理必须注册，否则不予承认，有关申诉也将不予受理。[5] 工商部对商业代理申请作出决定的期限是15天，申请一经核准即发放证书。[6]

（三）所得税制度

科威特只有企业所得税，没有个人所得税。征收对象是1954年12月31日以后在科威特从事贸易或投资的企业实体，包括由当地服务代理的外国公司，但不包括海湾合作理事会其他五国公司全资拥有的商业实体，如属外国参股公司，则对其股份所得征收所得税。科威特所得税的课税对象主要包括：在科威特履行合同产生的利润、与知识产权相关的利润、佣金、工业活动的利润、处置财产的利润、经营收入利润、提供服务利润等。[7] 科威特与中国签订了《避免双重征税协定》。

（四）进出口限制

科威特禁止进口含酒精饮料、猪皮革制品、淫秽物品、破坏性物品、猪和猪肉、生产日期超过5年的汽车、麻醉品、破坏性物品以及对公共卫生有害的物品如气枪、石棉、塞克拉明等。[8] 另外，绝对禁止从以色列和伊拉克进口任何商品。武器、弹药、爆炸品、乙醚、中草药、杀虫剂、珠宝钻翠、度量衡器和旧汽车等商品则必须按有关法律规定审批，并领取特别许可证才

---

① “商务须知”，中国驻科威特大使馆经济商务参赞处，http：//kw. mofcom. gov. cn/aarticle/ddfg/200302/20030200068102. html，访问日期：2015－10－19。

② Commercial Agency and Commercial Representatives，Article 271。

③ 同上，Article 286。

④ 同上，Article 287。

⑤ 见 Law NO. 36 of 15th July 1964，Article 2。

⑥ 见 Law NO. 36 of 15th July 1964，Article 4。

⑦ 商务部国际贸易经济合作研究院、商务部投资促进事务局、中国驻科威特大使馆经济商务参赞处，“对外投资合作国别（地区）指南——科威特（2014年版）”，http：//www. fdi. gov. cn/1800000121_25_ 418_ 0_ 7. html，访问日期：2015－10－19。

⑧ “商务须知”，中国驻科威特大使馆经济商务参赞处，http：//kw. mofcom. gov. cn/aarticle/ddfg/200302/20030200068102. html，访问日期：2015－10－19。

能进口。对食品、活畜、药品、金锭、基本消费品、印刷品等产品免征关税，但当地有生产的（如面包）除外。工业企业进口的原料、半成品、机械设备和零配件须经申请才能免税。

四、劳工法律体系

科威特有关劳工保护的法律主要是《科威特私营部门劳动法》。该法适用于除受科威特国家其他法律规制的劳动者及家庭佣人之外的私营部门的劳动者。①

该法规定雇主除非得到相关部门的许可，否则不应当雇佣外国劳动者，雇主也不能从科威特国家之外带入其他国家的劳动者，否则将会受到惩罚，并且承担把他们送回国的费用。另外，还规定了不允许雇佣年龄未满 15 周岁的童工。年龄在 15 周岁至 18 周岁之间的青年，只有获得相关部门许可且不在危害其健康的场所工作的前提下方可雇佣，在入职之前还须接受医疗检查。另外，工作之后每 6 个月之内进行一次医疗检查。② 而且，该类人员每天工作不能超过 6 个小时。对于妇女的招聘，该法也进行了一定的限制，如不允许招用女工从事夜间工作，但私人诊所和社会事务劳动部规定的值班的其他机构除外。在社会事务劳动部公布规定的对健康有影响有危害的工业和职业上禁止招雇女工。③

科威特对外籍劳务采取代理人管理制，所有外籍技术和普通劳务人员都须由代理人进行申请、担保、注销等一系列务工程序。外籍劳务人员要想在科威特工作须在社会劳动事务部申请获得劳动许可证。该法还规定，有关部门给符合条件的下列人员颁发劳动证：合法入境的工人；持有效护照的工人；持有居留证的工人；品行良好的工人。每份劳动证按社会事务劳动部门的规定收费，劳动许可证有效期为 2 年，期满后可申请延期。但为了解决非法劳

① Law NO. 6 of The Year 2010 Promulgating the Law of Labor in The Private Sector, Article 5.
② 同上，Article 20。
③ 同上。

工和人口比例失衡问题，科威特劳工与社会事务部出台新政策加以应对。该项政策规定，获得工程项目的企业可以根据配额招收外籍劳工，并保证在项目完成后，所有劳工返回其本国；不允许完成项目的劳工直接转到其他项目。①

五、建筑法律体系

科威特的工程项目根据标的、技术要求、运作模式等主要分为国际竞标项目、BOT 项目、私人投资项目和本地竞标项目。负责招标工作的是科威特中央招标委员会。

在科威特与建筑工程相关法律主要是《科威特公共招标法》。该法规定：除为国防部和军警部队采购军事设备或者紧急情况下的军事设施安装合同之外，任何政府部门采购货物或委托承包商完成工程项目，都必须通过中央招标委员会，以公开招标的方式进行。② 参加公开招标者有一定要求，如果是科威特本地商人，无论个人还是公司，须在科威特商业注册处和科威特工商会注册登记。如果是外国投资者，不能直接参与招投标，只能和科威特人建立合伙关系或请求科威特人代理。另外，按照该法规条款规定，已被列入获批准的承包商或供货商分类名单的企业实体也可以参加公开招标。③

中央招标委员会将委托专门委员会对参加公共招标的承包商进行分类划级，该委员会被称为分类委员会。分类委员会将承包商分成 4 类，分别为一级承包商、二级承包商、三级承包商和四级承包商。④ 投标商级别的分类是对其所签订合同标的额的限制，非一级承包商不允许签订超过其级别最高限额的合同。除此之外，承包商要想获得招标项目还有一个硬性条件，在合同

① “科威特规定外籍建筑工人完成项目后必须回国”，中国人民共和国驻科威特大使馆经济商务参赞处，http：//kw. mofcom. gov. cn/article/ddfg/laogong/201405/20140500573620. shtml，访问日期：2015 - 10 - 19。

② Law NO. 37 of 1964 Governing Public Tenders，Article 65.

③ 同上，Article 5。

④ 同上，Article 8。

开标日，承担的已完成或未完成的项目总额不得超过该法第 8 条规定的最高限额时，否则不予授标。[1]

中央招标委员会应有关政府部门要求，将在其招标刊物上刊登招标公告，同时在其办公地点张贴公布。中央招标委员会将规定自招标公告刊登之日到返回标书的期限，以及开标后的最短有效期限，一般不超过 90 天。[2] 合格投标人可以包括投标公司的合伙人、代理、官员和董事会成员，但中央招标委员会成员或者发标项目的政府部门官员不得参加投标。投标人获得的投标文件具有私人属性，不能转让给其他人。如果标书文件规定允许提交替代标且投标人也愿意提交一个或更多个替代标时，投标人必须为每一个替代标购买一份正式的标书文件，并且在替代标信封中正确地插入所代表的替代标标书文件。[3]

该法规定中标者在政府部门规定的期限内签订合同，如果未能在规定期限内签订合同，则被视为退出。签订合同前，要求中标者向有关政府部门提交履约保函。未能提供履约保函的，也被视为退出。当出现中标者退出的情况时，中央招标委员会可根据有关政府部门的要求，作出废标、重新招标或授给第二低标者的决定。如果当内阁颁布政令取消授标时，即使已经授标并通知了中标者，也不意味赋予中标者有向科威特国家追索的权力。同样，中标者在上述规定的合同上签字之前，也不受合同约束。当承包商或供应商违反了该法，中央委员会可以采取如下惩罚措施，如警告、降级、永久或暂时从批准名单上除名。根据合同条款，这些惩罚措施并不对合同另一方的有关政府部门的契约权力构成损害。[4] 被处罚的中标者可以向内阁上诉。

六、小结

科威特禁止外国个人和公司直接在科威特国内经商，但可以通过科威特

---

① Law NO. 37 of 1964 Governing Public Tenders，Article 5。

② 同上，Article 15。

③ 同上，Article 23。

④ 同上，Article 57。

国内代理的方式实现，外国投资者现已可以在科威特设立独资公司进行投资，但仍不能拥有房产，仅能通过租赁的形式获得房产的使用权。另外，科威特在部分领域禁止外商投资，对于进出口产品种类也有所限制。但科威特的公共项目的私有化对外国投资者开放。此外，对科威特的投资者应关注战争等政治风险的防范。

巴林王国

一、国情简介

巴林王国（以下简称巴林）位于西亚，邻近卡塔尔和沙特阿拉伯之间，主要宗教为伊斯兰教。货币为巴林第纳尔、辅币费尔斯，官方语言为阿拉伯语。

巴林是二元制君主制酋长国，伊斯兰教是其国教。

石油为国家经济的支柱。据中国商务部统计，2014 年，中巴双边贸易额为 14.16 亿美元。截至 2013 年末，中国对巴林直接投资存量 146 万美元。巴方对华累计投资 1561 万美元。[①]

二、投资法律体系

（一）投资主管机构

巴林的投资主管机构是工商部，在投资方面负责是制定和实施外资管理政策，对外推广投资机会，重点吸引制造类外资企业，以及工业公司许可及注册、工业土地管理等事宜。此外，巴林经济发展委员会是对外招商引资的半官方机构，负责制定国家和行业发展规划、改善巴林投资环境、提高对外资的吸引力，为境外投资者提供信息咨询服务。巴林与投资有关的法律主要

① 中华人民共和国驻巴林王国经济商务参赞处，http：//bh. mofcom. gov. cn/article/zxhz/201508/20150801073515. shtml，访问日期：2015－10－01。

是《公司法》。

（二）投资准入

巴林禁止外国投资的行业有博彩业、酿酒业、武器制造、烟草加工、放射性废物等。[①] 只允许巴林公民和公司从事的行业包括渔业、簿记、会计服务（审计除外）、赛车燃料进出口和销售、货物清关。只允许巴林或海合会国家公民及公司从事的行业包括房地产中介和代理、印刷出版、电影、客运、租车、加油站、代办政府手续、外籍劳务中介、商业代理等。[②]

巴林鼓励投资发展当地传统手工艺产业以及有利于发展当地文化旅游的行业。[③] 对于能够有效利用本国或本地区初级产品、提高本国工业产品的附加值、工业基础配套行业、提高当地工人就业水平、低能耗和占用基础设施较少、充分利用当地熟练工人的行业，巴林欢迎外来投资。

根据巴林《公司法》，允许外资以合资或独资的方式设立公司、工厂或开办办事处。巴林企业组织结构包括以下 8 种类型：公共股份公司、私人股份公司、有限责任公司、合伙公司、简单两合公司、股份两合公司、个人公司和外国公司分支机构。

（三）投资鼓励措施

巴林对使用铝的企业提供退款优惠。凡是新建的下游用铝企业，都可以得到所用铝原材料价格 15% 的退款。在巴林的海岸线上，有多处远离居民区的自由工业区。自由区内的制造业企业进口原材料和资本设备免除关税。租金和租借权每 5 年调剂一次。工业用地的租金相对比较低。

三、贸易法律体系

巴林的贸易主管机构是工商部，按工业和商业两大业务系统分设主管部

---

① 商务部国际贸易经济合作研究院、商务部投资促进事务局、中华人民共和国驻巴林王国经济商务参赞处，"对外投资合作国别（地区）指南——巴林（2014 年版）"，http://www.fdi.gov.cn/1800000121_25_399_9_7.html，访问日期：2015－10－01。

② 同上。

③ 同上。

门。巴林与贸易有关的主要法律有《商业法》《工业注册法》《公司法》《商业注册法》《专利法》等。

根据巴林《商业法》的规定，非巴林籍的公民不能直接从事商业活动，除非与巴林籍公民合伙，且巴方占股51%以上。[①]

巴林禁止进口所有麻醉药品（海洛因、可卡因、大麻以及具有类似效果的药品）、印度槟榔及制品、二手及翻新轮胎、人工养殖珍珠、香烟广告、无线电及遥控飞机模型、能够发射子弹的儿童玩具枪支、原产以色列或者印有以色列商标或者标识的货物、违背伊斯兰教义、礼仪或者道德规范的印刷出版物、照片、图片、书籍、杂志、雕塑和展示用模特、煽动蛊惑类宣传材料、石棉及含石棉制品、象牙、象牙制品和犀牛角、活猪。

巴林也禁止出口各种燃料和享受政府补贴的物品，如柴油，以及享受政府补贴的各类面粉、牛羊肉和标有“Delmon”商标的肉鸡。

四、劳动法律体系

巴林《私营企业劳动法》规定，雇主和雇员应该签订阿拉伯文的劳动合同，合同一式两份。如果劳动合同以其他语言签订，应该翻译成阿拉伯文。如果劳动合同包括公司内部章程的规定，应当将内部章程附在合同中。[②] 如果合同是有明确期限的，应载明合同的性质、种类和期限；双方协商的工资、支付方法和时间、所有的现金或其他形式的福利；其他由部长签署的日期。[③]

如果劳动合同中有明确规定，雇主可以规定相应的试用期，试用期不得超过3个月。部长可以决定延长使用期，延长后的试用期不得超过6个月。如果在试用期内任何一方发现不适合继续工作可以终止劳动合同，但是需要

---

① “商业法”，巴林工商部，http://www.moic.gov.bh/En/Regulation/Pages/Commercial%20Laws.aspx，访问日期：2015－10－06。

② “巴林私营企业劳动法”，Global Law，http://policy.mofcom.gov.cn/section/flaw!fetch.action?libcode=flaw&id=a1ded909－f191－4cac－aeb5－41003c756f88，访问日期：2015－10－03。

③ 同上。

至少提前一天通知对方。在试用期内不得重复雇佣同一人。[①]

根据该法规定、雇主可以雇佣15周岁以上，18周岁以下的未成年人。但是雇佣未成年人，每天的工作时间不得超过6个小时，不得待在工作地点连续7个小时以上。工作时间应当有1个以上的间隔，用餐和休息时间总共不得少于1个小时。未成年成不得连续工作4个小时以上，不得在夜间或节假日工作。[②]

雇员每周工作时间不得超过48小时；除非法律另有规定，伊斯兰雇员在斋月（伊斯兰教历的九月）每天工作不得超过6小时或者每周工作不得超过36小时；[③] 应当给予雇员用餐和休息的时间，并且不得少于半小时，雇员不得连续工作超过6小时。但是，基于技术原因或工作情况，经部长规定可以没有休息时间。部长也可以规定雇员的工作中休息时间计算在有效工作时间内。[④]

合同任一方可在合同到期之前解除合同，但至少提前30天通知对方。如果解除劳动合同的一方并没有提前30天通知对方，应当补偿对方相应时间内的工资。如果雇主解除劳动合同，通知的时间和剩余的时间应当算在雇员工作时间内。如果雇员解除劳动合同，合同到雇员放弃工作的时间被解除。如果雇主解除劳动合同，在工作条件允许的情况下，雇员可以有一天或者每周8小时的时间来寻找下一份工作。并且这个时间算在工作时间内。[⑤]

五、建筑法律体系

在巴林，工程承包通过国际招标的方式进行。中标后企业需要在巴林注册公司。如果注册分公司，须由巴林籍公民做担保人。也可以注册有限责任

---

① “巴林私营企业劳动法”，Global Law，http：//policy. mofcom. gov. cn/section/flaw！ fetch. action？ libcode = flaw&id = a1ded909 – f191 – 4cac – aeb5 – 41003c756f88，访问日期：2015 – 10 – 03。

② 同上。

③ 同上。

④ 同上。

⑤ 同上。

公司，但须由巴林方股东控股。实施工程项目时需要雇佣一定比例的巴林籍员工。巴林不允许以外国自然人的名义承揽工程承包项目。[①]

政府设有招标委员会，对政府采购及项目的建设一般实行公开招标，项目信息通常会在其网站和主要报纸上公布。私营工程项目实行公开招标和邀标两种方式来确定承建公司。[②]

六、小结

巴林投资环境较宽松，经济开放程度高，具有辐射海合会国家和其他中东国家市场的潜力。但是巴林面积小，人口少，资源稀缺，市场容量小，难以容纳较多的中国企业入驻巴林。在巴的中国企业应该相互交流信息，避免无序竞争。[③]

① 商务部国际贸易经济合作研究院、商务部投资促进事务局、中华人民共和国驻巴林王国经济商务参赞处，“对外投资合作国别（地区）指南——巴林（2014 年版）”，http：//www. fdi. gov. cn/1800000121_ 25_ 399_ 9_ 7. html，访问日期：2015 - 10 - 01。

② 同上。

③ 中华人民共和国驻巴林王国经济商务参赞处，http：//bh. mofcom. gov. cn/article/zxhz/201108/20110807711223. shtml，访问日期：2015 - 10 - 03。

希腊共和国

一、国情简介

希腊共和国（以下简称希腊）位于巴尔干半岛，奉东正教为国教。官方语言是希腊语，英语广泛流行。法定货币为欧元。希腊实行总统议会共和制。劳工组织较为发达，自2009年希腊爆发主权债务危机以来，已引发多次大规模罢工和示威游行。

希腊主要出口商品有石油产品、铝制品、烟草、棉花等；主要进口商品有原油、机电产品、药品、船舶等。该国政府鼓励投资的领域包括基础设施、房地产、电力、信息通信技术、旅游和能源等。外商投资集中在金融、通信、旅游业和制造业。

希腊向中国出口的主要为矿产品、贱金属及制品、纺织品及原料；自中国进口的主要为机电产品、运输设备、贱金属及制品。我国已与希腊签署《所得避免双重征税和防止偷漏税协定》《加强双边合作的谅解备忘录》《加强基础设施领域合作谅解备忘录》《中华人民共和国政府和希腊共和国政府关于鼓励和相互保护投资协定》等双边协定。

二、投资法律体系

（一）企业设立

希腊对于外商投资的方式没有特别规定，外资企业享受国民待遇。欲设立企业的外国投资者须向希腊财政部提交申请并经过希腊发展与竞争力部、地方法院和地方发展与竞争力部的审批。

设立企业的基本程序是：首先在当地商工会核准企业名称，公证公司章程，然后在银行存入资本金，并向主管机构提交申请文件，最后向所在地商工会和相关社保机构申请正式注册，获取税号并在公司发票和账本上加盖税务公章。

（二）优惠政策

《希腊鼓励投资法》根据投资地区和投资行业的不同而给予不同的投资补助、工资补贴和税收减免等优惠政策。

该法按经济发达程度把全国分为A、B、C三个区域，将鼓励性投资行业分为两类，[①] 不同类别的行业在不同地区享受不同的优惠政策，优惠主要为工资补贴和税收减免。A区为阿提卡大区和萨洛尼卡地区，在这一区域内的投资项目几乎不享受任何优惠政策。B区为塞萨利大区、南部爱琴海大区和伊奥尼亚海大区，该区的投资项目可享受占投资总额15%的现金补贴。C区为东马其顿及色雷斯大区和伯罗奔尼撒大区，是失业率较为严重或人口下降幅度大的区域。该区的投资项目可获得占总投资额30%的现金补贴。

希腊的大多数行业领域对外国投资者开放，除申请政府补贴的项目外，外国直接投资一般无须申报政府部门批准。但公共事业和电视台须由国家控股；非欧盟成员国的投资者在希腊银行的持股比例不得超过40%；在希腊注册、悬挂希腊国旗的商船须由希腊船主控股。

---

① 类别一：网络、通信、软件开发、高科技服务、实验室；停车场等交通基础设施建设、岛屿与边远地区的交通；二星以上酒店、会议中心、滑雪场、高尔夫球场、疗养中心、运动中心和游艇等旅游设施建设；物流服务、合资商业中心和物流中心；清洁能源发电、新能源开发与利用、环保和节能项目；从阿提卡、萨洛尼卡和哈尼亚地区迁到工业园区的皮革制造业；为提高产品品质而引进的技术和设备；一些投资周期长达2~5年的产业，如为提升国际竞争力、推动和生产名牌产品以及将生产和研发移至希腊等的投资。类别二：工业初级品加工；农产品加工、农业机械采购和发展现代农业；采矿和大理石加工；热能开发、生物燃料、液体燃料和液化汽的储运；扩建三星级以上酒店、投资主题公园、为发展旅游业而建设的高速路、艺术品和手工艺品中心等。

三、贸易法律体系

进口方面，该国对一些进口产品实行进口配额、进口许可和进口登记政策。进口配额分配优先考虑传统进口商，其次按申请先后次序或按比例分配。希腊对大米、牛羊肉、牛奶及奶制品、加工果蔬等数量限制产品、保障措施产品和进口监控产品实行进口许可管理。进口登记措施则适用于车用收音机、自行车、玩具、产自中国的食品制剂、碱性燃料及其制剂等。希腊对进口农产品的包装标识要求较为严格，要求在进口农产品的包装上用英语或希腊语标明产地、生产商及联络方式、产品的详细情况等内容。

出口方面，希腊对军火等少数产品实施出口管理措施。执行欧盟对涉及核扩散和大规模杀伤性武器的产品和技术的出口许可制度和最终用户监督制度。

四、劳工法律体系

（一）劳动法概述

希腊劳动力市场的主管部门是劳动与社会保障部。希腊劳动力组织是下设在劳动与社会保障部下的一个半官方组织，负责执行政府关于就业的具体政策措施。同时该国设有专门的劳工执法官，有权随时检查企业的劳动环境，如发现安全和卫生环境不符合法律规定或可能对劳动者有害的，可立即要求企业停工整改。①

雇主在事先通知并给予经济补偿的情况下可以解雇员工。如没有事先通知，则被解雇的员工有权获得双倍经济补偿。在当地，最高的经济补偿相当于员工 17 个月的工资。雇主在解雇员工时必须提供正当理由，否则员工有权

① "希腊劳工制度简介"，中国驻希腊大使馆经济商务参赞处，http：//gr. mofcom. gov. cn/article/ddfg/200703/20070304430285. shtml，访问日期：2015 - 10 - 18。

起诉雇主。[①]

劳动者每周的工作时间依法不得超过40小时，否则可获得相应经济补偿。雇主须与雇员共同承担雇员的社会保险费用。在复活节和夏季假期，雇主要给雇员发放相当于半个月工资的奖金；在圣诞节时要给雇员多发一个月的薪水。希腊劳工的法定最低年龄是15岁，但对一些特殊、危险的工种有其他年龄要求。

（二）外籍劳工管理

《希腊劳动法》在雇用外籍劳工方面限制严格。对于一般企业而言，只有高级管理人员职务才允许使用外籍雇员。欧盟公民只需取得居留许可即可在希腊工作，并可以享受与希腊劳工同等的权利。非欧盟公民欲在希腊工作的，须在入境前申请居留许可和工作许可。以上许可须经过希腊内政与公共秩序部的审批，审批程序较复杂，缺乏专业技能的外国劳工很难获得这些许可。

雇主想雇佣非欧盟成员国公民工作的，须向希腊政府就业办公室提交申请文件。由劳工部核实文件的真实性和合理性，确认在同等条件下希腊或其他欧盟国家的劳动者不能胜任该工作岗位。然后把文件转交公共秩序部，调查受雇佣的劳动者是否有犯罪记录或可能对公共安全造成威胁，再决定是否准许其入境。最后由外交部向雇员所在国家的希腊领事馆发出是否给该雇员签发工作许可的指令。

五、建筑法律体系

希腊没有专门的建筑施工法，但有两个法令用来规制公共工程建设。[②]《第3669/2008号法令》是关于大型基础设施项目的特许经营权的规定，《第

① 商务部国际贸易经济合作研究院、商务部投资促进事务局、中国驻希腊大使馆经济商务参赞处，“对外投资合作国别（地区）指南——希腊（2014年版）”，http：//www. fdi. gov. cn/1800000121_25_496_0_7. html，访问日期：2015-10-03。

② “希腊对外国投资合作的法规和政策”，中华人民共和国驻希腊共和国大使馆经商参赞处，http：//gr. mofcom. gov. cn/article/ztdy/201505/20150500979766. shtml，访问日期：2015-10-20。

3389/2005 号法令》是关于满足特定要求且预算低于 5 亿欧元的公私合营项目的规定。

希腊的小额项目招投标方式分为公开招标、限制招标和协商招标三类。而对于大额项目来说，还有额外竞争对话的方式，即发标方选择一定数目的承包商，就工程项目技术、合同条件等内容与其进行对话，以决定合同条款。①

外国投资者在希腊承包工程与当地企业适用相同的法律法规，按发标方要求提供相应资质文件。政府对外国承包商无特别规定，但限制外国投资者在边境地区或边境岛屿承包工程。

六、小结

希腊主权债务危机是影响其经济发展和社会稳定的巨大隐患。如果债务危机持续恶化，可能导致该国退出欧元区。但总体来说，欧洲整体的经济形势已有所好转，而且希腊政府的财政紧缩政策对其境内的资产贬值和私有化改革都起到促进作用。相信在做好风险防控和市场调查的前提下，中国企业可以在希腊寻找更大的商机。

---

① 商务部国际贸易经济合作研究院、商务部投资促进事务局、中国驻希腊大使馆经济商务参赞处，“对外投资合作国别（地区）指南——希腊（2014 年版）”，http：//www. fdi. gov. cn/1800000121_25_ 496_ 0_ 7. html，访问日期：2015－10－03。

塞浦路斯共和国

一、国情简介

塞浦路斯共和国（以下简称塞浦路斯）位于地中海东部，是环境优美、景色迷人的旅游和度假胜地。尼科西亚是塞浦路斯的政治、经济和文化中心。主要民族是希腊组和土耳其族。希腊族信奉东正教，土耳其族信奉伊斯兰教。货币为欧元。塞浦路斯官方语言为希腊语和土耳其语，政府和商业活动中通用英语。

塞浦路斯是总统制共和国，实行三权分立。立法权、司法权、行政权相互独立、相互制衡。宪法规定塞浦路斯为共和国，总统为国家元首，由全民选举产生，任期5年。

目前为止中国和塞浦路斯签署了《海运协定》《避免双重征税协定》《投资保护协定》和《经济合作协定》。据中国海关统计，2013年中国与塞浦路斯实现进出口贸易额达10.24亿美元。其中中国出口的商品主要类别包括：船舶及浮动结构体、矿物燃料、机械器具、电机、钢铁、家具等。中国进口商品的主要类别包括：药品、铜及其制品、铝及其制品、木浆、蔬菜水果制品等。据中国商务部统计，截至2013年末，中国对塞浦路斯直接投资存量为1.71亿美元。

二、投资法律体系

（一）贸易主管部门及主要法律法规

塞浦路斯的投资主管机构是塞浦路斯商工旅游部公司注册局，主要负责外国投资者公司注册及投资相关事务。① 银行业、上市公司的外资进入由中央银行监管和审批。到塞浦路斯投资可寻求塞浦路斯投资促进局的支持服务，该机构可以为外资提供多方面的信息服务。② 塞浦路斯与外商投资有关的法律主要有《公司法》和《证券法》。

（二）投资行业及比例限制

涉及国计民生的行业，如邮政、电力、电信、机场、港口、供水和航空公司等归政府所有。房地产、高等教育、公共服务、广播电视、航空等领域限制外资，无论投资者是否来自欧盟成员国。

对于直接投资，塞浦路斯对外资比例没有最大或最小的限制。对于股权投资，投资者最多可以获得在塞浦路斯证券交易所上市公司 100% 的股份。但对于银行业，除非获得批准，否则外资参股不能超过 50%，未经塞浦路斯中央银行的同意，个人不能直接或间接获得 10% 以上的银行股本。

银行、保险和证券企业的经营要服从专门的法律，对该类企业的经营期限、市场准入和资金限制都有专门的规定。

（三）投资方式的规定

塞浦路斯对于本国投资者和外国投资者设立的企业一视同仁，采取相同的管理方式，外资企业享受国民待遇。外国投资者可以建立有限责任公司、股份有限公司、合资企业、普通合伙、有限合伙、欧洲公司和分支机构的形式在塞

① 塞浦路斯商工旅游部，http://www.mcit.gov.cy/mcit/mcit.nsf/dmlindex_en/dmlindex_en?OpenDocument，访问日期：2015-10-03。

② 塞浦路斯投资促进局，http://www.cipa.org.cy/en/establishing-business-cyprus/legal-framework，访问日期：2015-10-03。

浦路斯进行投资。[①] 法律规定可以建立托拉斯组织，并允许企业进行并购。

塞浦路斯鼓励外国公民通过购买房地产、开设公司、购买股份等多重方式进行投资。同时，塞浦路斯《公司法》对企业兼并作了详细规定，并将欧盟有关跨境兼并的指令转化为国内法律。塞浦路斯竞争保护委员会负责管理和审查企业兼并的合法性。塞浦路斯证券交易委员会负责监管上市公司的股份收购活动。《证券法》规定超过5%的股份收购必须事先通知该委员会，超过10%的股份提前收购必须发布公开声明。[②]

（四）特殊经济区域

拉纳卡免税区位于离拉纳卡机场6公里、离拉纳卡港口9公里、距尼科西亚市48公里的地方，企业在塞浦路斯当地采购可免交增值税，以最惠国关税的最低税率缴纳进口关税。自由区内的企业均享受同等的税收优惠，主要优惠政策如下。

对区内投资者免征10年工商税；对进口所需生产机械设备和原材料等物资免征进口税；自由区产品在塞浦路斯当地销售时享受与欧盟相同的进口税率；区内产品出口欧盟国家，除食品外免交出口税；自由区合伙企业或公司的外国雇员的薪水减半缴纳个人所得税；公司所得税为净利润的4.25%；工业区内土地以33年为一期出租，可续租至99年，租金较低；承租者可以业主的名义进行抵押。[③]

三、贸易法律体系

（一）贸易主管部门及主要法律法规

塞浦路斯贸易主管部门为商工旅游部下属的贸易局。其主要职责为负责

---

① 塞浦路斯投资促进局，http：//www.cipa.org.cy/en/establishing - business - cyprus/legal - framework，访问日期：2015 - 10 - 03。

② 商务部国际贸易经济合作研究院、商务部投资促进事务局、中国驻塞浦路斯大使馆经济商务参赞处，“对外投资合作国别（地区）指南——塞浦路斯（2014年版）”，http：//www.fdi.gov.cn/1800000121_ 25_ 390_ 0_ 7.html，访问日期：2015 - 10 - 03。

③ 同上。

塞浦路斯进出口业务、促进外汇增长，为本国市场提供充足的商品和服务。自2004加入欧盟以来，开始执行欧盟统一的贸易政策，关税水平按欧盟统一税率。但是对货物的进出口做出了相关规定。塞浦路斯与贸易有关的主要法律有:《公司法》《国际法》《知识产权法》《合同法》《税法》等。

（二）进出口管理

塞浦路斯一直对部分进口产品征收消费税，目前征收消费税的商品主要有：碳氢化合物（汽油、煤油等石油产品）、烟草产品、汽车、含酒精类饮料等。实行许可证管理进口的商品包括：农药、动物生物产品、基因材料、电影胶卷、地面卫星站、消毒剂、子弹、炸药、金银钱币、贵重金属、巴塞罗那公约规定的有害垃圾、蜂蜜、猎枪、华盛顿公约规定的动植物群等。对于有损国家安全、人类健康和环境的商品禁止进口。

货物可以自由出口，出口商需要向海关提供发票和相关的出口文件，向中间银行提交货物运输文件。

四、劳工法律体系

塞浦路斯劳动主管机关是劳动与社会保障部,[①] 负责外籍劳动者在境内的劳动活动，主要法律依据为《劳动法》。

塞浦路斯为以下特定职业提供了最低工资：文书工人、销售人员和店员、辅助医疗人员、托儿所、幼儿园和学校的辅助人员。

根据《劳动法》，雇主在解雇雇员之前应当视雇用时间提前通知雇员，雇员的范围包括所有在公务部门和私营企业任职的工作人员、学徒和被公司所雇用的股东。

在裁员时，雇佣关系持续104周以上的劳动者将享受失业保险金。在雇主破产26周以前被违法解雇的雇员有权请求赔偿损失。当雇主破产时，法律规定公司将设立特殊基金保障雇员工资的赔付。

① 塞浦路斯劳动与社会保障部，http：//www. mlsi. gov. cy/，访问日期：2015-10-03。

五、建筑法律体系

塞浦路斯加入欧盟后，根据欧盟的要求对招标采购程序作了修改，制定了《公共供应合同、公共工程合同授予法和其他有关事项的法律》，对工程项目招标的主要方式、一般原则、招标公告、评标过程等均作出了明确的规定。

目前，塞浦路斯没有对外国公司承包当地工程作禁止领域的限制，但目前部分政府项目为欧盟资助项目，因此要求承包企业为欧洲公司或来自 GPA 国家的公司。

塞浦路斯工程项目招标主要有以下三种方式：公开招标、限制性招标和谈判招标。投标者必须按照标书的要求准备投标文件，并且在规定时间内将投标文件交到标书中规定的地点。工程项目发标方按照一定的技术和经济原则进行评标，并将评标结果报招标委员会审核，通过审核后即可公布招标结果，并与投标方签订项目合同文件。如果其他未中标者对评标结果有异议，可以书面向招标审核局申请复议，招标审核局可根据具体情况决定招标结果是否有效，招标方和未中标人如果对裁定结果不服，可以向塞浦路斯法院提起诉讼。[①]

六、小结

塞浦路斯是一个法治国家，国内法、国际法、欧盟法及各种规定涉及日常生产生活的方方面面，违反法律会受到严格的处罚。建议到塞浦路斯进行投资贸易活动的企业或个人选择一家律师事务所，以便提供法律方面的帮助。此外，由于南北塞浦路斯问题尚未解决，南北塞浦路斯之间的银行转账和取现的限制措施尚未取消。因此，在塞浦路斯开展投资、贸易、承包和劳务合作的过程中要多加留意，客观评估风险，尽量减少不必要的损失。

---

① “塞浦路斯招标体系介绍”，中华人民共和国驻塞浦路斯共和国大使馆经济商务参赞处，http：//cy. mofcom. gov. cn/article/ddfg/whzhch/200706/20070604775691. shtml，访问日期：2015 - 10 - 03。

阿拉伯埃及共和国

一、国情简介

阿拉伯埃及共和国（以下简称埃及）国土地跨亚、非两洲，隔地中海与欧洲相望，是中东地区最具影响力的国家之一。[①] 埃及人国教为伊斯兰教。货币为埃镑，官方语言是阿拉伯语。

人民议会是埃及最高立法机关。司法机构包括法院和检察机构。埃及实行多党制，主要政党有萨拉菲光明党、新华夫脱党、埃及社会民主党、自由埃及人党。

埃及拥有大量价格低廉的未开发荒地和丰富的自然资源。尼罗河水是埃及最主要的水资源。为了保障用水安全并对尼罗河有良好的管理，埃及经常进行人工河、堤坝、控制站和大型水利设施的建设。因此，围绕尼罗河开展的工程建设需求很大。

二、投资法律体系

在埃及投资的注册企业的受理机构主要是投资部和自由区总局投资服务中心。

---

① 商务部国际贸易经济合作研究院、商务部投资促进事务局、中国驻塞浦路斯大使馆经济商务参赞处，“对外投资合作国别（地区）指南——埃及（2014 年版）”，http：//www. fdi. gov. cn. /1800000121_ 25_ 398_ 0_ 7. html，访问日期：2015 - 10 - 03。

（一）投资准入

鼓励外商投资的领域包括：开垦与耕植荒地和沙漠；工业、采矿业；畜牧业、饲养家禽、渔业；饭店、旅店、旅游村、旅游运输；开发计算机程序和计算机系统以及为“社会发展基金”资助的项目筹集社会基金等。[①]

2000年，埃及政府又将以下领域补进保护鼓励范围之内：开发新城区；建设和管理技术开发区；对全部或部分地下管线进行设计、建造、管理、经营、维修以及对地下管线现有部分的管理、经营、维修等。

埃及政府规定外商只能以合资的形式成立建筑公司，并且外资股权比例不得超过49%，外籍员工比例不得超过10%；规定本国人才能注册从事进口业务和注册从事投标业务的商业代理；外国人不得在埃及从事流通商品和批发商品业务；在埃及开办超市和进行连锁经营需要得到特别委员会的审批通过；私营或外国航空承运人欲想经营从开罗出发和抵达开罗的定期航班业务需要得到国有航空公司（埃及航空公司）的许可；外国投资者不能进入棉花种植业；据2003年4月颁布的《劳动法》规定，非埃及人不得从事为企业招募员工、职业中介等经营活动。

埃及中央银行至今已有数十年未发放新的商业银行和保险公司牌照，因此外国公司想进入当地金融业市场的唯一渠道就是以并购当地的银行或保险公司的方式进入。

（二）自由区内投资准入限制

根据《关于修改投资保障和鼓励法实施条例部分款项的决定》，在自由区不得从事烟草、秘制烟草、鼻烟、香烟、雪茄制造工业；各种含酒精饮料、烈性酒制造工业；武器、弹药、爆炸物制造工业以及与国家安全相关联的项

① 鼓励外商投资的领域还包括运输冷冻货物，农产品存储，食品、工业产品的冷库集装箱装卸站，谷物仓库；空中运输和空运服务，海洋运输，石油与天然气的勘探、开采、勘探与运输；用于出租的非商用公寓楼，每栋不得少于50套；饮用水、排污、电、公路、通讯等基础设施；医院和医疗中心，其中10%的服务项目为免费项目；金融租赁；承销证券；风险资本等。

目。同时禁止自由区内生产的烟草、秘制烟草、鼻烟和各种含酒精饮料、烈性酒销往国内市场。

（三）企业形式

在埃及注册公司时，依据企业性质的不同可选择依照《投资保障鼓励法》《资本市场法》或《特区法》注册。在埃及注册公司时，可依照公司的经营模式，选择合适的公司形式，可供选择的公司法律形式有5种：股份公司、有限责任公司、有限合伙企业、完全独资企业（仅埃及人可申请）、普通合伙制企业（外国投资者可以参与但不能管理）。企业可在埃及设立分支机构或办事处。代表处依据《商业代理法》设立。

1981年159号公司法还管辖本国公司和外国公司分公司、代表处的成立、注册和改组。外国公司在埃及设立代表处需缴纳1000埃镑注册费。

（四）外资资金要求

1981年埃及《股份公司、合股公司和有限责任公司法》第17条规定，公司注册费为发行资本的0.1%，最低不低于100埃镑，最高不超过1000埃镑。无论是在埃及境内，还是在境外的埃及机构，必须对合作者签订的公司合同及法律结构予以确认，同时，对最低限额为500埃镑资本金收取四分之一的确认手续费，或者是等价值的外币。全套电影工业以及上述设施的运作或大型企业运作，资本均不得少于两亿埃镑。

2004年《关于调整投资保障与鼓励法实施细则部分条款的决定》规定投资从事旅游活动资本额不得低于5000万埃镑且应由埃及股份公司负责项目；该法第9条规定，在完成审核，对公司股东或合伙人的签字进行完公证、提交，以在建公司名义申请并经中央银行批准的银行储存资金证明后，投资和自由区总局将会发布决定，准许设立公司。[①]

① 不同类型的公司储存资金的不同：股份公司和委托股份公司以现金储存股票名义金额10%的资金并承诺在不超过3个月内增加到25%；有限责任公司则需储存全部注册资本。

（五）外资准入的审批程序

在埃及，投资企业申报审批手续分预批准和最终批准两步。

对于内地投资项目，投资商或其代表向投资局提交一份正式的《预报申请》，该部门上交到投资局联合委员会。投资局联合委员会收到后研究并提出意见，执行主席批准意见后，再由接收申请表的部门将项目预批结果以书面形式通知投资商；预批后投资商再向执行主席办公室提交一份正式的《投资申请表》，并按规定附上有关文件和材料（如项目细则和投资计划表等），投资局收到申请表后听取相关单位对该项目的意见和建议后，确认项目可行则由执行主席签署一份备忘录，该备忘录获投资局董事会主席批准后，投资商即可开始公司的组建工作。

对于自由贸易区内的投资项目，投资商或其代表需先向自由区管理部门提交《审批申请表》，然后由自由区技术委员会审批并对其提出意见，经执行主席批准后，区部将会以书面形式将技术委员会的决定通知投资商；投资商接到预批通知后再正式向自由区管理委员会提交一份《投资申请表》，同时附上所需要的文件和材料，自由区管理部门接到申请表后向自由区董事会提交一份备忘录，董事会批准后由管理部门将结果通知投资商；投资商接到项目批准的通知后，须在1个月内与管理委员会详细谈论项目具体情况，按规定缴纳租金并签订土地租赁协议；投资商在接到自由区主席颁发的开业执照（包括批准的目标、期限、地址界限及根据投资局董事会规定缴纳的财政保证金数额）后，即可开始组建公司。[①]

（六）PPP 方式

2006 年，财政部成立了公私合作伙伴关系中心。2010 年 5 月埃及《公私合作伙伴关系法》（2010 年 67 号法）实施。埃及政府通过更加严格和完善的制度建设，大力推进 PPP 项目。公私合营事务最高委员会是 PPP 项目的最高

① “‘一带一路’之埃及投资法律规则与实践（投资）”，和讯网，http://eg.mofcom.gov.cn/article/ddfg/201506/20150601008012.shtml，访问日期：2015-10-02。

决策机构，由政府总理牵头，财政部、投资部等各行业主管部门以及公私合营中心的长官组成。各行业主管部委为项目的具体主管部门，下设有 PPP 部门。

PPP 主要集中在基础设施等公用事业领域，项目金额一般不少于 1 亿埃镑，特许经营合同期为 5～30 年。基于公私合作事务最高委员会的建议，如公共利益需要，内阁可以决定超过 30 年的 PPP 合同。

PPP 项目的基本程序为：主管部门公开询价；主管部门成立“初审组”，确定投资方入围名单；主管部门和 PPP 中心邀请入围投资方初步讨论项目情况和条件；主管部门在 PPP 中心批准之前，首先通过一对一竞争性对话，之后实施无约束性投标；主管部门预估项目投资成本，PPP 中心审核并考虑融资成本、风险、私营部门负担等因素后，向最高委员会提交新的“公共部门参照值”；主管部门再邀请投标者递交最终标书。标书分为两份密封信函，一份为技术标，一份为财务标，由各部门专家组成的委员会进行评标。只有当技术标中标后，财务标才可开启。最具有经济性的财务标赢得项目。

三、贸易法律体系

埃及工业与外贸部为埃及对外贸易的主管部门。① 进出口控制总局负责所有进出口商品的检验及控制。贸易协定局负责 WTO 事务以及反倾销、反补贴和保障措施事务。商务代表处负责向各国派遣贸易代表。展览和会议总局负责代表埃及在国外办展并管理埃及境内举办的展览。②

（一）海关管理规章制度

埃及 1963 年颁布了《海关法》，2005 年颁布了《海关法修正案》。埃及海关采取国际通用的“协调海关税则制”。另外，在关税的制定上，政府还

① 商务部国际贸易经济合作研究院、商务部投资促进事务局、中国驻埃及大使馆经济商务参赞处，“对外投资合作国别（地区）指南——埃及（2014 年版）”，http：/www. fdi. gov. cn/1800000121_25_ 398_ 0_ 7. html，访问日期：2015－10－02。

② 同上。

考虑到鼓励发展本国产业和保护幼稚产业的不同政策，调整其进口税率的幅度。

根据《海关法》，埃及关税基本按从价税原则计征。埃及海关从1994年2月开始实行国际通用的海关协调制度。自1991年起，埃及一直执行由世界货币基金组织和世界银行协助制定的经济改革计划。在这项计划的推进下，埃及已经将其对绝大多数进口商品的税率保持在目前的5%～40%之间。[①]

（二）有关出口的法律规则

2014年11月底，埃及政府出台清关新政，要求自2015年1月1日起，出口埃及的中国商品必须符合埃及标准（ES标准），不符合埃及标准的产品将被禁止入境甚至被退运，没有注明埃及标准号的装运前检验证书将不被允许通关。后经国家质量监督检验检疫总局（以下简称质检总局）出面协调，埃及方面同意将新政执行时间延迟至2015年4月1日。质检总局已经翻译了埃及强制性标准文本中的69个标准，供有需要的企业索取。[②] 同时还编制了《等同等效采用ISO/IEC标准的埃及强制标准清单》。[③] 企业生产、出口相关产品，可采用对应的ISO或者IEC标准。对于埃及的推荐性标准，埃及官方表示他们没有义务向质检总局提供相关文本。出口企业只能通过商业渠道向进口商索取。

（三）贸易标准

2015年6月2日，埃及工贸部长阿卜杜努尔在工贸部网站上发布声明，宣布停止执行2009年与中方签署的关于执行装运前检验证书（以下简称CIQ）的谅解备忘录，并将与中方研究新机制，提高中国输埃产品质量，防止假冒伪劣产品进入埃及。埃方将致力于进一步发展双边贸易，促进两国经

---

① 商务部国际贸易经济合作研究院、商务部投资促进事务局、中国驻埃及大使馆经济商务参赞处，“对外投资合作国别（地区）指南——埃及（2014年版）”，http：/www. fdi. gov. cn/1800000121_25_ 398_ 0_ 7. html，访问日期：2015－10－02。

② 质检总局关于出口埃及工业产品适用标准有关事宜的公告，http：//eg. mofcom. gov. cn/article/jmxw/201503/20150300925992. shtml，访问日期：2015－10－02。

③ 同上。

济和投资往来。阿卜杜努尔表示，一些中国出口商和埃及进口商未严格执行CIQ而向埃及市场输入假冒伪劣产品，成为与中方商定取消CIQ的主要原因。取消CIQ的措施将从正式文件颁布之日起执行。[①]

为保证新标准的顺利实施，埃及方面已暂停与700家不符合新标准的中国贸易企业的业务。在新标准实施后，中埃海关和质检部门将启用电子证书系统，使企业无法伪造新的标准证书。

四、劳工法律体系

埃及的劳工主管机构是埃及劳动力与移民部，负责管理本籍劳工和外籍劳工。

（一）当地劳工保护标准

埃及第12号法律是专门针对外籍公司的投资法。若公司关掉或者转移办公地点，公司信息及劳工关系会自动转移。若公司倒闭、解散或者停业，需要依法支付员工赔偿。

埃及籍雇员需提供劳动部颁发的技术劳工从业证明、从业证书、技术水平资格证；雇主公司须设埃及员工档案，档案需包含3份资料：阿语劳工合同、技术水平资格证、资薪信息。外籍雇员需签署劳动合同一式三份（个人、公司、社保局各执一份），社会保障金须在入职第一天开始缴纳；员工试用期不超过3个月，用工合同分有限期合同及无限期合同。

雇主义务包括：设立员工档案、按期发放当月工资、公示劳动法律法规、规定工作时间。妇女劳工及童工须遵守埃及相关法律。

工作满1年的雇员可享受21天的带薪休假；雇员为雇主连续工作满10年，可享有30天带薪休假；年满50岁的雇员享受30天带薪休假。雇员工作期满6个月可享有10.5天带薪休假；高危工作雇员，带薪年假可增加7天；

① “驻埃及经商参处－埃工贸部长宣布中国输埃产品停止执行装运前检验（CIQ）”，中华人民共和国驻埃及经济商务参赞处，http：//eg. mofcom. gov. cn/article/jmxw/201506/20150601002655. shtml，访问日期：2015－10－02。

雇主在非紧急事故下不得终止雇员休假；雇主有权分配年假，但不能无故减少法定假期；若雇员拒绝休规定假期，雇主须3倍补偿；在任何情形下，雇员应得到15天的带薪休假，其中至少6天的连续休假。雇主每3年进行一次带薪休假补偿。①

（二）外国人在埃及申请工作许可和居留的规定

外国人只有在获得主管部颁发的获准进入该国并因工作而居住的许可后，方可从事相应的工作。主管部长的决定内容包括禁止外国人从事的职业、工作和工种以及使用外国人的最高比例；部长决定还规定在期满之前吊销工作许可的情况以及免除外国人获取许可的条件的情况；获取工作许可的条件、程序及其包含的说明、续签程序等事项进行决策。

外籍人申请签证须在该国驻埃及大使馆进行从业资格证、行业技能证书、毕业证等必须材料的公证。所需公证的材料须提前翻译成阿拉伯语。此外还需提供：三份有效护照复印件；雇佣公司相关文件的复印（公司营业执照、贸易许可、税卡、社保2号的资料、受聘员工档案）；正本授权书。

根据埃及人力资源部和移民局共同颁布的第136/2003号部长令，在任何企业和机构，外国雇员的数量不得超过雇员总数的10%（部长委员会颁布的其他法令对此所作的规定除外），在埃及自由区，这一比例为25%；在埃及经济特区可由特区管委会确定适当的外籍雇工比例。

在办理为获得工作许可的居留手续时，第一次须交纳1000埃镑费用，在办理居留延期时，视期限长短收费。埃及有关部门每次签发居留的期限一般不超过1年（目前一般为10个月），但来埃及的投资者一次可获得长达4年的居留期限。

外国人禁止从事的工作包括：导游；东方舞；进口贸易和货物清关工作，

① “埃及劳动法和劳工关系的讲座会议纪要及问答集萃”，http：//mp. weixin. qq. com/s? __biz = MzA4MjAzMzA3OQ = = &mid = 201228879&idx = 2&sn = ea72dfd4478f3d660122a2784b788668 & 3rd = MzA3MDU4NTYzMw = = &scene = 6#rd，访问日期：2015 - 10 - 02。

巴勒斯坦公民除外。①

五、建筑法律体系

埃及有关建筑工程的法律规定有1996年230号法和2007年350号总理令。其主要内容综合如下：

（一）土地管理主要内容

埃及的农业用地基本上都归私人所有，非农业用地则为国家所有。总统在经国务会议同意之后，除了那些具有重要战略意义的地区外，有权决定在现有耕地上建设新的住房，其土地所有权和管理权属于各地省的政府机关。各地省政府对其所拥有的土地进行处理时，应遵守国务会议的决定所规定的用途和权限执行。土地的处置和使用不得超越总统决定和国务会议决定之外的用途。

根据1996年230号法，外国企业获得空闲土地后，应在土地协议生效后5年内开始建设。依据2007年350号总理令的规定，无论股东或者合伙人是什么国籍，外国企业均可以购买土地和房产用于商业经营，但战略地区除外。战略地区包括东、西、南部边境，红海和地中海的岛屿以及苏伊士运河沿线。外国公司不得购买西奈半岛的土地和财产，但在满足一定条件后，可获得不超过50年的使用权。

（二）外资企业获得土地的规定

根据园区性质不同，外资在埃及获得土地方式也相应有所不同。在工业区，投资者向埃及政府购买土地的所有权，并无限期地拥有所购土地。根据地理位置、交通条件和基础设施完备情况，土地每平方米售价一般为50～200埃磅，土地购买5年内须动工建设。上埃及东岸部分的土地可以免费提供，但条件是3年内必须要开工建设。在自由区，投资者只能租用土地。工

---

① 《埃及新劳动法》，中国网，http：//www. twwtn. com/Policy/59_ 247809. html，访问日期：2015－10－02。

业项目每平方米每年3.5美元，仓储服务项目7美元。伊斯梅里亚自由区工业项目每平方米每年1.75美元，仓储服务项目3.5美元。[①]

（三）有关工程承包的法律规定

关于承包工程招投标，埃及法律规定，同等技术条件下埃及公司价格高于外国公司15%的也可以中标，外国公司承包项目必须由埃及公司作代理，项目公司雇用埃及工人的比例必须达到90%。在埃及项目施工结束后，若没有接到新项目，施工设备必需迅速运离埃及本土。

自20世纪90年代以来，埃及的工程承包市场对融资的需求越来越高，埃及大型工程普遍采用的是带资承包和租赁经营的模式。埃及在承包工程领域，没有禁区。但是依照埃及法律，一般商业企业禁止参与军事工程项目的建设。政府项目和私人项目是否采取国际招投标方式，均由业主自主确定。

埃及工程发包的主要方式是公开招标，少数项目实行议标。国际金融机构资助的项目、外国政府贷款项目、外资项目以及当地政府认为有必要的项目，实行国际招标。通常，欲投标的企业需要先进行资格预审，通过后再正式进行招标和投标。

在土建方面，只有在当地注册的公司才有资质参与，所以外国承包商需选择当地分包商。埃及土建力量较强，阿拉伯承包商、ORASCOM等均为在当地具有较大影响的工程建筑商，但中小施工企业的能力较弱，返工率高，所以在签订土建分包合同时需严格规定工期和惩罚条款，但仍需做好拖期的心理准备。[②]

在选择当地分包商时，埃方大多要求用当地货币支付，所以，承包商需认真考虑收到当地货币后如何使用。很多业主要求承包商在当地成立分公司，这样可以减少业主给国外账户支付外汇时所需缴纳的税款。但这样做会给在

---

① 商务部国际贸易经济合作研究院、商务部投资促进事务局、中国驻埃及大使馆经济商务参赞处，“对外投资合作国别（地区）指南——埃及（2014年版）”，http：/www.fdi.gov.cn/1800000121_25_398_0_7.html，访问日期：2015-10-02。

② 同上。

当地注册公司带来一系列的问题，涉及业务范围、分公司银行开户、政府部门审批（如投资部）、社保账户建立和支付财会等。建议一定要聘请熟悉当地情况的知名会计师协助办理。①

六、小结

在埃及投资事先要全面了解当时的投资政策和投资环境信息，做好规划，列出长远目标，预先衡量得失；贸易规模虽然逐年在上升，但中国对埃及贸易顺差显著。中国有些输埃产品的质量问题需认真解决，以避免不必要的贸易摩擦。土建方面，承包商必须选择当地分包商，并要注意埃及环保法规定较为严格，对从中国进口的设备提出较高要求。劳工方面，埃及失业率较高，因而政府对外国劳务进入市场有限制。进入市场的劳务则要适应当地的文化环境和生活条件。

① 商务部国际贸易经济合作研究院、商务部投资促进事务局、中国驻埃及大使馆经济商务参赞处，"对外投资合作国别（地区）指南——埃及（2014年版）"，http：/www.fdi.gov.cn/1800000121_25_398_0_7.html，访问日期：2015-10-02。

印度共和国

一、国情简介

印度共和国（以下简称印度）是南亚次大陆最大的国家，约有80.5%的印度居民信奉印度教，13.4%信奉伊斯兰教。[①] 印度联邦议会为两院制，包括联邦院和人民院，人民院是主要的立法机构。

2013年4月至2014年2月期间，印度共吸引外商直接投资207.6亿美元，其中服务业吸引外资最多，为21.8亿美元，其次分别是汽车制造业、医药业和建筑开发业。[②] 前四大投资来源国分别是毛里求斯、新加坡、英国和荷兰。

近年来，中印经贸合作快速发展，贸易额不断刷新纪录。据中国海关统计，双边贸易从2000年的29亿美元增长至2011年的739亿美元，11年间增长了25倍，年均增幅达34%。目前，中国是印度第一大贸易伙伴，印度是中国在南亚最大的贸易伙伴和全球第10大出口市场。

二、投资法律体系

（一）有关直接投资的法律法规

1999年《外汇管理法》是对印度直接投资的指导法规，其与1999年

---

① 商务部国际贸易经济合作研究院、商务部投资促进事务局、中国驻埃及大使馆经济商务参赞处，“对外投资合作国别（地区）指南——印度（2014年版）”，http：//www.fdi.gov.cn/1800000121_25_361_0_7.html，访问日期：2015-09-21。

② 同上。

《国内工业政策》共同构成了外国直接投资的法律框架,《外汇管理(外国人转让或发行股票)规定》也根据此法制定。根据1999年《外汇管理法》第2章的规定,印度储蓄银行负责对外国直接投资交易作出相应规定。[①] 该法第6章"资本账户交易"的规定也与外国投资直接相关,因为任何对印度的投资,首先要涉及外汇的接受和支付交易,而第6章"资本账户交易"即对此交易额度作出限制性规定。另外,印度储蓄银行定期以"外国直接投资公告"的形式发布最新的直接投资政策。

(二)直接投资的管理机构

印度涉及外国直接投资的机构数目众多,包括工业政策促进局、外国投资促进局、许可证事务委员会、外资促进会、企业家助理会等诸多机构,其中主要的直接投资管理机构包括工业政策促进局、外国投资促进局和印度储蓄银行。

1. 工业政策促进局

工业政策促进局隶属印度商工部,负责制定外国直接投资政策[②]。

2. 外国投资促进局

外国投资促进局[③]负责投资项目的审批,是非自动进入的外国直接投资审批机构。凡不属于印度储备银行自动批准范围之内的申请,均由外国投资促进局审查和推荐,以通过政府审批。[④]

3. 印度储备银行

根据1999年《外汇管理法》,印度储备银行的职责是促进贸易和支付,推进印度外汇市场的有序发展。对于属于自动准入途径的部门或活动的直接

---

① 1999年《外汇管理法》(《The Foreign Exchange Management Act, 1999》, Chapter Ⅱ Regulation and Management of Foreign Exchange)。

② 外国投资促进局, Department of Industrial Policy & Promotionhttp: //dipp. nic. in/English/AboutUs/Roles. aspx, 访问时间: 2015-09-21。

③ 外国投资促进局, Foreign Investment Promotion Board, http: //fipb. gov. in/Default. aspx, 访问时间: 2015-09-21。

④ 王义明:《印度共和国经济贸易法律指南》,法律出版社2014年版,第203页。

投资，印度储备银行负责提供自动批准程序。

（三）投资途径

对印度的直接投资通过自动准入和政府批准两类途径来进行。

1. 自动准入途径

根据印度政府1991年公布的《国内工业政策》，外国直接投资可以通过自动准入途径进行。所谓的自动准入途径，即指在进行投资时，外国投资者或者印度公司不需要任何来自印度储备银行或者印度政府的事先审批，符合“自动生效制度”审批条件的外资项目，向印度储备银行的外汇控制部填报表格，即可自动获得项目批准。

随着印度直接投资政策的开放，目前在投资额可达100%的部门或领域的投资基本上都是通过自动准入途径来进行。

2. 政府批准途径（FIPB途径）

不能通过自动准入途径进行的直接投资则需要得到来自印度政府、财政部和外国投资促进局的事先批准。外国投资促进局只对项目总体作出批准与否的决定。除外资投入外，如果项目还包括技术转让或工业生产许可证等事项，则需另行审批。

（四）在印度共和国投资的形式与途径[①]

中国公司或中国人在印度开展投资活动，首先要选择一定的主体形式或法人资格，主体形式或法人资格的选择主要取决想要从事的经贸活动的内容和目的。

1. 设立办事处或委任业务代表

中国公司如果想要在印度成立办事处或委任业务代表处开展联络工作需获得印度储备银行的批准。办事处的业务要严格限定在推广业务和促进从印度的出口，不允许从事生产制造、贸易、执行项目和承包工程等活动。

① “到印度投资须知”，中华人民共和国驻印度大使馆，http：//www.fmprc.gov.cn/ce/cein/chn/jjmy/ydjmzc/t200879.htm，访问日期：2015－09－27。

2. 代理机构

中国公司或个人经印度储备银行的批准可以担当国内公司在印度代理。从事代理活动或接受委托担当代理的申请报送储备银行中央办公厅外国投资处。印度储备银行对代理活动有严格管理规定，代理可以从事的活动仅限于以出售为目的的产品买卖，其间不允许有任何加工过程。

3. 设立项目办事处

中国公司为执行在印度实施的某个项目或承包工程可以设立临时性项目办事处，报请储备银行具有管辖权的地区办事处批准。需要注意的是外国公司在印度实施任何项目或工程承包须得到印度政府或储备银行的批准，成立项目办事处及其业务的开展必须与印度政府或储备银行对项目或承包工程的批准证书相一致。项目办事处每年要向储备银行提交财务报告。

4. 设立分公司

经印度储备银行的批准，中国公司可以在印度设立分公司从事贸易、商务和生产的经营活动。成立分公司的申请须报储备银行中央办公厅外国投资处。分公司的经营范围必须与储备银行所颁发的批准证书规定的内容相一致，每年向储备银行提交会计报告。

5. 设立合资企业

在印度设立合资企业如同外国公司在中国设立合资企业一样，受当地法律管辖。外资企业适用印度公司法、税收法等所有有关印度公司的法律。但合资企业设立的过程须获得印度储备银行的批准。

6. 设立独资企业

中国公司可以在印度设立独资企业。独资企业的成立必须经过印度外国投资促进局的批准，设立公司的过程和其他条件与设立合资企业相同。

（五）企业税收规定

印度税制以宪法为基础，没有议会的授权，政府不能课税。印度实行中央、邦和地方三级课税制度，各级政府课税权明确划分，但税制十分复杂。中央政府课征税种包括公司所得税、资本所得税、个人所得税、遗产和赠与税、销售税、消费税、增值税、社会保障税、节省外汇税、注册税、土地和建筑物价值税、支出税、印花税、关税等。各邦政府课征税种主要包括交通工具税、土地价值税、农业所得税、职业税等。地方政府课征税种主要包括土地与建筑物税（对租金征收）、土地增值税、广告税、财产转让税等。

印度的纳税年度即财政年度，从每年的4月1日到次年的3月31日。现行税率为：本国公司35%（另需加税款2%的附加税）；外国公司40%（不征收2%的附加税）。在印度注册成立的或将其管理权和控制权放在印度的公司，视为本国公司，其在世界范围的收入均要纳税。除此以外的公司即为外国公司，只对其在印度境内的经营收入征税。地区鼓励政策中有关外商投资税收优惠的是投资于 Uttaranchal 及 Himachal Pradesh 两邦前5年100%免税，后5年减税25%。

三、贸易法律体系

印度对外贸易主要受以下法律、条例、命令和政策调整：1992年《外贸（发展与管理）法》；2010年《外贸（发展与管理）法修改法》；1993年《外贸（管理）条例》；1993年《对外贸易（规范适用豁免）令》以及《（对外贸易）规程手册（一、二册）》。

（一）外贸政策

1992年《外贸（发展与管理）法》第5条规定，被列入限制进出口的商品、服务或技术，在进口或出口时，必须先取得许可证。另外，政府可能随时修改现行的外贸政策，将原来可以自由进出口的商品变更为限制出口或禁止进出口的商品，反之亦然。[①] 印度对进出口商品主要分为可自由进出口的商品、限制进出口的商品、禁止进出口的商品和由国家贸易公司进出口的国营专属进出口商品四类。

（二）进口商—出口商代码（IEC）管理制度

印度实行外贸经营权登记制度。按照1992年《外贸（发展与管理）法》

① 1992年《外贸（发展与管理）法》第3条。

第7条规定，进出口商必须在向外贸总局申请取得进口商—出口商代码(Importer Exporter Code Number，以下简称IEC)，只有取得了IEC后才可以从事货物、服务、技术进出口业务。

IEC是外贸总局授予申请者的一个10位数码，可由申请者向外贸总局的地区分支机构申请取得。申请者须在申请书中列明其在印度境内外的所有分支机构和工厂以及所有股东、合伙人或所有人的具体情况。每个进出口经营者只得拥有一个IEC。经营者在办理进出口许可证申请手续、海关进出口手续以及享受出口促进扶持项目的利益时，均须提供其IEC。每年10月31日以前，IEC的持有人须向外贸总局提交自己一年从事进出口业务情况的年报。

当颁发给某人的IEC被外贸总局暂停使用或注销时，除非由外贸局按照规定的条件和方式发给特殊许可证，否则该人将无权进口或出口任何货物。特殊许可证的发放须符合1992年《外贸（管理）条例》第3条的规定，即在考虑到可能对印度外贸产生负面影响，或者可能导致印度履行义务不符合国际条约的规定时，外贸总局可以在暂停某人使用或注销其IEC后，颁发给该人一项特殊许可证，准许其进行进出口活动。

IEC对于从事货物进口、出口业务的经营者来说是必不可缺的，但根据1993年《对外贸易（规范适用豁免）令》第3条规定①，一些进出口活动不在外贸法规和政策规定的需要取得IEC范围之内，无须取得IEC。

其中，进口活动为：中央政府或国有企业为国防目的进行的进口；中央或联邦政府、公共实业或国有企业因公用事业或完成所承担的条约义务而进行的进口；因转运或船舶备用等原因的临时进口或因外交原因须放行的金属物品；为在免税店向旅客销售的商品而进行的进口；行李规则规定范围内的旅客行李进口；为个人使用目的而进行的物品；原已出口的货物又进口修理以便再出口；为在交易会和展览会使用而进口；印度粮食总公司进口的粮食；从尼泊尔、缅甸（由缅甸边境线入境）和中国（经Gunji、Namgaya、Shipkila

① 1993年《对外贸易（规范适用豁免）令》。

和 Nathula 口岸入境）进口的每件不超过 25 000 卢比（Nathula 口岸入境的不超过 100 000 卢比）的边贸货物。

无须取得 IEC 的出口物品包括：政府出口的货物；除食品以外的出港船只的储存物品；个人行李物品；在印度的港口换船运输的货物；为再出口至某目的地而进口的货物；邮寄或重新寄送途经印度的货物；无有效进口许可证进口而被海关命令出口的货物；由出口加工区或出口导向单位出口的货物；为个人自用目的而出口的物品；从尼泊尔、缅甸（由印缅边境线处境）和中国（经 Gunji、Namgaya、Shipkila 和 Nathula 口岸出境）出口的每件不超过 5000 卢比（Nathula 口岸入境的不超过 100 000 卢比）的边贸货物。

（三）许可证制度

根据 1993 年《外贸（管理）条例》第 6 条规定，申请进口许可证的签发，须满足以下条件：进口人必须按照外贸政策中确定的或许可证指定的方式处置许可证项下的商品；进口人在履行合同时不得违反许可证当中规定的条款；取得许可证的进口人自商品进口至海关结关之时，应为许可证项下商品的所有人；进口许可证项下的商品未经局长批准，不得将其出口；除非外贸政策另有规定，许可证的持有人不得转让其许可证，任何人也不得通过转让行为取得进口许可证；除非许可证中另有规定，被签发许可证的进口商品必须是新制造的商品。

申请出口许可证的条件：除非政策有其他规定，任何人均不得转让或通过转让获得许可证；在出口时，取得出口许可证的出口商品应视为许可证持有人所有的财产。

（四）《印度共和国外贸政策》（2015～2020 年）[①]

为配合莫迪总理提出的“印度制造”计划，印度出台了新的五年《外贸政策》（2015～2020 年），计划推动印度 2019～2020 财年货物及服务出口总

① 中华人民共和国驻印度共和国大使馆经济商务参赞处，http：//in. mofcom. gov. cn/article/ddfg/waimao/201508/20150801078831. shtml，访问日期：2015－10－12。

额突破9000亿美元，较2013～2014财年的4650亿美元几乎翻一番。新规将以往所有出口激励项目整合到货物出口及服务出口项下，出口奖励率分别为2%～5%和3%～5%，同时允许出口项目下的开支用于抵扣进口商品缴纳的关税、国内采购缴纳的消费税及服务税。此外，为促进特别经济区发展，批准区内企业享受上述优惠。新《外贸政策》还推出了进口考核机制，由商工部每季度予以考核。

四、劳工法律体系

根据印度《劳工争议法》《离职金法》《雇佣法》《最低工资法》等相劳动法法规，对劳工停职、解雇、资遣及企业关闭、出售时应循事项等事宜作出规定；未遵守规定者最高可处6个月有期徒刑并1000卢比罚金。雇用劳工10人以上的企业，其各级劳工（包括职员）工作满5年以上因死亡、退休或离职时，每1年可获相当于最后期间半月薪资，最高限额为35万卢比。法律明文规定雇主在符合特定条件下可拒付离职金。工作时间一般为每日8小时，每周最高48小时；加班付双薪，每季加班不得超过50小时。亦有些地区每天9小时，每周最高48小时；加班付双薪，每季加班不得超过75小时。中央及邦政府每周休2日，一般公司每周休1日，员工在工作满240日后，每20日可有1日带薪年休假。法定假日与休假均带薪。按照职工保险计划，雇主负担额依员工薪资水平而不同，平均为5%。

五、建筑法律体系

（一）《土地法》

印度土地所有制分3种情况，一是土地私人所有制；二是国家土地所有制；三是游特瓦里制。印度《宪法》第31条规定，如国家法律规定取得的不动产中包含个人所有且由个人耕种的土地，国家不得征用现行法律所规定的有关土地限额以内的土地，以及这些土地上的或者附属于这些土地的房屋和建筑，除非该法律同时规定以不低于市价的价格进行赔偿。[①]

2013 年 8 月，印度下议院通过新征地法案，改善农民和城市贫民在失地后的社会经济状况。该法案规定，征地方必须向农村、城市地区的土地所有者分别支付最高达土地市价 4 倍、2 倍的对价。且当公私合营项目、私营企业进行征地时，必须事先分别取得 70% 和 80% 的土地所有者同意。

（二）外资企业获得土地的相关规定

根据印度有关政策，在印度注册的外国公司子公司、分公司等可以购置不动产（包括土地、房产），但来自中国、巴基斯坦、孟加拉国、尼泊尔等 8 国的公司，购买不动产时必须获得印度储备银行的预先许可。此外，实际操作过程中，要在印度购买土地或房产往往手续复杂，周期漫长且成本难以控制，因此，已在印度经营的中资公司多选择租赁房屋、土地的形式开展经营。

六、小结

印度对外国资本实行中性政策，缺少专门针对外资的优惠政策；印度法律体系复杂，税收严格，投资成本较大；印度属于宗教大国，宗教对国内的政治经济生活影响深刻。投资企业在印度处理法律问题及财务问题时，建议聘请当地有资质且资信良好的律师事务所和会计师事务所进行协助；投资企业在印度进行投资时应当适当了解印度主要宗教的背景、民俗、生活习惯等，尊重当地居民的宗教信仰。

① “印度《宪法》”，人大与议会研究网。

巴基斯坦伊斯兰共和国

一、国情简介[①]

巴基斯坦伊斯兰共和国（以下简称巴基斯坦）地处南亚次大陆西北部，国教是伊斯兰教，伊斯兰教徒占全国人口总人数的95%。其中逊尼派自称“正统派”，人数占全国穆斯林的80%。货币为巴基斯坦卢比，官方语言是英语。

巴基斯坦实行联邦制，联邦政府是最高行政机关，议会是巴基斯坦的立法机构，1973年宪法颁布后实行两院制。巴基斯坦施行多党制，主要有：穆斯林联盟（谢里夫派）、人民党、正义运动党、穆斯林联盟（领袖派）等。

巴基斯坦外资主要来源为美国、英国、阿联酋，三国占巴基斯坦吸引外资总额的近半数以上。巴基斯坦利用外资的领域比较集中，主要集中在油气开发、食品及食品包装、石油提炼和金融，上述四大领域占巴基斯坦利用外资总额的90%以上。其他主要领域包括贸易、纺织业、化工、制药、建筑、店里、交通等。

二、投资法律体系

巴基斯坦投资部是联邦政府负责投资事务的部门，主要职责包括在投资

① 商务部国际贸易经济合作研究院、商务部投资促进事务局、中国驻巴基斯坦大使馆经济商务参赞处，“对外投资合作国别（地区）指南——巴基斯坦（2014年版）”，http：//www.fdi.gov.cn/1800000121_25_357_0_7.html，访问日期：2015－09－27。

商和其他政府部门之间发挥联络和纽带作用；建立投资对接数据库，提供投资商所需的必要信息和咨询服务。

根据巴基斯坦《1976外国私人投资（投资与保护）法案》《1992年经济改革促进和保护法案》以及巴基斯坦投资优惠政策规定，在巴基斯坦投资的外国投资者享受与本国国民同等待遇，没有股权投资的限制，允许全资控制投资企业。巴基斯坦所有的经济领域向外资开放，外资同本国投资者享有同等待遇，允许外资拥有100%的股权。同时，对于制造业的投资金额没有最低限制，但对于服务业、农业和其他行业都有不同程度的最低投资金额要求。除此之外，由于巴基斯坦是伊斯兰国家，外国企业不得在当地从事娱乐休闲业。[①]

（一）投资准入限制[②]

《1976年外国私人投资（投资与保护）法案》主要是为在巴基斯坦进行外国私人投资提供促进和保护措施。根据1976年法案规定，巴基斯坦政府允许在以下领域进行投资：巴基斯坦暂不存在或未设立的工业项目；巴基斯坦国内并没有批量生产但是国内又有需要的；对巴基斯坦经济有所贡献的；有利于国内能源的勘探开发、调配或更好利用的；能够加强稳定巴基斯坦供需平衡的产业；能够以其他形式促进国家经济发展的。此外，1976年法案还对征收及其补偿、设备返还、税收减免和避免双重征税、平等待遇、支付转移等相关问题进行了规定。

《巴基斯坦投资政策2013》对巴基斯坦现有投资措施进行了介绍，除了一些考虑到国家安全和公共安全利益而采取了特别的禁止和限制措施的产业，包括证券印制和造币、高强炸药、武器、酒类生产（工业酒精除外）、放射性物质，巴基斯坦所有产业部门和活动均对外国投资开放，在任

① 商务部国际贸易经济合作研究院、商务部投资促进事务局、中国驻巴基斯坦大使馆经济商务参赞处，“对外投资合作国别（地区）指南——巴基斯坦（2014年版）”，http://www.fdi.gov.cn/1800000121_25_357_0_7.html，访问日期：2015-09-27。

② 巴基斯坦《1976年外国私人投资（投资与保护）法案》，http://www.boi.gov.pk/UploadedDocs/Downloads/InvestementActs.pdf，访问日期：2015-10-12。

何部门都没有最低外商投资金额的限制。除了航空业、银行、农业和媒体等几个特殊的部门之外，对于外资在合资企业中所占的投资份额也没有限制。

在准入程序上，巴基斯坦也十分开放。除了由SECP和巴基斯坦国家银行管控的特定的领域，包括银行业、金融业和保险业之外，巴基斯坦对外资企业的设立不作提前审核和准入提准。但是外国公司必须满足1984公司法中对于公司注册的相关规定，具体包括在巴基斯坦国内进行的公司并购必须要向巴基斯坦竞争管理委员会申报，同时也要遵守1984公司法的相关程序和规定。

（二）公司设立的相关规定①

外国企业在巴基斯坦可以以3种形式从事经营，即独资、合伙和公司。其中公司包括有限责任公司、股份有限公司和无限责任公司3种组织形式。巴基斯坦负责公司注册和管理的主管政府部门是证券与交易委员会。

公司注册的主要程序：（1）核准公司名称。公司注册的第一步是缴纳100卢比到公司登记处核准公司名称，以确定拟使用的公司名称不会与其他公司重名或相似，也无欺骗或违背宗教义理。（2）审批程序。任何7个或7个以上的人为了合法目的，签署合约和公司章程，并向证券与交易委员会注册登记，即可成功设立上市有限公司；若为2人或2人以上则只能设立私营有限公司。（3）在制造业领域成立公司无须政府审批，但成立下述公司时需要经过相关部委的预先批准，包括银行、保险公司、金融投资或投资银行、租赁公司、风险投资公司、资本管理公司。（4）公司注册所需文件。②

---

① 巴基斯坦《1984公司法法令》，http：//www. secp. gov. pk/corporatelaws/pdf/Companies Ordinance1984_ 02 - 10 - 13. pdf，访问日期：2015 - 10 - 12。

② 可在证券与交易委员会网站上查询和了解有关程序和事项，www. secp. gov. pk，访问日期：2015 - 10 - 12。

三、贸易法律体系

巴基斯坦贸易主管部门是巴基斯坦商务部。[①] 与贸易相关的主要法律有《贸易组织法》《公司法》《贸易垄断与限制法》《海关法》以及《反倾销法》等；有关进出口商品检验检疫的法律包括《巴基斯坦动物（进出口动物及制品）检疫法》《巴基斯坦植物检疫法》；海关方面主要根据《海关法》《进出口法》《海关细则》等对进出口商品进行管理。

（一）进口管理政策[②]

根据《进口政策条例》，巴基斯坦禁止进口的货物包括在附件 A 清单中所禁止的货物，但是以下情形不适用[③]：联邦政府出于防御目的的进口；根据《1972 外交领事特权法令》，由驻巴基斯坦的他国外交大使所进口的免除进口关税货物；省部级政府及其所属分支部门和其他政府机构可以进口的货物；以色列原产或由以色列进口的货物；活的动物，例如牛、水牛、绵羊、山羊；从特定国家（详见进口政策条例）进口的家禽，家禽类产品和其他活鸟等；假冒产品；从科特迪瓦共和国进口的所有未加工钻石；在附件 C 清单中所列明的货物是二手状态，除非明确排除。

对进口采取限制措施的货物[④]包括：在附件 B 清单中列明的限制性进口货物；来自同一地区的进口货物应遵守统一国家级质量标准或规定；在附件 G 中限制从印度进口或原产地为印度的货物；巴基斯坦与肯尼亚之间的特殊进口安排；基于边境贸易协定以及巴基斯坦 - 阿富汗贸易协定而规定的贸易安排；根据运输协定而在中国、吉尔吉斯斯坦、哈萨克斯坦和巴基斯坦之间运输的进出口货物。

---

① 巴基斯坦商务部官方网站，http：//www. commerce. gov. pk，访问日期：2015 - 10 - 12。

② 巴基斯坦《进口政策条例（2009）》，http：//www. commerce. gov. pk/Downloads/IPO _ 2009. pdf，访问日期：2015 - 10 - 12。

③ 同上。

④ 同上。

（二）出口管理政策①

根据《出口政策条例（2009）》，巴基斯坦当前限制出口的规定为：在以下法令、条例或法律中所限制的情形在本法（出口政策条例）中都视为限制出口：(a) 1975 文物保护法令（VII of 1976）；（b）1878 武器法令（XI of 1878）；（c）1962 版权保护条例（XXXIV of 1962）；（d）1969 关税法令（IV of 1969）；(e) 1976 药物监管法令（XXXI of 1976）；(f) 1884 爆炸物监管法令（IV of 1884）；(g) 1947 外汇监管法令（VII of 1947）；(h) 1889 商标法（IV of 1889）；(i) 1979 巴基斯坦动物检疫检测法令（进出口动物及相关动物产品）（XLIX of 1979）；（j）1919 毒药监管法令（XII of 1919）；(k) 2004与核武器、生化武器相关的货物技术设备出口和运输法令（V of 2004）；(l) 1934 石油法令（XXX of 1934）；以及（m）以及其他由联邦政府官方公告的法律。

四、劳工保护法律体系

巴基斯坦每座城市市政府都设有劳务处，负责处理辖区内企业劳务纠纷事宜。巴基斯坦国内劳动力资源丰富，但整体素质不高，10 岁以上人口识字率仅为 58% 左右。巴基斯坦劳动力分布大致集中在农业（44.65%）、制造业（12.99%）、建筑业（6.29%）。巴基斯坦对于外籍劳工需求较低，且多为技术管理型劳工。

经过本人或监护人申请并取得体检证明适合参加工作的 14～18 岁少年，可被雇用从事非繁重劳动，每天工作时间不得超过 7.5 小时，每周工作时间不得超过 42 小时，不得兼职，不得值夜班；年满 18 岁的雇员，每天工作不超过 9 小时，每周工作时间不超过 48 小时；斋月期间工作时间要相应减少。工厂法适用于雇工超过 10 人以上的企业，但省级政府进一步要求雇工超过 5

---

① 巴基斯坦《出口政策条例（2009）》，http：//www.commerce.gov.pk/Downloads/EPO_2009.pdf，访问日期：2015－10－12。

人以上的企业也应遵守工厂法的要求。

雇员每年可带薪休假两周（孕产妇6周），事假10天（全薪），病假16天（半薪），公众假期13天（全薪），雇员享受政府临时规定的其他假期。雇员如在公众假期上班可同时享受双薪及调休。根据有关协议，雇员参加朝觐可请假两个月。雇工超过10人以上的企业必须参加社保计划，有关社保基金情况为：（1）准备基金，雇主、雇员分别缴纳雇员每月工资的8.33%；（2）工人福利基金为收入的2%；（3）工人利润参与基金为税前的5%；（4）老年救济金，雇主交纳工人最低工资的6%，雇员交纳最低工资的1%。

五、建筑法律体系

（一）建筑承包主管机关

巴基斯坦承包工程市场管理相对宽松，外国承包工程企业进入巴基斯坦市场只需在巴工程理事会（PEC）注册即可，原则上允许外国自然人在当地承揽工程承包项目。除非获得政府特殊批准，外国承包商在巴基斯坦不可承揽涉及武器、高强炸药、放射性物质、证券印制和造币、酒类生产（工业酒精除外）等领域的工程项目。

在大型项目建设和管理上，巴基斯坦政府和相关部门多聘请欧美发达国家的公司作为项目咨询，适用和借鉴西方国家的技术标准与项目管理机制，运作比较规范。按巴基斯坦法律规定，大型项目应采用国际公开招标方式确定承包商，以EPC、PMC和带资承包方式实施的项目比例逐年提高。此外，政府积极鼓励投资者通过BOT、BOOT和PPP等方式参与项目建设。

根据巴基斯坦政府规定，采购或建设价格在10万卢比以上的项目，需在公共采购管理局（PPRA）网站或媒体上刊登招标公告。因此，外国承包工程企业可以通过当地媒体、PPRA网站或项目负责部门网站①及当地代理处获取工程招标信息。

① 巴基斯坦公共采购管理局，www.ppra.org.pk，访问日期：2015－10－12。

（二）《2002公共采购法》[1]

金额在10万卢比以上项目、国际组织贷款和援助项目，应通过公开招标确定实施单位。所有竞标单位须通过项目资格预审，并在规定时间内提交投标文件，通常巴基斯坦国内招标项目招标期不少于15个工作日，国际公开招标期不少于30个工作日。项目评标委员会必须按公正、公开、透明的原则进行甄选，原则上应优先考虑最低投标者。特殊或紧急情况下，个别项目可实行议标。

外国承包企业必须与当地企业组成联营体参加项目投标，且巴方企业在联营体中所占部分不得少于30%，由联营体向PEC申请投标许可。所有招标项目的项目计划书和最终招投标结果，须获得巴基斯坦公共采购管理局的最后审批。

六、小结

巴基斯坦是世界排名第六的人口大国，劳动力资源丰富，但人口素质较低，较适于投资劳动密集型企业。值得注意的是，巴基斯坦的伊斯兰教徒占全国人口总人数的95%，投资者应当注意和尊重当地的习俗，且不得在当地从事娱乐休闲业。由于该国地理位置的特殊性，投资方应注意加强安全措施。贸易方面，巴基斯坦目前对外贸易可出口的商品种类较少，主要集中在纺织品、食品、皮革等，其对于原油及石油、机械、钢铁的进口需求大；贸易限制方面，投资者应注意相关的宗教习俗，以及巴基斯坦对于一些特定国家实施了进出口限制。

---

① 商务部国际贸易经济合作研究院、商务部投资促进事务局、中国驻巴基斯坦大使馆经济商务参赞处，"对外投资合作国别（地区）指南——巴基斯坦（2014年版）"，http：//www.fdi.gov.cn/1800000121_25_357_0_7.html，访问日期：2015－09－27。

孟加拉人民共和国

一、国情简介

孟加拉人民共和国（以下简称孟加拉国）位于南亚次大陆东北部，首都为达卡。以穆斯林人口为主，印度教徒其次，其余为佛教徒、基督教徒和普通民众。孟加拉国以孟加拉语为国语，英语为其官方语言。货币为塔卡。

孟加拉国的主要政党有四个：孟加拉人民联盟、孟加拉民族主义党、孟加拉民族党、伊斯兰大会党。近年来，主要由人民联盟和民族主义党轮流执政。目前，孟加拉国总统阿卜杜勒·哈米德和总理谢赫·哈西娜二人均为人盟党的领导人。孟加拉国议会实行一院议会制，即国民议会。孟加拉国最高法院分为上诉法庭和高等法庭，首席大法官及法官若干人均由总统任命。

孟加拉国有丰富的自然资源，其中矿藏资源如石油、天然气、石灰石等，农产品资源如茶叶、稻米、小麦等。孟加拉是当今经济最不发达的国家之一，国民经济仍主要依靠农业与矿藏出口。孟加拉国与130多个国家和地区有贸易关系，主要出口市场有美国、德国、英国等；主要进口市场有印度、中国、新加坡等。

二、投资法律体系

孟加拉国投资局负责审批特殊项目以外的其他项目的投资工作。目前，在孟加拉国从事投资经济活动的法律依据主要有：《外国私人投资（促进和保护）法案》以及《工业法》等。

（一）《外国私人投资（鼓励/保护）法》相关规定

该法是对外商在孟加拉国的保护。该法规定：给与外国私人投资的产业或者因外国私人投资所承接的产业的批准和许可不得单方面的改变，避免对该项事业的设立产生不利影响。除了出于公共目的，并在已经给予及时且适当补偿的前提下，不得征用外国投资或对其实施国有化。外国私人投资不得征用或国有化或对其产生影响，对于被征收外国投资的补偿额应相当于征收或国有化投资之前该外国投资的市场价值。①

（二）《工业法》相关规定

根据《工业法》的相关规定，禁止私人投资的公共投资领域包括：枪、弹药及军事机械设备；在森林保护区内的森林种植以及机械化开采；核能源；有价证券的印刷和铸造以及铁路和航空设施。

除上述公共投资领域外，其余均属允许私人直接投资的领域，允许本国人或外国人、本国资金或外国资金以独资或合资的方式进入，且对投资额度不设上限。同时，出于国家利益的考虑，政府可以根据实际情况将某些领域规定为限制投资领域。②

孟加拉政府鼓励外国投资的领域包括：在出口加工区内办厂，出口型或替代型的高新技术产业，利用孟加拉过原材料的基础产业，充分利用孟加拉国自然资源的各产业，对现有项目的扩建和改进以及各项劳动密集、技术密集、资本密集的产业。

（三）外商投资的相关程序

在私营部门的合资企业或100%的外商投资企业的投资者需按照规定的形式向孟加拉国投资局的一站式服务中心提出投资申请。公共部门的企业需要得到有关部门的批准，公共部门项目由有关部门负责审批的规划委员会

① 《孟加拉国外国私人投资（鼓励/保护）法》，孟加拉官网，http：//bdlaws. minlaw. gov. bd/pdf_ part. php？id =597，访问时间：2015 -11 -15。

② "孟加拉国有关投资的主要法规政策"，中华人民共和国驻孟加拉国大使馆商务参赞处，http：//bd. mofcom. gov. cn/article/ddfg/tzzhch/200203/20020300002266. shtml，访问日期：2015 -11 -15。

处理。

关于外商投资所需支付的税费。为了吸引投资，孟加拉国政府通过《工业法》《进出口政策》等渠道制定了一系列的税收优惠措施，如对纺织业和高附加值成衣业的新投资可以提供4~10年的免税权利或者可依照快速折旧的方式进行计算的权利；此外，对已经享受免税权利的企业其之后的投资还有机会享受第2年按照80%折旧比例、第3年20%的折旧比例进行计算的优惠；对100%的出口导向型的企业其资本类资产和少数零部件（约10%以内）均可免税进口；对普通企业其初期建设或对现有工业项目的改造、更新或扩建所需进口的资本机器和少数零配件（约10%以内）仅须交纳7.5%的进口税及一定的赔偿保证金（可退还）等。

关于投资用外汇的相关政策。孟加拉国实行浮动汇率制，中央银行并不对本外币汇率进行硬性规定。自1994年起，孟加拉国宣布其货币塔卡在经常项目下可以自由兑换，但在资本项目下仍实行管制。孟加拉国政府规定以下外汇业务无须孟加拉国中央银行同意即可开展：在将利润汇回外商投资者本国、向外商投资者发行在孟加拉国设立的企业的股票与红利；外商投资者通过证券交易所以购买股票和有价证券的方式进行证券投资且可将所获红利汇回本国；对外汇出技术转让费和专利费（超过销售额6%的除外）等。

三、贸易法律体系

孟加拉国商务部负责制定进出口政策，修订公司法、合伙企业法等法律，协调管理国内商业和保险业，制定关税政策等。

（一）关于进口的相关政策

孟加拉国的现行进口政策为《进口政策2012~2015》，该政策适用于2012到2015年间向孟加拉国的所有进口。

《进口政策2012~2015》要求进口应当强制适用H.S.编码且货物应以具有竞争力的价格进口，要求货物的“原产国”应在包装和货物的包装上清楚地予以提及或者由出口国相关的政府机构、经批准的机构或组织签发关于

“原产国”的证明，并在货物放行时与进口文件一起向海关当局提交，但“原产地国”的规定不适用于煤炭和出口导向的服装行业以及由海关监管局批准的100%出口为导向的行业，包括工业进口原材料。在进口铝锭、锌锭以及其他有色金属和黑色金属的情况下，也不受上述原产国规定的约束。为保护知识产权，应由出口国的知识产权所有者向海关提交知识产权证书的复印件。

除另有规定外，所有通过银行（信用证/银行汇票/汇款等）的进口交易均要求为LCA形式，通过信用证进口。通过Teknaf的海关站的每批价值超过5万美元的、易腐烂变质的食品或价值超过1万美元的基本食品和工业原材料，以及通过其他海关进口的资本机械，可以以LCA的形式而不用信用证进口；除非另有规定，机械以及零件应在银行签发LCA表之日起17个月、其他项目9个月内装运。根据商品援助/补助金和帐户的贸易安排，装运货物应在总指挥通知的时间范围内进行；如果在进口商的控制下无法在有效期内装运货物，总指挥可以根据不同的情况延长货物的装运期。对信用证的限制不允许由被指定银行或由进口控制权当局任意延长信用证的装运日期、修改信用证或改变货物的价值或者数量。需要随着LCA的表一起提交的文件：公共部门和私人部门的进口商均需向他们的指定银行与L/C授权表格一起提交的文件：由进口商签署的信用证申请表；出具的发票或从国外供应商处得到的货物订单，可以视情况而定；承保单。其他应由公共部门的进口商提供的文件：由行政部门签发的证明文件，只要适用。其他应由私人部门的进口商提供的文件：如为特殊的贸易业务，由孟加拉国内的注册的地方商会和行业协会或任何贸易协会签发的有效的会员资格证书在的基础上。有关财政年度的更新的进口注册证书；三份进口商已支付所得税或提交的年度所得税申报表的证明文件；在除了个人使用以外的所有的情况下，均需提供有税号的证明（TIN）；由总指挥依照本政策做出的作为公众的通知，或命令的文件；根据本命令所需的文件或文件；承办单需来自Sadharan Bima公司或任何孟加拉国的保险公司，并妥善加盖保险规则，在放行货物期间，必须向海关当局提交。[①]

（二）出口相关政策

孟加拉国的现行出口政策为《出口政策2012～2015》。该政策在除孟加拉国出口加工区以外的所有地区适用。国家税务局在国家预算中制定的相关税收、关税等决定以及政府通过的关于出口的任何具体的指令优先于该出口政策适用；进口转出口贸易项下的产品不得带出港区。[②] 然而，商务部特别许可下，产品可以从一个港口转到另一个港口。无论是进口转出口或临时进口均需要在货物报关时申报。在进口口岸和出口港相同的情况下，进口的产品不应被带出港口口岸。在进口口岸和出口口岸不同的情况下，在付清关税或者提供了100%银行担保时，经海关许可后可运到出口口岸。进口转出口的产品必须在特定时期内出口。进口转出口的进口价格应以在孟加拉国的港口的CFR（成本加运费）申报价格为准。重新出口指进口产品通过改变产品的质量或形状，或通过局部再加工的方式改变产品的质量，在特定时期内的以至少高于进口价的10%的价格出口。在这种情况下，进口价格是指进口在孟加拉国的再出口的港口的CFR（成本加运费）价格。[③]

商务部根据其生产和供应、对出口部门的潜在贡献、在国际市场的需求、是否有助于国家的社会经济发展的水平将某些产品生产行业认定为高优先级行业，而其他一些产品将被认定为特殊发展行业。

高优先级的行业包括农产品和农产品加工产品；塑料制品、鞋类和皮革制品、医药产品、软件和信息和通信技术产品、家用纺织品、海洋船舶工业要建设、家具行业、特里毛巾、旅游产业。向高优先部门提供的福利包括：

---

① “孟加拉国进口政策”，中华人民共和国驻孟加拉国大使馆商务参赞处，http://bd.mofcom.gov.cn/article/ddfg/waimao/200203/20020300002264.shtml，访问日期：2015－11－15。

② 进口转出口贸易即一项进口产品出口到第三方国家，以至少5%高于进口的价格出口，并没有质量、数量、形状或任何其他方面的改变。

③ “孟加拉国进口政策”，中华人民共和国驻孟加拉国大使馆商务参赞处，http://bd.mofcom.gov.cn/article/ddfg/waimao/200305/20030500089019.shtml，访问日期：2015－11－15。

低利率项目贷款，所得税退税以及使用公用设施的优惠，如电力优惠利率、水和气体、向其提供较低的利率的出口贷款和弹性条款等。

特殊发展产业包括轻工程产品（包括汽车零部件和自行车）、电子及电子产品、麻制品、织物、陶瓷制品、冷冻鱼、印刷及包装、橡胶、未切割的钻石和珠宝、化妆品。向特殊优先部门提供的福利包括：优先考虑给予较低利率的项目贷款和出口贷款并考虑适用弹性条款等。

因出口获得的外汇收入，出口商可以在他们出口创汇期间内保留一定数量的外汇。现有的外汇交易系统下，出口商可以使用保留配额覆盖合理的业务费用（如在出口展览会和研讨会中的商务旅游、建立和管理国外办事处、进口原材料/资本器械等费用）。此外，保留配额余额可以用来支付国外营销代表或委托代理人的报酬。

孟加拉国禁止以下物品出口：大豆油、棕榈油；用天然气生产的（如汽油、燃料油、润滑油、沥青、冷凝、MTT 和 MS）所有石油和石油产品，但外商投资企业根据产品共享合同获得的石油和液化天然气的出口则不受上述禁止；所有的活体动物，动物器官或隐藏/皮肤的野生动物；消防武器、弹药及相关材料；放射性物质；考古遗迹；人的骨骼，血液，或从人或人的血液产生的任何东西；所有类型的脉冲（除了处理脉冲）；除了冷藏，冷冻和加工的所有虾；洋葱；木材、木材、厚片、木材（除了这些材料制成的手工艺品）；所有类型的青蛙（活着的或死的）和青蛙腿；湿蓝皮革等物品。

限制出口的产品则包括：娱乐节目、音乐、戏剧、电影、纪录片等可以以录音带、录像带、CD、DVD 等形式并在信息部未提出异议的情况下出口；用天然气（如汽油、燃料油、沥青、冷凝、MTT 和 MS）生产的石油和石油产品可以在能源和矿产资源部无异议的条件下出口；列入化学武器（控制）法令（2006）中提及的化工产品。与孟加拉调查部、孟加拉人民共和国政府的出版的孟加拉领土不一致的地图，海图和地理地球仪；恐怖漫画，涉及淫秽和颠覆文学内容的小册子、海报、报纸、杂志、照片、电影，唱片和磁带等音频和视频；所含内容可能超出任何类别的孟加拉国公民的宗教感情和信仰的图书，报纸，期刊，文件和其他文件，海报，照片，电影，唱片，盒式录音带和录像带，录音带等；除非法律另有规定，中等或质量不合标准或低于标准的或旧的，二手货或工厂拒绝和货物单件/库存；二手办公设备，复印机，打字机机，电报，电话，传真，旧电脑，旧电脑配件，旧的电子设备；货物（包括其容器）有有宗教含义的任何文字或铭文，其使用或处置可能会伤害孟加拉国公民的宗教信仰和宗教信仰；物品（包括其容器）有任何淫秽图片、文字或可视表示；生猪及生猪制品；各种工业污泥及肥料及污泥所产生的其他产品。

（三）关于海关与关税的相关规定

孟加拉国未设立独立的海关总署，而是在其财政部的国税局下设立了负责海关相应实物的海关官员等，并在各地方设立了海关办事机构。

目前，海关是孟加拉国调节进出口贸易的主要工具，也是财政收入的主要来源。

孟加拉国的关税税率分4个档次：7.5%、15%、22.5%及32.5%。另有一部分商品可免税进口，如纺织机械、灌溉农业器械、某些动物饲料和医疗设备等。

另外，孟加拉国除了需缴纳基本的关税之外，还需根据情况缴纳多种进口附加税费，如基础设施建设费2.5%，增值税15%，预提收入税3%，并按照实际情况缴纳不等的进口调节税。更多相关具体信息见中国海关综合信息咨询网。①

四、劳工保护法律体系

（一）劳动主管部门及主要劳动法律法规

孟加拉的劳动主管部门为劳工部，该部门的作用为促进有效的劳动管理

① 中国海关综合信息资讯网，http：//www.china－customs.com/customs/data/4008.htm，访问日期：2015－11－27。

关系，集体谈判和协商，确保在孟加拉国的工业部门的劳动纠纷的有效解决。

孟加拉现行主要的法律有：《孟加拉国劳工法2006》、《福利基金法》《国家劳动政策2012》以及《童工政策》。

（二）《孟加拉人民共和国劳工法2006》

孟加拉国劳动法（修正案）于2013年7月15日由国民议会通过。这一新修正案对2006年劳动法中的87部分进行了修订。

该修正案要求建立一个中央基金以提高工人的生活水平，将公司净利润的5%纳入基金为工人的福利和公积金提供资金。

根据这一修正案，雇员成立工会将不再需要工厂主的批准，而只需要向劳工局申请授权。修正案规定如果企业有20%以上的妇女劳动力，一名妇女代表将被列入工会执行委员会。工人和业主之间的冲突所涉及到的任何法律问题，包括金融问题，都将先通过仲裁方式解决，并且双方可以在劳资法院提交诉讼以解决仲裁没有解决的问题。[①]

雇工达到5000人以上的企业应建立一个固定的健康中心；雇工达到500人以上的企业应雇用一名福利官员并在工厂中设立一个安全委员会。雇工达到有100人以上的公司则被强制要求购买工人团体保险。

解雇服务期超过1年的工人，雇主应当根据每工作1年支付15日工资的补偿标准向其支付经济补偿。在工人自愿退休或者服务满10年以上的工人与雇主协议解除劳动合同的情况下，雇主应担根据每工作1年支付1个月基本工资的补偿标准向其支付经济补偿。如果该名工人的服务期限超过了12年，则补偿标准相应提高到每服务1年支付一个半月的工资。任何员工在服务满两年之后死亡的，雇主应当支付相当于1个月工资的金额作为抚慰金；如果工人是在工作事故中死亡的，雇主还应向其家属支付相当于45天工资金额的抚慰金。

① http：//risebd. com/2013/07/16/the－bangladesh－labor－law－ammendmend－bill－2013－passed－in－the－parliament/，访问日期：2015－10－10。

孟加拉国对外国劳务进入该国市场没有特殊规定和限制，只须由雇主办理工作许可，按照规定交纳个人所得税即可。[1]

五、建筑法律体系

孟加拉国建设管理局是孟加拉国对其国内的建筑业的行使管理职能的机构，它代表政府保证孟加拉国建筑市场的秩序，提供相关行业监管的服务，培育和发展健康、统一、完善的建筑市场。

孟加拉国管理土地的政府部门是土地部，任何部门或政府机构所需土地必须向其申请。土地部的主要职责是管理和处理政府拥有的土地、沙石地、法定土地财产和废弃的土地财产，收集土地开发税以及土地测量与记录保存和更新，土地征用等。孟加拉国与土地管理相关的法律法规主要有《国家土地征用和租赁法》《土地征用法》等。获得工业地块，需要申请工业土地使用权的企业需要向 BOI 报告土地的大小，并提供注册/批准书和工业布局运作的实际需求计划。接受申请后，BOI 将协助企业向土地局申请获得该工业用地。目前孟加拉国大多数的工业区、庄园由 RAJUK、CDA、KDA 的城市发展部门拥有控制。[2]

六、小结

孟加拉国的经济发展水平相对比较落后，因此其目前的投资政策仍以吸引外商投资为主，尤其是私人投资领域，并且由于具有不少矿藏资源和自然资源，其对相关的产业也给与了不少的税收优惠以及政策支持。

在调查的这段期间，由于政府的财政和货币政策，孟加拉国的经济持续回暖，这也主要是由出口的增加，薪资的提升及公共开支的持续刺激所带动的，同时也更受到了财政和货币两个刺激政策的支持。

---

① “孟承包工程与劳工政策”，中华人民共和国驻孟加拉国大使馆商务参赞处，http://bd.mofcom.gov.cn/article/ddfg/laogong/200203/20020300002271.shtml，访问日期：2015-10-11。

② 同上。

目前孟加拉国在劳工保护的方面还是缺乏完善的保障，尤其是外国劳工去该国工作的法律保护仍在构建中，并不完善，因此外国劳动力输入具有比较大的风险。

在建筑与土地方面，孟加拉国的土地资源的所有权较为集中，并且获得土地的程序比较简单。另外，孟加拉国电力、交通、通讯等基础设施较为落后，孟政府上台后多方筹措金，致力于基础设施建设，改善投资环境，为我国企业在孟承包工程提供了战略机遇。

阿富汗斯坦伊斯兰共和国

一、国情简介

阿富汗斯坦伊斯兰共和国（以下简称阿富汗）是亚洲中西部内陆国家，位于中亚、西亚和南亚交汇处，东北部凸出的狭长地带瓦罕走廊与中国连接。大陆性气候，矿藏资源丰富，但基本未开发。首都喀布尔，为贸易中枢，是全国政治、经济、文化中心。普什图语和达利语是官方语言。国内伊斯兰教众约占99%，所有伊斯兰教禁忌均适用于阿富汗。

2004年1月，阿富汗制宪大支尔格会议（大国民会议）通过新宪法，确立国家名称，实行总统制。国民议会是国家最高立法机关，由人民院（下院）和长老院（上院）组成。总统为国家元首，是国家最高行政执行者。阿富汗没有执政党，举行总统和议会选举时，候选人必须以无党派身份，独立参加竞选。

阿富汗外商投资重点集中在建筑、航空、电信、媒体和第三产业。阿富汗主要贸易伙伴是其邻国。2014至2015财年，阿富汗商品出口额约5.7亿美元，出口商品主要包括新鲜水果、干水果、草药、香料、毛皮、地毯等。进口商品主要包括机械设备、石油、金属、化学药品、建筑材料、食品等。巴基斯坦是阿富汗第一出口伙伴国，中国是其第九大出口国和第三大进口国。[①]

2014年，中阿双边贸易额为4.1亿美元，中方出口额3.94亿美元，进口

---

① “阿富汗2014~2015财年统计年鉴”，http://cso.gov.af/fa，访问日期：2015-10-06。

额0.17亿美元。截至2014年，我国在阿经济合作的合同总额8.58亿美元，完成总营业额约9.89亿美元，主要涉及通讯、公路建设等基础设施领域。[①]

二、投资法律体系

阿富汗投资主管部门是投资高级委员会、阿富汗商工部和阿富汗投资促进局。阿富汗投资促进局主要负责对在阿富汗投资的投资者办理注册、发放营业执照和"一站式"投资管理与服务等。

阿富汗鼓励吸收外资，外资公司所得利润可全额汇出，对使用外籍雇员没有限制，如3年内无盈利可免税，则可直接申请最低额的公司税。企业投资大型能矿资源性项目等阿富汗优先发展领域，进口用于生产的机械设备和建筑材料可申请免税等优惠。

2005年12月阿富汗修改并出台了《阿富汗私营投资法》，该法规定投资者禁止在核能、赌博、毒品和酒类等行业进行投资。[②] 对生产和销售武器及爆炸物、非银行金融活动、保险业、自然资源开采、基础设施建设等行业的投资有所限制。[③] 阿富汗未对外商投资企业的形式进行限制，外商独资企业、外商与当地政府或其他投资者合资的企业形式均可。[④] 经批准设立的企业可以开通外汇账户用以获取信贷，以促进阿富汗的投资，也可用于购买设备和机器、原材料，企业所需要的服务等结算业务，侨民雇员工资和津贴的发放等。[⑤] 经批准的外商投资企业有权租赁阿富汗不动产达50年，但禁止购买。[⑥]

根据阿富汗政府规定，为防止洗钱，携大额现金出境（2万美元以上）

---

① 中华人民共和国外交部，http：//www. fmprc. gov. cn/web/gjhdq_ 676201/gj_ 676203/yz_ 676205/1206_ 676207/sbgx_ 676211/，访问日期：2015－10－02。

② Law on Private Investment in Afghanistan，Article 5，http：//www. aisa. org. af/Content/Media/Documents/New － Investment － Law1112014171155607553325325. pdfhttp：//www. asia. org. af/Content/Media/Documents/New－investment－law1112014171155607553325325. pdf，访问日期：2015－10－08。

③ 同上。

④ 同上，Article 10。

⑤ 同上，Article19。

⑥ 同上，Article21。

须提前向机场海关申报，违规者将受到相关法律处罚。

三、贸易法律体系

阿富汗主管贸易的政府部门是阿富汗商业和工业部（简称商工部），其下属的对外贸易司主管贸易政策制定和外贸的协调管理。

阿富汗加工制造业基础薄弱，本国没有工业支撑，因此出口以初级农产品为主，种类有限；国内市场主要依赖进口。政府鼓励本国商品出口，对大宗商品的进口也没有限制。

在出口方面，阿富汗禁止毒品、古董、稀有矿产资源等物品的出口；矿石出口需得到矿产部门出具的出口证明。在进口方面，阿富汗禁止酒、生猪、猪肉、猪油脂、棉籽、毒品、枪支、炸药等商品的进口，进口可用于生产炸药的化工产品需阿富汗政府部门的特别许可。① 2015 年 7 月，阿富汗内政部颁布命令，禁止从国外进口、销售和使用玩具枪。②

四、劳工法律体系

2006 年阿富汗《劳动法》经过进一步发展完善，对劳工组织和雇员的权利及义务作出了新的规定。③

新的《劳动法》规定了解除劳动合同的前提条件以及在合同解除后对员工的补偿，对于工作满 1 年以上 5 年以下的员工给予 2 个月的工资补偿；工作满 5 年不超过 10 年的员工给予 4 个月的工资补偿；工作满 10 年以上者，给予 6 个月的工资补偿。

劳动者 1 周工作 6 天，从周六至周四，每天正常工作时间不超过 8 个小

---

① 商务部国际贸易经济合作研究院、商务部投资促进事务局、中国驻阿富汗伊斯兰共和国大使馆经济商务参赞处，“对外投资合作国别（地区）指南——阿富汗（2014 年版）”，第 48 页。

② 中华人民共和国驻阿富汗伊斯兰共和国大使馆经济商务参赞处，http://www.fdi.gov.cn/1800000121_25_370_0_7.html，访问日期：2015－10－08。

③ 中华人民共和国驻阿富汗伊斯兰共和国大使馆经济商务参赞处，“劳工法和相关规定”，http://af.mofcom.gov.cn/article/ddfg/200902/20090206056124.shtml，访问日期：2015－10－08。

时，周四的工作时间不能超过5个小时。晚7点以后的加班不能超过1个小时。管理人员晚上加班工资最低按平时工资的115%计算，生产工人晚上加班工资最低按平时工资的125%计算，不允许工人连续2个班次工作。周末和节假日加班的工资按150%计。雇员享受5～45个工作日的带薪休假。规定了劳动者的最低工资标准和工人养老金缴纳办法。

女性医务工作人员，晚上不允许加班，公司一般要为女性上下班提供交通工具，男女用餐一般分开，要给工人留有祈祷时间，并提供祈祷场所，男女不同场所等。

五、建筑法律体系

阿富汗正处于战后重建的进程中，有大量国际援助工程计划，包括公路、水电站、大型工厂等。由于战乱、暴动等不安全因素的存在，项目推迟开工、中途停工的现象非常普遍。因此中国承包商在参与竞标时，应充分考虑项目的安全性，不参与无安全保障的项目的投标；充分考虑武装袭击、运输中断、停工等诸多因素，报价中应包括安保费、保险费等，切不可采用低价竞标的模式，在充分了解阿富汗承包工程状况的情况下理性投标。

在阿富汗承包工程一般得到发包单位和业主的认可即可。投标企业需要提供相关资质和以前做过同类项目的业绩证明，并经阿富汗经济部招标办公室或其他项目发包单位认可。①

六、小结

因此，欲前往阿富汗投资的投资者在关注阿富汗未来的经济发展的同时，应多加关注阿富汗的安全动态。

---

① 商务部国际贸易经济合作研究院、商务部投资促进事务局、中国驻阿富汗伊斯兰共和国大使馆经济商务参赞处，"对外投资合作国别（地区）指南——阿富汗（2014年版）"，第48页。

斯里兰卡民主社会主义共和国

一、国情简介

斯里兰卡民主社会主义共和国（以下简称斯里兰卡）位于印度洋海上，是一个佛教国家，大多数居民信奉佛教。斯里兰卡效仿法国和美国实行总统制，议会采取一院制。斯里兰卡的矿业发达，矿藏种类繁多，主要有石墨、宝石、锆石等。渔业、林业和水力资源丰富。斯里兰卡主要以种植园经济为主，农产品、服装加工业和旅游业是其主要产业。

二、投资法律体系

斯里兰卡投资管理委员会是斯里兰卡政府主管外国投资的部门，其主要负责对外国投资进行核查和审批，并在推动外国投资者在其国内投资方面起着重要的作用。

（一）投资准入

斯里兰卡政府允许外国投资者投资于大部分的经济领域，并且对通过经常项目账户进行的外汇兑换交易不设限制，但禁止外资进入以下领域：资金借贷、典当业、投资额低于 100 万美元的零售业、近海渔业以及社会服务等。[①]

---

① 中华人民共和国驻斯里兰卡民主社会主义共和国经济商务参赞处，http：//lk. mofcom. gov. cn/article/ddfg/201508/20150801085257. shtml，访问日期：2015－10－19。

生产受外国配额限制的出口产品；茶叶、橡胶、椰子、可可、水稻、糖及香料的种植和初级加工；不可再生资源的开采和加工；使用当地木材原材料的木材加工业；深海渔业；大众传媒；教育；货运、旅游社以及船务代理等领域的外国投资占比须超过40%方可得到投资管理委员会的批准。

航空运输，沿海船运，规定于1990年《工业促进法》列表二中的武器、弹药、爆炸物、军用车辆、飞机设备及其他军事设施的制造、军工、毒药、麻醉药、酒精、危险药品、有毒有害或致癌物质的生产生化制品及造币等敏感行业，大规模利用机械大规模开采宝石，及彩票业等领域则视外国投资金额，由投资管理委员会或其他政府部门酌情而定是否予以批准。

旅游业和娱乐业，公路、桥梁、港口、电力、通信、供排水等基础设施建设，信息技术产业，纺织业，农业和畜牧业，进口替代产业和出口导向型产业等则是吸引外资的重点领域。

（二）投资方式

斯里兰卡政府对外国投资方式没有任何限制，目前鼓励外国投资以BOT、PPP等方式参与当地的基础设施建设，参与除部分限制领域外的任何产业投资。

（三）外商在工业园区投资的优惠政策

斯里兰卡《宪法》和《外国投资法》保证对外资不实施国有化，其投资待遇也不受政府更迭的影响；工业园区内的外资企业出口产品可享受5年的免税优惠，5年以后，如果企业经营效益不高，还可以继续享受免税政策；同时工业园区将为企业提供一站式服务，提供有关能源、租地、就业等方面的信息。①

三、贸易法律体系

斯里兰卡有多个贸易主管部门，其中出口发展局是斯里兰卡专门负责促

---

① 中华人民共和国驻斯里兰卡民主社会主义共和国经济商务参赞处，http：//lk. mofcom. gov. cn/article/ddfg/，访问日期：2015－10－19。

进和推动外贸出口的政府机构，进出口管理局主要负责管理货物和服务的进出口以及协调商品的进出口。[①]

《进出口管制法》主要规定了海关进出口管制官员的职责以及询问、检查各种进出口文件和对违反规定者进行惩罚的权利，进出口监管货物的有关规定和管理办法，需要以及不需要进口许可证的商品类型。

《对斯里兰卡进出口商保护法》对违反规定的外商实施黑名单制度，不发放与其做生意的许可证，只有在该外商用行动证明其已对违规行为加以纠正的情况下才恢复其与斯里兰卡之间的贸易。

有关海关通关程序以及对进出口货物的规定详见中华人民共和国驻斯里兰卡民主社会主义共和国经济商务参赞处网站。[②]

四、劳工法律体系

斯里兰卡劳动法保护工人权益，外资对当地企业进行收购、兼并时不得随意开除工人。斯里兰卡是劳动力大国，因此除个别项目外，如承包工程项目，严格限制外籍劳务进入其劳动力市场。

外国人来斯里兰卡工作应得到斯里兰卡当地主管部门的工作许可批准。工作所在行业的当地业务主管部门（雇主）负责接受申请和初步批准；斯里兰卡外国人就业管理办公室负责同意批准和登记；斯里兰卡移民局负责工作签证的办理。

外国人在斯里兰卡申请工作许可首先由所雇用的公司向行业主管部门提出申请，经主管部门证明和批准后报斯里兰卡外国人就业管理办公室批准登记；最后由斯里兰卡移民局核对颁发工作邀请签证。[③]

---

① 中华人民共和国驻斯里兰卡民主社会主义共和国经济商务参赞处，http://lk.mofcom.gov.cn/article/ddfg/，访问日期：2015－10－19。

② 同上。

③ 商务部国际贸易经济合作研究院、商务部投资促进事务局、中国驻斯里兰卡大使馆经济商务参赞处，“对外投资合作国别（地区）指南——斯里兰卡（2014年版）”，http://www.fdi.gov.cn/1800000121_25_389_0_7.html，访问日期：2015－10－08。

五、建筑法律体系

斯里兰卡的土地法有《土地开发令》《国有土地法令》《土地批准法案（特别条款）》，以上法律禁止外国公司和个人购买土地，仅可通过租赁形式展开投资活动，最长租期为99年但需缴纳100%印花税，如通过在斯里兰卡设立合资公司购买土地，外资占比不得超过50%，但投资购买3层（不含）以上公寓住房，外国投资者可享受国民待遇。①

斯里兰卡政府仅将当地企业没有能力承建的工程项目向外国投资者开放，且希望外国投资者采取与当地承包商联合承揽的方式进行工程承包。②

中资公司在斯里兰卡参加投标首先需向斯里兰卡中资企业商会提出申请，商会同意后，中国使馆经商参处根据商会意见和企业提交的申请文件进行审核，出具公司参加项目投资的文件。

六、小结

我国企业在从事贸易和投资活动中应"重合同，守信用"，树立良好的企业形象，尊重当地文化习惯和礼仪，并妥善处理好与工会的关系。斯里兰卡政府高度重视环境保护，企业在投资之前须调研相关环境保护规定，以确保投资的成功。

---

① 商务部国际贸易经济合作研究院、商务部投资促进事务局、中国驻斯里兰卡大使馆经济商务参赞处，"对外投资合作国别（地区）指南——斯里兰卡（2014年版）"，http://www.fdi.gov.cn/1800000121_25_389_0_7.html，访问日期：2015-10-08。

② 同上。

马尔代夫共和国

一、国情简介

马尔代夫共和国（以下简称马尔代夫）位于南亚，是印度洋上的岛国，拥有丰富的海洋资源。由1190多个岛屿组成，是著名的旅游国家。主要宗教信仰是伊斯兰教逊尼教派。货币为拉亚菲，官方语言为迪维希语。

马尔代夫自从2008年选举新总统以来，经历了政治改革。马尔代夫实行总统制共和制，立法、行政、司法权分别归属人民议会、总统和法院。

旅游业、航运业和渔业是马尔代夫经济的三大支柱。近年来，中马贸易额持续上涨，2013年中马双边贸易额达9800万美元，与2000年相比增长71倍。[①] 中国对马尔代夫投资较少，据中国商务部统计，2013年中国对马尔代夫直接投资流量155万美元。虽然中国游客连续5年占马尔代夫外国游客首位，但至今没有中国企业在马尔代夫投资度假村。

二、投资法律体系

（一）投资主管机构与法律法规

马尔代夫主管投资部门为马尔代夫旅游部和马尔代夫经济发展部，分别负责审批旅游业的投资和审批旅游业以外所有领域的投资。中国尚未与马尔

---

① “双边关系”，中华人民共和国驻马尔代夫共和国大使馆，http：//mv. china - embassy. org/chn/zmgx/sbgxgk/t1113717. htm，访问日期：2015 - 10 - 08。

代夫签署双边投资保护协定，也未签署避免双重征税协定。

马尔代夫与投资有关的法律主要包括：《外国投资法》《公司法》《合伙法》《货物买卖法》及《商业合同法》等。

（二）《外国投资法》相关规定

根据《外国投资法》，只有被马尔代夫政府承认的银行或政府、被银行或马尔代夫政府承认的机构担保的个人或实体才可以在马尔代夫进行投资。[①] 如果马尔代夫当地有生产需要的原材料，应当优先使用当地原材料。只有当地没有的原材料，才可以通过进口获取。[②]

1. 投资准入

马尔代夫外国投资法未对外资不允许进入的行业进行规定，行业管理鼓励利用当地劳动力或者当地无法生产或者利用外国先进技术和资源的投资项目。财务顾问业务，保险业务，商业潜水（海上救助），国内航空运输，航空公司的餐饮服务，大鱼拖钓船，技术支持服务（影印机、电梯、ATM机），服装制造等大量行业领域均允许外国投资者进入。[③]

2. 投资方式

除个别行业外，原则上马尔代夫对外国投资方式没有限制。根据马尔代夫政府有关规定，渔业捕捞禁止外资进入，零售业须与当地人合资经营。马尔代夫尚无专门关于外资开展BOT的法规。已经实施的BOT项目很少，但为促进外资进入，马尔代夫政府正在尝试推行BOT方式，如太阳能发电项

---

① "马尔代夫外国投资法"，http：//trade. gov. mv/page/laws - and - regulations，访问日期：2015 - 10 - 02。

② 同上。

③ 其他允许外商投资的行业还包括水生产、装瓶、配送；公共关系咨询、社论、广告和翻译服务；水泥包装和配送；航空公司和水运航线的普通代理商、乘客代理商、货物代理商；温泉经营管理；水处理厂；船；软件开发和相关支持服务；融资租赁服务；水产加工；传统医疗服务；水下摄影摄像产品和明信片；冰块制作；特色餐厅；专业企业评估；航空学校；IT系统综合实现服务。见商务部国际贸易经济合作研究院、商务部投资促进事务局、中华人民共和国驻马尔代夫共和国大使馆经济商务参赞处，"对外投资合作国别（地区）指南——马尔代夫（2014年版）"，http：//www. fdi. gov. cn/1800000121_ 25_ 388_ 0_ 7. html，访问日期：2015 - 10 - 08。

目、污水处理项目、填海造地、跨海大桥项目等。

3. 土地使用

外资企业在马尔代夫不能获得土地所有权，但可以获得土地使用权。商业目的的土地使用权期限为10年，可以续租。

三、贸易法律体系

马尔代夫的贸易主管部门是经济发展部，主要负责贸易政策的制定和实施。

马尔代夫对货物进口实行严格的许可证管理制度。禁止进口的商品主要包括违反伊斯兰教的物品、神像、色情书刊、活猪、麻醉致幻类药品。限制进口的商品主要包括武器弹药、酒类商品、猪肉或其制品、狗、危险动物等。需要提供有关证明（许可）可进口的商品包括活的动植物、药品、音像制品、无线通信设备等。禁止出口的商品包括龟背和龟背产品、黑珊瑚及制品、鳗鱼、河豚、海豚、彩虹鱼、鹦鹉鱼、魔鬼鱼、15厘米以下的大眼鲹、鲸鱼、龙虾、所有珊瑚、特里同螺、马蹄螺和珍珠牡蛎。①

马尔代夫政府规定，所有进口商品都有关税，但游客购买的非商业性数量的个人用品除外。另外，马尔代夫政府规定了到岸价的5%~200%的进口关税。

四、劳工法律体系

马尔代夫于2008年10月颁布《就业法》，该法规对在马尔代夫的工作年龄、工作时间、劳动合同、工作津贴、就业代理、劳动监管等方便做了规定。②

马尔代夫对外籍劳务的输入进行严格的管理和控制。未经人力资源、青

---

① “马尔代夫进出口法”，http://trade.gov.mv/page/laws-and-regulations，访问日期：2015-10-02。

② 商务部国际贸易经济合作研究院、商务部投资促进事务局、中华人民共和国驻马尔代夫共和国大使馆经济商务参赞处，“对外投资合作国别（地区）指南——马尔代夫（2014年版）”，http://www.fdi.gov.cn/1800000121_25_388_0_7.html，访问日期：2015-10-08。

年和体育部批准，任何外国人不得在马尔代夫工作。马尔代夫政府还规定，如果外国人持旅游签证入境，未经许可，不得从事任何行业的工作。①

五、建筑法律体系

原则上马尔代夫允许外国承包商进入所有领域，但是涉及国防、宗教等敏感领域的除外。招标一般是公开招标，有时也有议标。国际金融机构和外国政府援建的项目则根据资助机构的规定进行发包。通常会有资格审查、公开招标、发布中标和授予合同等基本程序。外国企业只要符合招标投资资格审查条件，即可参与投标。

马尔代夫每个度假区内的建筑占地面积只能占景点面积的20%；度假区内建筑的高度不能超过最高的棕榈树。② 马尔代夫土地面积和人口有限，建筑工程承包市场较小。而且马尔代夫资源较少，建筑材料基本靠进口，大部门通过水上运输，成本较高。

六、小结

总得来说，中国和马尔代夫的经贸和投资处于起步阶段，但两国政府正积极加强两国交流，促进两国经济贸易的往来。在此大环境下，中国企业应抓住时机，积极"走出去"，占领投资马尔代夫的先机。同时，应当遵守当地的法律法规和风俗习惯，并积极承担社会责任。

---

① 商务部国际贸易经济合作研究院、商务部投资促进事务局、中华人民共和国驻马尔代夫共和国大使馆经济商务参赞处，"对外投资合作国别（地区）指南——马尔代夫（2014年版）"，http：//www.fdi.gov.cn/1800000121_25_388_0_7.html，访问日期：2015-10-08。

② 同上。

尼泊尔联邦民主共和国

一、国情简介

尼泊尔联邦民主共和国（以下简称尼泊尔）位于南亚，喜马拉雅山脉南麓，北部与中国西藏自治区接壤。主要宗教信仰为印度教。货币为尼泊尔卢比。官方语言为尼泊尔语。

尼泊尔实行议会制共和制。会议为最高立法机构，主要职责是制定新宪法和代行议会职责。近年来，尼泊尔经历了连续的政治动荡，经济发展滞后。2013 年 11 月尼泊尔举行了第二届制宪会议选举，并于 2014 年 2 月组成了联合政府。总体上，尼泊尔的政治局势目前已趋于稳定。尼泊尔为农业国，80% 的人口从事农业生产，是世界上最不发达国家之一。主要贸易伙伴有印度、美国、中国、欧盟等。

二、投资法律体系

尼泊尔投资主管机构为工业部，尼泊尔跟投资有关的法律主要包括：《外国投资和技术转让法》、《投资委员会法》和《工业企业法》中国与尼泊尔正在商谈双边投资保护协定文本。

（一）投资准入和投资方式

除个别规定区域外，外国投资者可在任何区域投资。尼泊尔鼓励外商对水电、农业基础建设、矿业、交通基础设施建设和旅游业等优先建设领域进行投资。《外国投资和技术转让法》规定了外国投资的禁止领域。详细领域见中国驻尼泊尔经济商务参赞处《外国人在尼泊尔投资须知》。[①]

现只有在工业局批准投资后，投资者才能把投资带入尼泊尔。投资通过银行汇入尼泊尔，投资者和企业对有关投资证据须保存好，当投资者携款回本国的时候，须出示这些证据。外国投资者可以通过现金、用机器设备、企业贷款等方式进行投资。如果外国投资者以机器设备投资，须在合资协议中明确说明，如果不采用信用证方式，则须在工业局批准后，装运过海关，这是货物进口清关的基本条件。为获得工业局批准，企业须向工业局提交董事会决议，并附带表明机械设备数量和出厂价格的详细发票。供应商须保证这些有出厂发票的机械设备价格的合理性。外国投资者以贷款形式投资，须和尼泊尔企业签订协议，具有说明分期偿还期限和利息情况的条款。在贷款到尼泊尔之前，须获工业局的批准。贷款须通过银行办理。

（二）投资企业形式

外国投资者可设立私人有限公司或公立有限公司。私人有限公司股东在1~50人之间，不得上市。公立有限公司至少7个股东，上不封顶。根据《公司法1997》和《有价证券法》上市；私人有限公司也可根据《公司法1997》转为公立有限公司。私人有限公司和公立有限公司不得组为所有权实体或和/或合伙实体，且私人有限公司和公立有限公司股份价值应为100卢比/份。

（三）资本及收益汇出

以货币形式投资的外国人有权将下述款项遣返本国：将外国投资股份一部或全部售出后所得；投资利润或分红；对外国贷款支付本金和利息；外国投资者或外国技术提供者根据工业局批准的协议中有关规定获得的货币。在尼企业工作的外国人，经劳动局批准可把工资、津贴、报酬等的75%兑换成该国可兑换货币遣回本国。

---

① "外国人在尼泊尔投资须知"，中华人民共和国驻尼泊尔联邦民主共和国大使馆经济商务参赞处，http://np.mofcom.gov.cn/article/ddfg/tzzhch/200604/20060401875954.shtml，访问日期：2015-10-05。

（四）投资鼓励和优惠措施

外国投资企业享受《工业企业法》和《外国投资技术转让法》中规定的所有鼓励和优惠。除经营香烟、烟草、烟和啤酒等商品的公司之外，公司税不超过利润的20%，在边远、不发达或贫困地区的工业企业则可以分别免除30%、25%和20%的税收；在所得税法关于固定资产贬值规定的基础上，允许企业固定资产的投资按贬值1/3计；企业通过再投资的方式扩大企业规模达到25%以上的、进行技术革新或发展副业，其新增固定资产部分的所得税可扣除40%；投资现代化成套设备以控制环境污染的企业，可从应税额中扣除50%；企业用在技能发展和培训方面的开支可以资本化；企业开始运营后，可从毛利扣除10%，补偿企业技术发展、生产发展和技能提高所支出的费用，不计入净收入；投资分红征税5%；允许扣除5%毛收入，不计入净收入，作为改善学校、医院、宗教寺庙条件和其他社会福利活动捐助补偿；允许扣除5%毛收入，作为生产和服务广告、接待支出的补偿，不计入净收入；除生产烟酒和锯木厂的企业外，雇员全部本地化且80%以上的产品属于本地原产的企业，可在所有优惠基础上，再从所得税扣除10%；年内直接招收600名尼泊尔雇员以上的企业，可在所有优惠基础上，再从所得税中扣除10%；企业可根据《工业企业法》获得退税、企业生产出口产品的半成品，将根据出口量得到这些半成品原材料保险费、关税、消费税和销售税的返还；成立企业可优先获得基础设施；成立企业可优先获得工业区和其他的政府土地。[①]

三、贸易法律体系

商业与供应部是尼泊尔的贸易主管部门。尼泊尔的贸易法律与政策主要包括：Export & Import（Control）Act 1957，即《进出口管理法（1957）》，

---

① 商务部国际贸易经济合作研究院、商务部投资促进事务局、中华人民共和国驻尼泊尔联邦民主共和国大使馆经济商务参赞处，“对外投资合作国别（地区）指南——尼泊尔（2014年版）”，http：//www. fdi. gov. cn/1800000121_ 25_ 377_ 0_ 7. html，访问日期：2015-10-05。

该部法律历经5次不同程度的修改，最近一次修改是在2006年；Trade Policy 2009，即《贸易政策（2009）》。[①]

禁止进口的商品包括：毒品，60度以上的酒精饮料，军火（有政府许可证除外），通讯设备（有政府许可证除外），牛肉及其制品，废旧回收塑料制品，其他在尼泊尔"政府公报"上公布的商品。

禁止出口的商品类别详见《对外投资合作国别（地区）指南－尼泊尔（2014年版）》。[②] 大米等农产品、未开信用证重量超过100公斤的生丝、罂粟种、药草等商品的出口则须受许可证管理。

对进口产品，尼泊尔海关除收取关税之外，还征收增值税、调节税、地方发展税以及在特定时期征收的特别费。为鼓励出口，尼泊尔政府出口商品除了缴纳0.5%服务费外，免交关税。

四、劳工法律体系

尼泊尔劳动法规定，员工须有一年的试用期。[③] 企业在招聘员工时，应签订劳动合同，明确报酬、工作期限、工作条件。

（一）解聘和再次雇用

如需减产、减岗、关闭整个或部分企业3个月以上，经劳动局批准后雇主才可以进行解雇；根据前款实施解雇时，对于连续安全工作一年以上的，应先解雇工作年限短的，并说明原因；对有长期工作权利的员工或连续工作一年以上没有安全事故的员工，提前一个月通知解雇原因或增发一个月报酬；对被解雇的员工，按每年补偿30天工资乘以工作年限的标准给予一次性补

---

① 中华人民共和国驻尼泊尔联邦民主共和国大使馆经济商务参赞处，http：//np.mofcom.gov.cn/article/ddfg/waimao/201508/20150801080418.shtml，访问日期：2015－10－05。

② 商务部国际贸易经济合作研究院、商务部投资促进事务局、中华人民共和国驻尼泊尔联邦民主共和国大使馆经济商务参赞处，"对外投资合作国别（地区）指南——尼泊尔（2014年版）"，http：//www.fdi.gov.cn/1800000121_25_377_0_7.html，访问日期：2015－10－05。

③ 《尼泊尔劳动法》第4条，Global Law，http：//policy.mofcom.gov.cn/section/flaw！fetch.action？libcode＝flaw&id＝12ee538e－1731－4249－b422－aac6865adf35，访问日期：2015－10－05。

偿，工作6个月以上的，应按照一年计算；如需填补空缺岗位，应首先考虑被解雇的员工。[①]

（二）最低报酬

根据最低报酬委员会建议，政府规定最低劳动报酬，并在 Nepal Rajaptra 上公布。除下列情况，不得扣除工人的工资：罚款扣除；因旷工扣除；因故意或疏忽导致财产（现金或实物）损失扣除；因规定的待遇已提供扣除；因调整预付货多付报酬扣除；因待业扣除；根据政府或法庭命令而扣除；根据政府在 Nepal Rajapatra 上发布的公告而扣除；根据现行法律实行缴税扣除。

（三）工时

工人每天工作不应超过8小时，每周休息一天。工时开始时间由企业所有者确定；[②] 工人不应连续工作5小时以上，超过可停工休息，应有30分钟的茶点时间。对于无法停工的企业，可轮流休息，休息时间被视为工作时间的一部分。[③]

（四）雇用外国员工的规则

尼泊尔《劳动法》规定：任何单位（含外资企业）招聘、雇用职员或工人，尼泊尔人有优先权；任何单位（含外资企业）雇用的外国雇员或工人，应具有尼泊尔人没有或不能相比的专长或经验；用人单位雇用外籍员工，应通过劳动雇用促进局为其获取工作许可证；企业解雇人员时，首先应解雇外国人而不是尼泊尔人；在尼泊尔工作的外国人需由用人单位为其到移民局申请和续签工作签证；在尼泊尔工作的外国人在获得劳动雇用促进局批准后可

---

① 《尼泊尔劳动法》第12条，Global Law，http：//policy. mofcom. gov. cn/section/flaw! fetch. action? libcode = flaw&id = 12ee538e - 1731 - 4249 - b422 - aac6865adf35，访问日期：2015 - 10 - 05。

② 同上，第17条。

③ 同上，第19条。

把收入所得的75%汇回本国。①

五、建筑法律体系

根据《私人投资建设和运营基础设施法（2006）》，外国投资者可通过BOT等方式投资于尼泊尔基础设施建设领域，包括道路、隧道、桥梁、医院、沟渠、发电站、输变电线路、缆车、铁路、无轨电车、有轨电车、旱码头、水路航道、交通换乘站、机场、展览会场、公园、水库、大坝、污水处理、固体垃圾处理、能源知道和分销、体育场、高层住宅楼、仓库等。凡尼泊尔报纸正式刊登的对国际承包公司公开招标的项目，中资公司都可以参加投标。未进行公开招标的项目中资公司不能进行投标。如涉及军事、宗教领域的项目属于禁止招标的项目。

（一）资质要求

尼泊尔要求工程项目投标者具有相应的国际承包工程的资格并且非常看重承包商以前的工程承包经验和实际业绩，在评估投标方资质时会将投标方以往是否承接过的类似或者更大规模的工程作为重要参考依据。中资企业在尼泊尔承揽工程大多会聘请当地代理商以获取有关招标信息并帮助企业办理有关手续、与当地政府进行协调。②

（二）招标方式

在尼泊尔，目前主要采用公开招标和邀请招标两种方式。邀请招标主要用于使用国际组织或外国政府贷款、援助资金的项目或者是尼泊尔私人投资开发的项目。

---

① 中华人民共和国驻尼泊尔联邦民主共和国大使馆经济商务参赞处，http：//np.mofcom.gov.cn/article/ddfg/laogong/201508/20150801080443.shtml，访问日期：2015－10－05。

② 商务部国际贸易经济合作研究院、商务部投资促进事务局、中华人民共和国驻尼泊尔联邦民主共和国大使馆经济商务参赞处，"对外投资合作国别（地区）指南——尼泊尔（2014年版）"，http：//www.fdi.gov.cn/1800000121_25_377_0_7.html，访问日期：2015－10－05。

六、小结

尼泊尔经济发展还处于以传统经济为主、新兴产业正在兴起和发展的阶段。尽管尼泊尔目前还相对封闭，但从发展的角度看，尼泊尔将与国际市场有广泛联系。因此，中国投资者应该抓住机遇，积极“走出去”，同时采取各项措施降低投资和贸易风险。

不丹王国

一、国情简介

不丹王国（以下简称不丹）位于中国和印度之间喜马拉雅山脉东段南坡的内陆地区，官方语言为宗卡语和英语。不丹政体为君主立宪制，有议会并实行两院制，主要宗教有藏传佛教、印度教。不丹是一个全民信教的国家。

不丹的矿产资源丰富，种类繁多，矿藏主要有白云石、石灰石、大理石、石墨、石膏、煤等。主要出口产品为电力、化学制品、木材、加工食品、矿产品等。主要进口产品为燃料、谷物、汽车、机械、金属、塑料等。[①] 不丹至今未与中国建交。

二、投资法律体系

外国投资委员会是不丹王国政府负责管理外国直接投资事务的专门机构，负责外资资格审查、引进、管理及负责协调等工作，也是具体执行不丹王国外国直接投资政策的主要机构。外国投资者在不丹进行投资或者从事相关经营活动，必须向外国直接投资委员会提出申请，经过资格审查并颁发许可证之后，才可以从事经营活动。

不丹外国直接投资政策禁止外国直接投资媒体和广播、分销服务，批发、零售和小型贸易、出售原材料的矿物开采、三星级以上的酒店、不符合原产

① 中国外交部，http：//www. fmprc. gov. cn/web/gjhdq_ 676201/gj_ 676203/yz_ 676205/1206_ 676380/1206x0_ 676382/，访问日期：2015 - 10 - 19。

地证书要求的工业以及其他明令禁止的行业。

除了特别规定外，不丹政府允许外国投资者在合资企业中的控股比例为74%，并且规定制造业的投资门槛为5000万努（约合109万美元），服务业为2500万努（约合55万美元）。投资政策还规定外商直接投资公司中外资最低比重应达到20%，否则不能被视作外国直接投资公司。

外国直接投资政策实施细则规定，被授予许可证的所有企业在以下投资规模基础上自动享有雇请外籍员工的权利：投资在5百万美元以上的企业可以聘请5名外籍员工；投资在1到5百万美元之间可以聘请3名外籍员工；投资在1百万美元以下的可以聘请2名外籍员工。

三、贸易法律体系

《从第三国家进口的规则和程序》中第三国家是指除印度以外的其他国家。从第三国家进口货物由贸易部、贸易和工业部进行管理。只有注册过的进口机构才可以颁发授予从第三国家进口货物的许可证。

（一）一般性规则

所有从第三国家进口的货物都在进入不丹海关时报关。任何取得进口许可证的人，根据许可证开具进口到不丹的货物的外汇单，但是如果没有进口许可证上的货物，或者进口货物的价值、种类、质量、数量与许可证上的不符，将被罚款2倍外汇单上的金额并没收所进口货物。由银行支付到不丹的进口货物的外汇买卖应该根据1997年不丹的《外汇管制法》第11条和由皇家财政权力机构规定的一些规则和制度，此进口许可证是有效的。①

（二）禁止进口的货物

进口到不丹的货物有以下特征的将会被禁止：麻醉和精神类药剂和物品；

色情作品和淫秽性质的物品；任何其他被法律或规则禁止的货物，或者

① “从第三国家进口的规则和程序”，不丹政府，http：//www. moea. gov. bt/documents/files/pub2xg3525dx. pdf. 访问日期：2015－10－19。

被不丹是签署国的国际条约或条款所禁止的货物。

（三）限制进口的货物

进口活物、植物及植物原料、武器弹药、爆炸物、药品等物品应分别向不同的主管机构申请特殊许可证。如进口活物及其制品或副产品、植物和植物原料、化肥的应向农业部提出申请；进口武器、弹药军火应向皇家不丹军队提出申请；进口爆炸物和爆照设备应向国家安全部门提出申请；进口药品和制药物品应向健康教育部门和农业部门提出申请；进口工业废物和有毒废物和肥料应向国家环境委员会及贸易和工业部门提出申请；进口超过免税额的黄金和银子应向不丹皇家财政权力机构提出申请；进口无线、远程感应电子通讯设备和广播设备，用过的或二手货物、交通工具、机械或设备、塑料填充物品、国内没有市场的产品以及其他生效法律和规则限制的任何产品应向贸易和工业部门提出申请；进口废料应向国家环境委员会提出申请。

四、小结

加大旅游基础设施建设是不丹外国直接投资政策改革的重点，旅游行业将会成为不丹政府鼓励外国投资的重要领域，但鉴于我国与不丹尚未建立外交关系，我国投资者在不丹的权益可能并不能及时得到我国政府的救济，我国投资者一定要了解并尊重不丹的习俗，并且充分调研才可投资。

哈萨克斯坦共和国

一、国情简介

哈萨克斯坦共和国（以下简称哈萨克斯坦）地跨亚欧两洲，是中亚地区幅员最辽阔的国家。[①] 哈萨克斯坦是多民族国家，其中哈萨克族人口最大，约占总人口的65%，其余民族包括哈萨克族、俄罗斯族、乌克兰族、乌兹别克斯坦族、日耳曼族和鞑靼族等。国语为哈萨克语，而国家机关和地方自治机关使用的官方语言为俄语。

哈萨克斯坦为工业国，矿藏资源成为经济发展的主要动力。经济以石油、天然气、采矿、煤炭和农牧业为主，加工工业和轻工业相对落后，大部分日用消费品依靠进口。哈萨克斯坦独立后实施经济改革，分阶段推行市场经济和私有化。近年来，政府加强宏观调控、积极引进外资、重点发展油气领域和采矿业。哈萨克斯坦的主要投资国为美国、英国、韩国、意大利、中国大陆和土耳其。现哈萨克斯坦是世界第六大粮食出口国和第一大面粉出口国。

二、投资法律体系

（一）投资主管机关

哈萨克斯坦投资主管机关是工业与新技术部，主要职责是实施国家有关

---

① 中华人民共和国驻哈萨克斯坦共和国大使馆，http://kz.chineseembassy.org/chn/zhgx/HSKSTGQ/t1065958.htm，访问日期：2015－11－08。

保护、支持和监督投资活动的政策，核定企业享受投资优惠的资格等。

近年来，哈萨克斯坦陆续在各地成立了许多经济特区、技术园区和工业区，积极吸引投资，促进技术水平进步，推动本国制造业发展，带动地方经济增长。其中，经济特区10个，国家级科技园6个，地区级科技园3个，工业园区7个。但自从新税法实施、俄白哈关税同盟运转以及即将见谅欧亚经济联盟后，这些“特区”和“园区”都面临如何与新形势接轨的问题，但可以肯定的是，这些经济特区的税收优惠政策将予以保留。①

（二）投资优惠政策

哈萨克斯坦新《投资法》对于国内外投资者平等对待，适用统一的投资优惠政策。

哈萨克斯坦政府为投资者提供的投资优惠包括税收优惠、关税免除和国家事务捐赠，分别适用于不同的对象。享受投资优惠需要满足以下条件：投资对象属于优先引资项目清单之列，或者向哈萨克斯坦境内的法人固定资产投资，以利用先进技术对企业进行扩大或创新，此外，投资者还需提交文件证明其具备实施投资方案的经济、组织和技术能力。

（三）企业设立

外国法人在哈萨克斯坦创办分公司及代表处须按照《哈萨克斯坦共和国法人分公司及代表处注册法》规定的程序办理。注册企业的受理机构为即将设立分公司或代表处所在地的居民服务中心办理登记注册。注册人应按照2007年4月12日出台的第112号《哈萨克斯坦共和国司法部长令》批准的《法人国家注册及分公司和代表处登记注册指南》第4号附件规定的形式提交申请。②

---

① “‘一带一路’沿线国家基本情况风险分析——哈萨克斯坦共和国”，中国国际贸易促进委员会湖州市委员会中国国际商会湖州商会，http：//www. hzccpit. com/art/2015/7/20/art_10665_408213. html，访问日期：2015－11－09。

② “外国法人在哈萨克斯坦创办分公司或代表处程序新编”，http：//images. mofcom. gov. cn/kz/accessory/201104/1301641938384. pdf，访问日期：2015－11－08。

外国投资者在哈萨克斯坦当地注册企业时，应当向哈萨克斯坦司法部及下属地区机构申请。法定资本不得少于注册资本金的25%，但也不得低于最低法定资本金。外国投资者在哈萨克斯坦注册分公司或代表处时，也应向哈萨克斯坦及下属地区机构申请。

（四）外汇管制

哈萨克斯坦实施的是有管理的浮动汇率机制，经常项目和资本项目实现了有条件的可自由兑换。经常项目下的交易时间为180天，可以申请延期。在双方达成协议且办理了相应手续的前提下，资本项目下的交易资本可以自由进出。

哈萨克斯坦的外汇管理制度采取的是欧洲国家标准，实行的是外汇业务通报制度。为实现自由汇出利润的目的，企业在缴纳税费后，只要向银行缴纳必要的汇费即可。法律对汇出款项的主体没有特别要求，但是需要以下证明：收入来源证明；个人兑换税单；法人贸易合同；缴纳有关税收的证明；从境外接受馈赠或遗产证明；外汇报关单；在银行开设的账户；办理存汇款业务的税务登记号。

2012年哈萨克斯坦加强了对银行外汇流动的监管，监管对象为超过1万美元的金融业务，个人兑换点兑换外币也包括在内。同时，银行应完善客户资料，申报外汇汇出，如果一个账户在7个工作日内汇出外汇超过约5万美元的，必须向金融监管委员会报告。

三、贸易法律体系

（一）贸易主管机关

哈萨克斯坦经济与预算规划部是哈萨克斯坦负责贸易管理和制定经济发展规划的主管部门。涉及贸易与投资的法律主要是《海关事务法》《外汇调节法》《投资法》及《税收法》等法律法规。

（二）税收相关规定

企业有义务缴纳企业所得税、增值税、个人所得税等不同的税种。企业所得税的税率为20%，税基抵扣项目包括在用建筑、设施、机械和设备。如果企业出现亏损，可以在10年内从企业所得税中进行抵扣。增值税的税率为12%，并且从2012年开始实施由国家财政返还供货方和购货方已纳增值税之间差额部分的规定。社会税是指企业雇主应当为雇员支付社会税，即养老、医疗等“一揽子”税种，其基本税率为11%。销售特定商品或者从事特定经营活动（主要指博彩业）应当缴纳消费税。此外，法人财产税为0.05%～1%，法人不动产税为2%，个人所得税的税率为10%。

所有在哈萨克斯坦从事经营活动的法人都应该在税务机关进行税务登记，未登记和逃税者将受到惩罚。哈萨克斯坦交税周期为每季度，应当在下一个交税期前月的20号向当地税务机关缴纳税款。

报税的手续为：(1) 由纳税人、代理人或其代表按照法定的顺序和形式独立编制税务报单。(2) 税务报单的形式为纸质载体和/或电子载体，使用语言为哈萨克语或俄语编，在使用电子载体时还应当递交文件的纸质载体副本。(3) 纸质版的税务报单应当由纳税人、纳税代理人签字并加盖印章，而电子载体的应当有证明无误的纳税人电子数字签名。自然纳税人不在场或无行为能力的情况下，由其代表签字并证明无误。(4) 从事服务行业的纳税人、纳税代理人代表必须在税务报单上签字、加盖印章并标明其自身的纳税人注册编号。(5) 纳税人、税务代理人对税务报单上所记载数据信息的可靠性负责。(6) 纳税人、税务代理人应当依照法律规定向有关税务机关递交税务报单。(7) 在重组、解散情况下，自纳税期开始至重组或解散结束，纳税人应当依据相关的分割、清算和交接平衡表编制单独的税务报单，递交税务机关的时间为决议作出之日起15个工作日内。(8) 税务报单递交方式包括：直接送达、挂号信邮寄、电子邮件。(9) 递交税务报单的日期为税务机关接收文件的日期或通知关于通过电子邮件送达文件的日期。在法律规定的最后期限日24时之前将税务报单交付给邮政机构或其他通信机构的，根据相关机构加盖的日期戳记，视为已如期递交。

（三）海关相关规定

哈萨克斯坦法律规定所有自然人和法人均可从事对外贸易活动，贸易权全面开放。在进口方面，限制进口的产品主要为武器、弹药、药品等11类产品，其余商品可以自由进口。在出口方面实行鼓励政策，但是武器、弹药等需要取得许可证。哈萨克斯坦与俄罗斯、白俄罗斯组成关税同盟，实行统一的进口关税税率。除此之外，对于动物皮毛、废旧金属、石油及石油产品，哈萨克斯坦征收出口关税。根据法律规定，进口货物必须在到货终点口岸办理清关手续；出口货物必须在发货起点办理相关手续。

对于价值在3000美元以上的一些进口商品需要进行预检，预检的项目包括：数量与质量、出口地价格；海关课税价值；与海关以往所获资料的对比。不属于预检范围的商品包括：总价值不超过3000美元的商品；进口自亚美尼亚、阿塞拜疆、白俄罗斯、格鲁吉亚、吉尔吉斯斯坦、摩尔多瓦、俄罗斯、塔吉克斯坦、土库曼斯坦、乌克兰、乌兹别克斯坦的商品；贵重宝石及贵金属；艺术品；活牲畜；爆炸物、炸药、武器；期刊杂志；生活私人用品；礼品；核材料及核技术工艺。[①]

四、劳工法律体系

（一）劳工主管机关

哈萨克斯坦的劳工主管机关是劳动和居民社会保障部，其劳动检察人负责对《劳动法》及其他劳动规范法令的执行情况进行监督。哈萨克斯坦与劳工相关法律包括《劳动法》与《劳动安全与保护法》及随后一系列的法规。

（二）劳工相关规定

雇员可随时主动提出终止劳动关系，唯一的条件是在解除劳动合同前1个月通告雇主。雇主可根据自己的意愿终止合同，但要出具内部依据清单。主要有：裁减人员编制、雇员初次严重违反劳动责任、无故在1个工作日内离岗3个小时以上、拒绝工作安排等。

---

① “哈萨克斯坦共和国海关事务法”，中华人民共和国驻哈萨克斯坦共和国大使馆经济商务参赞处，http：//kz. mofcom. gov. cn/aarticle/ddfg/haiguan/200409/20040900276243. html，访问日期：2015－10－08。

哈萨克斯坦对外国劳务工作人员实行严格的工作许可制度。邀请外国专家在哈萨克斯坦工作的公司必须获得允许其邀请专家的许可证。获得许可证的程序包括支付保证金，确保外籍员工离境。此外，未来雇主必须向国家劳动机关提供各种文件，证明本地劳动市场没有类似的合格本地候选人。外国法人实体的分支机构和办事处的主管、哈萨克斯坦外交使团或国际组织的雇员，以及其他某些类别的雇员没有工作许可证也可以在哈萨克斯坦工作，不过在一些情况下，他们的雇主必须向哈萨克斯坦的国家机关提交证明表，证明他们的教育情况、专业工作经验年限和其雇佣协议的有效期或分支机构和办事处主管的授权书。

申请工作许可证的流程复杂烦琐，哈萨克斯坦每年颁发的工作许可证数量受限于雇员类型和工作地区。随着哈萨克斯坦的经济开始复苏，工作许可证配额在 2012 年略有增加。2012 年的工作许可证总数是哈萨克斯坦经济活动人口的 1% ，即向各类雇员分配大约 92 000 个工作许可证。哈萨克斯坦政府最近就哈萨克斯坦雇佣外国人员批准了新规则。新规则要求雇主必须遵守他们雇佣外国人员的具体人数限额，才会获得颁发工作许可证。限额适用于小公司以外的所有雇主，不过一旦哈萨克斯坦加入世界贸易组织，该限额将被取消。若不遵守新限额，工作许可证将被撤销。另外，违反限额规定的雇主在违反行为被确认之日起的 12 个月内无法获得新工作许可证。计划根据如下安排逐步采用新限额：

从 2012 年 1 月 1 日起，在雇主的第一和第二人员类别中，已雇佣或计划雇佣的外国专家的总人数不得超过雇主第一和第二类专家（通常为管理层/专家类别）总人数的 30% 。

从 2012 年 1 月 1 日起，在雇主的第三和第四人员类别中，已雇佣或计划雇佣的外国专家的总人数不得超过雇主第三和第四类专家（通常为办事员/技术员类别）总人数的 10% 。上述限额不适用于参与 Karachaganak、Tengiz 和 North – Caspian 项目的使用地下资源的公司和（或）其经营者、承包商、分包商。新规则规定，雇主无须为拥有俄罗斯和白俄罗斯公民身份的雇员取得工作许可证。

五、建筑法律体系

（一）建筑主管机关

哈萨克斯坦的建筑主管机关为国家土地资源管理署，相关法律包括《建筑法》与《关于在哈萨克斯坦国境内从事建筑设计、城市建设工程和建筑工程》等。

（二）建筑相关规定

根据《建筑法》，投资哈萨克斯坦建筑市场的合资企业中，外资持股不得超过49%，但完全由外资控股的本地企业抵押参与组建合资企业时，则不受该持股比例的限制。

根据2001年7月16日哈萨克斯坦共和国颁布的242号法律《关于在哈萨克斯坦国境内从事建筑设计、城市建设工程和建筑工程》中的规定，外国企业在哈萨克斯坦境内承建工程项目需具备国外承包执照。在哈萨克斯坦注册的公司视同当地法人，在项目建设过程中，必须遵守哈萨克斯坦的各种法律法规及规范制度，包括办理各类许可证、依法纳税、遵守施工要求、技术标准、安全、防火等。招收工人必须严格按照程序进行，在哈萨克斯坦本地不能满足专业技术要求的情况下，可以自国外引进，但必须为其办理劳动许可。在工程验收时必须成立国家验收委员会对所施工工程进行考核验收。

无国籍人、外国自然人和法人，可以按照哈萨克斯坦立法规定，在哈萨克斯坦提供与建筑设计、城市建设和建筑活动有关的服务，但立法另有规定的除外（《关于在哈萨克斯坦国境内从事建筑设计、城市建设工程和建筑工程法》第4条）。外国自然人和法人一样，有权从哈萨克斯坦建筑设计、城市建设的机构或者有关国企获取拟建设工程的信息和文件等。外国自然人和法人一样应按照法律法规的规定从事相应活动，保障施工对居民的安全等。

（三）土地相关规定

哈萨克斯坦法律规定，外国自然人和法人只能租用土地，并且有年限限制。使用权分为以下几种：长期使用权；有偿临时使用权，一般是通过租赁的方式；无偿临时使用权；长期，多在49年以内；短期，一般为10年以内。从事农业经营和商品性农业生产的外国人和无国籍人士可拥有短期有偿临时使用权，外国法人可拥有长期和短期的有偿临时使用（租赁）权。

六、小结

总而言之，哈萨克斯坦的法律的差异性规定，加大了外国投资者所承担的风险，从对中国的影响来说：自然资源投资方面，哈萨克斯坦所占利润比例过高，从而压缩了投资方的收益，严重阻碍了投资方成本的回收和利润的获取；哈萨克斯坦对部分进口产品所征收的关税税率较高，加上特殊的检验检疫程序，必然会加重投资方的负担；哈萨克斯坦出于解决国内就业问题对外国劳务工作人员严格限制，投资方的劳务人员很难在哈萨克斯坦获得劳动就业许可。以上都是中国国内企业在哈萨克斯坦进行投资时必须要注意的问题。

乌兹别克斯坦共和国

一、国情简介

乌兹别克斯坦共和国（以下简称乌兹别克斯坦）位于中亚中部，西北濒临咸海，与哈萨克斯坦、吉尔吉斯斯坦、塔吉克斯坦、土克曼斯坦和阿富汗毗邻。

据中国海关统计，2015年上半年中国与乌兹别克斯坦双边贸易额为18.1亿美元，同比增长1.09%。中国自乌兹别克斯坦进口主要商品为棉花，上半年共进口17.4万吨，同比增长66.65%，金额3.3亿美元，占中国自乌兹别克斯坦进口额的48.57%，同比增长35.85%。

中国对乌兹别克斯坦投资方面：据乌兹别克斯坦外经贸部统计数据，2014年中国对乌兹别克斯坦投资已达76亿美元，包括直接投资61亿美元，中国政府优惠贷款15亿美元。

二、投资法律体系

乌兹别克斯坦经济部、外经部、财政部是乌兹别克斯坦引进外资的最主要的管理机构。现有涉及在乌兹别克斯坦投资的法律主要有《外国投资法》《外国投资者保障及保护措施法》及《企业、公司及组织纳税法》等。[①]

---

① 商务部国际贸易经济合作研究院、商务部投资促进事务局、中国驻乌兹别克斯坦大使馆经济商务参赞处，“对外投资合作国别（地区）指南——乌兹别克斯坦（2014年版）”，http：//www.fdi.gov.cn/1800000121_25_520_0_7.html，访问日期：2015－11－02。

(一)《外国投资法》相关规定

乌兹别克斯坦保障和保护外国投资者在乌境内进行投资活动的一切权利，向外国投资者提供公正、平等制度，保证其安全。按照乌兹别克斯坦法律规定，凡是被授权人与外国投资者签订的有关合同，乌兹别克斯坦以及国家的有关部门和地方政府需承担合同中规定的责任和义务。外国投资者可以在乌境内建立外资企业，但注册资本中的外方比例不能少于30%且不得少于15万美元。外国投资者有权自主支配所获收入、利用自己账户上的当地货币在乌兹别克斯坦外汇市场购买外汇；在法律规定的范围内，外国投资者有权购买土地。①

外资企业在符合乌兹别克斯坦法律要求的条件下，可自主实施进出口业务，出口自产商品时可免办许可证和配额；按乌兹别克斯坦法律规定，外资企业有权进口自己生产所需的商品。根据同外国投资者签订的劳动合同，外国投资者为生产所需带入乌兹别克斯坦境内的物资，以及外国投资者和位于乌兹别克斯坦境内的外国人带入乌境内的个人用品免征海关税。

(二)《外国投资者保障及保护措施法》相关规定

1. 外国投资者权益保障

乌兹贝克斯坦承诺保护在乌境内从事经营活动的外国投资者的权益，不得歧视外国投资者的国籍、住地、信仰、从事经济活动的地区，不对外国投资者及其投资实施区别对待。如果乌兹别克斯坦后来制定的法律恶化了投资环境，外国投资者在自投资之日起十年内可以遵循当初投资时的法律；外国投资者有权自愿享受新法令中优化的投资条款。国家有关管理机关及国家政权机关无权干涉依法经营的外国投资者的经营活动；如果国家有关部门在合法履行职责时，发现外国投资者有违法行为，可在权限范围内采取同违法行为有直接关系的措施。国家管理机关和执法机构不得以存在违法行为为由而

① "乌兹别克斯坦吸引外资主要优惠政策"，乌兹别克斯坦投资经贸指南，http：//www. gfta. org. cn/Uzbekistan/Law/touzi/13122. html，访问日期：2015－11－02。

干涉和限制外国投资者的其他合法经营。

2. 特殊领域

乌兹别克斯坦对于能保障经济稳定增长及优化国家经济结构，巩固和扩大国家出口潜力以及保障国家融入世界经济体系的外国投资提供贷款担保、财政扶持、优惠税率以及其他特殊的保护措施。①

3. 汇兑自由

在依法缴纳税金及其他费用后，外国投资者可以将投资原本和收益、依法获得的亏损补偿金、出售资产获得的收益以及依法获得的其他收入兑换成外汇，自由汇出乌兹别克斯坦。但是，如果外资企业失去支付能力、破产或为了保护债权人权益、刑事调查、或者作为自然人的外国投资者发生违法行为，或者法院及仲裁机构裁决有必要制止抽走资金时，根据国际法原则可以阻止外资撤离。

三、贸易法律体系

乌兹别克斯坦贸易主管机构是乌兹别克斯坦对外经济联络、投资与贸易部（乌兹别克斯坦外经贸部）。涉及到贸易的法律主要有：《对外经济活动法》《出口监督法》《关税法》及《关税税率法》。

（一）《对外经济活动法》相关规定

《对外经济活动法》允许国家对经济活动采取关税和非关税等调控措施；使用保护、补偿和反倾销等措施来维护乌兹别克斯坦的经济利益。具体包括对武器、军工技术、具有多种用途的商品和技术实行出口监督；对进出口商品实行产地证书制；实行技术、药物、卫生、动植物检疫、环保等标准和规定；给予对外经济主体以特惠和优惠。②

---

① 能够获得同等优惠待遇的投资领域还包括：向加工原材料、生产消费品、提供服务并保障居民就业的中小企业投资。

② “乌兹别克斯坦共和国对外经济活动法”，乌兹别克斯坦投资经贸指南，http：//www. gfta. org. cn/Uzbekistan/Law/waimao/13088. html，访问日期：2015－11－02。

(二)《关税税率法》

1998年1月1日生效的《关税税率法》规定采取从价关税、从量关税、组合关税3种税率。在现行税率中进口关税税率分为四级：0%、5%、10%、30%。该法规定，对与乌兹别克斯坦签订最惠国待遇协定的国家进口商品关税税率的最高水平由法律确定，对于未与乌兹别克斯坦签订最惠国待遇协定的国家的进口商品或无出产国的进口商品，进口关税税率增加一倍。乌兹别克斯坦设有禁止进口商品清单和禁止出口商品清单，出口许可制度于1997年11月1日废止，但特殊商品如军备及军事技术等除外。

(三)《关税法》

根据1998年1月1日起实施的《关税法》，乌兹别克斯坦实行进口、出口、季节及特别（倾销及补偿）四种税种。

2008年以来，为支持企业从国外进口乌兹别克斯坦本国不能生产、但对经济发展至关重要的产品，以及降低生产进口替代型、出口外向型、有国际竞争力商品所需的原材料进口成本，乌兹别克斯坦将载重汽车（新车）的进口关税从30%降低到5%，将新橡胶轮胎、公共汽车和卡车的外胎、制作练习本用的为涂白垩层的纸张、纸板以及可可制品的进口税率从10%下调到5%。

自2011年7月1日起，乌兹别克斯坦上调了鸡肉、猪皮下脂肪、奶酪、香肠及类似制品以及电烧水壶、白炽灯、放电灯等商品的进口关税税率。①

根据乌兹别克斯坦《海关关税法》及《关于对外贸易自由化的补充措施》规定，免征18类商品的关税；除关税之外，乌兹别克斯坦还对有关进出口商品征收海关手续费和增值税。海关手续费数额由乌兹别克斯坦内阁确定，以乌兹别克斯坦货币苏姆计征，自由关税区和仓库除外。

---

① 其中鸡肉及火鸡肉产品进口税率为30%且不低于每千克1美元；猪皮下脂肪进口税率为30%且不低于每千克1美元；奶酪进口税率自5%上调为30%且不低于每千克2美元；香肠及类似产品进口税率自10%上调为30%且不低于每千克2美元。

四、劳工法律体系

负责外国人赴乌兹别克斯坦工作的政府主管部门为涉外劳务问题移民署。外国人必须获得工作许可。主要法律为《乌兹别克斯坦共和国劳动法》。

（一）一般规定

劳动法规定雇员受劳动合同保护，除非出现以酗酒、偷盗及“不道德”的状态（怠于行使工作职权，经常性违规）上班。劳动合同可签订试用期，试用期不得超过3个月，在试用期结束前任何一方有权无条件终止合同。定期劳动合同的解除应当提前一周通知，否则，合同视为无限期延续。因其他原因，可以在雇员首先违反劳动纪律并对他行使了至少3次激励处罚的情况下再行解雇。外国及当地企业可直接雇佣工人。

工人的正常不间断工作时间不能超过40小时/周。加班必须征得工人同意。两天内连续加班不应超过4小时，且一年不超过120小时。有些工种则不允许加班。对加班工时不得低于正常工薪的两倍。每年带薪休假时间为15个工作日。个别工人（在职退休人员、残疾人）每年带薪休假可延长至30个工作日。最低工资不能低于乌兹别克斯坦政府规定的额度。雇主需为员工缴纳工资额40%的社保基金费。[①]

（二）工作许可制度

乌兹别克斯坦只接受本国没有或缺乏的专家或技术人员在当地就业。只给总经理职务的人员发放1年的工作签证，其他级别人员只给予半年的工作签证。

申请程序：外国人必须通过雇主才能办理劳务许可。申请人须先与雇主签订劳动合同，由雇主到涉外劳务问题移民署办理雇用外国劳务人员许可证，然后该雇主才有权为该外国公民申请劳动许可证。

---

① 商务部国际贸易经济合作研究院、商务部投资促进事务局、中国驻乌兹别克斯坦大使馆经济商务参赞处，“对外投资合作国别（地区）指南——乌兹别克斯坦（2014年版）”，http://www.fdi.gov.cn/1800000121-25-520-0-7.html，访问日期：2015-11-02。

如果外国公民在提交文件时身处国外，则在委员会就其事项作出决议前不必来乌兹别克斯坦，否则对于他的申请将作出拒绝发放（或延期）的决定。在外国公民身处乌兹别克斯坦境内的情况下，则需要提交上述两部分清单的所有资料。

劳动合同：必须以书面形式签订，期限不定；也可以签订定期合同，但不超过5年。①

五、建筑法律体系

主管机关为乌兹别克斯坦建筑与建设委员会。

乌兹别克斯坦针对外国企业的招标信息通常以3种方式发布：（1）刊登在发行量最广的定期刊物、报纸上，如当地的《人民言论报》《东方真理报》等。（2）发布在网站上，如乌兹别克斯坦外经贸部网站、乌兹别克斯坦国家建筑和建设委员会网站以及乌兹别克斯坦信息投资署网站等。（3）分发给外国驻乌兹别克斯坦使（领）馆。

（一）招标方式

招标方式主要分为开放式和封闭式。对承包商的要求主要表现在专业方面，如流动资金不低于竞标项目总额的20%，或有同等金额的银行保函，公民权利能力及签订合约的委任书，注册资本金，具有完成类似竞标项目的施工经验，之前以自由能力完成施工项目的业绩（施工量），拟以自由能力完成竞标项目的工程量（百分比）。目前，乌兹别克斯坦倾向于采取国际公开招标的方式，让竞标企业充分竞争。

（二）建筑工程许可制度

根据乌兹别克斯坦2004年9月24日《关于建设领域许可工作条例》的内阁令规定，编制城市建设规划，监理工程建设项目，高层作业，设计、建

---

① "如何办理赴乌兹别克斯坦的工作许可"，乌兹别克斯坦投资经贸指南，http：//www.gfta.org.cn/Uzbekistan/Law/crjgl/13285.html，访问日期：2015－11－02。

筑和维修桥梁和隧道，国防设施、高风险设施和潜在危险设施等设计和建筑需要取得许可。申请机关为乌兹别克斯坦国家建筑建设委员会。材料包括申请书、法人国家注册证的复印件公证件、申请许可证的缴费证、拟完成许可类别经营活动地点的所有权或其他物权的证明文件。

乌兹别克斯坦建筑施工委员会下设两个工作委员会，第一个委员会对承包商的资质，包括许可材料进行审核；第二个委员会对城市建筑规划材料及施工方案进行审核。[①]

六、小结

乌兹别克斯坦总体而言对外资持欢迎和保护的态度，但在具体法律规定上对外资有一定的限制和特殊要求，需要企业提前了解和掌握。此外，在乌兹别克斯坦雇用外籍劳工需要申请劳动许可且程序烦琐，且只有在首都塔什干可办理。出于对本国公民就业等因素的综合考虑，乌兹别克斯坦对外资企业中投资方员工与当地员工的比例从 1∶4 降低到 1∶7，实际操作中甚至要求投资方员工所占比例保持在 10%~20%，使得普通工人更难得到劳动许可。乌兹别克斯坦对于涉及外籍劳动的工作签证收取高额费用，增加了外资企业的用工成本。[②] 这些因素都需要在作出投资决策时予以全面的考虑。

---

① 商务部国际贸易经济合作研究院、商务部投资促进事务局、中国驻乌兹别克斯坦大使馆经济商务参赞处，“对外投资合作国别（地区）指南——乌兹别克斯坦（2014 年版）”，http：//www. fdi. gov. cn/1800000121_ 25_ 520_ 0_ 7. html，访问日期：2015 - 11 - 02。

② 同上。

土库曼斯坦

一、国情简介

土库曼斯坦，位于中亚西南部，为内陆国家。首都是阿什哈巴德，除首都阿什哈巴德外，全国划分成5个州、1个直辖市。土库曼斯坦有100多个民族，土库曼族占94.7%。多数居民信奉伊斯兰教（逊尼派）。国语为土库曼语，俄语为通用语。货币是马纳特（1美元约合3.49马纳特）。土库曼斯坦土能资源丰富，油气是支柱产业。目前探明土库曼斯坦石油和天然气剩余储量分别为1亿吨和2.9万亿立方米，土库曼斯坦政府称远景储量分别为120亿吨和24万亿立方米。

二、投资法律体系

土库曼斯坦的投资主管部门是土政府内阁和其授权机关——经济和发展部（法人和投资项目国家注册管理局、外资政策局）共同负责协调管理外国对土投资活动。土内阁职责包括：制订土库曼斯坦国际投资合作政策并监督其落实情况；确定优先引资项目、领域和地区等。而经济和发展部职责包括：协调外资领域的活动；建立和管理外商投资项目筹备和实施进度的资料库。①

① 商务部国际贸易经济合作研究院、商务部投资促进事务局、中国驻乌兹别克斯坦大使馆经济商务参赞处，“对外投资合作国别（地区）指南——乌兹别克斯坦（2014年版）”，http：//www.fdi.gov.cn/1800000121_25_520_0_7.html，访问日期：2015－11－02。

（一）外商投资相关法律制度

土库曼斯坦对限制或禁止的行业实行许可证管理制度。这些行业主要有：能源产品销售、公路运输、电力、通信等。矿产资源开采和加工行业、纺织行业等是土库曼斯坦鼓励的行业。①

允许投资的形式包括：外汇、其他货币财富及土库曼货币；动产和不动产；股票、债券；任何有价值的知识产权；有偿服务；其他。

另外，土库曼斯坦《对外经济活动法》是规范本国对外经济活动的最主要法律。该法给予对外经济活动主体权利和利益，但同时若从事对外经济活动的主体违反相关法律规定，土库曼斯坦有关政府也可暂停该主体的对外经济活动。

（二）公司、企业设立的有关规定

外国投资者在土库曼斯坦设立公司或企业一般要经过申请和审批程序。一般情况下，注册审批的时间需要划分 1 ~3 个月。（具体关于企业设立和注册审批的内容请参见中国外交部等部门出具的投资国别指南）②

（三）油气资源开发有关规定

《地下资源法》和《油气资源法》是土库曼斯坦与油气资源开发有关的法律。前者是对所有地下资源的开发利用进行规定的法律，后者是专门针对油气资源开发利用进行规定的法律，油气资源的相关规定如下：

1. 油气资源的所有权与管理机构

根据土库曼斯坦《油气资源法》的规定，土库曼斯坦境内地下或地上处于自然状态的油气资源是土库曼斯坦的专有财产，土库曼斯坦内阁具有拥有、

① 中国驻土库曼斯坦大使馆经济商务参赞处，http：//www. fmprc. gov. cn/mfa_ chn/gjhdq_ 603914/gj_ 603916/yz_ 603918/1206_ 604690/，访问日期：2015 -10 -28。

② 商务部国际贸易经济合作研究院、商务部投资促进事务局、中国驻土库曼斯坦大使馆经济商务参赞处，“对外投资合作国别（地区）指南——土库曼斯坦（2014 年版）”，http：//www. fdi. gov. cn/1800000121_ 25_ 520_ 0_ 7. html，访问日期：2015 -11 -02。

利用和分配油气资源的权能。[①]

土库曼斯坦油气资源的管理机构包括土库曼斯坦内阁、油气资源主管机关和康采恩。内阁是油气资源开发的主要部门，油气资源主管机关是受总统授权委托的执行机关，康采恩是协助主管机关行使权力的组织。[②]

2. 油气资源勘探与开采的许可制度

在土库曼斯坦境内开发利用油气资源必须依法获得许可，许可的种类有勘探许可、开采许可、勘探和开采统一许可3种。获得许可的方式包括招标和申请谈判两种方式。招标的形式主要适用于勘探许可、勘探与开采统一许可；开采许可主要采取申请协议的方式。[③]

3. 石油作业合同的订立与效力

在土库曼斯坦，油气开采在颁发许可证之前，还要就有关细节与政府签订石油作业合同。产品分成合同的内容可以依照一般法律签订，也可以依照总统令签订。这种依照总统令签订的合同可以超越一般法律规定的内容。[④]另外，经土库曼斯坦总统令授权的机关可作为联合经营的一方参与合同。

石油作业合同必须在有关机关进行注册，合同自注册之日起生效。由于许可证与合同相连，因此，如果许可证被取消，合同也就失效。

4. 油气管道主干线建设的规范

根据土库曼斯坦《油气资源法》的规定，油气管道主干线的相关投资建设必须有土库曼斯坦政府参加并具有相应的产权。拥有者承担油气管道主干线的维护责任。

管道安全区内严禁进行任何种类的施工或其他作业，严禁在法律规定的

---

① 赵欢、王艳丽："土库曼斯坦油气资源投资法律环境分析"，载《资源与产业》2015年第17卷第2期，第134～139页。

② 李华姣、安海忠、丁颖辉："中亚主要油气资源国政治体制及油气管理机构比较分析"，载《资源与产业》2013年第15卷第6期，第55～62页。

③ 同上。

④ 夏凌娟、安海忠、高湘昀等："国际油气资源合作中合同模式的比较研究"，载《资源与产业》2013年第15卷第6期，第157～162页。

管道最近距离范围内建设任何与管道和其用途无关的项目和建筑物。[①]

5. 油气开采税费制度

土库曼斯坦承包商进行石油作业时只缴纳利润税和油气开采特许权费。利润税的税率由相关的税费规定，但确定利润的程序在合同中规定。开采特许权费由合同确定。[②] 根据油气法的法规，承包商除了缴纳利润税和特许权使用费外，不用缴纳其他税种和关税。[③]

6. 环境保护制度

承包商在进行石油作业之前应提供其计划在完成施工计划时拟采用的环保措施方案。同时，承包商应建立监控系统，对周围自然环境变化及石油作业对其影响的全面即时信息进行监测。（具体内容请参见土库曼斯坦环保部官网）[④]

（四）关于进出口关税水平

土库曼斯坦新版的《进出口商品海关征税规定》明确了关税计算和缴纳程序，对于大多数商品，进口关税税率为2%，出口关税税率为5%（具体内容的详细规定请参见中国外交部等部门出具的《对外投资合作国别（地区）指南》）。[⑤]

（五）自由企业经济区的相关规定

《自由企业经济区法》是土库曼斯坦为了加快经济转型，促进经济发展而制定的法律。除另有规定外，在自由经济区内：外资企业的生产和出口都无需配额或许可证；外资企业进口的商品或其他财产，免征关税；租赁满3年的外资企业，免征土地租金；外资企业向境外汇出利润所得时，免征税收；

① 商务部国际贸易经济合作研究院、商务部投资促进事务局、中国驻土库曼斯坦大使馆经济商务参赞处，“对外投资合作国别（地区）指南——土库曼斯坦（2014年版）”，http://www.fdi.gov.cn/1800000121_25_520_0_7.html，访问日期：2015-11-02。

② 同上。

③ 牛刚、张少祥、吕艳飞：“土库曼斯坦对外油气合作法律与财税制度浅析”，载《国际石油经济》2014年第9期，第67~72，112页。

④ 同上。

⑤ 商务部国际贸易经济合作研究院、商务部投资促进事务局、中国驻土库曼斯坦大使馆经济商务参赞处，“对外投资合作国别（地区）指南——土库曼斯坦（2014年版）”，http://www.fdi.gov.cn/1800000121_25_520_0_7.html，访问日期：2015-11-02。

企业所有的产品和服务均可实施自由定价。[①]

三、贸易法律体系

土库曼斯坦的贸易主管机构是贸易和对外经济联络部，负责制定并执行调节国内商业、对外贸易和对外经济合作的政策；保障国内市场商品、食品供应；组织开展批发零售贸易和合作社贸易等。

国家商品原料交易所，是土库曼斯坦协调进出口贸易和市场供求关系的重要经济部门之一。

（一）外商企业租赁自然资源的相关规定

1. 租赁活动的主体与客体

主体包括以政权和管理机构为代表的土库曼斯坦国家，与外国法人、自然人及境外国家（承租者）；承租者作为总承包商为完成工程有权根据租赁合同招收分包商。客体包括土地及土地中的自然资源；水域及水域中的自然资源；某些自然资源产地；用于勘探、加工、开采或利用自然资源的工业项目及其他项目。

2. 租赁合同的内容

除了规定最基本的租赁合同的内容之外，还规定：对环境保护的要求，在租赁期内要采取保护历史和文化古迹、自然景观及动植物的措施；承租者向提供租赁部门通报在租赁活动中发现新情况（包括地质勘探工程）的义务；雇佣劳动力的规定和解决争议程序，双方违反合同应承担的责任；最低投资额租赁产品在国内外市场的价格水平；在合同期满后及其他情况下收回租赁客体的程序和条件；在发生紧急和不可预防情况时的法律、经济和组织后果；监督和检查租赁合同执行情况的程序及条件。

3. 提供租赁的程序

《外国租赁法》的客体大多为自然资源。外国投资者想要租赁使用土库

① 蔡丽：“土库曼斯坦共和国投资法律制度研究”，新疆大学2012年硕士论文。

曼斯坦的自然资源，其程序较复杂。

土库曼斯坦内阁作为最高执行和管理机构，其会确定优先发展租赁活动的行业、地域和项目；外国投资者提交至国家财产管理机构的租赁申请应包括下列文件：专业准备情况文件、银行确认的申请人及担保人的工艺和技术可行性、可行性论证、租赁项目所在地区权力执行机关出具的国家鉴定结果。国家财产管理机构在核查提交文件和选拔竞标申请后，与外国投资者签订租赁合同。土库曼斯坦内阁确定租赁客体并确认租赁合同。租赁合同应在签订并确认后10日内，由租赁客体所在地的执行机构进行登记。登记办理机构应在10日内将租赁企业登记的事实通知税务局和授权机构将其列入国家登记册。租赁合同自获得由“企业和机关统一国家登记册”持有人颁发的国家登记和重新登记证明之日起生效。

4. 租赁合同的期限

租赁合同期限为5~40年。在特殊情况下租赁合同期限也可为5年以下。合同期满后可根据双方的协商续签。重新续签的合同条款可以更改。合同期满后租赁客体归还给提供租赁的国家机构。

5. 争议审议程序

如国际条约无另行规定，承租人与土库曼斯坦国家机构、企业、社会团体、其他法人或公民产生的争议，或承租人之间因经营活动产生的争议，则应通过土库曼斯坦法院进行审议。

（二）外资企业的税收规定及优惠

土库曼斯坦实行属人税制。目前，土库曼斯坦的主要税种有消费税、财产税、增值税等7个税种。外商企业要在土库曼斯坦开展经营活动，应注意定期（一般为每月或每季度）自行到税务机关报税（具体的税负和税率请参见中国外交部等部门出具的《对外投资合作国别（地区）指南》）。[1]

---

① 商务部国际贸易经济合作研究院、商务部投资促进事务局、中国驻土库曼斯坦大使馆经济商务参赞处，“对外投资合作国别（地区）指南——土库曼斯坦（2014年版）”，http：//www. fdi. gov. cn/1800000121_ 25_ 520_ 0_ 7. html，访问日期：2015 -11 -05。

如果外资法人（企业）在自由企业经济区内注册成立，其可享受免缴前三个赢利年度的利润税，免缴50%财产税。合资期在5年以内以及外资占注册资本30%以上的企业，在期满三个赢利年度后，仍有相应的优惠政策。[①]

四、劳动法律体系

（一）《劳动法》的相关规定

雇用员工的依据是劳动合同。合同根据其期限不同分为三类：不定期合同、三年内不定期合同、按完成规定工作量所需时间计算的合同。雇主不能随意解除劳动合同，其只有在企业破产、改组、裁员或员工失职、无故脱岗等情况下才可解雇员工，且一般情况下须征得企业内工会组织的同意；如员工主动提出解除合同，则需提前1个月以书面形式通知雇主；在劳动合同解除的情况下，雇主需向员工支付不少于2周的薪金。

在土库曼斯坦，法定工作时间为：一周不超过40小时，艰苦行业不超过36小时；企业可依据自身情况决定实行每周5天工作制或是6天工作制。但如实行6天工作制，须征得工会组织和当地政府的同意；雇主须保证员工一定的午餐午休时间，但不得多于2小时，且不计入工作时间；加班方面，如雇主提出加班要求，须征得工会组织的同意（个别情况例外）；连续两天内员工加班时间不得超过4小时，全年加班时间不得超过120小时。关于薪金，劳动合同中，薪金的计算方式包括：计时制、计件制和其他方式；薪金的计算和发放方式由企业自主决定；为提高员工工作积极性，企业可设立年终奖励制度（具体做法须与工会组织协商确定），奖金规模主要取决于员工工作业绩和工龄；如雇主有意调整薪金支付方式，须在一个月前通知员工；员工工资不得低于土库曼斯坦法律规定的最低收入标准（50马纳特/月）；工资发放日期如遇节假日，需提前发放；加班需额外支付报酬（一般不低于平时工

① 商务部国际贸易经济合作研究院、商务部投资促进事务局、中国驻土库曼斯坦大使馆经济商务参赞处，"对外投资合作国别（地区）指南——土库曼斯坦（2014年版）"，http：//www.fdi.gov.cn/1800000121_25_520_0_7.html，访问日期：2015-11-05。

资的2倍)；节假日加班——或予以补休或予以物质补偿（一般为工作日工资的2倍)。另外，每名员工都须投保社会保险，这属于属强制险；社保金额相当于工资额的20%，全部由雇主承担。[①]

（二）《外国公民赴土库曼斯坦国临时工作条例》及务工的风险提示

在土库曼斯坦工作的外国公民必须办理劳动许可（由其雇主办理)。特定情况下土库曼斯坦移民局可能会拒发劳动许可，具体内容详见中国驻土库曼斯坦经济商务参赞处网站。[②]

五、建筑工程法律体系

（一）工程投标相关内容

土库曼斯坦对外国公司投标参与工程项目建设并无统一规定，也未建立工程投标许可证制度。外国公司无论是否在当地注册，均可参与项目投标。而且只有少数情况下，业主才会对投标方资质进行查验，例如要求出具银行资信证明等。但是外国公司中标当地工程须经总统批准，否则合同无效。当然，要特别注意的是，土库曼斯坦于2015年7月1日生效的有关招投标的相关规定中提到，要对潜在的供应商（承包商）进行资格预审。

土库曼斯坦的法律中并无禁止外国公司承包的规定，这有利于外国投资者的直接和间接投资。除总统令特批外，在土库曼斯坦投资的项目一律采用国际公开招标方式。[③] 目前，土库曼斯坦没有相关BOT方式完成的工程项目。

（二）土地使用的相关规定

在外国法人和自然人租赁使用土地方面，新修订的《土地法》规定：

---

① 中国驻土库曼斯坦大使馆经济商务参赞处，http：//tm. mofcom. gov. cn/article/ddfg/201405/20140500579651. shtml，访问日期：2015-10-28。

② 同上。

③ 商务部国际贸易经济合作研究院、商务部投资促进事务局、中国驻土库曼斯坦大使馆经济商务参赞处，“对外投资合作国别（地区）指南——土库曼斯坦（2014年版)”，http：//www. fdi. gov. cn/1800000121_ 25_ 520_ 0_ 7. html，访问日期：2015-11-05。

外国公民、法人、外国和国际组织在土库曼斯坦只能租赁土地，且必须经土库曼斯坦总统批准。土地出租人为土库曼斯坦内阁授权的国家管理机关。只有土库曼斯坦内阁或其授权机关方可作为出租人向外国公民、法人、外国和国际组织提供土地。向外国公民、法人、外国和国际组织出租土地只能用于建筑和其他非农业需要，开设临时的商业和生活服务站点、仓库、停车场等设施。所承租土地划界和租赁合同的注册工作由国家土地资源管理机关办理。[①]

六、小结

虽然在一些特定的领域，土库曼斯坦对外商资本采取禁止或者限制的政策，但是总体而言，土库曼斯坦的投资环境较好，特别是土库曼斯坦为了促进经济建设而设立了自由企业经济区。在自由企业经济区内，外商资本享有很大的税收等优惠政策。当然，任何投资都会有风险。外国投资者应注意的是，在土库曼斯坦，外国公民、法人、外国和国际组织只能租赁土地且必须用于特定用途。另外，针对劳工政策，土库曼斯坦移民局按照土库曼斯坦公民优先补缺原则以及外国雇工数量不超过员工总数 30% 的比例颁发劳动许可。外国投资者在土库曼斯坦投资要尤其关注以上问题。

① 商务部国际贸易经济合作研究院、商务部投资促进事务局、中国驻土库曼斯坦大使馆经济商务参赞处，"对外投资合作国别（地区）指南——土库曼斯坦（2014 年版）"，http：//www. fdi. gov. cn/1800000121_ 25_ 520_ 0_ 7. html，访问日期：2015 －11 －05。

塔吉克斯坦共和国

一、国情简介

塔吉克斯坦共和国（以下简称塔吉克斯坦）是位于中亚东南部的内陆国家，议会是国家最高代表机关和立法机关。司法机构包括宪法法院、最高法院、最高经济法院、军事法院、总检察院、军事检察院及各地方法院和检察院。

塔吉克斯坦的自然资源以有色金属（铅、锌、钨、锑、汞等）、稀有金属、煤、岩盐为主，此外还有石油、天然气、丰富的铀矿和多种建筑材料。

中塔两国贸易增长迅速。中国对塔出口的主要商品有：机械设备、纺织品、电机和音像设备、鞋类、车辆及零备件、钢铁制品等；中国自塔进口的主要商品有：矿砂矿渣、棉花、生皮及皮革、食用水果及坚果等。①

二、投资法律体系

塔吉克斯坦主管投资的部门为塔吉克斯坦投资和国有资产管理委员会及经贸部外资管理局。与投资相关的法律主要有：《塔吉克斯坦共和国投资法》《塔吉克斯坦共和国税法》《企业法》以及《企业注册法》等。

（一）《塔吉克斯坦共和国投资法》相关规定

1. 投资准入

外国投资者可以用各种动产、不动产以及知识产权等其他财产性权利单

---

① “塔吉克斯坦营商环境”，中华人民共和国驻塔吉克斯坦大使馆经济商务参赞处，http：//tj. mofcom. gov. cn/article/yshj/201407/20140700675759. shtml，访问日期：2015 - 11 - 02。

独或与塔吉克斯坦共和国公民、法人等组织合作进行投资。但塔吉克斯坦投资法禁止外资进入博彩业；外商投资军工、金融、矿藏勘探、法律服务、航空等行业必须获得主管部门签发的许可证；而水电、水利工程、输变电线路建设、公路等基础设施建设以及能源开放等领域则鼓励外资进入。[①]

2. 投资方式

外国投资者在塔吉克斯坦共和国投资可采用建立独资企业、与本国居民或企业合作设立企业、购买国内其他企业的股份或通过其他方式获得股票和其他有价证券等产权；与塔吉克斯坦共和国公民和法人共同或独立取得土地及其他自然资源的使用权、其他产权等形式进行投资。

3. 投资者和投资活动的法律保障

如投资法发生修改和补充，投资者有权在自其正式公布之日起5年内选择对自己更为有利的条款。本条款不适用于塔吉克斯坦共和国宪法及有关国家安全、卫生、环保、精神和道德法律的修改和补充。投资者有权依照塔吉克斯坦共和国法律，对因国家机关颁布与塔吉克斯坦法律条文不相适应的法规及机关官员的不法行为（消极行为）带来的损害提出赔偿。塔吉克斯坦共和国保障投资者与国家授权机构所签合同的有效性，除非双方同意对合同进行修改和补充。

4. 投资优惠

主要的投资优惠政策包括税收优惠；关税优惠；给予国家资助；根据塔吉克斯坦共和国税法和海关法典的有关规定向投资者提供税收优惠；国家资助程序及种类由塔吉克斯坦共和国政府界定。

（二）《塔吉克斯坦共和国税法》

塔吉克斯坦税收体系划分主要有国税和地方税。国税分为自然人所得税、

---

① "塔吉克斯坦投资法"，塔吉克斯坦投资经贸指南，http：//www. gfta. org. cn/Tajikistan/Law/touzi/39814. html，访问日期：2015－11－02。

法人盈利税、增值税、消费税等16大类。[①] 地方税不动产税、交通工具税、零售税和其他地方强制税等四类。

塔吉克斯坦《外国投资法》规定作为外国投资者注册资本而进口的货物免缴关税。外商投资企业外方雇员个人物品免缴关税。而《海关税则》规定作为注册资本或用于生产技术改造而进口的生产技术设备和关键零部件免缴关税，但企业被撤销或设备进口四年内（或注册四年内）未被使用或者该设备转卖给他人，应补缴该设备及关键零部件所免关税。[②] 同样，自企业注册一年内，作为注册资本而进口的自用生产技术设备免缴增值税。如果企业被撤销或注册（或因增加注册资本而重新登记注册）四年内该设备被转卖，所免增值税将追缴国库。

此外，除加工和利用自然资源的企业外，所有新办生产企业，从注册之日起：投资规模在50万美元以下，免缴利润税2年；投资规模在50万美元到200万美元之间（包括200万美元），免缴利润税3年；投资规模在200万到500万美元之间（包括500万），免缴利润税4年；投资规模在500万美元以上，免缴利润税5年。

根据《塔吉克斯坦共和国税法》第129条，出口一般免缴增值税。

根据塔吉克斯坦《海关税则》第35条，由塔政府批准的利用国际贷款或无偿资金、技术援助而实施的专门项目，其进口货物免缴关税。[③]

（三）《外汇管理法》有关规定

《外汇调节和外汇管制法》规定外国人可以在授权银行开立外汇和塔币帐户，可以根据国家银行规定自由买卖外汇、外汇往来业务和支付不受限制。外汇流动业务根据国家银行政府商定的办法执行。

外国人有权将早先汇入塔国境内的外汇再行汇出，具体执行办法由国家

---

① 其他国家税还包括社会税、土地税、矿藏开采税、公路使用税、简化系统税、农产品统一税、关税、国家税、棉纤和原铝销售税、企业收入最低税、加工品税和其他国家强制税。

② 本条适用于包括外资企业在内的所有企业。

③ “塔外国投资企业相关优惠政策汇编”，塔吉克斯坦投资经贸指南，http：//www.gfta.org.cn/Tajikistan/Law/waimao/11757.html，访问日期：2015－11－02。

银行和国家海关委员会商定。只有有外汇业务权的银行能与英国、德国、美国等国的银行进行包括转汇在内的外汇业务。目前，中塔两国银行之间尚不能直接进行外汇业务结算，通常须通过第三国银行实行外汇的转汇及信用证等业务。[①]

三、贸易法律体系

塔吉克斯坦经济发展和贸易部是塔吉克斯坦的外贸主管机关，负责协调、组织和管理。该部下设对外经济和贸易政策司。塔吉克斯坦关于贸易的主要法律法规有：《关税法》《对外经济活动法》《进出口商品检验检疫法》以及《塔吉克斯坦共和国经济特区法》。

（一）《对外经济活动法》相关法律规定

塔吉克斯坦独立后，取消了原垄断性的外贸管理体制，实行较为宽松的对外贸易政策，企业法人、自然人都可以从事进出口贸易，一般商品均放开经营。

目前塔吉克斯坦受许可证、配额限制的出口商品有金、铝等贵重和半贵重金属及金属制品、棉花、烟草等特殊农产品以及皮革、矿石及稀土原料等。

小麦、面粉、农业经济作物、观赏性草本植物及蚕种、药品、有毒物、植物保护化学物品、化肥、石油类产品的出口则受许可证、配额限制。

铀及其他放射性物质和废料；火药，爆炸物等危险品；麻醉品，毒药等有毒有害制品；宝石、半宝石以及其他珍贵的矿物学和古生物学的收藏材料；珍贵的、有明显艺术和文化价值的艺术作品、收藏品和古董等商品则同时受到进出口限制。[②]

---

① "塔吉克斯坦外汇管理法"，塔吉克斯坦投资经贸指南，http：//www. gfta. org. cn/Tajikistan/Law/waimao/11750. html，访问日期：2015－11－02。

② 商务部国际贸易经济合作研究院、商务部投资促进事务局、中国驻塔吉克斯坦大使馆经济商务参赞处，"对外投资合作国别（地区）指南——塔吉克斯坦（2014年版）"，http：//www. fdi. gov. cn/1800000121_ 25_ 520_ 0_ 7. html，访问日期：2015－11－05。

1. 关税措施

1998 年 11 月塔吉克斯坦议会批准塔吉克斯坦正式加入由俄、白、哈、吉四国于 1995 年 1 月组成的关税同盟。作为关税同盟新成员，塔吉克斯坦要与其他成员国的关税水平接轨，逐步实施统一关税政策，因此，塔吉克斯坦政府结合本国社会经济实际状况，对进口关税税率再次作了大幅调整；其中近 40% 的商品税目都有不同程度的提高，最高税率上调至 30% 。目前实行的仍是此次调整后的进口税率。

2. 非关税措施

1995 年 6 月 27 日，塔吉克斯坦政府颁布第 261 号“关于塔吉克斯坦共和国对外贸易自由化”总统令。该法令规定，自 1995 年 7 月 1 日起，除棉花和铝锭之外，取消所有商品的配额和许可证限制。此令发布后，塔吉克斯坦政府在外贸管理机制上也进行了相应调整，将外经部下设的“配额和许可证管理局”改为“外贸协调及合同登记管理局”。此后，外贸管制中的重要手段之一——配额和许可证制度在塔吉克斯坦已成为历史。

（二）《关税法》有关规定

根据《关税法》规定，按照进口商品的合同价格、同类或类似商品的合同价格、价值扣除、价值增加及其他方法确定进口商品的课税价值，根据商品种类分别按照 0% 、2.5% 、5% 、7% 、10% 和 15% 的税率征收关税。其中，对从阿富汗、孟加拉、贝宁等世界上 47 个最不发达国家以及原产于欧亚经济共同体国家（原关税同盟国成员）的进口商品均采取零关税政策。对从享有贸易最惠国待遇国家进口的商品实行基准进口税率，中国包括在此类国家范围内。对从上述两类国家之外的其他国家进口的商品则按现行进口税率的 2 倍稽征。

塔吉克斯坦平均进口税率为 7.7% ；税目划分相对比较简单，总共分成 97 类商品、123 个税目。据海关权威人士介绍，塔吉克斯坦进口关税还要作下调考虑，最终将进口关税总体水平定位于 5% 左右。

1. 报关程序

塔吉克斯坦海关报关程序并不复杂，当进口货物到货后，由进口公司根据单据填写“进口货物报关单”，并随附发票、提单等单据，向海关申报。货、证经海关查验无误，缴纳相应的关税后即放行。

2. 外资企业优惠

外资企业有两种情况可免缴关税：（1）作为外资企业注册资本或进行现有生产技术改造而进口的，根据企业注册文件直接用于生产产品或完成工作或提供服务的，并且不属于应缴纳消费税产品的生产技术设备和与之配套的产品（自然形成一套，即在没有该配套产品的情况下设备无法使用）；（2）在外国投资企业工作的外籍工作人员为了满足个人直接需要而进口的商品。

（三）《进出口商品检验检疫法》相关规定

塔吉克斯坦主管动植物检疫的部门是塔吉克斯坦农业部动植物检验检疫局。《进出口商品检验检疫法》要求进出口动物产品必须提前30天提交有关进口产品的书面申请。[①] 进出口活牲畜应提前60天提交有关申请，国家检疫局派检疫专家对动物进行全面检疫。进口商负责所有的检疫费用。种子、植物、植物加工的进、出口产品必须办理植物检疫证书。进口商须提前30天提交申请书，提供有关商品的全部信息，为质检服务付费，检疫证书有效期为3个月。

出口商在出口商品时必须提前30天向植物检疫部门提交正式申请并提供合同复印件、数量、装运地点、发运目的地等有关商品的全部信息，提前15天提交样品备检，为质检服务付费。[②]

（四）《经济特区法》相关规定

为了吸引外资、外国先进技术和管理经验，开发本国出口潜力，塔吉克斯坦在其境内设立自由经济区。自由经济区内的外国投资者和外资企业将享

① 申请内容包括：单位名称、法定地址、纳税号码；商品名称、数量、单位、目的、口岸；对方有关检疫证书、运输方式、通关地点；商品性质、进口国家；商品质量动植物保证书；进口监督检疫证明。

② 商务部国际贸易经济合作研究院、商务部投资促进事务局、中国驻塔吉克斯坦大使馆经济商务参赞处，“对外投资合作国别（地区）指南——塔吉克斯坦（2014年版）”，http：//www.fdi.gov.cn/1800000121_25_520_0_7.html，访问日期：2015－11－05。

受最优惠待遇。

优惠待遇包括：税收优惠。外国投资者和外资企业享受低税率待遇，包括汇往国外的利润税。但优惠税率不能比塔吉克斯坦共和国境内的通行税率低50%；减收土地和其他自然资源使用费；有权长期租用某项资产并对租用资产进行转租；特别关税待遇。较低的进出口关税，同时简化过境手续；简化外国公民出入境手续，包括免签证。自由经济区内的优惠措施及条件由塔吉克斯坦共和国政府制定，并经议会批准后实施。[①]

四、劳工法律体系

塔吉克斯坦共和国劳动和社会保障部（简称劳动部）为管理外国劳工的专门机构。塔吉克斯坦对雇主聘用外国劳工实施配额许可及担保押金制度。

主要法律有《劳动法》《移民法》《外国公民权利法》。2001年12月，塔吉克斯坦政府颁布了《外国劳动移民实施办法》，该办法对外国劳工的雇用和管理等方面作了更加明确和细致的规定，使得对外国劳工的管理更为细化和有法可依。

（一）《劳动法》相关规定

塔吉克斯坦《劳动法》规定，公民享有劳动并获得相应报酬、自由择业、劳动保护和享受社会失业救济的权利。劳动条件必须符合国家相关的安全及卫生规定，不同年龄的劳工享受不同的最高工作时间和休息休假时限。15～16岁工作人员每天连续工作时间不超过5小时；16～18岁不超过7小时；伤残人士不超过6小时；正常人每天工作最多不超过12小时，6天工作制的，每周工作40小时，每天连续工作时间不超过7小时；每周工作35小时的连续工作时间不超过6小时；每周工作24小时的连续工作时间不超过4小时。基本年假不少于24天，未满18岁员工和伤残人士的年假不少于30

① “塔吉克斯坦共和国经济特区法”，摘自外商投资法第38、39条，塔吉克斯坦投资经贸指南，http：//www. gfta. org. cn/Tajikistan/Law/waimao/11749. html，访问日期：2015－11－02。

天。休年假期间员工仍享有不低于其平均月工资的工资收入。[①]

雇主必须遵守《宪法》《劳动法》及其他相关法律法规，遵守劳动保护法规、生产技术安全和卫生规定及防火条例，保障正常的生产条件，按时支付员工工资，提供完成工作所需的设备、工具和材料。雇主有权和雇员签订劳动合同，指定内部劳动制度，要求雇员遵守相应的劳动纪律。

（二）《外国劳动移民实施办法》

外国人（包括在塔境内的法人代表以及无国籍人士）可以依据同雇主所签订的劳动合同，在塔境内从事劳务活动，但法律规定的某些只能由塔吉克斯坦公民担任的职务或从事的特殊工种除外。外国劳工进入塔吉克斯坦境内后，须持经授权的主管部门所出具的书面文件到居住地内务部门进行临时居住登记。

雇主要雇用外国劳工须事先从劳动部获取配额及许可，劳动部所发放的外国劳工就业许可证在塔吉克斯坦全国范围内有效，许可证有效期一般与所签劳动合同期限一致。雇用外国劳工的雇主应保证合同期满后负责将所雇外国劳工遣返回原籍；为此，雇主须交纳一定数额的担保押金。担保押金的数额由拥有授权的主管部门负责核准，其中包括外国劳工返回原籍所需的交通费及路途中转费等。收到塔吉克斯坦劳动部发出的准许雇用外国劳工的通知后，雇主须在塔境内任何一家银行开设专用储蓄账户并及时、全额存入担保押金；银行据此出具相关证明。

五、建筑法律体系

塔吉克斯坦的招标项目一般由主管部门提前1~3个月在各网站、报纸公开发布信息。塔吉克斯坦目前实施的项目一般由国际组织提供资金支持或贷款，此类项目采取国际招标的方式进行。另有极少数项目，根据出资方的条

---

① 商务部国际贸易经济合作研究院、商务部投资促进事务局、中国驻塔吉克斯坦大使馆经济商务参赞处，"对外投资合作国别（地区）指南——塔吉克斯坦（2014年版）"，http：//www.fdi.gov.cn/1800000121_25_520_0_7.html，访问日期：2015-11-05。

件，采取议标的方式。在塔吉克斯坦办理建筑工程许可证的首要条件是在塔吉克斯坦的项目上中标，经主管中标项目的部委审查，最后报告塔吉克斯坦司法部批准。

六、小结

塔吉克斯坦落后的交通、电力基础设施落后是困扰外国投资企业的较大难题，塔吉克斯坦政府部门执法效率和规范性也需进一步提高，有意对塔吉克斯坦进行投资的企业应当注意上述投资风险，提前做好应对预案。

吉尔吉斯共和国

一、国情简介

吉尔吉斯共和国（通称吉尔吉斯斯坦）位于中亚东北部，大多数居民信仰伊斯兰教，多数属逊尼派，其次为东正教和天主教。国语为吉尔吉斯语，俄语为官方语言。首都是比什凯克。货币是索姆。[①]

近年来，吉尔吉斯斯坦不断推进市场经济改革，重点放在私有化和非国有化改造。受国际金融危机和2010年发生的“4·7”事件等因素影响，吉尔吉斯斯坦经济增速减缓。近几年，吉尔吉斯斯坦经济有所恢复。2014年，吉尔吉斯斯坦国内生产总值为74.3亿美元，同比增长3.6%。[②]

二、投资法律体系

吉尔吉斯斯坦的经济调节部是吉尔吉斯斯坦实行投资政策的主管机构。[③]外国投资人在吉尔吉斯斯坦享受国民待遇。

（一）外商投资相关规定

外国人的投资资本可以是货币、动产和不动产、财产权、股票等。另外，所拥有的从事许可经营活动的各种权利或吉尔吉斯斯坦国家机关授予的其他

---

① 中国驻吉尔吉斯斯坦大使馆经济商务参赞处，http：//www. fmprc. gov. cn/mfa_ chn/gjhdq_ 603914/gj_ 603916/yz_ 603918/1206_ 604258/default. shtml，访问日期：2015－11－04。

② 同上。

③ “吉尔吉斯斯坦投资政策解析”，载《国际商报》2013年9月1日刊，http：//finance. ifeng. com/a/20130915/10687948_ 0. shtml，访问日期：2015－11－04。

形式进行经营活动的权利等都可以算作投资的资本构成。①

吉尔吉斯斯坦允许设立外国独资企业，可见该国没有关于出资比例的最高限制。但是，进行直接投资的外国投资者必须至少拥有股份制公司1/3的股权或股东表决权。②

为吸引外资，吉尔吉斯斯坦政府制定了一系列优惠政策。根据《对外投资合作国别指南——吉尔吉斯斯坦（2014年版）》，虽然吉尔吉斯斯坦对外国投资者无行业限制，但是该国通过许可证制度限制外国投资的部门，规定相关经营活动需要申请许可证，从而加强对外国投资活动的管理。③

（二）特殊经济区域的规定

1. 比什凯克自由经济区

吉尔吉斯斯坦为了促进经济发展，吸引外资，于2014年出台的新的《自由经济区法》，建立了四个较大的自由经济区，其中比什凯克自由经济区是产值最高的自由经济区。

自由经济区采取“负面清单”政策：在自由经济区内，外国投资者可从事任何法律不禁止的生产和经营活动（包括零售贸易）；在自由经济区经营期间，外资企业免缴进出口关税及其他费、税。在自由经济区注册的外资企业，如果要向经济区内进口货物免征增值税、消费税及其他费用，如果是向境外出口时，则须缴纳出口报关货值1%～2%的费用。④

对于出口到吉尔吉斯斯坦境外的产品，若其是在自由经济区内生产，则不受其出口配额和许可证的限制；若是经由自由经济区转口到第三国的货物，

---

① 《吉尔吉斯斯坦共和国外国投资法》第1章第1节第1条。

② 张熠：“吉尔吉斯斯坦投资法律环境研究”，新疆大学2012年硕士论文。

③ 同上。

④ 商务部国际贸易经济合作研究院、商务部投资促进事务局、中国驻吉尔吉斯斯坦大使馆经济商务参赞处，“对外投资合作国别（地区）指南——吉尔吉斯斯坦（2014年版）”，http://www.fdi.gov.cn/1800000121_25_520_0_7.html，访问日期：2015-11-05。

则免征一切税、费。[①] 对于在自由经济区通过来料加工生产的产品，若其加工后增值率为30%以上，则其原产地可视为自由经济区。[②]

要注意的是，外国投资者必须以法人形式在比什凯克自由经济区开展经营，且须在经理委员会注册。至于投资者从事生产经营所需的土地、房屋和建筑物则必须通过经理委员会租用。因为，吉尔吉斯斯坦政府在《比什凯克自由经济区条例》中承诺对比什凯克自由经济区的外国投资不应该实行国有化，所以外国投资者的合法资本被征收的风险较小。[③]

2. 高新技术园

2013年，吉尔吉斯斯坦高新技术园区的设立为信息企业提供了一个全新的平台。如果一家信息企业，其与信息技术相关（比如信息系统的分析、设计和编程，软件的出口等）的营业收入占据其总营业收入的90%以上，那么它就可以在高新技术园注册，享受园区的优惠政策。一般情况下，吉尔吉斯斯坦的企业所得税率为10%，而在园区注册的企业则享受减半，也即5%税收优惠。[④]

（三）开发地下资源法的相关规定

1. 矿产资源的所有权与开发利用的权利主体

《地下资源法》和《石油天然气法》规定地下资源是吉尔吉斯斯坦的专有财产，并构成国家财富。但是，吉尔吉斯斯坦地下资源开发利用的权利主体却可以为吉尔吉斯斯坦以及外国的法人或自然人。[⑤]

2. 矿产资源的开发利用权利的取得

吉尔吉斯斯坦地下资源使用权采用许可证制度。外国投资者可以通过招

---

① 商务部国际贸易经济合作研究院、商务部投资促进事务局、中国驻吉尔吉斯斯坦大使馆经济商务参赞处，"对外投资合作国别（地区）指南——吉尔吉斯斯坦（2014年版）"，http：//www.fdi.gov.cn/1800000121_25_520_0_7.html，访问日期：2015-11-05。

② 同上。

③ 商务部国际贸易经济合作研究院、商务部投资促进事务局、中国驻吉尔吉斯斯坦大使馆经济商务参赞处，"对外投资合作国别（地区）指南——吉尔吉斯斯坦（2014年版）"，http：//www.fdi.gov.cn/1800000121_25_520_0_7.html，访问日期：2015-11-05。

④ 同上。

⑤ 洪霞："吉尔吉斯斯坦矿业投资法律制度研究"，新疆大学2014年硕士论文。

标或直接谈判的基础上获得许可证。但是，针对具有重要战略意义矿产资源的勘探和开发的许可证则需提交吉尔吉斯斯坦政府审议，并由政府公开招标。根据可行性研究，或由已批准的技术工程方案来决定外国投资者利用地下资源的期限。[①] 而许可证作为一种权利可以抵押，也可以转让。

外国投资者可以独资或与吉方合资合作来参与对吉尔吉斯斯坦矿产资源的勘探与开发。除了勘探金矿，外国投资者若以合资合作方式，其所占的股份比例没有限制。而投资者完税后的矿产品，无须与吉方进行分成即可向境外输出。[②]

3. 勘探开采合同期限的规定

在吉尔吉斯斯坦，获得许可证才能从事地下资源的勘探和开采活动。因此，许可证的期限直接限制勘探开采合同的期限。勘探许可证有效期为4年。[③] 开采许可证的有效期根据项目的实际情况确定，最长为20年。如果项目开采年限超过20年，则在许可证有效期满20年时，视许可证协议条款的完成情况来决定是否延期，通常可延长至资源枯竭时为止。[④]

4. 对矿产国有化及征收的相关规定

虽然《地下资源法》中并没有国有化的相关规定，但是2003年《投资法》中对投资的国有化和征收和赔偿标准的作了规定。[⑤] 也就是说，外国投资者在吉尔吉斯斯坦投资时存在被国有化的风险，但是相应的赔偿是有法律依据的。

三、贸易法律体系

吉尔吉斯斯坦对外经济贸易的主管部门是加强多边、双边对外经贸关系联络、进行进出口贸易分析等职能的经济部。

---

① 《吉尔吉斯共和国地下资源法》第9条。

② 洪霞："吉尔吉斯斯坦矿业投资法律制度研究"，新疆大学2014年硕士论文。

③ 陈超、金玺："吉尔吉斯斯坦矿业及其投资环境"，载《世界有色金属》2012年第3期，第64~66页。

④ 同上。

⑤ 同注1。

（一）税收规定及优惠政策

吉尔吉斯斯坦于2008年10月20日出台新税法，并于2009年月1日起实施。新税法将原来的税种缩减称9项（具体的税负和税率请参见中国外交部等出具的投资国别指南）。①

1. 企业所得税的优惠

如上所述，一般情况下吉尔吉斯斯坦的企业所得税为10%，小型贸易公司的所得税税率从4%~6%不等。吉尔吉斯斯坦对第一产业采保护态度，与第一产业相关的企业、自然人等（如农业生产者、农业合作社等）免于缴纳利润所得税。另外，于2010年1月1日起实施的吉尔吉斯斯坦税法补充条例规定，以吉尔吉斯斯坦农产品为原料的加工企业可以享受3年内免缴增值税和利润税的税收优惠。②

2. 关税

吉尔吉斯斯坦海关总署下设15个海关管理货物的进出口事宜。在吉尔吉斯斯坦，进出口某些商品需要拥有许可证（进出口许可证管理的商品名录请参见中国外交部等出具的投资国别指南）。③ 同时，根据吉尔吉斯斯坦的《海关法》，进出口商品还要经过检验检疫。同时，进出口商品均需缴纳报关货值0.15%的海关手续费（具体的进口税费请参见中国外交部等出具的投资国别指南。④ 针对来料加工复出口的商品，吉尔吉斯海关采取出口退税政策。

WTO所有成员国、以及与吉尔吉斯达成有关双边协议的国家均享受最惠国待遇。若进口原产地为欧亚经济共同体（前海关同盟）其他成员国的商品，则免征海关税。

---

① 商务部国际贸易经济合作研究院、商务部投资促进事务局、中国驻吉尔吉斯斯坦大使馆经济商务参赞处，"对外投资合作国别（地区）指南——吉尔吉斯斯坦（2014年版）"http：//www. fdi. gov. cn/1800000121_ 25_ 520_ 0_ 7. html，访问日期：2015-11-04。

② 阿依加马丽·苏皮："吉尔吉斯斯坦涉外税收法律制度研究"，新疆大学2010年硕士论文。

③ 商务部国际贸易经济合作研究院、商务部投资促进事务局、中国驻吉尔吉斯斯坦大使馆经济商务参赞处，"对外投资合作（地区）指南——吉尔吉斯斯坦（2014年版）"，http：//www. fdi. gov. cn/1800000121_ 25_ 520_ 0_ 7. html，访问日期：2015-11-04。

④ 同上。

另外，为推动出口，吉尔吉斯斯坦政府将取消出口商品销售税。据吉尔吉斯斯坦“卡巴尔”国家通讯社2015年6月15日报道，吉尔吉斯斯坦总理萨里耶夫在以“发展外贸出口”为主题的论坛上称，目前吉尔吉斯斯坦出口商品以黄金等原材料为主，需要进一步发展包含高附加值的产业链，如农产品加工等。吉尔吉斯斯坦政府已经将蔬菜与水果、肉制品与奶制品、瓶装水，以及纺织缝纫品确定为优先推动出口的产品，拟重点支持上述行业的中小企业，为其在信息推广、出口程序、质量管理和融资等方面创造便利条件。①

（二）投资注册企业的相关规定

在吉尔吉斯斯坦注册企业可以选择不同的形式，如个体企业、有限公司、股份公司等。设立企业要在司法部、国家统计委员会和国家税务监察局三个国家机关注册。而外国投资者若要在自由经济区设立企业，则应向自由经济区经理委员会注册。但是，所有的企业、个体业主等均应向税务总局或分局登记（设立企业具体的程序和提交的材料请参见中国外交部等出具的投资国别指南）。②

（三）外汇管理

《外汇交易法》是吉尔吉斯斯坦进行外汇管理的法律。吉尔吉斯斯坦实行浮动汇率，任何个人、企业、团体无须任何手续和额度限制，均可在索姆和美元之间进行自由兑换。同时，只要履行相应的手续，在吉尔吉斯斯坦的外国人将自由兑换的货币携带或汇出、入境，没有金额限制（具体程序请参见中国外交部等出具的投资国别指南）。③

四、劳工保护法律体系

劳动就业部和移民部是吉尔吉斯斯坦的劳工管理部门。所以，外国公民、

---

① 商务部国际贸易经济合作研究院、商务部投资促进事务局、中国驻吉尔吉斯斯坦大使馆经济商务参赞处，“对外投资合作（地区）指南——吉尔吉斯斯坦（2014年版）”，http：//www. fdi. gov. cn/1800000121_ 25_ 520_ 0_ 7. html，访问日期：2015 - 11 - 04。

② 同上。

③ 商务部国际贸易经济合作研究院、商务部投资促进事务局、中国驻吉尔吉斯斯坦大使馆经济商务参赞处，“对外投资合作国别（地区）指南——吉尔吉斯斯坦（2014年版）”，http：//www. fdi. gov. cn/1800000121_ 25_ 520_ 0_ 7. html，访问日期：2015 - 11 - 04。

无国籍人士到吉尔吉斯斯坦从事劳动行为，需在各州移民就业委员会登记，按规定程序取得工作许可。在企业工作，以及从事个体商业行为的外国公民、无国籍人士，由劳动、就业和移民部授予工作许可证。外国人必须持有工作许可证才能在吉尔吉斯斯坦工作。吉尔吉斯斯坦就业的岗位较为有限，主要是外资企业中所需的一些高技术人才，往往随工程项目进入。①

在吉尔吉斯斯坦，针对外国专家和普通外国工作人员，工作许可证期限是不同的。外国专家的工作许可证有效期为1年，并允许逐年延期。普通外国工作人员的工作许可证最长期限不得超过2年。在经济危机过后，吉尔吉斯斯坦政府规定，企业若希望招收外国劳动力也必须获得许可证才可雇用外籍劳务。

吉尔吉斯斯坦将劳工争议分为个体劳动争议和集体劳动争议。个体劳动争议由劳动争议委员会、劳动监察领域的有权国家机关和法院受理。雇员可以选择由由劳动争议委员会或者劳动监察领域的有权国家机关或者法院解决劳动争议。在组织中没有建立劳动争议委员会的情况下，劳动争议应当由劳动监察领域的有权国家机关或者法院解决。提出请求的期限为3个月或2个月。雇员有权自得知其权利被侵害之日起3个月内向解决个体劳动争议的机关提出请求，在自知悉被解雇的命令之日起或者出具劳动证明之日2个月内向解决个体劳动争议的机关提出解决关于解雇争议的请求；雇主有权在自发现损害之日1年内向法院提起关于雇员赔偿对组织造成的损害的诉讼。诉讼时效不适用于追索工资。本条规定的期限也适用于雇员向检察机关、国家劳动监察机关（工会劳动监察）提出的请求。在上述期限因合理理由过期的情况下，其可以由劳动争议委员会和法院恢复。

在向法院提起源于劳动法律关系的请求诉讼的情况下，雇员免缴诉讼费。在受理个体劳动争议的机关认定雇员的金钱请求合理的情况下，其被全额满足。根据受理个体劳动争议的组织的决定支付的款追偿只能在决定基于雇员提供了

① 商务部国际贸易经济合作研究院、商务部投资促进事务局、中国驻吉尔吉斯斯坦大使馆经济商务参赞处，"对外投资合作国别（地区）指南——吉尔吉斯斯坦（2014年版）"，http：//www. fdi. gov. cn/1800000121_ 25_ 520_ 0_ 7. html，访问日期：2015－11－04。

虚假的资料或者提交了伪造的文件被撤销的情况下依照监督程序予以追回。

集体劳动争议指雇员（其代表）和雇主（其代表）之间因确立和变更劳动条件（包括工资），签订、变更和履行集体合同、协议以及因在协商和通过组织的包括劳动法规范的文件中雇主拒绝考虑经选举的雇员的代表机关的意见导致的无法调和的分歧。雇员和（或者）组织（分支机构、代表机构和其他下属机构）的雇员代表机关提出的要求由雇员的相关大会批准。雇主必须向雇员或者雇员代表提供用于举行提出要求的大会所必需的屋舍并且无权妨碍其举行。雇员的要求以书面形式提出并且送达给雇主。工会及其联合会提出的要求送达给有关社会伙伴当事方。集体劳动争议由和解委员会审查，在中间人的参与人审查集体劳动争议。如果雇主没有满足雇员或者其代表机关的要求，那么和解委员会审查集体劳动争议是强制性的。集体劳动争议的任何一方无权逃避参与和解程序。

吉尔吉斯斯坦政府规定最低工资标准，即无资质的雇员在规范的劳动条件下，完成简单工作的情况下，被保障的完全做完工作时间定额工作的月工资数额。最低工资不得用于核算津贴、补贴、奖金和其他社会支付。

五、建筑工程法律体系

（一）工程投标相关内容

吉尔吉斯斯坦建筑法规定，除民用住宅外，其他建筑工程实行许可制度。办理建筑许可证的部门是吉尔吉斯斯坦政府建筑委员会。实施工程审查和监督的主管部门也是该建筑委员会。①

吉尔吉斯斯坦大中型项目的招投标由国有资产管理委员会负责。项目招投标信息由该委员会在媒体上公布。截至目前，吉尔吉斯斯坦暂无关于外资

① 商务部国际贸易经济合作研究院、商务部投资促进事务局、中国驻吉尔吉斯斯坦大使馆经济商务参赞处，“对外投资合作（地区）指南——吉尔吉斯斯坦（2014 年版）”，http：//www. fdi. gov. cn/1800000121_ 25_ 520_ 0_ 7. html，访问日期：2015 - 11 - 04。

开展 BOT 的规定，当地暂无开展 BOT 的外资企业。①

（二）土地使用的相关规定

在吉尔吉斯斯坦，通常情况下，外国人只享有土地的临时使用权，不能拥有所有权。外国人缴纳的土地租赁费用，除农业用地外，按土地税税率，并采用吉政府确定的核算标准（具体内容请参见中国外交部等出具的投资国别指南）。②

六、小结

虽然吉尔吉斯斯坦的市场准入门槛较低，特别是为了吸引投资而给予特殊经济区域很大的政策扶持力度，但是吉尔吉斯斯坦的投资环境仍有待改善。政权的更迭会给外商投资环境造成一定影响。外国投资者在吉尔吉斯投资、开展经营活动时，要特别注意以上风险。

---

① 商务部国际贸易经济合作研究院、商务部投资促进事务局、中国驻吉尔吉斯斯坦大使馆经济商务参赞处，"对外投资合作（地区）指南——吉尔吉斯斯坦（2014 年版）"，http：//www. fdi. gov. cn/1800000121_ 25_ 520_ 0_ 7. html，访问日期：2015 - 11 - 04。

② 同上。

俄罗斯联邦

一、国情简介

俄罗斯联邦（亦称俄罗斯）横跨欧亚大陆，是世界上幅员最为辽阔的国家。作为多民族国家，俄罗斯有194个民族，其中俄罗斯族占77.7%。

作为联邦国家，俄罗斯实行总统制，国家元首是总统，立法机关是俄罗斯议会，由联邦委员会（上院）和国家杜马（下院）两院组成。俄罗斯的主要党派有统一俄罗斯党、俄罗斯联邦共产党、俄罗斯自由民主党和公正俄罗斯党，其中统一俄罗斯党是国内最大的党派。

俄罗斯自然资源尤为丰富，森林覆盖率、天然气储藏量、铁矿石蕴藏量均居世界第一位，石油储量居世界第二位。① 俄罗斯是经济大国，自金融危机重创以来，其经济复苏的速度超过大多数发达国家，工业改造、基础设施建设、新一轮私有化等举措为外国投资者提供了更多的机遇。

二、投资法律体系

（一）禁止和限制投资领域

俄罗斯禁止外资投资经营赌博业、人寿保险业；禁止外资银行设立分行；禁止外国保险公司参与强制保险方案。此外，为保障国家安全，俄罗斯政府

---

① 商务部国际贸易经济合作研究院、商务部投资促进事务局，“对外投资合作国别（地区）指南——俄罗斯（2014年版）”，http://www.fdi.gov.cn/1800000121_25_520_0_7.html，访问日期：2015-11-04。

还对部分行业的外商准入作出了限制性规定，根据2008年《关于外资向对国家国防和安全具有战略意义的经营公司进行投资之程序的联邦法》第5条规定，俄罗斯对部分涉及国计民生、军工、核能、武器等13大类42种经营活动实行外商准入的投资限制，需要获得俄联邦专业委员会的相应的审批，上述13种经营活动详见该条列举。[①]

矿产资源领域是外资的主要流向之一，而该领域具备战略意义，2013年新修订的《俄罗斯矿产资源法》规定，国家级矿产地使用权将只能通过拍卖方式获得，政府将建立国家级矿产地使用权拍卖委员会，并根据各矿产地的具体情况确定拍卖程序及条件。[②] 该法针对外资进入矿产资源领域作出了限制，例如需在俄罗斯境内组建法人、获得地质研究、勘探和开采的综合许可证，外资在俄罗斯矿产资源中的占比不能超过25%等。

（二）《俄罗斯联邦外国投资法》的主要规定

由于得天独厚的资源优势，俄罗斯的石油、木材加工、天然气、建筑和汽车制造的传统产业较为发达，政府也鼓励外商对上述领域进行直接投资。《俄罗斯外国投资法》是现行的规范外商投资的基础法律，确立外国投资者适用国民待遇原则。为降低外资进入的门槛，自2011年以来，政府对该法通过了"一揽子"修改条款，主要包括对外资进入食品、银行及地下资源使用等行业的繁杂手续进行简化。《俄罗斯外国投资法》第5条规定，根据俄罗斯联邦的法律及签署的国际条约，对俄罗斯境内外国投资者的权益应给予充分的无条件的保护。[③] 外国投资者依法纳税后，可对其收入（股息、利润等）进行自由支配，包括向境外汇出。

根据该法第16条，若外国投资者对政府列明的优先投资项目（主要包括生产、交通设施或基础建设）进行总额不少于10亿卢布（约合2857万美

---

① 中国政法大学俄罗斯法律研究中心，"有关外资进入对国防和国家安全具有战略性意义行业程序"，http://www. ruslaw. com. cn/plus/view. php? aid =149，访问日期：2015 -10 -07。

② 中国商务部贸易救济调查局，"俄罗斯贸易投资环境报告（2014年）"，第31页。

③ 《俄罗斯外国投资法》，中华人民共和国驻俄罗斯大使馆经济商务参赞处，http://ru. mofcom. gov. cn/article/ddgk/ddfg/201406/20140600644661. shtml，访问日期：2015 -10 -03。

元）的投资时，使外国投资者享受进口关税和税收优惠。[①]

此外，外国投资者的财产免于被强制没收，包括国有化和征用的情形，但在联邦法律或国际条约规定的特殊条件下被征用之时，应向外国投资者支付被征用财产的相应价款，一旦被征用的条件终止，应立即返还财产；外国投资者的财产被国有化的，应当赔偿其相应的财产损失，因损失赔偿事宜引发的争议应按《俄罗斯外国投资法》第10条规定的程序解决。[②]

（三）《俄罗斯联邦公私合作法》

为进一步吸引外资、提高经济发展水平，2015年7月，俄罗斯国家杜马通过了《俄罗斯公私合作法》，外国投资者除按照《俄罗斯特许权协议法》选择特许权下的BOT模式外，还能按照《俄罗斯公私合作法》更加灵活地选择适合自身的PPP模式。《俄罗斯公私合作法》相较于原先的《俄罗斯特许权协议法》而言，作出了一些突破性的规定，主要集中于项目筹备、协议的草拟与签订、争议解决措施这几大方面，对于外国投资者极其关注的财政担保和抵押融资等问题上作出了更为宽松的规定。

有意通过《俄罗斯公私合作法》参与PPP项目的外国投资者通常应当预先在俄罗斯境内设立法人。PPP项目协议的客体，是指特许权项目和公私合作项目中将要建造或者改建的不动产或动产，且该等财产将用于项目协议规定的经营活动，包括私营公路、公共交通设施、铁路运输设施、管道运输设施、专用码头及技术设施、水利设施、机场生产性和工程性基础设施、教育、文化、体育设施等。《俄罗斯特许权协议法》要求PPP项目协议客体的所有权必须由公方所有，而《俄罗斯公私合作法》并未对此进行强制性规定，此

---

① 见《俄罗斯外国投资法》第2条第6款：优先投资项目——被俄联邦政府批准列入项目清单的投资项目，其外国投资总规模不少于10亿卢布（不少于按本联邦法生效之日俄联邦中央银行当日汇率折算的等值外币金额）或者外国投资者在有外国投资的商业组织注册资本（合股资本）中的最低股份（投资）不少于1亿卢布（不少于按本联邦法生效之日俄联邦中央银行当日汇率折算的等值外币金额）的投资项目。《俄罗斯外国投资法》第16条：外国投资者和有外国投资的商业组织实施优先投资项目时的海关税费优惠应按照俄联邦海关法和俄联邦税法予以提供。

② 《俄罗斯外国投资法》，中华人民共和国驻俄罗斯大使馆经济商务参赞处，http：//ru.mofcom.gov.cn/article/ddgk/ddfg/201406/20140600644661.shtml，访问日期：2015－10－03。

乃该法的一大突破，这不仅赋予外国投资者以物权形式保障权益，也创设出了新的投资回收模式。作为保留，《俄罗斯公私合作法》也明确规定，当公方投资超过私方投资，或者私方严重违反公私合作协议时，项目协议客体的所有权仍必须归属公方。

从投资人角度而言，PPP 项目模式的核心优势之一是无追索权或有限追索的项目融资，即贷款人提供融资的条件并非是投资人自身的资信担保，而是项目公司自身的资产和建成投产后未来的现金流收入，投资人作为项目公司（特许权受让人）的股东，不提供或仅提供有限的还款保证，从而将投资人的风险限定于投资项目本身，与投资人的其他资产相隔离。

三、贸易法律体系

俄罗斯主管贸易的政府部门是经济发展部、工业与贸易部和海关总署。其中，经济发展部、工业与贸易部这两大部门被授权制定对外贸易政策和管理对外贸易，签发进出口许可证，制定出口检验制度等；而海关总署执行俄罗斯政府的对外贸易管理政策，办理关税业务和报关业务等。

（一）贸易管理

自 1991 年起，俄罗斯对外贸管理体制进行了彻底改革，取消了垄断性外贸管理体制，所有在俄罗斯境内注册的企业均有权从事对外经济活动，包括中介业务。除部分商品受许可证、配额等限制外，绝大部分商品已经放开经营。

根据《俄罗斯进出口产品许可证与配额法》规定，为维持国内产品的供求平衡以及保护国内生产，俄罗斯贸易主管部门可以对部门产品实行进口配额管理以及许可证管理制度。入世以后，俄罗斯继续保留对牛肉、猪肉、家禽和一些乳清制品的关税配额，但承诺过将不采用与 WTO 规则不一致的进口数量限制措施。

配额管理：俄罗斯对食用酒精、伏特加酒、烈性炸药、爆炸品、爆炸器材、烟火制品、原糖等实行进口配额管理。

许可证管理：对以下两大类商品实行进口许可证制度。第一类属于特殊商品，包括化学杀虫剂、工业废料和密码破译设备。第二类属于需要按俄罗斯总统和政府规定的特殊程序进口的商品、技术和科技信息，包括武器弹药、核材料、放射性原料、贵金属、宝石、麻醉剂、镇定剂、两用材料和技术、可用于制造武器装备的个别原材料和设备等。

俄罗斯有权在《关税同盟非关税措施协定》第 7 条规定的情形下对进口贸易采取限制措施，其中包括未维护公共道德、保护公民的生命及健康、保护有价值的文化遗产、确保国防和国家安全等。

（二）税收优惠

俄罗斯进口关税根据进口货物原产地的不同，分为普通关税、最惠国关税、普惠制关税和优惠关税。根据《俄罗斯海关税则法》，普通关税税率通常是俄罗斯最惠国税率的两倍，普惠制税率通常是最惠国税率的 75%，对最不发达国家以及关税同盟和自由贸易区的这些贸易伙伴实行零税率，《俄罗斯海关税则法》第 36 条规定了享受税率特惠的商品。①

《俄罗斯海关法典》《俄罗斯税法典》规定，除有特殊规定的外，进出口产品需缴纳进出口关税、增值税、消费税、反倾销税和补偿税等。同时，政府部门可按《俄罗斯海关法典》和《俄罗斯税法典》对实施优先投资项目的外国投资者和外资商业组织提供海关、税费优惠。包括对部分机械设备及零部件的进口免征增值税；总投资额不低于 1000 万美元且外国投资额超过总投资 30% 的优先发展领域的项目，外商可免交前两年的所得税，第三年和第四年分别缴纳 40% 和 50% 的所得税；出于对社会公益的保护，当企业工作人员过半数为残疾人，且企业利润的 50% 以上用于满足残疾人的社会需要，则该企业享受免税待遇。

---

① 《俄罗斯海关税法》，中国政法大学俄罗斯法律研究中心，http：//www. ruslaw. com. cn/plus/view. php? aid =99，访问日期：2015 - 10 - 04。

四、劳工法律体系

(一)《俄罗斯联邦劳动法典》

《俄罗斯劳动法典》是调整劳动关系的基本法律，旨在"建立劳动权利和公民自由的保障体系，创造就业、保障工人和雇主利益的有利环境"。[①] 该法于2015年7月13日进行了修订。

该法第2条根据国际惯例以及俄罗斯宪法规定了调整劳动关系的基本原则，主要内容如下：规定每个人都可以自由选择劳动或对劳动进行自由协商的权利，自由支配自己劳动能力，选择职业和工种的权利；禁止强迫劳动和就业歧视；保障每个员工享受公正的劳动条件，包括符合安全和卫生要求的劳动条件、休息的权利，包括限制劳动时间，保障每天的休息时间和公休日、节日休假和带薪年休假等；参考劳动工作效率、专业技能和工龄，在提职以及进行职业培训、进修和提高劳动技能时保障员工机会平等，没有任何歧视；保障员工以法律规定的方式参与组织管理的权利。[②]

《俄罗斯劳动法典》第133条规定，联邦法律在俄罗斯整个领土范围内建立一致的最低工资标准，其金额不得低于健全人的生活费用。[③] 最低工资标准中不包括附加工资和津贴、奖金和其他奖励，以及对在非正常条件（包括特殊气候条件、受到放射性污染区域）下工作支付，以及其他补偿和社会福利。[④] 2009年1月1日开始实施的最低工资标准为4330卢布，该最低工资标准处于不断调整当中。俄罗斯同样实行8小时工作制及每周5天工作制度，加班应额外支付工作报酬。[⑤]

---

① Labor Code Of The Rrssian Federation, paragraph 1 of Article 1.

② 同上，Article 2。

③ 同上，paragraph 1 of Article 133。

④ 同上，paragraph 1 of Article 133。

⑤ Labor Code Of The Rrssian Federation, paragraph 2 of Article 91。

（二）外国劳务用工制度

俄罗斯对在俄罗斯经营企业雇用外籍员工实行劳务配额和劳务用工许可证制度，即俄罗斯的法人机构，必须获得使用外国劳务的配额额度和许可证后，才能使用外国劳工。俄罗斯移民局是主管和核发外来劳务用工许可证的政府主管部门。俄罗斯各类企业获得劳动用工的配额和许可后，在税务部门进行登记，同时有义务为外国劳工缴纳相关税费。外来劳务人员主要接受俄各地移民局的管理和检查，同时，俄罗斯政府和安全部门也有检查权。

为适应形势发展，俄罗斯国家杜马对《俄罗斯外国公民法律地位法》和《俄罗斯出入境管理法》再次进行修订，并于2015年1月生效，主要内容包括：一是外国劳务人员办理赴俄一年期以上（含一年期）劳务签证，必须具备俄语综合考核证书；二是将对属于以下所列情形的外国移民进行遣送，同时对其处以罚款：未在劳动许可过期后5日内离开俄罗斯境内的；在遭俄雇主解聘或聘用合同到期，办理工资结算后5日内仍未离境；外籍劳务人员违规进行跨工种、跨行业的出国务工活动。

五、建筑法律体系

（一）许可制度

《俄罗斯建筑法》是工程建设的主要法律，规定工程管理、施工质量检查程序和竣工评估等方面的一般规则。该法第4条规定，为保证人与社会的正常生活活动环境，保证建筑的舒适方便与可靠性，保证不影响城市或其他居民区旧有的建筑风貌，不破坏历史文物，公民和法人的建筑活动必须获得建筑活动许可证。[①] 根据《俄罗斯关于修改建筑法典和俄罗斯其他法令的法律》，自2010年1月1日起，俄罗斯取消在建筑领域实行国家许可证制度，

---

① 《俄罗斯建筑活动法》，中华人民共和国驻俄罗斯大使馆经济商务参赞处，http：//ru. mofcom. gov. cn/article/ddgk/ddfg/200505/20050500091334. shtml，访问日期：2015-10-14。

改为实行建筑领域准入制度。外国企业不能直接在俄罗斯承接工程勘查、设计、施工、维修，需要加入当地涉及工程勘察、建筑工程设计、建设、维修、基建项目大修等领域的自律组织，由该组织管理和颁发许可证后才能开展工作。因为难以获得许可证，外国企业一般会采用与当地有资质许可证的机构或个人合作的方式。俄罗斯建筑工程也实行公开招标制度，政府市政项目必须招标。

在俄罗斯从事建筑活动一定要取得相应的许可证，否则，根据《俄罗斯民法典》第222条，未履行专门批准程序的建筑将会成为违章建筑，建筑者不得取得该违章建筑的所有权或实施处分行为。许可手续具体参见《俄罗斯经营活动资质法》，由俄罗斯地区发展部及自然资源部颁发建筑许可。

（二）禁止领域与特许领域

《俄罗斯建筑活动法》对外国公民与法人在俄罗斯从事建筑活动并无特别的限制，根据该法第10条，除非俄罗斯加入的相关国际公约有特殊规定，外国公民与法人在俄罗斯境内从事建筑活动与本国公民与法人享受同等待遇。①

为将外国资本作为俄罗斯经济发展的新鲜血液输入，并通过特许协议保障国有资产的有效利用，俄罗斯于2005年颁布《俄罗斯特许权协议法》，该法第4条规定，特许协议的客体包括公路和运输基础设施类工程建筑，其中包括桥梁、高架桥、隧道、停车场、汽车检查站、货车收费站；铁路运输工程设施；管道运输工程设施等不动产。

俄罗斯境内采用公开招标、秘密招标、两级招标、挂牌询价等各种方式对国家和政府项目进行招标，公开招标顾名思义指招标面向所有合法竞标者，不设任何限制，而秘密招标适用于有关国家安全的项目，仅对部分有资质的竞标者发出邀请，受邀者方可参加竞标。

① 《俄罗斯建筑活动法》，中华人民共和国驻俄罗斯大使馆经济商务参赞处，http：//ru.mofcom.gov.cn/article/ddgk/ddfg/200505/20050500091334.shtml，访问日期：2015-10-14。

六、小结

总体而言，俄罗斯经济保持平稳增长，市场开发潜力巨大，俄罗斯政府也采取一系列措施改善投资环境。外商投资主要集中于能源领域，需注意的是，俄罗斯对于具备战略意义的行业，如石油、天然气、矿产资源等领域需要政府甚至总统的审批，外资进入的阻力较大，且税费负担较重。

乌克兰共和国

一、国情简介

乌克兰共和国（以下简称乌克兰）是欧洲国土面积第二大国，仅次于俄罗斯，是欧盟与俄罗斯等独联体各国地缘政治的交叉点，地理位置十分重要。乌克兰矿产资源非常丰富，已探明80多种可供开采的富矿。

乌克兰实行议会总统制，议会（又称最高苏维埃）是国家最高立法机构，实行一院制。总统是代表国家的最高元首，由直选产生。政府是国家最高权力执行机构，向总统负责。乌克兰实行多党制，截至2012年2月，在乌克兰司法部注册登记的政党有198个。[①]

二、投资法律体系

（一）投资方式

根据《乌克兰投资制度法》的规定，外国投资者可以以以下方式进行进行投资：乌克兰货币或者乌克兰国家银行承认的可自由兑换外国货币；任何动产和不动产及与其相关的财产权；股票、债券、其他有价证券，以及以兑换货币标价的的公司权；由一级银行担保、用兑换货币标价的、并被投资人所在国家法律或国际贸易习惯认可的债权和要求履行合同义务的权利；根据

① 商务部国际贸易经济合作研究院、商务部投资促进事务局、中国驻乌克兰大使馆经济商务参赞处，“对外投资合作（地区）指南——乌克兰（2014年版）”，http：//www. fdi. gov. cn/1800000121_ 25_ 506_ 0_ 7. html，访问日期：2016-01-05。

法律或贸易习惯被认可价值，以及经鉴定评估被认可价值的知识产权；企业的经营权等进行投资。①

（二）企业投资方式

外国投资者可以通过以下方式在乌克兰进行投资：参加乌克兰法人和自然人成立的企业或者购买现有企业的部分股权；成立外国投资企业、外国法人分支机构或者购买全部股权；直接获取财产或者股票、债券及其他有价证券的方式购买未被乌克兰法律禁止的不动产或者可移动不动产；购买土地和自然资源使用权；购买其他财产权以及购买产品分配协议规定的经营权等。

（三）企业注册登记程序

外国投资者需在自实际投入之日起的3个工作日内按照乌克兰内阁规定的程序在相关注册机构完成注册。未进行国家注册的外国投资不得享受本法律所规定优惠和保障。②

外国投资者违反规定注册程序的，国家注册机构可拒绝注册，但须以书面形式说明拒绝理由。外国投资者可按照诉讼程序对该决定提起诉讼。

（四）优惠政策

根据乌克兰现行法律，外资企业注册资金中最少10%要来自外国投资。实际上，在税收政策上外资企业几乎享受与本地企业相同的待遇。

1998年至2000年期间，乌克兰根据相关法律和总统令，先后建立了9个优先发展区和11个经济特区。在优先发展区和经济特区内，确定了国家鼓励发展的重点行业，并规定了最低投资额度和关税等方面的优惠政策。对各行业的投资额度规定如下：农产品、食品加工、木材加工、家具制造，投资不低于50万美元；建筑、建材生产、运输、垃圾处理，投资不低于70万美元；机械制造、煤炭开采、化工和石化、粉末冶金，投资不低于100万美元；

① 《乌克兰外国投资制度法》第2条。

② 同上，第3章。

饭店餐饮、疗养业、旅游、休闲服务，投资不低于50万美元。[①]

三、贸易法律体系

（一）进出口限制

乌克兰禁止从乌克兰出口本国法律所规定的乌克兰人民的民族或文化遗产；禁止进口或转口可能对乌克兰人民健康造成危害的、对公民和动物生命构成威胁的、对自然环境造成破坏的商品；禁止进口与乌克兰宪法规定相违背的，包含有宣传战争、种族主义、种族歧视、种族灭绝等思想的产品和设备；禁止进出口破坏知识产权的商品。具体清单由乌克兰内阁提交议会批准。[②] 乌克兰经济发展与贸易部和海关部门负责监督本条款规定的执行情况。

（二）海关管理制度

《乌克兰海关法》对进口商品海关价值的确定程序作出了详细的规定。海关主要采取依相关协议计价或者根据参考价或同类商品价格计价，海关如果发现发货单上注明的价格与货物的实际价值严重不符或无法对进口商品进行检查时，海关机构有权参照来源于第三国的类似商品的价格确定海关价值。[③]

四、劳工法律体系

（一）劳动法的主要规则

乌克兰《劳动法》通常要求劳动合同以书面形式签署，尤其涉及有组织地招募劳动者，在特殊自然环境下和高风险地区工作的劳动合同；签署合同

① 商务部国际贸易经济合作研究院、商务部投资促进事务局、中国驻乌克兰大使馆经济商务参赞处，“对外投资合作（地区）指南——乌克兰（2014年版）”，http：//www. fdi. gov. cn/1800000121_25_ 506_ 0_ 7. html，访问日期：2016－01－05。

② 《乌克兰对外经济活动法》，第17条。

③ 同上。

时，如劳动人员坚持签署书面合同，或在与未成年人签署劳动合同、与法人签署劳动合同以及其他乌克兰法律规定的情况下，必须缔结书面合同。

在签署劳动合同时，劳动者必须提供护照或其他身份证件、劳动手册、文凭（专业职业证明）、健康证明等。在劳动合同签署后，法人应在劳动者实际就业后一周内，根据乌克兰劳动和社会政策部规定的程序向所在地的就业中心提交书面劳动合同备案登记。劳动合同可以规定劳动者的试用期，试用期一般不超过3个月，个别情况可经与工会协商适度延长，但不得超过6个月。[①] 乌克兰要求境内所有企业实施最低工资制度，最低工资不包括补助、补贴、奖金和赔偿。2015年，乌克兰最低工资为1378格里夫纳。

（二）外国劳工的相关规定

外国劳工也采用劳动许可证制度。劳动许可的有效期为1年，如需延期，申请者应当在期满前至少1个月内向就业中心申请延期。

涉及中国公民出入乌克兰的相关规定如下：（1）中国公民入境乌克兰须携带足够在乌停留期间使用的费用。乌克兰边防官员将对此进行随机抽查。（2）除持学习签证和移民签证的人员外，持其他类型的短期签证的人员最多可在乌克兰境内停留90天，到期必须离境。持一年多次商务签证的人员第一次可入境停留90天，离境期满90天后方可再次入境。该规定自2009年5月15日开始生效。[②]

五、建筑法律体系

（一）许可制度

在乌克兰，建筑领域实行许可制度。乌克兰法律对外国设计与施工单位在乌克兰从事建筑活动的领域并无特别的限制。乌克兰建筑工程均实行招标

---

① 但以下几类工作者不得规定试用期：未满18周岁的公民；职业技术学校尚未毕业的青年工作者；高校未毕业的青年专家；军役和预备役复员人员；只能从事某种工作的残疾人。

② “乌克兰签证信息”，中华人民共和国驻乌克兰大使馆，http://www.fmprc.gov.cn/ce/ceukr/chn/xwdt/t567732.htm，访问日期：2015-10-05。

制度。①

(二) 工程招标信息获取

根据乌克兰政府要求，有关工程项目的招标信息均应以乌克兰语和英语在主管政府部门的网站上予以公布。乌克兰政府采购网公布所有国家机构及国有企业的采购招标通知。此外，各政府及国企网站也会更新招标信息，如有关公路建设项目招标信息均在乌克兰国家公路局网站公布，有关电站及输变电工程项目的招标信息均在乌克兰国家电力公司网站公布。② 中国驻乌克兰大使馆经商参处也会将所收集到的项目招标信息及时在其网站上公布。

六、小结

总体说来，乌克兰的投资环境相对较好。但2013年末至今，政权更迭后该国的法律法规和经济政策也在进行大幅度调整，整体投资环境发生较大变化。在乌境内和拟赴乌克兰开展投资合作的中资企业要跟踪法律政策变化情况，充分考虑乌克兰国情；尤其是在外籍劳工的雇用问题上，要注意乌克兰法律对引进外籍劳务人员的严格规定、重视由公会代表劳工签订的集体合同的特殊效力。

---

① 商务部国际贸易经济合作研究院、商务部投资促进事务局、中国驻乌克兰大使馆经济商务参赞处，"对外投资合作（地区）指南——乌克兰（2014年版）"，http：//www.fdi.gov.cn/1800000121_25_506_0_7.html，访问日期：2016-01-05。

② 同上。

白俄罗斯共和国

一、国情简介

白俄罗斯共和国（以下简称白俄罗斯）位于中欧平原，拥有广袤的森林以及丰富的钾盐、泥炭和水资源。白俄罗斯境内共有100多个民族，其中大部分居民是白俄罗斯族。国家奉行民族平等和民族团结的民族政策，根据《白俄罗斯共和国宪法》，“一切民族、宗教和信仰在法律面前一律平等”。

白俄罗斯经济基础良好，工业基础坚实，农业和畜牧业也较为发达。白俄罗斯外贸依存度较高。白俄罗斯实行总统制和三权分立，总统是国家最高首脑，行政权赋予政府，立法权属于国民会议，司法权归法院。

二、投资法律体系

白俄罗斯经济部投资管理总局负责制定并实施国家的投资政策，通过参与制定投资活动的实施办法，包括与外国在投资领域合作的措施，为投资活动创造稳定的增长条件。白俄罗斯为投资者的经营发展提供了良好的法律土壤，其投资受国家与国际法的双重保障。

（一）《白俄罗斯共和国投资法》有关规则

外商在白俄罗斯境内可通过以下方式进行投资：创建商业组织；企业并购和绿地投资（包括建造不动产在内）；收购知识产权项目；收购法人法定基金的份额及股份、商业组织的股份（包括增加商业组织的法定基金）；以及其他法律没有禁止的方式。[1] 该法也对外商投资设置了一些限制，例如，在未经白俄罗斯反垄断机构依法批准的情况下，不得向在白俄罗斯商品市场占主导地位的法人财产进行投资，也不得从事白俄罗斯立法禁止的投资活动。为了保护国家安全（包括保护环境和文物）、公共秩序、道德、国民健康以及他人的权利和自由，白俄罗斯可依法对外商投资实行限制措施。[2]

在白俄罗斯境内，外国投资者可投资设立开放式股份公司、封闭式股份公司、私营外国单一制企业、有限责任公司及附加责任公司等，外交部主管外国投资企业的注册事宜，外企在白俄罗斯注册需经所在州执行委员会及地方人民代表会议的批准。外国投资类企业注册资本的最小额度为 2 万美元（可在 2 年内完成筹资）。

《白俄罗斯投资法》规定，外国投资者在缴纳税款、并向依法成立的地方预算基金和中央非预算基金支付强制性的款项之后，可将其在白俄罗斯的投资利润和其他相关的合法所得自由转移至白俄罗斯境外，也可向外国投资者汇款以完成国外投资项目。[3] 外商投资的财产和投资所得不得无偿收归国有或征用，除非是为保护公共利益必须将其收为国有，且国家必须按照被征用的财产的价值以及征用造成的损害对外商进行及时和充分的补偿。[4]

（二）对自由经济区的特殊规定

白俄罗斯为吸引外资及先进技术，保证区域经济快速发展，陆续建立了 6 个自由经济区。《白俄罗斯自由经济区法》规定，根据白俄罗斯的税法或其他法律，以及总统令和条约，在白俄罗斯自由经济区的企业享有特殊税收优惠。[5] 自由经济区内可建立自由关税区，其居民可在限定范围内按照规定方

---

① Law of the Republic of Belarus on Investment, Article 4, http://law.by/main.aspx?guid=3871&p0=H11300053e，访问时间：2016-01-05。

② 同上，Article 6。

③ 同上，paragraph 2 of Article 11。

④ 同上，paragraph 1 and 2 of Article 12。

⑤ 同上，Article 23。

式适用自由关税区的海关程序。[①]

2012年6月5日，第253号白俄罗斯总统令生效，白俄罗斯在境内建立“中白工业园区”以吸引中国和其他国家大型企业投资，调整本国的经济产业结构。“中白工业园区”自总统令生效之日起，享受特殊税收优惠政策50年。[②] 园区将会为投资者提供“10+10”的税收优惠模式：入园企业自注册之日起10年免收各项公司税收，10年期满后下一个10年内税收减半。[③]

三、贸易法律体系

白俄罗斯主管外经贸的部门是外交部，负责制定外经贸政策、参与国家对外经贸领域的重大谈判、协调国内市场保护并采取必要措施等；贸易部的主要职能侧重于执行国内贸易政策、完善国内市场机制，负责贸易领域内的监督、保护消费者权利等。

（一）《外贸活动国家规制法》的主要规定

白俄罗斯依照《白俄罗斯宪法》《白俄罗斯外贸活动国家规制法》及《白俄罗斯海关法典》等法规对外贸活动进行管理。同时，白俄罗斯作为关税同盟和统一经济空间的成员，应遵守和执行欧亚经济委员会有关的贸易法规。

为了促进对外贸易的发展，《白俄罗斯外贸活动国家规制法》第7条规定，国家可以通过以下措施对外贸活动进行规制：关税税率规制；非关税规制；对服务贸易和知识产权对象的禁令和限制。该法还规定了其他的经济和行政措施。[④]

为提高对于特定货物（工程、服务）的进出口规制，履行白俄罗斯的国

① Law of the Republic of Belarus on Investment, paragraph 1 of Article 24, http://law.by/main.aspx?guid=3871&p0=H11300053e，访问时间：2016-01-05。

② 第253号白俄罗斯总统令。

③ “中国白俄罗斯工业园区项目介绍”，白俄罗斯驻华大使馆，http://china.mfa.gov.by/zh/industrial_park/，访问日期：2015-10-07。

④ Law of the Republic of Belarus on State Regulation of Foreign Trade, Articles 7。

际义务，白俄罗斯总统颁布了《特定货物（工程、服务）进出口管理细则》，规定特定货物（工程、服务）的进出口商需要办理许可证，用户必须要注册登记，特定货物（工程、服务）的使用情况必须进行监管。特定货物（工程、服务）主要包括：可用于开发细菌（生物）武器或有毒武器的人类、动物和植物的病原体及其转基因的形式、基因组织的碎片；可用于开发化学武器的民用化学品、设备和技术；可用于开发核武器的核材料、设备、特殊非核材料和相关的技术；军民两用的设备和材料，及其相关的核技术（与核燃料循环和和材料生产相关）；可用于开发火箭或其他核武器、生化武器和有毒武器的运输工具的设备、材料和技术；可应用于开发武器和军事装备的军民两用的货物及技术；开设军工厂；因为白俄罗斯国家安全而被控制的货物（工程、服务）。①

（二）海关管理制度

《白俄罗斯海关法》和《白俄罗斯海关税则法》是白俄罗斯海关管理的主要依据。

白俄罗斯对商品质量和数量的检验未作强制性规定，根据买卖双方在合同中约定的商品数量和质量进行鉴定，具体的相关事务由工商会负责。根据白俄罗斯国家法律规定，家用电器、食品、纺织品、化妆品、儿童用品等产品必须取得强制性 STB 证书后才允许在白俄罗斯境内销售或使用。白俄罗斯进口家电的产品安全、技术参数执行 IS09000 标准，原则上同其他欧洲国家一样。

白俄罗斯一般根据报关价值对进口商品征收增值税和海关手续费。增值税的税率根据进口商品的种类确定，从 0% 到 30% 不等。标准税率为 18% 或者 10% 和 0% 。白俄罗斯公司进口的高科技设备作为固定资产投资的，可免征增值税。②

---

① Edict of the President of the Republic of Belarus on Measures of State Regulation of Importation and Exportation of Specific Goods（Works，Services）NO. 460，Article 1 and paragraph 1 of Article 2.

② 商务部国际贸易经济合作研究院、商务部投资促进事务局、中国驻白俄罗斯大使馆经济商务参赞处，"对外投资合作（地区）指南——白俄罗斯（2014 年版）"，http：//www. fdi. gov. cn/1800000121_ 25_ 513_ 0_ 7. html，访问日期：2016 - 01 - 05。

四、劳工法律体系

（一）《白俄罗斯共和国劳动法》

根据白俄罗斯劳动和社会保障部门的规定，雇佣关系由白俄罗斯宪法、白俄罗斯劳动法典、集体合同、协定和其他地方法律规定以及雇佣合同进行调整。[①] 劳动合同应当由双方以书面形式签署。[②]

在白俄罗斯，雇主可依法规定员工的工作时间和休息时间。每周工作时间不得超过40小时，对于特定工种还必须规定较短的工作时间。白俄罗斯实行每周5天或6天工作制，周日为公共假日。一般情况下，工作日的工作时长不超过8小时，并有一个小时的午餐休息。对于夜间工作、节假日工作、以及未成年人，还有专门的规定。雇主必须根据劳动法向雇员提供周末和节假日劳动保障和夜间劳动保障及补偿。加班应有加班费。员工享有白俄罗斯劳动法规定的劳动假期和社会假期，并在其休假期间，雇主应依据白俄罗斯政府或其授权机构规定的计算标准向员工支付平均工资，即“假期工资”。每年假期不得少于24天。[③] 商业组织和个体工商户可根据工作的复杂程度、雇员的技术水平和工作环境等自主决定工资的支付条件。

（二）外国劳工保护

白俄罗斯对于外国独资或合资企业雇用外国员工的管理，主要依据三部法规，即《关于外国劳工移民法》、2002年部长会议通过的《关于在白俄罗斯居住的外国公民和无国籍者劳动和经营活动规定》和2002年白俄罗斯劳动和社会保障部制定的《关于外国人和无国籍者、临时在白人员办理特别劳动许可的规定》，具体事物由劳动和社会保障部移民委员会负责。根据《关于

① Ministry of Labor and Social Protection Republic of Belarus，http：//mintrud. gov. by/en，访问日期：2015－10－12。

② Labor of the Republic of Belarus，Article 18.

③ 白俄罗斯驻华大使馆，Doing Business in Belarus（2013），http：//china. mfa. gov. by/zh/，访问日期：2015－10－09。

外国劳工移民法》的规定，雇主雇用白俄罗斯境外居民或为吸引外国劳动力而缔结劳动合同时，必须根据各州有关雇佣的法规，遵循移民劳工与国内公民权利平等的原则。禁止以损害移民劳工的尊严或健康的条件缔结雇佣关系。在国外就业的白俄罗斯公民签署劳动合同时，应当享有白俄罗斯法定的权利和履行白俄罗斯法定责任。① 白俄罗斯对外籍劳工数量有明确限制，外籍劳工只能从事与其拥有的资质相符的工作。

五、建筑法律体系

白俄罗斯对于外国公司承包当地工程实行许可制度，其规定较为严格。首先需申请到当地的资质证书，取得资质后方可组建当地公司、任命法人、总会计师和总工程师。收到开发商的申请后，地方行政委员会及其下属机构和专门的市政部门将根据建筑的类型和选址准备并出具建设文件。②

关于确定项目承包商的过程，法律上有专门的规定。对于非国家预算资助的项目或国家机构担保的项目，且工程造价超过 5 万个基本单位（1 个基本单位为 10 万白俄罗斯卢布），则必须要进行招标。在此情形下，项目的承包商是完全由招标结果确定的。若建设资金完全由外国投资者提供，则不受此限制。

施工前需要先办理施工许可，施工图纸的审核会涉及一系列的国家机构，需要一定的时间办理。施工图纸审核后需进行价格审计。由于涉及交税，对价格审计控制得非常严格，且受国家指导价影响。③ 进入施工阶段，监理是不可或缺的环节。若外国承包商没有资质，但其分包商具备相关资质，经当地相关授权机构确认后也可承揽相关工程。就招标方式而言，白俄罗斯一般

---

① Labor of the Republic of Belarus, Article 11.

② 建设文件必须包括：地方行政委员会允许进行项目设计、工程勘探的决定；建筑任务的规划；合作机构的意见；建筑工程的技术条件。获得许可证是开发商制定项目文件并与客户签署承包工程合同的前提。

③ 商务部国际贸易经济合作研究院、商务部投资促进事务局，“对外投资合作国别（地区）指南——白俄罗斯（2014 年版）”，3. 10. 1 许可制度，第 55 页。

有公开招标和议标两种，公开招标主要针对国有企业及国有控股企业的项目；议标则一般针对扩容项目。[1]

六、小结

总体而言，白俄罗斯政局稳定，经济发展态势良好，适合中国企业实施“走出去”战略。但需注意的是，白俄罗斯正处于计划经济的转型阶段，经济开放程度不高，准入企业需严格遵守工资标准、注册资本及资金比例要求等，且各项投资政策处于更替阶段，中国企业在白俄罗斯投资通常会遭遇“水土不服”，前期承诺的各项优惠条件也会因为法律政策的调整而难以达成，因此企业需要灵活的经营头脑及风险防范意识。在进行外贸及投资事宜时，中国企业还应当关注白俄罗斯的外贸规制措施、禁止进出口的种类以及禁止和限制外商投资的领域。

① 白俄罗斯驻华大使馆，Doing Business in Belarus（2013），http：//china. mfa. gov. by/zh/，访问日期：2015 - 10 - 09。

格鲁吉亚共和国

一、国情简介

格鲁吉亚地处欧亚交界，其中大部分的居民信仰东正教，剩余的主要信仰伊斯兰教，天主教等。格鲁吉亚是总统制三权分立国家，议会是最高立法机构，最高法院是最高审判机关。

二、投资法律制度

格鲁吉亚主管投资的政府机构是国家投资局。与外国投资有关的主要法律有《国家投资促进法》及《国家投资促进与保障法》。

（一）外资准入限制

《国家投资促进法》规定，未获有关机构签发的批准或许可证，外国投资者无权从事以下活动：武器和爆炸物的生产、销售；特别控制类药物的销售；森林资源和矿藏的勘探、开发；开设赌场和其他供安排游戏和彩票的赌博场所；银行及保险业务；发行公众流通证券；提供无线通信服务和创建电视和无线电频道以及从事现行法律规定的其他活动。①

金额在10万美元（或等值实物）及以上的投资，外国投资者应当在其投入资金的60天内到格鲁吉亚经济工业贸易部（现已更名为经济发展部）

---

① 商务部国际贸易经济合作研究院、商务部投资促进事务局、中国驻格鲁吉亚大使馆经济商务参赞处，“对外投资合作（地区）指南——格鲁吉亚（2014年版）”，http://www.fdi.gov.cn/1800000121_25_514_0_7.html，访问日期：2016－01－05。

所属外国投资局进行注册。否则，外商将被禁止从事投资活动。

（二）外国人购买有关财产的限制

格鲁吉亚法律允许财产私有化，同时，创立了一个尽可能详尽的负面清单，列明了因其关键性或特殊地位而不允许私有化的财产。这份清单包括矿产、市政土地与水资源等共34项。格鲁吉亚限制外国人购买国有农业用地，只有格鲁吉亚公民或者在格鲁吉亚登记的公司有权购买该土地。外国投资者也被禁止参与一些曾经属于苏联时期的国有或集体林场的私有化，这种森林只能由格鲁吉亚公民或主营业地在格鲁吉亚的法人拥有。禁止外国投资者参与对市政设施的私有化。①

（三）设立公司的条件与程序

在格鲁吉亚设立公司的主要依据是格鲁吉亚《企业法》。根据该法规定，在格鲁吉亚设立企业一律在辖区税务稽查处办理。

外国人在格鲁吉亚可以设立公司代表处、分公司、有限责任公司和股份公司。外国人设立企业应当首先提交书面申请，建筑工程类企业等对行业准入有特殊要求的企业还需要取得有关行业批准证书或许可证。在税务稽查局企业登记处审核后即可完成公司注册。注册完毕后，应到辖区税务局办理税务登记，领取税务登记证。应注意，在12个月内有超过10万拉里营业额的企业应当登记为增值税纳税人。整体流程大约需要7～10天即可办妥。

（四）外汇管理制度与税赋情况

根据格鲁吉亚外汇法律规定，外汇进出在格鲁吉亚无任何限制。外汇贷款本金汇出时无须缴纳任何税金，偿还外汇贷款利息汇出时需要缴纳汇款金额10%的税金，利润汇出需要凭借企业缴纳利润税和其他应纳税的证明办理，企业利润税率15%。携带现金入境超过3万拉里时需要申报，在格鲁吉亚外国人的合法税后收入可以自由转出。②

---

① 《格鲁吉亚投资者手册（Investors Handbook - Privatization）》。

② 商务部国际贸易经济合作研究院、商务部投资促进事务局、中国驻格鲁吉亚大使馆经济商务参赞处，“对外投资合作（地区）指南——格鲁吉亚（2014年版）”，http：//www.fdi.gov.cn/1800000121_25_514_0_7.html，访问日期：2016-01-05。

中格已经签订避免双重征税协定，格鲁吉亚主要税赋有个人所得税、企业利润税、增值税、消费税与财产税等，依据相关规定征收。根据格鲁吉亚《税法》规定，企业利润税的报税时间为会计申报年度的次年 4 月 1 日之前。增值税、消费税纳税企业必须每月报税，申报时间不迟于次月 15 日，通过聘用当地的会计或者会计事务所到企业登记所在地的税务机构申报即可。

（五）外资企业获得土地的规定

根据格鲁吉亚《土地法》与《关于国有农用土地私有化法》规定，只有在国有农地承租者拒绝收购租赁地和非公开买卖中未成交的条件下，才进行公开买卖，外资只能参加公开买卖。目前这一规定已经暂停，恢复之期尚未可知。

三、贸易法律体系

格鲁吉亚主管贸易的政府部门是经济与可持续发展部。主要法律有《海关法》《税法》《海关税则法》《执照和许可证法》及《工业保税区法》等。

（一）进出口限制

格鲁古亚禁止进口危害国家及公共卫生和安全的产品，如毒品、色情制品和核原料等。格鲁古亚对进口商品没有任何配额限制，只对极少数商品实行许可证管理，如武器、放射性物质、工业垃圾、农用化学药品和医疗用具等（进出口许可证可证总数已减至 8 类商品），其余商品均放开经营。

（二）海关管理规章制度

格鲁吉亚税收海关服务局（Revenue Service）负责海关事务的管理。隶属农业部的国家食品安全兽医和植物保护局专门负责对动植物产品、农产品和食品进行检验检疫。根据格鲁吉亚《海关税则法》，除对农产品和建筑材料征收 12% 和 5% 关税外，格鲁吉亚对 90% 以上其他进口商品征收零关税。对进口商品征收与本国生产商品税率相同的增值税。

四、劳工法律体系

格鲁吉亚劳动法规定雇用职工的依据是劳动合同。劳动合同可以书面或口头完成。劳动合同可长期或短期，但必须明确期限或工作量。试用期不得超过6个月，不得连续规定试用期。

雇主可随时解除劳动合同，向雇员支付相当于1个月工资的解雇费。工资根据劳资双方达成的劳动合同确定，在格鲁吉亚较普遍的计薪方式为月薪。

现行《劳动法》没有就强制要求企业必须为职工办理各种保险。企业自愿根据工种性质为职工办理相应保险，主要有医疗保险、意外事故保险等。

在格鲁吉亚工作的外国人不强制要求交纳医疗健康保险。①

五、建筑法律体系

格鲁吉亚对工程承包实行开放政策，但除非得到特别许可，外国承包商不可承揽格鲁吉亚军工工程项目和敏感项目等。

在外国注册且具有公认资格的工程承包商可承包格鲁吉亚的工程，包括建筑工程。但建筑设计方案必须由在格鲁吉亚注册的公司设计或合作设计，才能获得规划管理部门的批准。②

六、小结

格鲁吉亚虽然在战后政局较为平稳，但政府人员普遍年轻化，人事变化较快，在格鲁吉亚投资应格外注意保持商业中立地位。格鲁吉亚旅游资源丰富，国民对于环境保护议题也十分敏感，中国企业应当注意保护当地自然环境，避免与当地居民因环境问题发生冲突。

---

① 商务部国际贸易经济合作研究院、商务部投资促进事务局、中国驻格鲁吉亚大使馆经济商务参赞处，“对外投资合作（地区）指南——格鲁吉亚（2014年版）”，http：//www.fdi.gov.cn/1800000121_25_514_0_7.html，访问日期：2016-01-05。

② 同上。

阿塞拜疆共和国

一、国情简介

阿塞拜疆共和国（以下简称阿塞拜疆）位于欧亚大陆交界处的外高加索地区，主要信奉伊斯兰教（什叶派）。少数民族多信仰东正教。官方语言是阿塞拜疆语，居民多通晓俄语。阿塞拜疆实行总统制，最高立法机关为国民议会，实行一院制，多党制。

二、投资法律体系

阿塞拜疆投资主管部门是经济工业部，相关法律主要包括《投资法》与《外国投资保护法》。

（一）外资准入限制与投资方式

阿塞拜疆《外国投资保护法》规定，外国投资者可以与阿塞拜疆法人、公民合资创办单位、企业；建立外商独资企业；购买企业、财团、建筑物、企业股份、股票、债券和有价证券以及按阿塞拜疆法律可以归属于外国投资者的其他财产；购买使用土地和其他自然资源使用权，以及其他财产权；与阿塞拜疆共和国法人和自然人签订规定其他实现外国投资形式的合同。[①]

阿塞拜疆对投资行业准入未作明确规定，但是在外资进入其国内金融市

① 商务部国际贸易经济合作研究院、商务部投资促进事务局、中国驻格鲁吉亚大使馆经济商务参赞处，"对外投资合作（地区）指南——格鲁吉亚（2014 年版）"，http：//www. fdi. gov. cn/1800000121_25_ 514_ 0_ 7. html ，访问日期：2016 -01 -05。

场等行业的市场准入方面存在一定限制。例如，外资在阿塞拜疆保险公司中的股份不得超过49%，外国银行驻阿塞拜疆分支机构必须依照阿塞拜疆国内法开展经营等。

（二）设立公司的条件与程序

阿塞拜疆司法部负责统一受理外国企业注册登记的申请。

法人注册文件要求使用阿塞拜疆语，建议通过当地律师办理注册，费用通常在1000~1800美元之间。同时应提交公司发起文件，授权文件，发起人决定证明，提交规费收据，外国法人在本国的注册文件及其授权书等相关材料和文件。

（三）外汇管理与税赋情况

根据阿塞拜疆《外汇调节法》规定，外资企业应在当地银行开设账户。贸易往来汇出外汇金额超过5万美元时需要提供完税证明或资金来源证明，同时缴纳不超过1%的手续费。带出境外的现金额度最高不能超过1万美元。

阿塞拜疆主要税负为：自然人所得说、法人利润税、增值税与消费税。

（四）外资企业获得土地的规定

根据阿塞拜疆《土地法》规定，外国人、无国籍认识、外国法人、跨国公司或机构，以及外国政府在阿塞拜疆境内不能取得土地所有权，但可向阿国家、地方政府和土地所有者租用土地。

三、贸易法律体系

阿塞拜疆政府贸易主管部门是经济工业部，与贸易相关的法律法规主要有《关税通则》《外汇调节法》《反垄断经营法》《价格调节法》以及《关于向部分经营活动颁发经营许可证的办法》等。

阿塞拜疆实行自由贸易制度，所有经济实体和自然人有权从事进出口贸易。从事烟、酒产品、药品、爆炸品等特殊商品的生产或贸易的企业和个人须向政府主管部门申请经营许可证。[①]

（一）进出口商品检验检疫

国家标准、计量和专利署负责进口商品的检验工作。要求进口商品，特别是进口食品包装上必须印有阿塞拜疆文的品质和使用说明。农业部下属的国家兽医局是阿塞拜疆进口动物产品检疫的主管机构，在各海关均设有检疫点，进口鲜活动物产品入境时须出示有关检疫合格证并接受检查。农业部下属的国家植物保护和检疫局是阿塞拜疆政府主管植物检疫的部门。进口的植物及植物性产品须在入境时接受该部门工作人员的检查并出示植物检疫证书。

（二）海关管理规章制度

根据《关税通则》，阿塞拜疆对入境货物征收进口关税、增值税、消费税和海关手续费。对违反相关法规的行为征收罚款。对所有商品出口实行零关税。

海关对临时进口商品、外资企业作为投资而输入阿塞拜疆境内的资产、PSA 协议（产品分成协议）项下的入境物资、入境的外交物资和外交人员及其家庭成员的个人物品免征进口关税和增值税。海关对进口石油产品、酒类产品、烟草产品、非独联体国家轿车征收消费税。

阿塞拜疆对电子产品、石油产品、棉花、有色金属等产品的出口实行许可制度，金属材料和石灰制品的出口还须交纳专项费用。传统特色商品——黑鱼子的出口受国际里海资源保护组织的配额约束。[②]

四、劳工法律体系

阿塞拜疆劳工事务主要由劳动与社会保障部管辖，主要法律为《劳动法》。

---

① 商务部国际贸易经济合作研究院、商务部投资促进事务局、中国驻格鲁吉亚大使馆经济商务参赞处，"对外投资合作（地区）指南——格鲁吉亚（2014 年版）"，http：//www. fdi. gov. cn/1800000121_25_ 514_ 0_ 7. html，访问日期：2016 - 01 - 05。

② 同上。

阿塞拜疆现行法律规定，有意在阿塞拜疆务工或就业的外国人必须申办个人工作准证。取得工作准证后，移民局和内务部才能为其办理在阿塞拜疆长期居留手续，否则按非法滞留予以处罚。

阿塞拜疆《劳动移民入境法》规定：外国人申请的应是本地公民无法与其竞争的专业技术工作，阿塞拜疆法人和自然人、外国法人在阿塞拜疆代表处和分支机构均有权申请雇用外籍劳务人员。阿塞拜疆政府自2008年第四季度以来实行外来劳务配额制。

五、建筑法律体系

阿塞拜疆《国家采购法》规定，除涉及国防安全和国家机密的项目，阿塞拜疆对外国承包商无特别禁止领域，但不允许外国自然人在当地承揽承包项目。具备相应资质的外国承包商均有权通过投标或议标的方式进入阿塞拜疆国内工程承包市场。

国家采购性质的项目招标主要有公开招标、两阶段招标、限制招标和不公开招标、议标等几种形式。造价预算2.5亿马纳特（约3.17亿美元）以上的国家采购项目必须采取公开招标方式。私人投资项目多采用议标方式。阿塞拜疆法律规定，招标通告应按规定期限和规定要求在国家级报纸及具有国际影响的大众媒体上予以公布。

六、小结

阿塞拜疆自2008年以来收紧移民政策，严格限制外籍劳工进入，中资企业最好以雇用当地员工为主。阿塞拜疆虽然政治稳定，但是法律法规尚待进一步完善，市场较为封闭，大多数市场参与者规模小，且存在信誉风险，应当注意投资和贸易风险。

亚美尼亚共和国

一、国情简介

亚美尼亚共和国（以下简称亚美尼亚）地处欧亚交界高加索地区，绝大多数国民信奉基督教的格里高利教派。在独立后坚持政教分离的政策，首都为埃里温，法定货币是德拉姆。官方语言是亚美尼亚语。亚美尼亚实行总统制，立法、行政、司法三权分立，最高立法机关是亚美尼亚议会，称国民会议。政府为最高行政权力机关。

二、投资法律体系

亚美尼亚主管外国投资的政府部门是商务支持执行委员会，下设亚美尼亚发展署和其他6个行业协会。

（一）外资准入限制与投资方式

外国投资者在可以建立独资的法人企业及其分支机构、分公司、代表处；也可与亚美尼亚居民合作成立合资法人机构、有法人地位的企业，或购买现有企业的股份；或在亚美尼亚境内购买股票、债券，以及该国法律规定的其他有价证券；允许外国投资者取得亚美尼亚土地使用权及自然资源的使用权及其他财产权；禁止外国人在亚美尼亚买卖土地（但允许外国在亚美尼亚注册的公司经营土地买卖）。限制矿产资源开采，炸药和武器弹药以及军事和警察用途的产品生产和经营，电信手机市场营运，珠宝生产与加工，航空和铁路运输及邮政营运等。这些行业必须获得政府有关部门签发的许可证。鼓励发展电子工业、精密仪器、制药和生物技术、信息技术、替代能源、电信产业等高新技术产业。[①]

（二）外资设立公司的条件与程序

外国人在亚美尼亚设立企业的形式包括公司代表处、分公司、有限责任公司和股份公司4种。注册机构统一到亚美尼亚国家登记委员会办理，可以通过在线注册系统进行注册。

在亚美尼亚注册企业应当准备以下文件：由董事会全权代表签署的注册申请书；董事会召开公司创立大会的会议纪要，由会议主席和秘书签字；两份以上董事会在公司创立大会上通过的公司章程；国家税收支付凭据；注册资金支付凭证等。

（三）外汇管理制度与税赋情况

亚美尼亚对外汇不进行国家管制，可以自由兑换，但必须通过银行进行对外贸易结算付汇，企业税后利润可以自由汇出。任何人携带现金出境不得超过1万美元，入境则不受此限制。

亚美尼亚主要税种有增值税、利润税、所得税、营业税、财产税和土地税。项目投资超过3亿美元的，可以享受进口所需设备免交3年增值税的税收优惠。缴纳营业税的企业年营业额需要超过5835万德拉姆，不同行业税率不同。财产税对企业生产性财产和建筑按0.6%征收。土地税则按土地用途和地区差异而定。[②]

（四）外资企业获得土地的规定

依据亚美尼亚《土地法》的规定，外国法人可以获得除农业用地之外的

① 商务部国际贸易经济合作研究院、商务部投资促进事务局、中国驻亚美尼亚大使馆经济商务参赞处，“对外投资合作（地区）指南——亚美尼亚（2014年版）”，http：//www.fdi.gov.cn/1800000121_25_486_0_7.html，访问日期：2016-01-05。

② 同上。

其他土地类型的所有权，但对农业用地只能获得使用权。

三、贸易法律体系

亚美尼亚主管贸易的政府部门是亚美尼亚经济部。亚美尼亚与贸易相关的法律主要有《外国投资法》《国家法人注册法》《贸易名称法》《海关法》和《保护经济竞争法》。

（一）贸易管理规定

亚美尼亚外贸经营权实行登记备案制，手续比较简便。企业可以在进行工商注册登记时在经营范围中列明外贸业务，随后到登记地所在辖区海关办理登记备案手续即可从事进出口贸易活动。

除武器、武器零部件、爆炸物、核材料、剧毒物及毒品等限制进口之外，亚美尼亚对进口商品不做限制。亚美尼亚对出口商品一律不征税，也无任何许可证要求限制。

（二）进出口商品检验检疫

亚美尼亚农业部国家食品安全局负责农产品、畜产品进口的检验检疫工作。亚美尼亚各边境口岸有专门人员负责对进口植物及植物产品进行检查，并要求进口商出示原产国有关机构签发的植物检疫证书。

（三）海关管理规章制度

亚美尼亚《海关法》规定对所有从亚美尼亚出口的商品免征关税；将进口关税划分为0%和10%两档，10%的税率主要针对贵重消费物品；按到岸价格征收。对于由亚美尼亚政府指定的投资方进口的货物、从亚美尼亚境内转运货物、国际运输中规定使用的运输工具、货币、股票以及以加工或再加工为目的的临时进出口货物免征进口关税。

四、劳动法律体系

（一）劳工制度

根据亚美尼亚2004年新《劳动法》，劳动合同主要分为定期和无限期两种，雇主有义务在员工开始工作7天内确认合同种类。解除合同须提前通知员工。只有经双方协商一致、合同到期、企业被依法取缔或者宣告破产、企业经济技术条件等发生重大改变以及雇员因故在不工作超过一定期限等情况下方可解除劳动合同。[①] 亚美尼亚法定工作时间为：一昼夜不超过8小时，一周不超过40小时。

（二）外国人在当地工作的规定

《外国公民在亚美尼亚共和国地位法》规定，外国人在亚美尼亚工作需要许可，许可由雇主到亚美尼亚国家劳动与就业管理局去申请，如果在一定期限内证明该岗位找不到本国人后才会给外国人发许可。投资企业的代表或其授权人、代表处的员工、来亚美尼亚给当地员工进行为期不超过6个月的技术培训的外国专家技术人员以及与政府签订合同项目的专家代表等则无须申请许可。

五、建筑法律体系

亚美尼亚《民法典》规定，外国承包商在亚美尼亚承包工程需获得有关政府部门的许可。工程承包项目中标以后，中国企业必须准备好国内商务部门的批文及其公司章程等相关文件，在亚美尼亚国家等级委员会注册公司或建立代表处，之后将获得亚美尼亚有关部门工程承包许可。[②]

亚美尼亚法律规定，外国自然人可以与亚美尼亚公民签署任何民法合同，因此外国自然人可以承揽发包方为自然人的工程项目。除涉及国家机密的军工等领域外，该国对外国承包工程没有限制。

---

① 具体指的是雇员因缺乏劳动能力连续超过120天不工作或在最近的一年里超过140天不工作等情况。

② 商务部国际贸易经济合作研究院、商务部投资促进事务局、中国驻亚美尼亚大使馆经济商务参赞处，“对外投资合作（地区）指南——亚美尼亚（2014年版）”，http：//www.fdi.gov.cn/1800000121_25_486_0_7.html，访问日期：2016-01-05。

六、小结

亚美尼亚国内有关投资、贸易、劳工及建筑的法律法规比较健全，对外国投资者的限制较少，加之公路、电网等基础设施建设需求较大，也是亚美尼亚政府鼓励投资的重点领域，对于我国基建类企业而言是较好的投资目标国。但是，因为领土争端问题，亚美尼亚与邻国阿塞拜疆及土耳其的关系一直比较紧张，近年来在纳卡地区周边一直与阿塞拜疆处于对峙状态，战争风险较大，投资亚美尼亚的企业应当尽量避开纳卡周边地区并考虑投保海 外投资战争险，以避免和减少投资风险。

摩尔多瓦共和国

一、国情简介

摩尔多瓦共和国（以下简称摩尔多瓦）地处东南欧，首都位于基希讷乌。货币为摩尔多瓦列伊。官方语言是摩尔多瓦语，通用俄语。[①] 摩尔多瓦实行总统制、三权分立和公有制与私有制并存的社会制度，并在宪法中宣布永久中立。最高立法机关为摩尔多瓦议会，最高行政机关为其中央政府。

二、投资法律体系

摩尔多瓦投资主管部门是摩尔多瓦经济部及下属的投资和出口促进组织。与投资有关的主要法律法规是2004年新颁布的《摩尔多瓦企业投资活动法》。

（一）外资准入限制与投资方式

根据上述法律规定，除军事领域外，外国投资者可向任何领域投资。外国投资者可以用自由兑换货币或者从摩尔多瓦银行买入的其他货币、机器设备及其他财产或专利发明等知识产权进行投资。经摩尔多瓦经济和财政部的批准，外国投资者可以购置国家债券，投资摩尔多瓦私有化项目。[②]

---

① 商务部国际贸易经济合作研究院、商务部投资促进事务局、中国驻摩尔多瓦大使馆经济商务参赞处，“对外投资合作（地区）指南——摩尔多瓦（2014年版）”，http：//www. fdi. gov. cn/1800000121_25_ 518_ 0_ 7. html，访问日期：2016－01－05。

② “摩尔多瓦投资注意事项”，中华人民共和国驻摩尔多瓦经济商务参赞处，http：//md. mofcom. gov. cn/，访问日期：2015－11－09。

（二）设立企业的条件与程序

外国投资者在摩尔多瓦既可以直接组建开设各类企业，也可以通过购买当地企业的股份、股票和其他证券、知识产权等进行投资。摩尔多瓦规定设立股份公司须达到2万列伊的最低注册资金要求。

摩尔多瓦负责外资企业注册的管理部门是国家注册局，自然人与法人注册企业所需要提供的文件也有所不同。自然人需要提交本人身份证明和已支付的注册费清单。法人需要提交外国投资者本国发放的身份证明文件；外国企业注册证明；外国企业创立文件；外国企业开户行出具的该企业资信证明；投资方关于投资决定的证明性文件；已支付注册费的清单等。

（三）外汇管理制度与税赋情况

摩尔多瓦允许外币与摩尔多瓦货币相互兑换无限制，允许出口商保留外汇而不是交给国家，允许外国投资者直接将利润汇往国外。外国人可以携带不超过10 000欧元价值的现金出入境。

摩尔多瓦主要税赋有所得税、增值税、消费税、关税、印花税、营业税、不动产税、土地税、商业单位税、城市环境税、社会保障税、红利税与医疗保险税。此外还有个人需要缴纳的所得税、不动产税、土地税、增值税、消费税与交通工具税等。

（四）外资企业获得土地的规定

根据摩尔多瓦《宪法》《土地法》等法律规定，在摩尔多瓦注册的外资企业可以同本国企业一样进行土地和不动产的买卖，成为摩尔多瓦私有土地权的拥有者。但购买土地和不动产的自然人必须是有常住资格的公民。但外国投资者不能拥有农业和森林用地，只能和当地投资者合作或以合资企业的名义购买农用土地。

三、贸易法律体系

（一）贸易管理部门和法规

摩尔多瓦的对外贸易活动由国家对外贸易协调委员会、出口和投资促进组织（隶属经济部）、海关总署等多个部门协调管理。摩尔多瓦主要贸易法规有《摩尔多瓦企业投资活动法》《对外经济活动基本法》及《海关法》等。

（二）贸易管理的具体规定

摩尔多瓦实行自由的进出口贸易体制，所有依法注册的经济实体均有对外贸易经营权。对某些产品实行进出口管制主要是为了保证国家安全以及人民健康和加强动植物的保护。这些产品主要包括武器、炸药、核材料以及生产这些产品所需的技术和设备；医药产品、医药和光学仪器、化学反应物、消炎药品以及生产这些产品所需的原料。

实行进出口配额的商品有活畜、肉、烟叶、粮食、食糖、植物油、牛奶及奶制品。实行进出口许可证的商品有部分农产品、能源、部分金属等。政府同时对一部分农产品实行了最低出口价格的限制。[①]

四、劳工法律体系

摩尔多瓦于2003年3月颁布了《为谋职者提供就业及社会保护法》，同年8月颁布了新的《劳工法》。

法律规定职工每周的劳动时间为40小时，特别艰苦的劳动必须有额外的休息时间，超时工作给予经济补偿。每年标准的最短休假时间为24个工作日。妇女可享受带薪休假。

摩尔多瓦实行较为严格的外籍劳务和用工许可管理制度。2008年初，摩尔多瓦政府实施更加灵活的用工政策，根据实际需要每年作出调整，但严格的外来用工配额制度并未有实质性松动。

外国人在摩尔多瓦就业须通过雇主向移民局申请劳动许可证。劳动许可证分为定期劳动许可证和永久劳动许可证。定期劳动许可证期限为1年，主要颁发给移民劳工；永久劳动许可证为期1年，但经当事人申请可以延长1

---

① 商务部国际贸易经济合作研究院、商务部投资促进事务局、中国驻摩尔多瓦大使馆经济商务参赞处，“对外投资合作（地区）指南——摩尔多瓦（2014年版）”，http：//www. fdi. gov. cn/1800000121_25_ 518_ 0_ 7. html，访问日期：2016 -01 -05。

年，申请延长的次数不限（摩尔多瓦参加的同际条约另有规定的除外），其颁发对象为在摩尔多瓦境外有稳定住处而在摩尔多瓦边境地区工作的外国人。

五、建筑法律体系

除军工以及涉及国家安全的工程项目不对外资开放之外，外资可以参与其他工程项目的承包。外国公司在摩尔多瓦承包工程需获得由相应的项目主管部委颁发的许可。涉及一般工程项目的管理部门是摩尔多瓦建设与地区发展部。该部颁发的项目许可包括所有的建筑设计，包括改造、大修、加固、配套设施建设以及还原修复的工程。摩尔多瓦所有工程项目均要采取招标方式进行，招标采用公开和非公开两种。

摩尔多瓦法律允许以外国自然人名义注册的企业承包工程项目，但摩尔多瓦发包单位一般会对承包企业资质提出要求。

六、小结

摩尔多瓦第二产业薄弱，农业是其主要产业，国内经济抗风险能力较弱，因此对于市场限制较多，经济环境较为闭塞，投资贸易的政治性风险较大。但由于背靠欧盟与俄罗斯的地缘优势使得在摩尔多瓦的投资更具有吸引力。

波兰共和国

一、国情简介

波兰共和国（以下简称波兰）地处欧洲中部，首都位于华沙，货币为兹罗提，官方语言是波兰语。境内矿产丰富，煤炭储量居欧洲前列。波兰还是世界琥珀生产大国。

波兰地理位置优越，人力资源素质高且成本低，国内多项投资优惠政策支持，近年来经济保持持续增长。2014 年，波兰信息与外国投资局参与达成 47 项投资项目，投资总额近 18 亿欧元。外国投资者投资最多的行业是 BPO，其次分别是汽车行业、研发领域、航空行业、木材行业以及电子和 ICT 行业。[①] 此外，波方积极欢迎中国企业参与其私有化项目。

二、投资法律体系

根据波兰投资主管机构波兰信息和外国投资局（PAIiIZ）[②] 制定的外商投资政策，在波兰从事经济活动主要依据《民法》《经济自由法》《商业公司法》及《国家法院注册法》等。

（一）外商投资准入行业及限制

根据波兰《经济活动自由法》，外商可投资行业分为限制类和鼓励类。

---

① 各行业项目数量及总金额依次为 34 个项目，总额 6.2425 亿欧元；14 个项目，总额 5700 万欧元；12 个、9 个和 6 个。

② 波兰信息和外国投资局（PAIiIZ），http：//www. paiz. gov. pl/en? lang_ id = 17，访问日期：2015 - 10 - 25。

除涉及军工、石化、输变电及电信服务等几个少数领域不对外资开放外，多数领域均不做限制。自2005年1月1日起，从事“矿藏勘探、开采，在山体中（包括地下矿山巷道内）进行无容器的物质储藏或废料存放，炸药、武器、弹药以及军事和警用产品与技术的制造和经营，燃料和能源的生产、加工、储藏、运送、分拨以及销售，人身和财产的安保，航空运输，广播电视节目传播”活动必须获得相关政府主管部门颁发的特许，有效期一般不少于5年，不超过50年。对于仓储、电信、制酒以及劳动中介等约20种受特殊管制的经济活动，需满足相应条件并登记注册。

波兰政府鼓励外商投资的重点领域包括基础设施、能创造新就业机会的工业投资以及新兴行业等。主要包括高速公路建设、干线改造、铁路现代化及通信网络改造；新设企业或并购重组、国有金融机构、能源、电力、化工、造船、煤矿、冶金、机械、医药、食品等企业私有化；高科技人才培养投资及研发科创机构基础设施投资；再生、节约能源的投资；以及对贫困地区和高失业率地区的投资。①

波方国有企业以土地、工厂、部分车间等不动产作价与外资企业合作时，须向国库部申请许可。来自欧盟及欧洲自由贸易区的外国投资者可适用与波兰企业相同的经营法规。②

（二）投资企业设立程序

根据《商业公司法》及《国家法院注册法》相关法律规定，外国企业在波兰可注册的企业形式包括代表处、分公司、有限责任公司和股份公司4种形式。获准在波兰定居的外国公民享有与波兰公民同等的注册公司的权力；

---

① 商务部国际贸易经济合作研究院、商务部投资促进事务局、中国驻波兰大使馆经济商务参赞处，“对外投资合作（地区）指南——波兰（2014年版）”，http://www.fdi.gov.cn/1800000121_25_482_0_7.html，访问日期：2016-01-05。

② 波兰信息和外国投资局（PAIiIZ），http://www.paiz.gov.pl/polish_law，访问日期：2015-10-25。Polish law for investors（According to the Economic Freedom Act of July 2nd, 2004 foreign persons [1] from the EU and European Free Trade Agreement zones belonging to the European Economic Area may undertake and run business on the basis of the same rules applicable to Polish entrepreneurs.）.

在波兰没有永久居留权的外国公民，只能在波兰设立有限合伙公司、有限股份合伙公司、有限责任公司和股份公司。[①]

注册子公司，要求资本金50000兹罗提（约合12500美元），需到地区经济法院登记，雇用律师拟定公司章程并由波兰公证处公证，母公司的法人代表及经营情况也需一并提供。分公司的设立需由总公司或其委托人向地方法院经济庭注册处申请注册。[②] 设立公司的一般步骤可根据波兰信息和外国投资局（PAIiIZ）相关介绍实施。[③]

（三）外资并购及上市程序

波兰《外资企业法》允许外资并购当地企业，但限制外资在电信、航空、渔业、广播等领域的并购及外资持股比例。根据《国有企业私有化法》，外资参与并购波兰国有企业，须由国库部拟定转让的国有企业清单，并通过国库部网站、报纸等途径向潜在投资者（包括外国投资者）发布。[④]

《公私合营法》规定公私合营中“公共实体之资本占比50%以上、拥有合营实体半数以上股权、履行监督管理职责并有权指派合营实体监督管理会半数以上成员”。[⑤]私人合伙人可以为外国企业。[⑥]

外国企业还可在波兰收购企业上市，通过向波兰证券委员会提出上市申请报告，经专家评估后形成正式招股说明书。招股说明书经审核后，公司发表上市声明并进行公开招股，最后申请挂牌上市。企业申请上市程序最快的

---

① “我企业或个人在波兰注册公司的程序及应注意的问题”，中华人民共和国驻波兰共和国大使馆，http：//pl. chineseembassy. org/chn/jm/t271532. htm，访问日期：2015－10－25。

② 同上。

③ 波兰信息和外国投资局（PAIiIZ），http：//www. paiz. gov. pl/polish_ law/forms_ of_ doing_ business，访问日期：2015－10－25。

④ 商务部国际贸易经济合作研究院、商务部投资促进事务局、中国驻波兰大使馆经济商务参赞处，“对外投资合作（地区）指南——波兰（2014年版）”，http：//www. fdi. gov. cn/1800000121_ 25_ 482_ 0_ 7. html，访问日期：2016－01－05。

⑤ ACT of the 19th of December 2008 on public－private partnership，Article2。

⑥ 同上。

可在3周内完成，一般需要5~6个月。[①]

三、贸易法律体系

在波兰，经济、劳动和社会政策部主管对外经济贸易活动。相关法律主要有《经济活动自由法》《对外贸易管理法》《反倾销法》《海关法》《商品和服务对外贸易管理法》《防止某些纺织品和服装过量进入波兰关境法》《防止商品过量进入波兰关境法》《进出口农食品国家标准监督法》和《外汇法》等。[②]

（一）进出口规则

适用于波兰的欧盟共同体之进出口禁令，涉及安全、人类、动物和植物健康、文化文物安全等领域。禁止进出口的具体物品有：某些可用于执行死刑、酷刑或其他残忍的、非人道的和虐待或惩罚的工具；侵犯某些知识产权的商品；伊拉克文物；向利比里亚出售、无偿转交或提供与军事活动有关的技术援助，从利比里亚进口未加工的钻石、木材和木制品；某些种类野生动物的皮毛和其他制品的进口；濒危动植物贸易；自乌克兰进口无矿物油含量标准确认证书的葵花籽油。

波兰禁止猫、狗皮及其制品的进出口；从第三国进口某些种类海豹幼崽的皮革及其制品，石棉及其制品。[③] 波兰禁止进口的产品还包括有毒制品、废弃物品、动物饲料、二冲程汽车、使用6年以上的旧轿车、使用10年以上的旧货车、缺少生产日期和损坏严重的车辆等。[④]

---

① 商务部国际贸易经济合作研究院、商务部投资促进事务局、中国驻波兰大使馆经济商务参赞处，"对外投资合作（地区）指南——波兰（2014年版）"，http：//www. fdi. gov. cn/1800000121_ 25_ 482_ 0_ 7. html，访问日期：2016-01-05。

② 中华人民共和国驻波兰共和国大使馆经济商务参赞处，http：//pl. mofcom. gov. cn/article/ddfg/waimao/200404/20040400214844. shtml，访问日期：2015-10-25。

③ 同上。

④ "波兰进口贸易的主要政策措施"，中国商品网，http：//ccn. mofcom. gov. cn/spbg/show. php?id=5378，访问日期：2015-10-25。

（二）非关税措施

波兰的非关税措施包括配额、数量限制与许可证制度。汽油、柴油、燃油、葡萄酒以及其他含酒精饮料、烟草制品等适用数量限制；枪支、弹药、放射性物质、某些化工产品、含酒精饮料、某些食品和农产品需申办经营许可证及特许执照。[①] 波兰的许可证制度不同于欧盟，主要包括自动登记许可证、配额及关税配额三项内容。关税配额分配按先到先得的原则或按申请总量或过去销售额之百分比进行。配额许可证有效期通常是120天。

药品进入需获波兰医药医疗和剧毒产品管理局的许可。化妆品制造商或进口商需对进口化妆品登记注册，具体登记内容参见波兰国家化妆品信息服务处公开信息。食品和农产品监督委员会监督管理进入波兰的食品和农产品。[②]

四、劳工法律体系

关于外资进入波兰相关的劳动体制及劳工保护制度，主要法律法规有：《劳动法》《工会法》《外国人法》等。波兰信息和外国投资局就劳工问题分别进行了介绍性描述。[③]

（一）劳动合同订立与解除

根据波兰《劳动法》，雇佣合同有无固定期限、固定期限、完成一定工作量以及雇员代替合同（该类型用于某员工在某段时期内合理缺勤，雇主在该段时期内与另一劳动者签订固定期限合同）4 种。不超过 3 个月试用期的试用合同优先于上述 4 种类型的合同。雇佣合同需在员工正式开始工作前以书面形式订立，如雇员开始工作之日未签订合同，应提供书面证明证实合同

① “波兰进口贸易的主要政策措施”，中国商品网，http：//ccn. mofcom. gov. cn/spbg/show. php? id =5378，访问日期：2015 －10 －25。

② 同上。

③ 波兰信息和外国投资局（PAIiIZ），http：//www. paiz. gov. pl/polish_ law/labour_ regulations，访问日期：2015 －10 －25。

条件成立。雇佣合同项下任何条款之变更需书面作出说明。《劳动法》相关规定应为雇佣合同内容并以书面方式得以确认。①

协议约定解除条件的，雇主提出终止合同的，需向雇员支付离职金（尤其是合同终止的原因不可归因于雇员一方的情形）。雇主以通知的形式或协议约定的情况下单方要求解除合同、或合同终止归因于雇主自身、或雇主保留至少20个雇员时，需向解雇的雇员支付离职金。雇员依工作年限享有金额不等的离职金，为雇主工作两年以内的可获得1个月津贴，工作2~8年的获得2个月津贴，工作8年以上的享有3个月津贴。②

在通知解除合同的情形下，合同在一定期限后解除（如通知期届满）。雇主只有在《劳动法》规定的条件成就时才可通知解除劳动合同。通知期限的长短取决于劳动合同的类别。通知期限内，雇员仍按正常情况领取工资。③

在一些特殊情况或时期，雇主不得通过通知方式解除劳动合同，例如：员工因休假、产假缺勤；员工有医生证明的病假；临近退休年龄（少于4年）的员工；孕妇；员工是工会积极分子。④

（二）工作时间及休假

根据波兰《劳动法》，劳动者每天工作时间不超过8小时，每周不超过40小时。例外情形包括，为保护人类生命健康、财产与环境及实施紧急修复工作而需要展开救援行动时或雇主有特殊需要时，工作时限可超过上述规定。除非协议另有约定，一年加班时间不得超过150个小时。每周工作时间（包括加班在内）不超过48小时。⑤ 所有劳动者都享有带薪休假的权利。工作时

---

① 波兰信息和外国投资局（PAIiIZ），http://www.paiz.gov.pl/polish_law/labour_regulations，访问日期：2015-10-25。Labor Regulations（2. Types of employment contract）。

② 波兰信息和外国投资局（PAIiIZ），http://www.paiz.gov.pl/polish_law/labour_regulations，访问日期：2015-10-25。Labor Regulations（3a. Termination with the agreement of the parties）。

③ 同上，Labor Regulations（3b. Termination with notice），（Employment contract notice periods）。

④ 同上，Labor Regulations（3d. Protection against termination）。

⑤ 波兰信息和外国投资局（PAIiIZ），http://www.paiz.gov.pl/polish_law/labour_regulations，访问日期：2015-10-25。Labor Regulations（4. Working hours）。

间10年以下的可休假20天，工作10年以上的可休假26天。[①]

（三）工会法

针对大规模裁员、工会、雇用临时工问题，除《劳动法》外波兰还出台其他专门法律。[②] 目前，波兰境内影响最大的两个工会分别为团结工会和全波工会协会。[③]《工会法》规定，拥有50个及以上雇员的企业应当向员工告知其享有组建工会的权利。工会选举需要至少10%的员工提议进行。非经工会同意，雇主不得终止劳动合同，或给予雇员低于原来水平的工作环境及薪水。工会的基本权利主要是获取关于雇主经济状况、雇佣水平与结构之变动与维持、任何对雇佣基础有重大影响的诉讼情形等的知情权和咨询权。[④]

五、建筑法律体系

波兰信息和外国投资局在投资法规项下对波兰境内投资建筑行业作出总括性描述。波兰涉及建筑标准的主要法律包括但不限于《建筑法》《总体规划法》以及《工程服务特许经营法》等。其中《公私合营法》《工程服务特许经营法》及《收费高速公路和国家道路基金法》允许BOT方式合作建设工程项目。[⑤]

（一）建筑工程土地

开发者可购买不动产，若该不动产权属清晰并用于规划目的，则可以开始工程建设许可申请程序。该过程需获得基于地方总体规划而直接颁发的最终建筑许可，如无此规划，则须根据专门的规划决议颁发。获得占用证代表

---

① 波兰信息和外国投资局（PAIiIZ），http：//www.paiz.gov.pl/polish_ law/labour_ regulations，访问日期：2015－10－25。Labor Regulations（4. Working hours），Labor Regulations（5. Vacation）。

② 商务部国际贸易经济合作研究院、商务部投资促进事务局、中国驻波兰大使馆经济商务参赞处，“对外投资合作（地区）指南——波兰（2014年版）”，http：//www.fdi.gov.cn/1800000121_ 25_ 482_ 0_ 7.html，访问日期：2016－01－05。

③ 同上。

④ 波兰信息和外国投资局（PAIiIZ），http：//www.paiz.gov.pl/polish_ law/construction_ process，访问日期：2015－10－25。

⑤ 同上。

工程建设许可申请程序的结束。[①] 自2004年起，波兰大多数总体规划项目已到期终止。因此，除非地方政府通过了新的研究及规划方案，投资者则必须遵守现行的程序法规取得规划决议，无此决议则无法获得建筑许可。[②]

（二）建筑工程合同及许可

根据波兰《建筑法》，在波兰投资建筑事业需签订建筑合同。未经投资方同意，建造方不得与分包方签订并履行合同。投资方与建造方对分包方应当获得的款项承担连带责任。在波兰，建筑合同可采用FIDIC模板合同。[③]

建筑工程的开展需经相关部门（指市长）最终颁发不可撤销建筑许可决议。《建筑法》还规定无需建筑许可的工程类型，包括：农业生产、独立单层建筑、电力设施、自来水供应及污水排放系统、建筑物供气、供暖以及通讯连接装置、特种停车位、工程修复以及有关建筑设施的翻新改建工程。[④]

（三）建筑工程申请程序

投资者申请建筑许可证，需附随主要规划书副本、预估用水与能源消耗量以及污水排放量、土地开发方式及特点描述、投资项目技术参数及环境影响力说明。规划决议案还需提交工程环评。[⑤]关于规划决议颁发所需材料、无效情形、颁发程序、地方总体规划案修改与采纳诉请问题以及赔偿等其他相关问题都可参见波兰信息和外国投资局（PAIiIZ）网下设的建筑工程相关法规介绍之资讯版块（如《总体规划法案》）。

此外，波兰《农田森林保护法案》规定，农业用地或森林不得用于建筑工程建设。[⑥]该法也规定了一些例外情形。

---

① 波兰信息和外国投资局（PAIiIZ），http://www.paiz.gov.pl/polish_law/construction_process，访问日期：2015-10-25。Construction process（Background Information）。

② 同上（Background Information）。

③ 同上，Construction process（Construction Work Contract）。

④ 同上，Construction process（Obtaining a building permit）。

⑤ 同上，Construction process（Application for planning conditions）。

⑥ 同上，Construction process（Exclusion of land from agricultural or forest use for building purposes）。

六、小结

中国在波注册企业主要投资领域涉及贸易和服务、制造业、房地产、工程承包等。截至2013年年末，中国对波兰直接投资存量2.57亿美元，但中国并不是波兰外资主要来源国。[①] 中国企业在波投资不仅需关注该国投资、贸易方面政策法规，还需特别注意关于劳动者工会法律保护问题。近期波兰与印尼签署关于造船、食品和医疗等行业的合作备忘录，给波兰造船业提供了机遇。[②]

① 波兰信息和外国投资局（PAIiIZ），http://www.paiz.gov.pl/polish_law/construction_process，访问日期：2015-10-25。Construction process（Exclusion of land from agricultural or forest use for building purposes）. 第46页。

② “波兰与印尼签署合作备忘录”，中国江西网，http://news.jxnews.com.cn/system/2015/09/16/014277306.shtml，访问日期：2015年10月25日。

立陶宛共和国

一、国情简介

立陶宛共和国（以下简称立陶宛）地处欧洲地理中心，主要民族是立陶宛族，波兰族、俄罗斯族、乌克兰族、犹太族只占少数。官方语言为立陶宛语，主要信仰罗马天主教，少数信仰东正教和路德教等。

立陶宛是民主共和国，议会制国家，议会是国家最高立法机关，实行一院制。立陶宛党派数量多，本届政府由社民党、劳动党、秩序与正义党和波兰人选举运动四个党派联合执政。

二、投资法律体系

立陶宛境内建有 4 个工业区、7 个自由经济区和 5 个高新技术园区，鼓励外国投资者来立投资。投资主管部门有两大部门，立陶宛经济部负责制定有关投资政策，下设投资署负责具体执行。相关法律有《立陶宛投资法》[①]和《立陶宛公司法》等。

（一）公司设立

根据立陶宛公司法的规定，有限责任公司的最低注册标准为 2896 欧元，股份有限公司最低注册标准为 43 343 欧元。立陶宛注册中心为该国注册企业

① 中华人民共和国驻立陶宛经商处，http：//lt. mofcom. gov. cn/article/ddfg/，访问日期：2015－10－19。

的受理机构。[1]

注册有限责任公司的程序包括名称预核准、提交注册公司所需的相关文件；开立一个金额不少于2900欧元的银行有效账户；向公证机关提交认证申请以及通过注册中心完成企业注册。[2]

（二）投资准入

立陶宛投资法禁止外国投资者进入国家安全和国防安全保障领域（但立陶宛选定的符合欧洲和泛大西洋一体化原则，且国家国防委员会给予支持的经营主体投资除外），其他所有合法的经济和商业项目均对外资开放。如果有关行业法规对特定经营主体实行许可证管理，则经营主体必须依据相关法律和法规所规定的程序取得经营许可证。[3]

（三）投资方式

投资者在立陶宛共和国境内可依据法律所规定的程序，通过以下方式进行投资：设立经营主体，收购在立陶宛共和国注册的经营主体的股份或部分股份；收购各种形式的有价证券；兴建、收购长期资产或使其增值；投资者向已拥有部分股份的经营主体提供借款或其他资产，试图取得经营主体控制权或向其施加明显影响力；履行许可经营合同、租赁赎买（租赁）合同，以及政府主体与私营主体合营合同。[4]

三、贸易法律体系

加入欧盟以后，执行欧盟统一的对外贸易政策，包括统一的关税、进口

---

① 商务部国际贸易经济合作研究院、商务部投资促进事务局、中国驻立陶宛大使馆经济商务参赞处，“对外投资合作（地区）指南——立陶宛（2014年版）”，http://www.fdi.gov.cn/1800000121_25_501_0_7.html，访问日期：2016－01－05。

② 《立陶宛公司法》第2条，http://policy.mofcom.gov.cn/PDFView?id=EFC5E138－CC6B－4E3C－9980－995A9A98DC09&libcode=flaw，访问日期：2015－10－19。

③ 《立陶宛投资法》第8条，http://lt.mofcom.gov.cn/article/ddfg/201410/20141000752190.shtml，访问日期：2015－10－19。

④ 《立陶宛投资法》第4条，http://lt.mofcom.gov.cn/article/ddfg/201410/20141000752190.shtml，访问日期：2015－10－19。

禁令、进口许可和技术性贸易壁垒和检验检疫措施。立陶宛对外贸易主管部门主要是经济部和外交部，其中经济部主要负责改善国内商业和投资环境、促进立陶宛企业出口等。外交部主要负责会同经济部制定本国对外贸易政策。①

四、劳工法律体系

立陶宛《劳动法》规定用工单位和劳动者必须签订书面合同。② 雇佣双方必须在合同内明确工作报酬。普通工种的工作时间不得超过每周 40 个小时，每天不超过 8 个小时。标准的每周工作时间为 5 天，特殊情况下不得超过 6 天。雇佣方可要求被雇佣方加班工作，但加班时间不得超过连续两天总计 4 个小时，或每年不得超过 120 个小时，特殊情况下在双方同意的前提下，加班时间不得超过每年 180 个小时。每月最低工资标准为 800 立特（约合 306 美元）。加班工资至少应为正常工资的 1.5 倍以上。

欧盟以外国家的非立陶宛长驻人口可在立陶宛临时工作，但必须得到立陶宛劳动交易所颁发的劳动许可。欲在立陶宛工作 3 个月至半年的外国公民必须获得临时居留许可。外国公民可向立陶宛各驻外使领馆申请居留许可，已合法进入立陶宛境内的外国公民可直接向立陶宛内务部下属的移民局提交申请。持有立陶宛短期访问签证的外国公民不能申请居留许可。③

五、建筑法律体系

立陶宛与建筑有关的法律主要包括《立陶宛宪法》《立陶宛建筑法》《土地法》及《立陶宛经济活动环境影响评估法》等。

---

① 商务部国际贸易经济合作研究院、商务部投资促进事务局、中国驻立陶宛大使馆经济商务参赞处："对外投资合作（地区）指南——立陶宛（2014 年版）"，http：//www. fdi. gov. cn/1800000121_25_ 501_ 0_ 7. html，访问日期：2016 -01 -05。

② 中华人民共和国驻立陶宛共和国大使馆参赞处，http：//lt. mofcom. gov. cn/，访问日期：2015 -10 -19。

③ 同上。

根据立陶宛宪法，外国企业或外国人通过租赁方式获得国有土地使用权，使用权限最长为99年。

立陶宛建筑法规定建筑物的安全性、防火、防震、对相邻建筑和环境的影响具有较高的要求，新建建筑工程项目、现有建筑重建项目、新技术投产或现有技术或生产方式升级或改变、产品型号改变、产品质量或类别改变、地址及自然资源勘探活动以及土地、森林及水资源调查活动等均需进行环境影响评估。详见我国商务部网站发布的有关立陶宛建筑法律规范的具体规定。①

立陶宛《特许经营权法》规定可在以下基础设施和公用事业领域开展特许经营：能源；公路系统；水经济（有关水的开采、储蓄、处理、净化等）；废水的处置以及运输等；废物利用、循环和管理；公路、桥梁、隧道、公园以及其他公路交通的设施；健康医疗系统；通信设施；教育系统；港口和河坝建设；机场设施；公共交通设施；旅游设施设备；文化、体育、休闲设备和其他设施。②

六、小结

立陶宛作为欧盟成员国，法制法规较健全，且都与欧盟接轨，本国货币与欧盟实行固定汇率制，本国货币币值较稳定；社会治安良好，犯罪率低，劳动力素质高，可作为中国企业进军欧盟市场的入口。立陶宛工会联盟是立陶宛最大以及最具影响力的工会组织，该组织独立于政府、企业主以及其他公共组织之外，主要维护工人的权利，并在有关劳动和社会待遇与福利上影响政府的决策。我国企业在对立陶宛进行投资时应当充分注意到立陶宛公会联盟的巨大影响，在劳工问题上积极与其协商，保持良好的沟通与合作，以避免劳工纠纷导致的投资损失。

---

① 《立陶宛建筑法》第4条，http：//policy. mofcom. gov. cn/PDFView？id＝62A15C40－9C2B－4885－A77A－51E5DC73ADC2&libcode＝flaw，访问日期：2015－10－19。

② 具体参见Law on Concession of the Republic of Lithuania Article 3，http：//policy. mofcom. gov. cn/PDFView？id＝0CBC5B1E－F086－4A7D－84CF－96067301EB56&libcode＝flaw，访问日期：2015－10－19。

爱沙尼亚共和国

一、国情简介

爱沙尼亚共和国（以下简称爱沙尼亚）地处东欧波罗的海沿岸，西向波罗的海，北向芬兰湾，南面和东面分别同拉脱维亚和俄罗斯接壤。首都塔林是全国的政治、经济、文化中心，有“波罗的海的硅谷”之称。爱沙尼亚居民主要信仰基督教、东正教。爱沙尼亚货币是欧元，官方语言是爱沙尼亚语。

爱沙尼亚政治上实行多党制和议会民主制，总统由议会选举产生，任期5年，同时是爱沙尼亚全国武装力量的最高统帅。现任总统托马斯·亨德里克·伊尔韦斯对内主张实行市场经济，吸引外资。

自1991年9月中国与爱沙尼亚建交以来，两国友好关系不断发展，1992年签订《经济贸易协定》，1993年签订《投资保护协定》等，这为两国经贸关系发展创造了有利条件，2013年中爱贸易在爱沙尼亚外贸伙伴中排名第10位。爱沙尼亚于1999年成为WTO成员国，2004年加入欧盟，目前没有对外签订区域贸易协定。2013年全年进出口贸易额259.4亿欧元，其中出口122.7亿欧元，进口136.7亿欧元，贸易逆差14亿欧元。主要贸易伙伴包括：芬兰、瑞典、拉脱维亚、俄罗斯和德国。爱沙尼亚进口和出口排名前三位的均为电子和机械产品、矿产品和矿物燃料、农产品和食品。

二、投资法律体系

（一）投资主管部门及主要投资法律法规

爱沙尼亚的投资主管机构是经济事务部下属的爱沙尼亚投资局。目前，在波兰从事经济活动的法律依据主要是《外国投资法》《企业法》及《营业税法》等。

（二）《外国投资法》

爱沙尼亚《外国投资法》规定外商与当地公民和法人享有相同的法律地位。外国投资者（外国法人、外国公民、永久居住地在外国的爱沙尼亚侨民、无国籍人士和国际组织）在爱沙尼亚创办企业时可以自由选择合作伙伴，对投资方式、投资期限、利益分配等，只要不违反当地法律，政府不加干预。

爱沙尼亚对下列行业外资准入有如下特殊要求：

爱沙尼亚银行、保险、证券行业的市场准入参照欧盟相关法律并依据爱沙尼亚《信贷机构法案》《保险业务法案》以及《证券市场法案》的规定。

作为欧盟成员国，爱沙尼亚有关投资的规定与欧盟的法律相一致。外国企业可以以现金、实物、无形资产等直接投资形式，或者以购买当地企业股票、证券等有价证券的间接投资方式向爱沙尼亚投资。欧盟规定，欧盟委员会是负责企业并购中反垄断问题的最高权威机构，根据139/204号条例和第802/2004号条例，欧盟委员会只处理具有共同体意义的合并，那些不具有共同体影响的合并由各成员国负责竞争事务的部门处理。但在实践中，在禁止或限制涉及第三国企业并购问题上，欧盟委员会也同样具有域外管辖权。

爱沙尼亚对外国投资的优惠政策主要包括：企业所得税零税率政策，进行再投资部分可免征所得税，只有在企业的利润出现汇出或分配时，才征收企业所得税；出口产品免征20%增值税；政府对职工培训项目、研发项目、国内外展览项目可以提供项目支持经费。[①]

三、贸易法律体系

贸易主管部门是爱沙尼亚经济交通部，主要负责对工业、贸易、能源、

① “投资政策－政策法规”，中华人民共和国驻爱沙尼亚共和国大使馆经济商务参赞处，http：//ee. mofcom. gov. cn/article/jingmaotongji/200704/20070404606551. shtml，访问日期：2015－10－05。

住房、建筑、交通、物流等领域制定和实施国家经济政策及经济发展计划等。爱沙尼亚与贸易有关的法律主要包括 WTO 协定及相关的欧盟法规，如反倾销法、反补贴规定、贸易壁垒规定、战略物资商品目录、欧盟对战略物资的管理规定及相关的国际协定等。

爱沙尼亚是欧盟成员国，执行欧盟贸易政策，并按照欧盟标准修改了关税制度、商品进口限制、准入制度、认证制度等相关法律。爱沙尼亚对进口商品的品质检验也提升至欧盟标准。欧盟有关非关税壁垒和贸易救济措施在爱沙尼亚同样适用。自 2009 年起所有生产商、经销商都被登记录入欧洲"贸易活动经营者登记备案识别系统，并获得一个唯一的 EORI 号，在从事对外贸易活动时，须向海关和进口商提供该号码。

爱沙尼亚对外贸易中存在禁止或限制进出口的规定，其中禁止或限制进出口的商品目录参见中华人民共和国驻爱沙尼亚共和国大使馆经济商务参赞处政策法规栏目。

四、劳动法律制度

（一）劳动主管部门及主要法律法规

爱沙尼亚规范劳动市场的部门为爱沙尼亚劳动部。主要法律有《爱沙尼亚宪法》《国际劳工组织公约》《劳动合同法》《集体协议法》及《工会法》。

（二）《劳动合同法》

爱沙尼亚《劳动合同法》规定，雇员每周工作 5 天，每天工作时间不能超过 8 小时，每年有 28 天的休假时间，退休年龄为 63 岁。并且规定在爱沙尼亚工作应当签订劳动合同，其包含以下法定要素：明确的当事人；签订合同和正式开始工作的日期；工作职责；薪金；工作时间、地点；假期时间。[①]

（三）《外国人法》

爱沙尼亚依据《外国人法》对外国人和相关劳动者进行管理，内容主要

① Estonian Investment Agency—Labor market, http://www.investinestonia.com/en/investment-guide/labour-market#section-labour-legislation，访问日期：2015-10-05。

包括：拟在爱沙尼亚工作的外国人必须持有当地移民局颁发的居留许可；在爱沙尼亚雇佣外国人的雇主必须为雇员填写居留许可，并将此表交给爱沙尼亚劳动局以获得劳工许可；如果外籍劳动者受雇于多个雇主，则要分别办理劳工许可；爱沙尼亚只对合法收入能够保证在爱沙尼亚生存而获得居留许可的外国人发放工作许可。

有永久居留权的外国人以及 1995 年 7 月 1 日以前申请并已获得居留许可的外国人无须办理劳动许可证；持有学习居留证的外国人，实习期间在爱沙尼亚工作可以不用申请劳工许可，但从事的工作要同所学的课程相关。其他情况下工作须持有劳工许可并不需占用学习时间。①

爱沙尼亚对外籍劳务配额管理非常严格，欧盟成员国以外国家公民不易获得劳动许可。尤其金融危机以来，爱沙尼亚本国失业严重，对外籍劳动者需求锐减。

五、建筑法律体系

爱沙尼亚与工程建筑有关的法律主要包括《设计法》《建筑法》《环评法》《商法》《土地改革法》等。

根据爱沙尼亚《建筑法》，外国公司可以参与爱沙尼亚当地工程承包，不受行业的限制。只要按照有关规定注册实体、申请施工许可、按时缴纳税费即可。在爱沙尼亚进行工程建筑需满足以下条件：除了小型建筑外，在开始建筑之前必须获得由当地政府签发的建筑许可证，但是建筑许可证持有者无权在未获得房主同意或满足许可证特殊要求的情况下进行建筑。工程的设计和建造必须符合法律和良好建筑实践的要求，并且建筑和建筑设计不能威胁他人的生命健康安全和财产权利。建筑需满足在爆发火灾时仍能在一定期间内保持主体框架结构稳定的条件，并可以限制火灾或烟雾扩散的速度，同

① 商务部国际贸易经济合作研究院、商务部投资促进事务局、中国驻爱沙尼亚大使馆经济商务参赞处，“对外投资合作（地区）指南——爱沙尼亚（2014 年版）”，http：//www.fdi.gov.cn/1800000121_25_510_0_7.html，访问日期：2016－01－05。

时还必须配备逃生通道。所有有害于人身健康的噪声、化学物品、光污染、有毒气体、烟雾和工业废水都禁止排放；建筑物在经营和使用的过程中，必须具备抵御滑动、高空坠物、碰撞、火灾、电击和爆炸的能力；建造而产生的噪音必须保持在不损害房屋使用人生命健康并使他们能舒适安逸生活的合理限度之内；建筑物的隔离装置、加热、冷却和通风设备必须符合建筑物使用目的。其使用的能源必须符合当地的气候状况。①

爱沙尼亚招标方式主要采用公开招标、限制性招标及议标三种形式。其中限制性招标适用于招标方对投标方有特殊的选择标准，或者在资格确认方面对招标方有利等情况；议标则适用于没有投标者或者没有合适的投标者参加而使开招标失败时的情况。②

同时，在参与政府招标项目时，须同时满足以下条件：参与人或公司必须是生活或居住在爱沙尼亚、欧盟成员国内或是加入 WTO 政府采购协定的国家。由于中国尚未加入该协定，目前中国公司尚不能享受平等待遇。中国公司可与爱沙尼亚建筑公司合作参与政府招标项目。

六、小结

爱沙尼亚政局稳定，经济逐步复苏，社会治安状况良好，开展投资的政治风险、经济风险、政策风险和自然风险较小。但要特别关注天气情况，爱沙尼亚雨雪天气多，寒冷季节长，会对露天作业或货物的长途运输产生一定的影响。此外，机械产品、精密仪器等对爱沙尼亚出口时，需要经过欧盟标准认证，认证时间长，在签署合同时务必注意，以免延误交货期限导致不必要的损失。

① Building Act，http：//www. legaltext. ee/et/andmebaas/tekst. asp? loc = text&dok = X50072K2 & keel = en&pg = 1&ptyyp = RT&tyyp = X&query = building + act，第 3 条第 1、3 ~ 7 款，访问日期：2015 - 10 - 04。

② 商务部国际贸易经济合作研究院、商务部投资促进事务局、中国驻爱沙尼亚大使馆经济商务参赞处，"对外投资合作（地区）指南——爱沙尼亚（2014 年版）"，http：//www. fdi. gov. cn/1800000121_ 25_ 510_ 0_ 7. html，访问日期：2016 - 01 - 05。

拉脱维亚共和国

一、国情简介

拉脱维亚共和国（以下简称拉脱维亚）位于东欧平原，当地人主要信奉天主教、基督教和东正教。货币为欧元，官方语言是拉脱维亚语，英语、俄语和德语较为普及。该国是独立的民主共和国，三权分立。该国于2004年加入欧盟。

拉脱维亚的工业和农牧业发展较好，自然资源有石灰石、石膏、白云石、砂砾以及泥炭等。机电产品、烟草、木材及制品是主要出口商品，机电产品、矿产品和化工产品是主要进口商品。外国直接投资主要分布在房地产、批发与零售贸易、金融、电信和以出口为导向的制造业。[①]

我国是拉脱维亚在亚洲最大的贸易合作伙伴。该国向我国出口的商品主要为通信器材、金属产品、化工产品和木制品等；从中国进口的主要商品有电子和电器、纺织品和皮革服装等。[②] 我国对拉脱维亚的直接投资不多，集中在餐饮业，生产性项目投资仍属空白。拉脱维亚已与我国签署了《关于对所得和财产避免双重征税和防止偷漏税的协定》《关于促进和保护投资的协定》《关于中国自拉脱维亚进口牛肉的检疫条件议定书》《关于中国自拉脱维

---

① 张云薇："拉脱维亚：'走出去'不可忽视的市场"，载《国际市场》，2004年第8期，第56~58页。

② 中国驻拉脱维亚大使馆经济商务参赞处，http：//lv. mofcom. gov. cn/article/ztdy/? 访问日期：2015－10－7。

亚进口羊羔肉的检疫条件议定书》等多项双边协定。

二、投资法律体系

拉脱维亚的投资主管机构是经济部和投资发展署。投资发展署是经济部的下属机构，旨在吸引外国投资、促进本国商品与服务的出口，并且建立了信息中心来帮助当地企业和外国投资者寻找合适的商业伙伴和投资项目。①

（一）企业设立

拉脱维亚对外国投资者实行国民待遇，外商可设立有限责任公司、股份有限公司、分公司或者办事处。外国银行得到拉脱维亚国家银行许可后，有权在其境内开设分行和分支机构。

《拉脱维亚公司法》规定，分公司没有法人资格，但其仍是独立的纳税主体；办事处不是法人实体，无权开展业务经营活动。有限责任公司和股份有限公司的董事会应至少有3名成员，且须一半以上成员在拉脱维亚有固定居所。② 拉脱维亚的企业登记主管机关是企业注册局。该国公司税率为15%，在欧盟成员国中较低。③

（二）优惠待遇

拉脱维亚鼓励外来投资，由国家支持的大型投资项目可获得数额相当于总投资额40%的税收补贴；高技术产品的投资项目可减免30%的税收；中小型外资企业减税可达20%。地方政府还可根据当地的发展战略和地区需要减免投资项目的不动产税，最多可下调90%。④ 此外，在建筑材料制造、港口、食品、医药、旅游、医疗设备制造等领域从事经营活动的外资企业可享受减

① IDAL (Investment and Development Agency of Latvia), http://www.liaa.gov.lv/invest-latvia/investor-business-guide/foreign-direct-investment，访问日期：2015-10-8。

② "拉脱维亚主要工商管理法规"，中国驻拉脱维亚大使馆经济商务参赞处，http://lv.mofcom.gov.cn/article/ztdy/200711/20071105201517.shtml，访问日期：2015-10-07。

③ "拉脱维亚投资环境及政策"，中国驻拉脱维亚大使馆经济商务参赞处，http://lv.mofcom.gov.cn/article/ztdy/200710/20071005195172.shtml，访问日期：2015-10-07。

④ "拉脱维亚投资环境介绍"，中国驻拉脱维亚大使馆经济商务参赞处，http://lv.mofcom.gov.cn/article/ztdy/201205/20120508105016.shtml，访问日期：2015-10-07。

税优惠。①

拉脱维亚共拥有 4 个经济特区，分别为里加自由港、文茨皮尔斯自由港、利耶帕亚区和雷泽克内区。政府为经济特区内的企业提供房地产税及所得税的减免可达到80%~100%；对红利的代扣所得税减免 80%，对使用智力成果产品所支付的费用减免 80%；区内涉及进出口商品的服务不征收增值税等优惠政策。②

三、贸易法律体系

（一）贸易管理

拉脱维亚对外贸的管理主要通过关税调节并辅以个别商品的配额和许可证。

白糖是该国唯一实行配额制度的进口产品。需要取得许可证的进口产品有酒精制品、烟草制品、烟花爆竹和糖类产品。进口香烟必须由海关重新打印标记，并征收印花税；酒类进口则由国家专卖局统一调配。③

出口方面，金属和废钢铁类须获得经济部办法的许可证。财政部海关司是发放出口商品产地证的主管机构。在该国依法登记注册的公司法人均有权进行进出口贸易。

（二）关税政策

自 2004 年加入欧盟后，拉脱维亚对进口关税采用欧盟统一关税政策，根据《关于建立欧盟海关法典的第 1913/92 号法规》对海关税则、原产地原则和海关估价做了统一的规定。

---

① “拉脱维亚投资法修改”，中国社会科学院俄罗斯东亚中欧研究所，http：//euroasia. cass. cn/news/102868. htm，访问日期：2015－10－10。

② “拉脱维亚对外资的鼓励政策”，中国驻拉脱维亚大使馆经济商务参赞处，http：//lv. mofcom. gov. cn/article/ddgk/201412/20141200820400. shtml，访问日期：2015－10－08。

③ “美国国务院：2015 年拉脱维亚投资环境报告”，国研网，http：//www. drcnet. com. cn/eDRCnet. common. web/docview. aspx？chnid＝5714&leafid＝22568&docid＝4024983&uid＝8004&version＝YDYL，访问日期：2015－10－25。

下列物品免征进口关税：过境运输商品；人道主义援助及赠品；来拉脱维亚居住或迁出的自然人所持的继承财产与日用品；用于展览目的的商品和其他物品；残疾人用汽车或其他物品；供科教机构或图书馆使用的书及其他类似印刷品；各类计算机及其配件；用于科学实验的动物、生物、化学药品。此外，对于用来再加工的商品、进入经济特区的商品、过境和临时进口的商品不征收进口增值税和进口关税。

四、劳工保障法律体系

（一）劳动法概述

拉脱维亚与劳工管理相关的部门有国家就业局、劳动力监管局和移民局。《拉脱维亚劳动法》规定，签订劳动合同后雇主可以对雇员进行不超过3个月的试用，且试用条件应在劳动合同中明确。在试用不满意的情况下，雇主可辞退雇员而不支付补偿金。雇主应对雇员的加班时间准确计算，并支付双倍工资；节日工作的报酬为平时的两倍。在冬季，雇主应为雇员安排取暖和休息的地方。在室外从事装卸工作或在其他无取暖地方工作的劳动者，有权获得专门的取暖和休息时间，这个时间应包括在工作时间中。

对于未成年人，法律规定未满16岁者在有父母证明和劳动证书的情况下，可以参加劳动。不满18岁的劳动者在劳动法律关系上的权利与成年人平等，但应经过医疗检查后才能工作。法律禁止不满18岁的劳动者上夜班、加班或在休息日上班。此外，未成年人在劳动保护、工作时间、休假和劳动条件等方面，具有受保护的优先权。

（二）外籍劳工管理

欧盟成员国公民在拉脱维亚工作的，无须办理工作许可；非欧盟成员国的公民赴拉脱维亚工作的，必须获得工作许可，许可由公民及移民局负责签发。由雇主向就业管理部门办理劳动许可手续，然后在公民及移民局办理聘请手续，接着在拉脱维亚驻外国使馆办理过渡签证手续，最后经过公民及移民局核准材料通过的可获得工作许可证。①

由于本地失业率高，政府严格控制外籍劳务的输入。外籍劳工在当地主要从事制造、运输、服务和商业领域的工作。雇主雇用外籍劳工时，需向移民局提出申请，在当地报纸登招聘启事，1 个月内在当地没有找到合适的人选，方可申请聘请外国人。申请时，雇主须提供该外国人具有从事该项工作资格的证明。

五、建筑法律体系

在拉脱维亚获取建筑工程许可，需要经过以下流程：地域规划，现场考察地块和基础设施状况，编制详细规划；环境影响评估；向地方政府提交建设意向申请；向当地建设局提交设计及技术图纸并得到批准，必要时请专家评估。签发建设工程许可一般需要 30 天，许可有效期大部分情况下不超过 1 年。如果建筑规程违反法律规定或承建方自收到许可 1 年内仍未开工建设，建设许可将被依法撤销。②

属于公共项目的建筑工程的招投标有公开招标、限制性招标、竞争性谈判等方式。投标方亦可根据情况进行联合投标。

六、小结

拉脱维亚地处欧盟的东部边缘，是很多国家与欧盟、美国和俄国贸易的运输中转站。我国可以将其作为良好的商品转运地和出口商品的增值地，利用其优势，将该国作为我国企业和商品进入欧盟的一个商业通道。

---

① “赴拉脱维亚的工作准证如何办理”，中国驻拉脱维亚大使馆经济商务参赞处，http://lv.mofcom.gov.cn/article/zxhz/zzjg/201412/20141200820745.shtml，访问日期：2015-10-10。

② “在拉脱维亚承揽工程项目的程序”，中国驻拉脱维亚大使馆经济商务参赞处，http://lv.mofcom.gov.cn/article/zxhz/zzjg/201412/20141200820742.shtml，访问日期：2015-10-13。

捷克共和国

一、国情简介

捷克共和国（以下简称捷克）地处欧洲中部，首都为布拉格。捷克主要是捷克族，其次为斯洛伐克族、德意志族以及少量波兰族和罗姆族（吉普赛人）。官方语言为捷克语。主要的宗教为罗马天主教。

捷克是最早承认中华人民共和国的国家之一。两国的经贸关系始于1950年。2013年两国贸易额达93.5亿美元，同比增长8.3%，根据中国海关统计，近年来中国对捷克出口的主要物品包括船舶及浮动结构体、皮革制品、机械器具、电子产品及其附件等。捷克对中国出口的主要物品包括电机、电气、音像设备及其零备件、钢铁制品、肥料等。近几年，中捷经贸合作水平不断提升，投资不断扩大。2013年中国对捷克直接投资流量为1784万美元，直接投资存量为2.05亿美元。①

二、投资法律体系

捷克是欧洲地区经济开放度比较高的国家之一。从政策方面来看，除了化学武器及与其有关的化学材料是捷克政府明令禁止内外资进入的领域外，其他领域均不限制进入，但是对涉及军品工业、核燃料开采、对环保产生不

---

① 商务部国际贸易经济合作研究院、商务部投资促进事务局、中国驻捷克大使馆经济商务参赞处，“对外投资合作（地区）指南——捷克（2014年版）”，http://www.fdi.gov.cn/1800000121_25_492_0_7.html，访问日期：2016-01-05。

利影响的行业以及部分矿产资源开采等领域的投资进行了限制。根据《捷克贸易法典》规定，凡在捷克法院登记注册的经营实体都享有相同的政策待遇。

（一）投资主管机关

工业和贸易部是捷克政府主管外国投资的部门，其与财政部、环境部、劳动与社会事务部等部门合作制定吸引外资的政策。投资署是工贸部的下属半官方机构，主要职能是促进捷克吸引外国投资，为投资者提供投资政策和投资与经营环境方面的专业咨询和信息服务，帮助投资者与有关政府部门联系，协助国外投资者与捷克供应商建立合作关系，对投资优惠申请进行初步审核。国家银行主要负责对捷克吸引外国投资和捷克对外投资进行统计监测，对证券、资本和外汇市场进行监管。经济竞争保护局则负责对工贸部批准的投资鼓励政策是否符合公平竞争原则进行审查和监督，对政府采购进行监督。[①]

（二）外国投资法

捷克涉及外商投资的法律包括1991年生效的《贸易许可法》《商法》和《破产兼并法》以及1992年生效的《外国人法》，还包括上述法令的修正条文。如果企业申请投资优惠，则适用2000年《投资鼓励法》及其修正条文。捷克《投资鼓励法》于2000年5月1日生效。此后，分别于2002年、2004年、2007年和2015年对该法进行了修订，主要是放宽对外资投资领域的限制，采用欧盟国家支持规则，减少对制造业投资项目的税收优惠和资金补贴，加大对技术中心和商业支持服务投资项目的支持力度。[②]

（三）公司形式与设立条件

根据《商法》的具体规定，公司的形式主要为以下几种类型：有限责任

① 商务部国际贸易经济合作研究院、商务部投资促进事务局、中国驻捷克大使馆经济商务参赞处，“对外投资合作（地区）指南——捷克（2014年版）”，http：//www. fdi. gov. cn/1800000121_ 25_ 492_ 0_ 7. html，访问日期：2016－01－05。

② “捷克吸引外资的政策”，中国驻捷克经济商务参赞处，http：//cz. mofcom. gov. cn/article/ddfg/tzzhch/201005/20100506915139. shtml，访问日期：2015－10－07。

公司、股份有限公司、普通商业合伙公司、合伙公司（包括有限合伙与共同合伙）、合作社以及外国企业在其境内设立的分公司等。此外，《商法》还允许设立所谓的欧洲公司和欧洲经济利益集团。外国投资者在捷克境内可设立有限责任公司、股份公司、分公司进行各类商业活动。①

捷克负责企业经营范围审批和营业执照核发的部门是工商管理局。根据捷克《营业许可法》规定，从事任何营业活动均需事先向工商管理局申报，经核准后进行营业登记并签发营业执照。从事特殊行业的，须获得特许营业执照。企业在获得营业执照后，还需向所在地商业法院办理商业登记注册，经法院核准并获得营业登记证书后，公司才算正式成立。

注册企业的主要程序包括：准备公司成立文件；申报经营范围和申领营业执照。新修订的《营业许可法》将工商管理局受理和批准营业申请的时限由15日缩短至5日；开立注册资金专用账户；税务登记；社会保障登记，雇主和员工必须按照法定缴款比例缴纳各自应负担的缴款额；劳动用工登记。企业获准注册后，应尽快在当地劳动局办理离劳动用工登记，报告已签订劳动合同雇员人数。具体的设立条件可以参见商务部对外投资与经济合作司发布的《捷克投资指南》。②

此外除了上述传统商业模式，外国投资者还可以通过股份收购或资本市场并购或收购上市公司对捷克境内的企业进行投资。遵守捷克国家证券监督委员会以及布拉格证券交易所关于信息披露制度和程序的规定，外资可以通过市场买入上市公司流通的股票，当购入量达到5%时要向交易所进行通报，在成为收购公司的第一大股东时必须召开股东大会，向股东以及交易所进行通告。对于非上市公司的收购可以与股东协议转让股权，在股权转让完成后，新股东必须向工商部门通报情况。一旦成为目标公司大股东或者买入了国有

---

① 商务部国际贸易经济合作研究院、商务部投资促进事务局、中国驻捷克大使馆经济商务参赞处，"对外投资合作（地区）指南——捷克（2014年版）"，http：//www. fdi. gov. cn/1800000121_ 25_ 492_ 0_ 7. html，访问日期：2016 -01 -05。

② 同上。

股份，股票之后的转让将受到《证券法》规定的制约，即后续转让价格至多只能比买入价低15%，不设上限。

（四）投资优惠政策

捷克政府鼓励外资进入高新技术制造业、商业支持服务领域、研发领域。捷克第72/2000号法案《投资激励及相关法律的修订案》规定，捷克共和国境内投资的投资者可享受投资激励补助。捷克和外国法人实体与自然人从事经营活动的，均可申请。投资激励补助的领受人必须是注册办公地点在捷克共和国境内的法人实体。支持的领域包括制造业生产企业的设立和扩建；技术中心、研发中心的设立和扩建；工商业支持服务中心的设立和扩建，包括共享服务中心、软件开发中心、高科技维修中心。[①]

符合条件的投资者可享受的补助包括：（1）为期十年的企业所得税的减免；（2）降低土地转让金；（3）对创造30万克朗价值以上就业岗位的企业给于现金津贴；（4）为新进员工或者在再就业员工进行培训的花费，进行高达50%现金补贴；（5）对特殊工业区的企业给予最高为期五年的财产税减免；（6）只针对战略投资产业提供资产购置的现金津贴。[②] 这里的战略投资产业是在制造业领域，政府批准的资产至少达到5亿克朗投资的项目，实质性资产要达到2亿5千万克朗以上以及至少要创造500个新增就业岗位；其次对于技术中心领域政府批准的投资，资产至少要达到2亿克朗，实质性产业投资要达到1亿克朗以及至少要创造100个新增就业岗位。[③] 2015年5月1日，捷克对《投资鼓励法》进行了新的修订，新法主要在投资鼓励措施和适用标准上作出一定修改。从整体看，加大了投资鼓励力度。

所有申请优惠政策的企业向捷克投资局提出申请。如符合条件，投资局将申请提交给工贸部审批，并征求财政部、劳动和社会事务部、环境部和竞

---

① Investment Incentives Act，捷克投资署，http：//www. czechinvest. org/data/files/incentives - brochure - 3298 - en. pdf，访问日期：2015 - 10 - 07。

② 同上。

③ 同上。

争保护局的意见。作出给予投资鼓励决定的过程约需 2 个月。获批准后，投资者应在 3 个月内决定是否接受鼓励优惠。若投资人同意接受，则应通知捷克投资局，取得投资奖励的确认文件。

为吸引外资和满足投资者对工业基础设施的需求，捷政府自 1998 年开始出资鼓励建设工业区。他们一般分布在交通动脉周边，拥有较为完善的基础设施并发挥着衔接产业链的作用。到 2008 年年底，捷克政府共支持建设了 101 个市级工业园，总占地面积约为 3129 公顷。这些工业园区主要分布在乌斯季、中波西米亚和摩拉维亚地区。在工业园区里，还在土地转让和租金等方面提供诸多优惠政策。

三、贸易法律体系

（一）贸易主管机关

捷克主管贸易的政府部门是捷克工业和贸易部，其主要职责是制定工业能源和内外贸易政策和法规、制定和实施外经贸国别政策，负责多边和双边对外经济贸易谈判；负责与世界贸易组织等国际经济组织合作；管理技术标准、计量和国家测试、电子通信和邮政服务。捷克工业与贸易部还直接管理投资局、外贸发展局、商检局、国际技术标准、计量和测试局、国家能源检查局等机构。

（二）与贸易相关的规定

2004 年 5 月加入欧盟之后，捷克开始执行欧盟统一对外经济政策，并相应调整捷克对外经济法律。其中，有关贸易的法规主要包括：共同出口政策（欧委会（EEC）No. 2603/69）、关于出口信贷保险的规定（欧委会指令 98/29/EC）、关于对进口实施共同规则的规定（〈EC〉3285/94 号）、关于从某一非欧盟国家进口的规定（〈EC〉No. 519/94）、欧盟关于进口的数量限制程序（〈EC〉No. 520/94）等。

在进口方面，捷克进口关税相对较低，但欧盟框架内存在较多反倾销、反补贴、检验检疫、消费者保护等贸易保护措施，还有其他贸易壁垒。在出口方面，仅对少数产品实施出口限制，主要涉及短缺物资、敏感技术、关系国家或社会公共利益、人类和动植物健康等方面的产品，如铀矿、死刑用电椅及相关设备、武器、军民两用产品和技术等。捷克限制对中国出口武器和部分高技术产品，如高精密机床等。

根据欧盟关于产品质量管理规则，非欧盟国家的产品必须经过欧盟授权检验机构检验并确认其质量符合欧盟标准，才能在欧盟市场销售。捷克产品技术标准和认证标志已同欧盟接轨，产品质量认证主要涉及机械设备技术标准规则、通用电压电子设备技术规则、玩具标准规则、武器弹药技术标准和评价程序规则、烟花制品技术标准和评价规则以及化工产品标准规则等。在商品出口检验检疫方面，只有外国进口商对捷克出口商提出要出具商品相关检验证书时，才办理出口商检手续。动植物检验检疫工作由捷克农业部下属国家动物检疫局和国家植物检疫局负责。根据捷克有关规定，为保障国内食品安全和控制疫情，凡进口或过境运输活畜、鲜冻肉及其他肉食品等，进口商应向农业部申请动物检疫许可证，填写产地国、目的国、种类、数量等。植物或者植物产品在进口或过境时，需出示产品原产国检疫机构签发的检疫证书，并接受边境口岸植物检疫人员的检查。此外国家植物检疫局还公布禁止入境或过境的植物、植物产品及有害生物目录。

捷克对出口商品一般不征收出口税，而且还实行退还增值税的政策；对进口商品根据国别分类征税，进口税率分为普通税率、最惠国税率和普惠税率3类。此外，还根据情况加征各种附加税。对非欧盟国进口的货物，进口商可选择在进入欧盟的第一个进口地海关清关，也可以选择到进口目的国海关清关。欧盟货物出口程序同进口一样，但货物必须经过欧盟边境国的海关离开欧盟税区。[1]

---

① 商务部国际贸易经济合作研究院、商务部投资促进事务局、中国驻捷克大使馆经济商务参赞处，“对外投资合作（地区）指南——捷克（2014年版）”，http：//www.fdi.gov.cn/1800000121_25_492_0_7.html，访问日期：2016-01-05。

四、劳工法律体系

捷克对于劳动者的保障体现在《就业与失业法规》《劳动法》《外国人居留法》等法律当中。捷克《就业与失业法》规定了失业救济金的数额和领取救济金的期限：一旦失业，前三个月可以领取的金额相当于之前收入的50%，接下来的三个月则只能领取相当于之前收入额45%的救济金。规定年龄在50岁以下的失业者的领取期限为半年，50岁至55岁之间（包括本岁）的失业者领取期限为9个月，55岁以上的人员至多只能领取1年。如果失业者经过培训，重新获得就业资格，则可领取之前收入60%的失业补贴。由此可见，重新获得就业资格的失业者领取的失业补贴与无就业资格证书的失业者领取的失业救济金相差2.8倍。

（一）雇佣的相关规定

根据《劳动法》，雇员与雇主设立劳动合同的必须包括以下各项：工作内容、工作地点、开始工作时间、工资、雇员义务、解雇通知期以及雇员的最低工资和福利，雇主必须为雇员缴纳法定的各种保险金和强制性的工伤保险，以及替政府预扣雇员的所得税。①

根据捷克政府第228/2000号决议，雇员人数超过20人的企业必须雇用占雇员人数比例5%的残疾人，以此保证残疾人的就业权利，企业没有达到相关比例，则必须交纳一定数量的捐税。捷克法令还规定，雇员有组织或参加任何工会的自由，捷克政府对工会的建立和竞争采取开放的态度，任何企业主都不能干涉雇员的工会组织，工会有权代表雇员与雇主谈判。如工会要求，雇主应该与其签订集体谈判协议。协议内容主要包括雇员工资、应得利益。除此之外，雇主组成的雇主协会与工会之间还需要签订更广范围的协议，在某些特定的情况下，这些协议在捷克劳动和社会事务部的监督下生效。捷克法律规定，雇主有义务为雇员的个人信息保密，有义务为原雇员提供其就

---

① Labour Code，捷克劳动与保障部，http://www.mpsv.cz/en/1609，访问日期：2015-10-07。

职证明和其他有关个人资料。

（二）外国人居留与工作的规定

捷克《外国人居留法》规定，外国人必须获得居留许可和劳动许可才可以在捷克境内工作。由于捷克境内的老龄化问题，以及年轻人的从业意愿问题，捷克的建筑业、林业、采矿业等部门对外来劳工依存度较高。但是由于捷克前几年遭受全球经济危机的影响，国内失业率较高，对于外籍劳工的引进又实行了较为严格的审核程序。例如，雇主须先向当地劳动部门提出雇用申请，附上公司营业执照副本，说明雇员将要担任工作的性质、雇员住所及费用出处、工作期满后雇员返回的路费保障方式等，并且必须证明这项工作捷克本国人不愿意做。申请得到批准后取得雇用外籍劳工许可证，最后才能与雇员签订劳动合同。雇员首先必须提供捷文版的个人资料、经公证的职业证书和健康证明，然后办理劳动许可证及居留许可证，最后签订劳动合同。但是，对于非本国国籍雇主的企业，则不需要向劳动局申请获得雇用外籍劳工许可证，以贸易许可形式规定在捷克工作的外国人，即从事贸易或投资活动的外籍人士不需要办理劳动许可证。[①] 2011 年捷克政府修订《外国人居留法》，推出了“蓝卡”计划，通过简化延长居留时间的申请程序来吸引高素质高技能人才。2014 年再次修订《外国人居留法》，规定以新的外国员工卡代替之前的“蓝卡”和工作签证，将两证并为一证，进一步简化外国投资者办理工作签证的程序，缩短办理签证的时间。

五、建筑法律体系

捷克法律法规规定，除了军工工程、对环境可能造成污染的工程以及某些资源开采项目等须获得特许之外，其他的工程项目外国投资者均可参加。外国投资者在捷克境内承包工程首先必须在捷克境内设立公司，在工商登记

① “捷克劳动力市场概述”，中国驻捷克经济商务参赞处，http://cz.mofcom.gov.cn/article/ddfg/laogong/200511/20051100774340.shtml，访问日期：2015－10－07。

部门注册并取得相关营业执照，然后缴纳项目建设总额1%的竞标保证金，就可以参加工程项目的投标。自然人不能直接承揽工程项目。符合规定取得执照的项目公司与捷克本国境内的承包企业享受同等待遇。

捷克法律规定，600万克朗以上的公共建筑必须通过招标方式实施，小额公共合同可以通过内部或小范围议标方式实行。私人建筑工程项目可自主决定是否采用公开招标方式。2006年颁布实施了《捷克特许经营法》详细规定了签订特许经营合同（BOT）的程序。根据该法，业主与特许经营者签订合同后，向经营者提供服务或产品，取得利润并承担责任。①

（一）工程招标与公共采购程序

捷克公共采购体系以欧盟的《关于协调水利、能源、交通和邮政服务实体采购程序的指令》和《关于协调建筑工程、货物和服务公共采购程序的指令》为法律基础，在国家层面出台了《公共采购法》（Act No. 137/2006 Coll., on Public Procurement）和《特许权合同与特许权程序法》（Act No. 139/2006 Coll., on Concession Contracts and Concession Procedure）。《公共采购法》历经多次修改，现行的是2010年12月7日修改生效的版本。

捷克地方发展部是捷克公共采购主管部门。根据《公共采购法》，公共采购的执行实体包括公共管理机关、政府资助机构和行业采购实体3类。

捷克法律规定了5种公共采购程序，分别为：公共程序、限制程序、协商程序、竞争对话程序以及限额以下简化程序。② 公开程序是捷克最常用的公共采购程序，主要程序包括：

（1）招标公告。国家出资项目由主管政府部门发布信息，地方州市发布本地区建设项目信息，私有化项目招标信息由财政部发布；基础设施建设项目公共采购信息由捷克交通基础设施基金、公路局、铁路局、民航局等机构

① 商务部国际贸易经济合作研究院、商务部投资促进事务局、中国驻捷克大使馆经济商务参赞处，"对外投资合作（地区）指南——捷克（2014年版）"，http://www.fdi.gov.cn/1800000121_25_492_0_7.html，访问日期：2016-01-05。

② 限额以下是指600万克朗以上的建筑工程采购和200万克朗以上的货物与服务采购。

发布。国家招标项目的投标期限一般是发布之日起180天。

（2）公开投标。捷克法律规定，无论投标方是否属于GPA成员国，只需要满足捷克认可的资格条件，均可参与投标。外国投标者只需要提供相关资格证明原件和经认证的捷克语翻译件。

（3）评标和授标。招标人必须设立独立公正的评标委员会，评标和授标必须依照经济有利或最低投标价两个标准之一进行，不得以投标人的资质标准代替授标标准。公共合同必须以书面方式签订。

参与捷克建筑工程招标的外国企业必须首先在捷克注册成立公司，并取得建筑营业执照。外国公司申请捷克建筑营业执照的条件是要委任一名捷克的注册工程师或建筑师作为公司建筑业务责任人（即持牌人），并与其签署承担公司建筑业务持牌人身份证明文件。同时，为保证公司正常运转并有能力承接工程项目，建筑公司还要申请获得设计、建立、施工、技术、安全、环保等不同执照。外国企业多选择直接收购或参股捷克现有建筑企业进入捷克工程承包市场。中国工程承包企业也可以通过相似的方式进入捷克建筑领域。但是建议事先雇请当地的专业律师事务所或工程法律顾问提供相关服务。外国承包商应申请加入捷克建筑企业协会。

工程项目投标人须满足基本资格条件、专业资格条件、财务资格条件和技术资格条件。捷克建筑企业协会是捷克“认证合格建筑承包商系统”的管理机构，对通过资格审查的企业将获得资质证书并被录入由该协会管理并在捷克地方发展部备案的“公共采购合格企业名录”（公共工程部分）。名录内企业可凭资质证书直接参加招投标，证书有效期1年，通过年审可延期1年。一般资质要求可以参见商务部对外投资与经济合作司发布的《捷克投资指南》。[①]

---

① 商务部国际贸易经济合作研究院、商务部投资促进事务局、中国驻捷克大使馆经济商务参赞处，“对外投资合作（地区）指南——捷克（2014年版）”，http：//www.fdi.gov.cn/1800000121_25_492_0_7.html，访问日期：2016-01-05。

（二）外资企业获得土地相关法律规定

在捷克，根据法律规定，外国企业和居民均可获得捷克土地所有权。土地所有者有义务根据土地用途使用土地和依法进行管理。土地所有者须办理建筑审批手续。自2009年5月1日起，私人所有土地可自由向外国人或公司转让，不需要外国人有捷克永久居留权或要求外国公司在捷克注册，但对国有农用土地或森林用地转让有严格的限制。针对农业用地，欧盟居民或者获得捷克永久居留权的居民有优先权。在捷克注册法律实体（无论是外资或捷克资本）获得农业用地的条件很苛刻，需要与捷克土地基金进行谈判。森林用地仅能转让给市政府或某些公共机构。外国人购买房地产如需贷款，银行通常要求提供永久居留权或公司注册证明。

六、小结

捷克政府制定了一系列优惠政策吸引外商投资，尤其对其本国发展较为缓慢的行业和欠发达地区，优惠政策更为倾斜。但是，我国投资者也需要注意到，详细的法律规定往往意味着严格的条件和要求。另外，捷克首都布拉格因为地理优势地位，诸多优惠政策在这里并不适用，投资者在该地区进行投资也要多加注意。

斯洛伐克共和国

一、国情简介

斯洛伐克共和国（以下简称斯洛伐克）是中欧的一个内陆国家，当地居民信奉罗马天主教。货币为欧元，官方语言是斯洛伐克语。

斯洛伐克实行多党议会民主制和三权分立的政治制度，立法权、司法权和行政权相互独立，相互制衡。总统是全国武装力量最高统帅。国民议会为斯洛伐克最高立法机构，实行一院制，共150个席位，每届任期4年。政府由总理、副总理和各部部长组成。斯洛伐克政治稳定。

据中国商务部统计，2013年中斯贸易额达65.4亿美元，同比增长7.6%，创历史新高，斯洛伐克已成为中国在中东欧第四大贸易合作伙伴。在相互投资方面，截至2013年年末，中国对斯洛伐克直接投资存量8277万美元。斯洛伐克在华累计投资项目74个。

二、投资法律体系

（一）投资主管机关及主要法律法规

斯洛伐克的投资主管机构是斯洛伐克经济部，主要投资法律是《斯洛伐克商法典》。

斯洛伐克1991年《商法典》对外资并购流程作出了规定。根据该法第218条，外资收购或合并当地企业首先应与后者签署收购协议并经公证。协议中需列明：如以股权置换方式收购，双方股份的置换比率及各自股份的等级、种类、面值、限制转让条款等；如以现金方式购买被收购公司股份，溢价不应超过股份面值的10%；被收购公司普通股股东、优先股股东、可转换债券所有人、董事会及监事会成员的各项权利。

收购协议签署后，收购公司与被收购公司董事会向各自监事会提交并购报告供其审议，监事会通过后交由股东大会表决通过。双方股东大会批准收购后，收购公司持批准文件到公司注册部门进行收购注册登记。①

（二）投资行业的限制

技术创新等行业属于鼓励投资的行业。而外商投资军品生产、博彩业、广播电视、部分矿产资源开采及影响环保的行业则会受到一定的限制，投资者须满足相关行业要求并得到政府部门的许可后方能注册。

（三）投资援助

在斯洛伐克投资，可获得来自国家的投资援助。根据斯洛伐克《国家资助法》，政府向欠发达地区提供引资和创造新就业岗位支持，并将可能得到支持的投资项目分为工业、技术中心、共享服务中心以及旅游四大类。

国家提供投资资助的方式包括现金资助、所得税减免、对创造就业机会予以补贴、以低于市场价转让国有或地方政府拥有的不动产和财政馈赠补贴等。

申请享受投资鼓励措施须同时满足下列条件：在失业率10%以下的地区投资4亿克朗（1600万美元左右）以上的项目；在失业率10%以上的地区投资2亿克朗（800万美元左右）以上的项目；80%以上的销售收入来自该投资企业；投资项目在三年内开业；项目经过政府批准。②

① 商务部国际贸易经济合作研究院、商务部投资促进事务局、中国驻斯洛伐克大使馆经济商务参赞处，"对外投资合作（地区）指南——斯洛伐克（2014年版）"，http：//www. fdi. gov. cn/1800000121_25_ 519_ 0_ 7. html，访问日期：2016-01-05。

② 中华人民共和国驻斯洛伐克大使馆经济商务参赞处，http：//sk. mofcom. gov. cn/article/ddfg/200707/20070704882739. shtml，访问日期：2015-10-06。

三、贸易法律体系

（一）投资主管部门及主要法律法规

斯洛伐克经济部是斯洛伐克贸易主管部门。斯洛伐克与贸易相关的法规主要有欧盟规则、《斯洛伐克商法典》和《斯洛伐克海关法》。

（二）贸易管理相关规定

斯洛伐克的贸易管理大体可分为鼓励性政策和限制性政策两大类。鼓励性政策主要包括确定优先发展贸易的国别和鼓励领域、鼓励出口用本国原材料生产的具有竞争力的产品、出口退税、出口信贷和担保、支持中小企业发展外向型生产和出口。具体鼓励性政策和限制性政策可见中华人民共和国驻斯洛伐克共和国大使馆经济商务参赞处官网政策法规栏目。

四、劳工法律体系

斯洛伐克劳动政策主管部门是斯洛伐克劳动、社会事务和家庭部，调整劳动关系的主要法律为《劳动法》。

外国工作者在斯洛伐克境内工作，需要向工作地劳动、社会事务和家庭办公室申请工作许可，当局将视当地就业情况而非法律规定决定是否准许签发工作许可，工作许可证的有效期为1年。

雇主和职工之间的法律关系必须通过合同方式确定，在工作合同中，可以规定试用期，试用期一般为3个月。雇主可通过书面通知的方式解除劳动合同。没有说明任何理由而解除劳动合同的，雇主应在2个月前通知雇员。

公司解除劳动合同时必须满足下列条件之一：公司（或公司的一部分）因政府命令而解散或转让的；公司停止经营或公司的一部分被出让后，无法向雇员提供岗位；雇员长期因健康原因无法工作；雇员无法达到其从事工作的最低条件；其他正式原因，如企业改组等。因上述前3条原因解除劳动合同的，书面通知期限为解除合同前3个月。

根据斯洛伐克关于签证及居留许可的相关规定，如中国公民拟赴斯洛伐克进行为期6个月以上的工作，需履行工作许可及临时居留手续，具体程序：向斯洛伐克劳动管理局申请工作许可；通过斯洛伐克领事机构或直接向斯洛伐克外事警察局申请居留许可；入境后在斯洛伐克外事警察局办理后续手续。[①]

五、建筑法律体系

斯洛伐克项目建设分为公共采购部分和私人建设项目部分。斯洛伐克《公共采购法》规定：欧盟成员国承包商与第三国承包商享受同等的优惠待遇；承包商需要具备法人资格；其他条件：没有涉及因资不抵债而导致的破产及清算诉讼；在注册国没有拖欠税款的记录；在注册国没有因拖欠职工医疗保险费、失业保险费以及养老金而被当地法院起诉的记录；承包商及其附属单位没有经济犯罪的记录；最近五年没有严重违反行业操作规定的记录。

为证明承包商满足上述条件，承包商需要在其投标书中需要提交下列文件：政府有关部门出具的经营许可证；由当地税务局出具最近三个月的税务报告；当地法院或相关组织出具的最近三个月的无犯罪记录；与建设项目有关的各种行业资质证明；质量控制证书（必需符合斯洛伐克标准）或者被其他欧盟成员国认可的相关证书。

此外，承包商还需提交银行财务报告；投标项目投保证明；资产负债表；近三个月的财务盈亏报表以及投标保证金（不超过合同金额的5%，最多不超过5 000 000克朗）。[②]

---

① 中华人民共和国驻斯洛伐克大使馆经济商务参赞处，http：//sk. mofcom. gov. cn/article/ddfg/200707/20070704882739. shtml，访问日期：2015－10－06。

② "斯洛伐克基础设施建设介绍"，商务部公共商务信息服务，http：//ccn. mofcom. gov. cn/spbg/show. php？id＝5116&ids，访问日期：2015－10－06。

六、小结

斯洛伐克于2009年加入欧元区，近些年，欧元受欧洲债务危机和利比亚战乱等事件影响，汇率起伏较大。除此之外，斯洛伐克注重保护生态和环保，在环境标准方面执行欧盟标准，投资企业在斯洛伐克，应注意当地有关环保的规定，尊重当地良好的环保习惯。

匈 牙 利

一、国情简介

匈牙利是一个位于欧洲中部的内陆国家，首都为布达佩斯。官方语言为匈牙利语。匈牙利实行多党议会民主制。总统由议会选举产生。匈牙利的主要政党为中间偏左的匈牙利社会党、右翼的青年民主主义者联盟，极右派的匈牙利运动，另有其他大小政党数百个。匈牙利居民主要信奉天主教和基督教。

二、投资法律体系

（一）概述与法律框架

匈牙利政府重视吸引外国投资。外商直接投资由隶属于匈牙利外交事务与贸易部的匈牙利投资促进局主管。匈牙利法律保护建立私有实体，并获取、处分商业组织利益之权利。外国经济实体可以设立公司并进行合法的营利活动。除某些指定的国防、农业等产业之外，对外资持股比例不做限制。与外商投资相关的法律主要包括1991年《破产法》、1992年《国有企业改制经济组织法》、1994年《商品交换法》、1995年《私有化法》、1996年《竞争法》、2001年《资本市场法》、2006年《商业组织法》、2013年新修订的《匈牙利民法》等。

（二）外资鼓励政策

匈牙利政府鼓励出口导向型制造和高附加值的部门吸引外资，这些部门包括研究与开发中心、服务中心、制造业设备等。匈牙利政府认为，生物科技、信息通信技术、软件开发、汽车工业以及旅游业也存在较多投资空间。为此，匈牙利组建了“创新办公室”，积极支持信息、通信技术行业内中小企业、初创企业的发展。

政府对外国投资提供的优惠政策主要包括无息、低息贷款、补贴、补助等。另外，为解决就业问题，匈牙利还建立了就业基金。对于环保方面的投资，政府有关部门通过优惠贷款、无息贷款、补贴等形式给予扶持。

此外，匈牙利各级地方政府也为外商投资制定了相应的鼓励措施和政策。匈牙利政府对于企业的经营业绩要求适用于在匈牙利境内注册的各类企业。对外资企业的经营业绩要求，包括创造就业岗位、投资最低额等，可能被匈牙利政府用于外商投资企业设立、存续或扩张的条件。匈牙利政府对投资者购买本地资源并无要求，但是需要适用欧盟原产地规则。

匈牙利具有良好的投资者激励机制，对一定投资额以上的投资者（一般是1000万欧元或1100万欧元）实施特别激励计划。激励计划的重点是通过设立地方服务中心，对制造设施、物流设施、研究与开发设施、生物能源设施或旅游业投资等项目的投资者给予现金补贴、发展税津贴、培训补贴和就业岗位创造补贴。激励计划的制定和实施由HIPA组织落实，与欧盟关于竞争和国家援助规则及标准一致。

依据《匈牙利1988年外国投资法案》，非匈牙利本地投资者的投资和业务能够获得全面保护，给予外国投资者与本国投资者同等待遇，并且，外国投资者能够在其投资企业部分或全部终止时自由将投资资本撤回，并无特别的外汇管制措施。

按照匈牙利《金融监管法》，外国投资者投资金融机构和保险公司必须正式通知匈牙利政府，但并不需要事先获得政府的批准。在符合OECD相关规定和政策的前提下，外国金融机构可以在匈牙利设立分支机构运营跨境金融业务。但是，从中国投资匈牙利金融业实践来看，投资金融业可能仍然需要政府首肯，即一种实质为批准的备案管理。

2014 年 2 月 12 日，匈牙利总理欧尔班在访问中国时到访中国银行，称中国银行增设匈牙利分行的申请已获批，匈牙利政府将大力支持中国银行成为在匈人民币业务清算行。

（三）企业注册登记

依据《匈牙利商业组织法》，匈牙利实施强制的企业团体登记注册，由经济法院注册庭管理具体登记事务。注册处允许向公众提供登记企业信息。2014 年 3 月生效的新《匈牙利民法典》提高了在匈牙利注册公司需要符合最低注册资本的条件，注册有限责任公司从500 000福林提高到3 000 000福林，注册私人有限公司为5 000 000福林，股份有限公司为20 000 000福林。另外在匈牙利，许多外国公司是通过代表办公室运作的。

（四）企业税负

对 50 000 000 福林以下的会计利润按 10% 的税率征收企业所得税，超过此收入的为 19% 。在企业注册地的认定方面，若企业在匈牙利境内拥有管理办公室，即便其是在匈牙利境外组织成立，其仍然会被视为居民企业。与中国税法规定类似，对匈牙利公司获得的股利所得不征收企业所得税，但并不适用于内资公司控制的外资公司获得的股利。支付给非居民企业的红利不再征收预提税，支付给个人的红利征收 16% 的预提税。征收版税时仍适用上述原则。①

另外，匈牙利不征收资本税、工资税和印花税。不动产税在市行政区划一级征收，并且所有匈牙利的雇主均需缴纳社会保险税。

2010 年以后，匈牙利政府通过了一系列税收政策的变更，包括减少个人所得税及商业税税率，以增加匈牙利吸引外资的竞争力。然而，匈牙利政府会不时采取某些增税措施。

① Company Formation Hungary，http：//www. companyincorporationhungary. com/taxation – in – hungary，访问日期：2015 – 11 – 26。

三、贸易法律体系

（一）概述与法律框架

匈牙利贸易主管部门为国家经济部。匈牙利贸易政策和法规与欧盟基本一致，与贸易相关的法律法规主要包括《2005 年贸易法》、《商品贸易、服务及跨境和关境材料估价的政府法令》（贸易法令）（Government Decree No. 110/2004（Ⅸ. 28））、《外汇自由化及相关法修订法案》、《欧盟海关立法执行法案》和《匈牙利海关和金融保护法案》等。

匈牙利《贸易法令》也规定，对武器、放射性物质、可循环垃圾、有害垃圾、濒危动植物产品和派生物、监视设备、军事工程防御技术等进出口，必须在匈牙利贸易许可办公室办理许可证。

另外，对于涉及公共秩序、公共道德、公共安全以及人类、动植物生命和健康保护、国家财产保护和有关外汇专门手续等方面，匈牙利政府可不受欧盟内部市场和进口规定的限制，采取相应的措施。此外，匈牙利政府有关部门对药品（含精神药物）、化学品、废品、核产品的进出口也专门作了规定。

（二）海关管理

匈牙利海关主管部门为国家税务与海关总局。作为欧盟成员，匈牙利执行欧盟海关法规，包括欧盟关税标准法令、海关统计制度、欧盟关税税率和海关免税法令等。匈牙利和欧盟的关税税率可以通过欧盟网站查询。根据欧盟海关税则第 5 章规定，在匈牙利的投资者和经营者可请专业报关公司办理海关手续。在欧盟任何一国清关后，货物进入匈牙利不必再缴纳关税。

一般情况下，非欧盟货物利用货物原产地证明可以优惠关税进入匈牙利（相关出口国应与欧盟签署政府间贸易协议），同样欧盟货物也可以利用欧盟货物产地证明以优惠税率出口到其他国家。外资在匈牙利投资设厂，其产品增加值达到规定比例或经匈牙利政府特别认定，即可获得匈牙利（欧盟）原产地证明。

匈牙利实行欧盟的商品进出口检验检疫制度。匈牙利农业部食物链控制司负责按照欧盟共同农业政策和有关法规对食品和动植物产品进行进口检疫。

四、劳工法律体系

（一）《劳动法》与《反歧视法》的主要规定

匈牙利于1992年颁布并于2011年修订的《劳动法》和2004年开始实施的《反歧视法》对劳工关系的内容、劳资双方权利、义务、福利和报酬、就业保护、雇佣与解聘等作出了具体规定。

匈牙利《劳动法》规定雇佣合同必须以书面形式签署，并包括以下内容：雇员基本工资、工作内容和工作场所；工资以匈牙利福林支付；工资的20%可用实物或服务支付。签订雇佣合同时，雇主须向雇员告知以下内容：工作日程、工资组成、支付工资日、工作开始日期、带薪假期的计算和分配、终止合同的通知时限、陈述集体合同是否适用于雇员。经双方同意，雇主和雇员均可通过书面形式解除定期或非定期雇佣合同，试用期内的雇佣合同一经解除马上生效。雇主解除定期雇佣合同需支付剩余期限工资，但最多不超过1年工资。

匈牙利政府规定自2014年1月1日起，一般工人最低月工资为101 500福林，受过中等教育的技术工人最低月工资为118 000福林。雇主为雇员缴纳的社会保障金占支付雇员工资额的27%，雇员缴纳的社会保证金占其工资额的18.5%，由雇主在工资中代扣。社会保障金包括养老保险、医疗保险、失业保险3部分。

雇工正常工作时间是每天工作8个小时或每周工作40个小时。雇主可以要求雇员节假日加班，但一年加班时间不得超过200个小时。平时加班补贴为工资的50%，周末加班补贴为工资的100%，节假日加班补贴为工资的200%。

（二）外国人工作许可制度

《外国公民在匈牙利工作许可证法令》（Decree No. 8/1999）对外国公民在匈牙利就业作出了严格规定。外国公民在匈牙利工作必须由雇主申请工作许可证。工作许可证分个人工作许可证（含农业季节工）、团体工作许可证和团体工作许可证中的个人工作许可证3种。

发放工作许可证须严格满足下列要求：其一，只有没有匈牙利公民、欧盟公民或欧盟公民的亲属适合的岗位才能雇用外国人；其二，外籍劳工必须满足岗位的相关资质及其他要求；其三，须经雇主向当地就业局提出申请，并经就业局进行劳务市场调查或需求测试之后认可该岗位需要外籍劳工。

对某些符合规定的外国公民，可不做劳务市场需求测试，直接发放工作许可证，或者不需要工作许可证即可工作，但这种优待主要是针对高端人群或特定职业。

匈牙利制定相关法律的原则是限制外国人在匈牙利工作，保证本国公民优先就业为。对外国公民颁发的工作许可证有严格数量限制，并且对获得工作许可证的外国公民在匈牙利工作也有严格规定。

五、建筑法律体系

匈牙利承包工程市场上的本国的大型企业相对还比较少，但是中小企业数量比较多。因此整个工程承包行业整体比较分散。国际上普遍看好匈牙利房地产市场，大量外国投资者进入了匈牙利的承包工程市场。

（一）建筑工程承包

根据匈牙利相关法律法规，外国投资者若希望在匈牙利或通过匈牙利前往欧盟各国参加投标和开发各种工程项目，必须在欧盟国家注册并成立公司。匈牙利承认和接受外国企业的资质。

外国企业在匈牙利投资设立的公司与一般匈牙利有限责任公司在建筑资质要求上有所不同：在匈牙利或通过匈牙利前往欧盟各国参加投标和开

发各种工程项目的外国企业可以依照母公司的企业资质，而外国企业在匈投资设立的公司就要重新申办各种资质证明。中国企业在匈登记注册的匈牙利公司名义上是中国企业的子公司，实际上在匈牙利是独立法人、独立核算的企业。

外国企业在匈牙利注册公司后，应向各州、市劳动局申请年度工作许可。由于匈牙利本国劳动力素质高，成本低，匈政府对外国公民颁发的工作许可证有严格的数量限制。

企业必须建立合法的商业组织，运营完全按照匈牙利的法律法规进行。企业注册后即有资格参加匈牙利和欧盟的招投标项目，而且可即时承接各种工程项目以及开展企业经营范围内的各种贸易活动。按照匈牙利企业注册法，有限责任公司最低注册资本不能少于300万福林，约合13 700美元，无上限。

可委托律师办理申请登记注册公司的全套手续，提前选定公司的注册地址，确定公司的会计师事务所和开户银行。具体程序如下：律师启动注册公司程序，确定公司注册地址；起草公司合同，包括公司性质、登记时间、公司名称、经营范围、注册资金、法人代表、公司成员、公司税号，提交注册公司的各种文件证明、缴纳各种税费。

（二）中国企业在匈牙利投资建设工程应注意的问题

在匈牙利，外国企业普遍通过与当地企业合作的方式才能获得承包工程项目，因为只有在欧盟注册企业才有资格参与欧盟资金支持的项目。与当地企业合作的方式主要有参股、并购、成立合资公司或组建投标联合体等。

我国承包工程企业在施工能力上已经具有较强实力，但在管理经验、采购经验和一些专业技术领域与国际一流的工程承包企业相比仍有差距。同时，我国企业缺乏对欧盟各国承包工程制度、管理机制以及行业规则等的了解。因此，我国企业在匈牙利开展工程承包，应寻找当地代理商，或建立代表处、分公司，长期跟踪项目，熟悉规则，充分了解匈牙利承包工程方面的法律法规，找准市场的切入点。

大型基础设施建设项目的公开招标信息可从匈牙利国家发展部网站、匈牙利国家资产控股公司网站、匈牙利公共采购局网站查询。此外，也可从欧盟网站获得欧盟各国公开的工程招标信息。

六、小结

我国企业赴匈牙利投资需要随时注意匈牙利政府在税收、金融领域的法规发展和政策动态，及时调整自身的投资策略，与匈牙利政府发生投资争议之后，选择仲裁方式解决可能更为合适。

斯洛文尼亚共和国

一、国情简介

斯洛文尼亚共和国（以下简称斯洛文尼亚）位于阿尔卑斯山脉南麓，官方语言为斯洛文尼亚语。斯洛文尼亚在政治体制上实行议会民主制，议会为国家最高立法和监督机构，实行一院制。斯洛文尼亚森林资源十分丰富，但矿产资源相对贫乏。斯洛文尼亚比较有优势的产业主要是汽车产品、金属加工、化学与医药、电气电子产品和电信产品及服务、旅游业。

二、投资法律体系

斯洛文尼亚的投资主管部门是企业、创新、旅游、发展和投资事务局，主要职责之一便是负责外国投资的相关事宜，吸引外国投资，执行相关的投资促进政策，以促进企业的发展和投资。

（一）投资准入

斯洛文尼亚禁止外商在下列领域设立独资企业：武器和军事设备的生产和销售；国家财政预算内指定的养老保险和医疗保险业；铁路与航空运输；交通与通信；保险业。[①]

在审计企业中，外资比例不得高于49%；在出版和广播领域的企业中，

① 中华人民共和国驻斯洛文尼共和国亚经商处，http：//si. mofcom. gov. cn/article/gaikuang/ddfg/201501/20150100862762. shtml，访问日期：2016－01－04。

外资比例不得高于33%；在证券经纪领域的企业中，外资比例不得高于24%；在投资公司（负责管理投资基金）中，外资比例不得高于20%，外商投资超过其资产20%和在受权投资公司（经母公司授权可被投资的分公司）投资超过15%，需获得有关部门的批准。[①]

斯洛文尼亚法律允许外国投资者开发可再生和不可再生的自然资源。投资开发可再生的自然资源（水、森林资源等）的企业，由地方政府部门签发特许许可。投资开发不可再生的自然资源的企业，需经斯洛文尼亚政府特例审批。[②] 此外，只有在对等的条件下得到斯洛文尼亚银行的批准，外国人才可以在该国建立独资银行。

（二）投资方式

斯洛文尼亚的公司分类采用德国标准，主要为有限、无限和不公开3种形式。[③] 斯洛文尼亚没有专门的外资企业注册机关，外资企业同斯洛文尼亚本国企业一样只需在地方法院注册即可成立，无需特定政府部门的批准。外国人在其境内注册的外资企业也适用该国公司法的规定。外国投资者可以独资或者合资设立有限责任公司[④]、联合股份公司[⑤]、有限合伙公司以及无限合伙公司，也可以建立契约型合资工资，公司的内部关系完全由各方经契约商定。

（三）企业设立程序

《法院登记法》规定在斯洛文尼亚注册公司要去法院登记注册。外国公司在斯洛文尼亚多选择有限责任公司和分公司形式。除了隐名合伙公司外，

---

① 中华人民共和国驻斯洛文尼亚共和国亚经商处，http：//si. mofcom. gov. cn/article/gaikuang/ddfg/201501/20150100862762. shtml，访问日期：2016－01－04。

② 商务部国际贸易经济合作研究院、商务部投资促进事务局、中国驻斯洛文尼亚大使馆经济商务参赞处，“对外投资合作（地区）指南——斯洛文尼亚（2014年版）”，http：//www. fdi. gov. cn/1800000121_25_524_0_7. html，访问日期：2016－01－05。

③ 同上。

④ 公司最低创建资本约为1万美元，现金不得少于其创建资本的1/3。

⑤ 公司创办者可通过发行股份集资，最低创建资本约为2万美元，现金不得少于其创建资本的1/3。

其他类型均有法人身份，在法院注册登记后正式成为法人。斯洛文尼亚法律规定，公司名称必须包含商号、经济活动领域和组织形式3部分。注册名称必须使用斯洛文尼亚语。只有表示创办人名字、注册商标时才可使用外语。词汇“斯洛文尼亚”及其变体、缩略语只有经政府许可后才能使用。注册名称不能与法律、公共道德、第三方知识产权相违背，且不易与斯洛文尼亚其他注册名称混淆。如果不符合上述条件，法庭将驳回注册申请。[①] 公司业务范围必须与注册时填写的业务相一致。公司还要指定至少1人代表公司签署文件。

在法院进行企业注册登记所需相关文件详见商务部《对外投资合作国别（地区）指南》相关规定。[②]

三、贸易法律体系

（一）贸易主管部门

斯洛文尼亚主管经济的政府部门是经济发展和技术部，对外经贸关系的具体工作则由外交部经济外交总司负责。经济外交总司设置公共外交和双边经济合作司和经济促进司，其职责是对外经济贸易的促进和管理，促进双边经济合作，负责与外国政府和国际组织在经贸方面的联系与合作，及参与多双边贸易谈判等。

斯洛文尼亚作为欧盟成员国，完全执行欧盟的贸易政策，国内没有单独的贸易法律。作为欧盟成员国，斯洛文尼亚完全执行欧盟统一的贸易政策，货物和服务可以自由进出口，只在少数情况下要求为进口货品办理进口许可手续。

（二）海关管理规章制度

在与第三国进行贸易时，斯洛文尼亚执行欧盟的海关规定。根据不同的

---

① 《斯洛文尼亚公司法》第12~22条。

② 商务部国际贸易经济合作研究院、商务部投资促进事务局、中国驻斯洛文尼亚大使馆经济商务参赞处，“对外投资合作（地区）指南——斯洛文尼亚（2014年版）”，http://www.fdi.gov.cn/1800000121_25_524_0_7.html，访问日期：2016-01-05。

种类、技术特点及用途等，货物被划分入海关税则目录。欧盟海关在了解货物的具体情况后，在综合关税税则目录下发布货物的具体信息。根据原产地，自第三国进口至欧盟的货物被分为优惠产地货物及非优惠产地货物，前者享有关税优惠政策或免除关税，而后者则须执行欧盟正常关税税率和其他贸易规定。斯洛文尼亚海关根据《执行欧共体海关规定法案》，对入关货物进行托运。根据程序，当事人可指定入关前托运的收件人。收件人必须符合一定条件（教育水平、国家鉴定等）。

斯洛文尼亚对进口医药产品、军事装备、垃圾、废品、有毒和爆炸品有特殊规定，其他产品则自由进口。进口生产性原材料不能免税。其他产品如申请免税须到相关主管部直接申办。对于欧盟国家和与斯洛文尼亚签有优惠贸易协议的国家采用优惠关税政策；对其他国家（包括中国）则采用普通关税税率。如农产品优惠关税税率为11.9%，普通关税税率为12.6%；工业品优惠税率为1.3%，普通税率则为7.1%。平均来讲，优惠税率为3.8%，普通税率则为8.8%。[①] 斯洛文尼亚对出口商品不征税，实行零税率，先征后退。

四、劳工法律体系

斯洛文尼亚已经颁发《雇佣关系法案》《养老金和伤残保险法案》《最低工资法》等多部法律来保护劳工权益。斯洛文尼亚的劳动合同有多种样式，如固定期限合同、兼职合同、员工在家合同、将员工转雇他人的合同以及管理人员合同。

斯洛文尼亚的法律规定，全职员工的工作时间每周不能超过40小时，不得少于36小时。在24小时内员工有权要求连续12小时不受干扰的休息时间。无论全职还是兼职，员工享有不少于4周的年假，有年龄小于15岁子女

① 商务部国际贸易经济合作研究院、商务部投资促进事务局、中国驻斯洛文尼亚大使馆经济商务参赞处，“对外投资合作（地区）指南——斯洛文尼亚（2014年版）”，http://www.fdi.gov.cn/1800000121_25_524_0_7.html，访问日期：2016-01-05。

的员工，拥有更多的年假时间。斯洛文尼亚的最低工资标准为783.66欧元。

斯洛文尼亚的《外国人法》规定了外国人入境和居留事项。外国人首先应该分别向斯洛文尼亚就业服务局和内证局申请发放工作许可和居留许可，只有获得工作许可，外国人才可能获得暂时居留许可。首次申请居留的外国人或雇主可向斯洛文尼亚驻外外交机构或本土行政单位申请，申请者须提供有效的旅游文件、健康证明和生活费用担保，首次居留时间应和工作许可期限相同，不得长于1年，可以续签，最长不得超过2年。①

斯洛文尼亚政府对工作许可的发放有限额，雇主须向官方申请。只有符合以下条件，外国人才会获得工作许可：外国人进行辅助性工作；接受培训或技能提高项目；季节性劳动力；从事外国员工管理工作；提供个人服务；斯洛文尼亚就业服务局提供关于配额和其他限制的信息。② 斯洛文尼亚对外籍劳务的管制较为严格，该国本土的劳动力素质较高，进入该国的外籍劳务主要是周边国家，如南斯拉夫和东南欧国家，鲜有中国籍劳务。

五、建筑法律体系

斯洛文尼亚与土地有关的法律有《产权法典》《民事纠纷和债务保险执行法令》《土地登记法》和《住房法令》等，中国籍公民不能在斯洛文尼亚购买土地。

在法律上，外国企业同斯洛文尼亚和欧盟的企业享受相同的待遇，但实际操作过程中会倾向于本国和欧盟的企业。目前，斯洛文尼亚的道路、桥梁、电站、港口、边关等建设及改造项目主要由斯洛文尼亚本国企业承建，部分与意大利、奥地利、德国等公司合建，其中少数分包外方。参加投标是获得工程项目的前提，一般工程项目由业主自行发布招标消息，较大工程项目在

① 商务部国际贸易经济合作研究院、商务部投资促进事务局、中国驻斯洛文尼亚大使馆经济商务参赞处，"对外投资合作（地区）指南——斯洛文尼亚（2014年版）"，http://www.fdi.gov.cn/1800000121_25_524_0_7.html，访问日期：2016-01-05。

② 中华人民共和国驻斯洛文尼亚共和国经商处，http://si.mofcom.gov.cn/article/gaikuang/ddfg/，访问日期：2015-10-19。

斯洛文尼亚公务报网站上发布。[①]

外国企业必须在当地注册分公司并根据需要提供总公司相关资质证明及样板工程、业绩、银行信誉等材料之后方能获得投标资格。承包商负责人必须是工程师并在斯洛文尼亚工程师协会进行注册。此外，在斯洛文尼亚开展承包业务必须使用斯洛文尼亚语言。

六、小结

目前中国企业难以在斯洛文尼亚获得单独承包工程的机会。若中国企业与斯洛文尼亚或欧盟内有实力、有合作经验、有样板工程的企业联合参与斯洛文尼亚基建项目的投标，将有助于提高中标率。此外，中国企业参与斯洛文尼亚基础设施建设还面临市场规模小、技术要求高，获得投标资格难，中国劳动力进入当地市场难等一系列困难。值得注意的是，工会组织在当地影响非常大，中国投资者想要在当地生存发展，就必须妥善处理与工会的关系。

① 中华人民共和国驻斯洛文尼亚共和国经商处，http：//si. mofcom. gov. cn/article/gaikuang/ddfg/，访问日期：2015－10－19。

克罗地亚共和国

一、国情简介

克罗地亚共和国（以下简称克罗地亚），位于欧洲中南部，主要宗教为天主教，货币为库纳，官方语言是克罗地亚语。

1991 年克罗地亚宣布脱离南斯拉夫独立，政治体制实行共和制。在克罗地亚共和国按立法、执行和司法分权的原则建立国家权力。立法权由共和国议会的代表院行使。总统是国家元首、武装力量的最高统帅。政府行使执行权。最高法院及其下属各级法院行使司法权。

2013 年克罗地亚加入欧盟。据中方统计，2013 年双边贸易额 14.95 亿美元，同比上涨 8.8%。[①] 据中国商务部统计，2012 年当年中国对克罗地亚直接投资流量 5 万美元。截至 2012 年年末，中国对克罗地亚直接投资存量 863 万美元。

二、投资法律体系

克罗地亚微型、中、小型企业主管部门为企业和手工业部，大型企业主管部门为经济部。[②] 目前，克罗地亚与投资有关的法律主要是新《鼓励投

① 中华人民共和国驻克罗地亚共和国经济商务参赞处，http：//hr. mofcom. gov. cn/article/zxhz/201406/20140600644652. shtml，访问日期：2015 -10 -02。

② 商务部国际贸易经济合作研究院、商务部投资促进事务局、中国驻克罗地亚大使馆经济商务参赞处，“对外投资合作（地区）指南——克罗地亚（2014 年版）”，http：//www. fdi. gov. cn/1800000121_25_ 515_ 0_ 7. html，访问日期：2016 -01 -05。

资法》。

（一）投资方式

投资者可通过下列形式在克罗地亚进行投资：现金投资、有形资产投资、无形投资（工业产权、专有技术、商标等）。外商可以对商业公司、银行及保险部门进行投资，建立手工作坊或从事个体商业活动，获得特许租让权，参与 BOT 或 BOOT 项目建设。①

（二）企业形式

外商在克罗地亚可以多种方式投资建立企业：股本投资（以企业基本资金或股本的形式投资企业，外国投资者可拥有企业的全部所有权或部分所有权）、契约性合资公司（通过契约规定企业内部关系）、特许租让权（对于不可再生的自然资源和商品，外国投资者有特许租让权）、建设、经营及转让合同（Build，Operate and Transfer Contracts）（BOT 合同）。

（三）投资优惠

《鼓励投资法》规定符合以下条件的外商投资项目，克罗地亚政府将给予特殊的鼓励、税收和关税优惠政策：引进新设备和现代化技术；引进新生产方式和新产品；扩大就业和在职培训；促进经营的现代化；发展深加工产品的生产；扩大出口；促进经济发展和就业及克罗地亚落后地区的经济发展；发展新的服务业；节约能源；加强信息产业发展；同国外金融机构合作；使克罗地亚经济符合欧盟标准。新《鼓励投资法》将享受优惠措施的最小投资额由原先的 400 万库纳（约合 55 万欧元）降为 30 万欧元。同时，新法还引入了“国家地区资助分布图”，对向特定区域进行的投资给予额外资助。②

① 中华人民共和国驻克罗地亚共和国经济商务参赞处，http：//hr. mofcom. gov. cn/article/ddfg/200807/20080705663077. shtml，访问日期：2015－10－02。

② 中华人民共和国驻克罗地亚共和国经济商务参赞处，http：//hr. mofcom. gov. cn/article/ddfg/200411/20041100309058. shtml，访问日期：2015－10－02。

三、贸易法律体系

克罗地亚主管贸易的政府部门是外交和欧洲事务部，其主要职责是确定和执行贸易政策；提出外贸政策立法建议；保护克罗地亚贸易利益；跟踪欧盟贸易政策立法的变换情况并使本国贸易政策立法预制与之相适应。[①]

克罗地亚对部分商品实行进出口许可证制度，其中受进口许可证管理的商品有放射性物质、火药及爆炸物、贵金属、文物及珍贵艺术品、核工业产品（包括石墨）、特殊飞行器、军事装备、无线电发射设置、摄（照）像器材、雷达及无线导航和遥控装置、运送放射物的货柜、飞行器。实行出口许可证管理的商品有珊瑚、放射性物质、火药及爆炸物、贵金属、文物及珍贵艺术品、核工业产品（包括石墨）、特殊飞行器、武器，另外，克罗地亚对废钢铁（包括碎屑）的出口也有限制，需获得克罗地亚经济、劳动和企业部的批准。[②]

四、劳动法律规定

克罗地亚《劳动法》对劳动关系的具体内容及纠纷的解决机制作出了规定。克罗地亚劳工法律包括《劳动法》和《外国人就业法》。

（一）《劳动法》有关规定

克罗地亚《劳动法》规定用人单位应与员工签订劳动合同，禁止雇用15岁以下未成年人。解除劳动合同时根据员工的工作年限须提前不同的时间通知员工。[③]

2009年《劳动法》规定劳动者每周工作时间不少于40小时，不超过48小时；旅游等特殊行业最长工作时间可以达到56小时，但只能持续4个月，

① 商务部国际贸易经济合作研究院、商务部投资促进事务局、中国驻克罗地亚大使馆经济商务参赞处，"对外投资合作（地区）指南——克罗地亚（2014年版）"，http：//www.fdi.gov.cn/1800000121_25_515_0_7.html，访问日期：2016-01-05。

② 中华人民共和国驻克罗地亚共和国经济商务参赞处，http：//hr.mofcom.gov.cn/article/ddfg/200411/20041100306585.shtml，访问日期：2015-10-02。

③ 李秀环："克罗地亚经商的法律框架"，载《东欧中亚市场研究》，第25~26页。

如签有集体劳动协议的，则可持续6个月；劳动者每年可以享受4周的带薪年休假。

（二）外国人就业的相关法律规则

克罗地亚《外国人就业法》规定外国人在克罗地亚工作须获得工作许可。克罗地亚国家就业服务局萨格勒布总局负责向外国人发放工作许可。外国人获得工作许可的前提是业主在克罗地亚就业服务局失业人口登记中找不到可以从事类似工作的人员。普通劳工的工作许可由雇主代为申请，有效期最长不超过1年。被批准在克罗地亚永久居留的外国人本人可以向就业服务局申请长期工作许可。在克罗地亚从事投资、外贸活动或执行技术转让、长期生产合作协议的外国人可以申请获得工作许可。工作许可有效期至外国人从事该活动结束为止。[①]

五、建筑工程法律体系

克罗地亚建筑业相关法律法规有《实体规划和建筑法》《简易建筑物和工程法》以及《建筑物和建筑法》等。[②] 克罗地亚对外国公司参与当地工程承包并无禁止，但外国承包商在克罗地亚承包工程需获得许可。克罗地亚工程建设实行严格的公开招标制度。不进行公开招标的项目需要特别说明。据《媒体摘编》消息，2015年1月1日起，克罗地亚实施一系列新的税收法规。房地产开发将开征土地增值税，预计公寓的建造成本将提高7%~8%。

六、小结

中国和克罗地亚自建交以来，经贸关系发展顺利。克罗地亚政局相对稳定，经济发展平稳，地理环境优越，加上克罗地亚政府政策实施透明，大大降低了投资和贸易的风险。

---

① 李秀环："克罗地亚经商的法律框架"，载《东欧中亚市场研究》，第25~26页。

② 中华人民共和国驻克罗地亚共和国经济商务参赞处，http：//hr. mofcom. gov. cn/article/ztdy/200901/20090105997880. shtml，访问日期：2015-10-02。

波斯尼亚和黑塞哥维那

一、国情简介

波斯尼亚和黑塞哥维那（以下简称波黑）位于巴尔干半岛中西部。主要民族有波什尼亚克族、塞尔维亚族、克罗地亚族。三族分别信奉伊斯兰教、东正教和天主教。官方语言为波什尼亚语、塞尔维亚语和克罗地亚语。首都为萨拉热窝，货币名称为可兑换马克，或称波黑马克。波黑是世界贸易组织的观察国之一。矿产资源丰富，煤炭蕴藏量达38亿吨，图兹拉地区食用盐储量为欧洲之最。

1995年11月，波黑根据代顿协议制定宪法。宪法规定波黑由波黑联邦和塞族共和国两个实体组成；设3人主席团，由3个主体民族代表各1人组成，主席团成员分别由两个实体直接选举产生。议会由代表院和民族院组成，任期4年。波黑政府称部长会议，由部长会议主席和部长组成，任期4年。

根据波黑中央银行和统计机构发布的数据显示，2014年外资在波黑最大的投资领域为生产领域，占比30.8%，其次是不动产、银行、贸易、服务、旅游领域等。①

根据波黑统计机构发布的数据显示，波黑2014年对外贸易额为127.2亿欧元，主要进口商品为食品和活的动物、矿物燃料和润滑油、化学药品、制

① “2015～2016年全球竞争力报告”，http：//reports.weforum.org/global-competitiveness-report-2015-2016/competitiveness-rankings/，访问日期：2015-10-13。

成品、机械和运输设备，主要出口商品为各类人造用品、各类材料、机械和运输设备、除燃料以外的原料等。中国是其主要的进口国之一。[①]

二、投资法律体系

波黑主管外国投资的部门是外贸和经济关系部，波黑外国投资促进局负责招商引资。

外国投资可以自由进入波黑市场，具有吸引力的投资领域包括农业和食品生产、自动化工业、银行和金融服务、建筑业、能源、林业和木材产品、ICT、采矿和金属加工业以及旅游业等。但是军用武器、弹药、军用设备的生产、销售以及公共媒体受到波黑法律的限制。

波黑《外国直接投资法》规定，外国投资者投资上述受到限制的领域时，必须获得各个相关部门的批准，得到批准方可不再受到投资限制而进行正常的投资活动。但是，外国人在这些领域进行投资时投资额不得超过企业总投资额的49%。[②] 此外，基于国家政策、公众健康和环境保护的考虑，对国内投资的一些适当的限制也同样适用于外国投资。[③]

根据该法规定，外国投资者有权在波黑的任何商业银行开立当地货币账户或可以自由兑换货币账户，外国投资者有权将投资收益自由兑换成其他货币汇出。[④] 在不动产所有权方面，外国投资者在波黑享有国民待遇。[⑤]

此外，波黑国有企业的私有化进程一直在进行中，大约有60%的小企业和30%的大企业已经完成了私有化或者正在被公开交易，为当地和外国投资

① “2015～2016年全球竞争力报告”，http://reports.weforum.org/global-competitiveness-report-2015-2016/competitiveness-rankings/，访问日期：2015-10-13。

② Law on the Policy of Foreign Direct Inverstment in Bosnia and Herzegovina，Article 4，http://www.fipa.gov.ba/publikacije_materijali/zakoni/default.aspx?id=317&langTag=en-US，访问日期：2015-10-14。

③ 同上，Article 25。

④ 同上，Article 11。

⑤ 同上，Article 12。

者参与购买国家资产提供了一系列可能性。

三、贸易法律体系

波黑的对外经济和贸易主管部门是波黑对外贸易和经济关系部。主要负责制定国家的对外经济和对外贸易发展规划及相关政策，海关法及关税税则，吸引外资法规和政策以及波黑有关新能源、环保及旅游产业的战略规划，双边经贸合作，国际经贸合作。

波黑对工业生产和生活消费类商品的进口没有限制。禁止进口损害人体健康或影响环境的商品，包括废弃轮胎、7～10 年以上的车辆等。波黑对武器、弹药、军用设备、动植物药品、麻醉剂等特殊商品的进口有严格的限制，需向波黑外经贸部申办进口许可证。

波黑鼓励本国产品出口，对出口无限制。但需严格遵守与欧盟及东南欧等国家签署的自由贸易协定，在应用免税优惠待遇等条款上，对使用外来原料在波黑加工后出口自贸区的产品严格遵守产品原产地规则。[①]

四、劳工法律体系

波黑《劳动法》将劳动合同分为固定期限劳动合同和无固定期限劳动合同，固定期限劳动合同每个阶段不超过 3 年。[②] 劳动合同根据全日制用工或兼职用工的不同而制定。除特殊规定外，全日制劳动者每周工作 40 个小时，全日制未成年劳动者每周工作不得超过 35 小时。[③] 在不可抗力的情况下（火灾、地震、洪水）或突然的工作量增加，以及其他类似的紧急情况下，雇主

---

① 商务部国际贸易经济合作研究院、商务部投资促进事务局、中国驻波黑大使馆经济商务参赞处，"对外投资合作（地区）指南——波黑（2014 年版）"，http：//www. fdi. gov. cn/1800000121_25_ 488_ 0_ 7. html，访问日期：2016－01－05。

② Law on the Policy of Foreign Direct Inverstment in Bosnia and Herzegovina，Article 22，http：//www. fipa. gov. ba/publikacije_ materijali/zakoni/default. aspx？id＝317&langTag＝en－US，访问日期：2015－10－14。

③ 同上，Article 36。

不得不要求员工加班，但是每周最多10小时。[①] 因工作性质的不同，全日制或兼职劳动者的工作时间可能被重新分配，以致劳动者在某一个时间段内工作时间少于正常工作时间；而在另一个时间段内达到每周52小时或季节性工作可达到每周60个小时。[②]

劳动者享有不少于20个工作日但不超过30个工作日的带薪休假。[③] 工资包括基本工资、绩效工资和加班工资等。[④] 劳动者享受同工同酬的待遇。[⑤] 最低工资标准根据集体协议及劳工守则中的最低劳动价格规定。[⑥] 用人单位需为员工缴纳养老金、丧失劳动能力保险、医疗及失业保险。[⑦] 除此以外，波黑《劳动法》还规定了劳动合同的解除、劳动者的福利项目、对孕妇等其他特殊劳动者的规定以及劳动争议的解决等内容。

五、建筑法律体系

根据波黑法律，外国公司在波黑承包工程需获得许可。承包工程项目需在波黑注册公司，有些工业项目需获得环保许可证，有些项目需获得特许经营权。工程验收需要按照波黑设计和工程规范要求。验收合格后签收合格证书。目前，波黑承包工程的主要做法是BOT方式，由承包商带资承建。项目通过政府公开招标实施，由政府向承包商授予特许经营权。波黑关于军工等行业的工程项目外国承包商禁止承包。[⑧]

---

① Law on the Policy of Foreign Direct Inverstment in Bosnia and Herzegovina, Article 38, http://www.fipa.gov.ba/publikacije_materijali/zakoni/default.aspx?id=317&langTag=en-US，访问日期：2015-10-14。

② 同上，Article 39。

③ 同上，Article 47。

④ 同上，Article 75。

⑤ 同上，Article 77。

⑥ 同上，Article 78。

⑦ Labor Law, Official Gazette of FBiH no.62/15, Article 4, http://www.fipa.gov.ba/publikacije_materijali/zakoni/default.aspx?id=317&langTag=en-US，访问日期：2015-10-18。

⑧ 商务部国际贸易经济合作研究院、商务部投资促进事务局、中国驻波黑大使馆经济商务参赞处，“对外投资合作（地区）指南——波黑（2014年版）”，http://www.fdi.gov.cn/1800000121_25_488_0_7.html，访问日期：2016-01-05。

六、小结

波黑联邦实行三级管理，投资者在程序办理上可能耗时较长。波黑对劳工要求较高，每雇用1名外籍劳工需同时雇用5名当地员工，所以投资者需注重对劳动者的选拔与培训。波黑在环境保护方面的要求须符合欧盟标准，因此中国投资者需保护当地的生态环境并做好环保预算。

黑山共和国

一、国情简介

黑山共和国（以下简称黑山），位于巴尔干半岛西南部，首都是波德戈里察。主要民族有黑山族和塞尔维亚族，主要宗教是东正教。以欧元作为货币，官方语言为黑山语。

2006 年，黑山经公民公投独立，独立后黑山政局稳定，实行议会共和制，议员由选民通过直接选举和间接选举相结合的方式选出，任期 4 年。[①] 黑山总统是黑山共和国国家元首兼武装部队最高统帅，由全民直接选举产生。

二、投资法律体系

（一）投资主管部门及主要法律法规

黑山的投资主管机构是联邦贸易部。目前，在波兰从事经济活动的法律依据主要有《外商投资法》。

黑山《外商投资法》对外籍投资者的权利、义务、投资形式作出了规定。主要规定了外籍投资者在黑山境内的权利、义务、责任享有和当地投资者相同的待遇。并且规定外籍投资者可以外商独资企业、合营企业的形式在黑山境内进行投资。[②] 外商投资者可以货币、实物、服务、财产权利和有价

① 《黑山共和国宪法》第 77 条。

② 《外商投资法》，第 5、10 条。

证券进行投资。

（二）外籍投资者的权利

外国投资者还有权自由地转让投资利润，可利用利润进行再投资。也可以利用投资利润兑换外币，有权享受同当地投资者在建立公司方面相同的待遇。[①] 有权自由并不受延误的向黑山境外出汇。[②] 其资产不被征用或国有化。[③]

（三）对外籍投资者的限制性规定

在有关武器生产和武器销售领域和被国家法律禁止设立公司的地区，外商投资者不能单独或合伙设立公司。但是外商投资者可以采取在最高持股不超过49%的情况下，与当地公司联营或者以投资从事上述行业的当地公司的方式进入以上行业。[④] 在国防、教育、科学、文化和运动领域的投资事先须经相关管理部门的同意。[⑤] 在黑山境内的投资须在联邦贸易部进行登记，投资者应当自投资合同签订之日起30日内向联邦贸易部提出申请。[⑥]

（四）争议解决

对于因投资问题而产生的争端，如果对于争端的解决没有根据国际条约选择国内或外国仲裁机构，那么该争端将由黑山共和国国内法院处理。如果有一缔约方是黑山共和国的政府，在关于争端解决的协定签署之前产生的争议将由国内或国外仲裁机构通过适用国际投资争端解决中心规则解决。如果争端的一方是国内或国外的自然人或商业组织，由此产生的投资争端将由国内或国外的仲裁机构通过适用联合国国际贸易法委员会仲裁规则解决。并且关于投资问题仲裁庭所作出的决议都将是终局的，具有法律约束力和强制执行力。

① 《外商投资法》，第3条。
② 同上，第7条。
③ 同上，第8条。
④ 同上，第3条。
⑤ 同上，第11条。
⑥ 同上，第12条。

三、贸易法律体系

黑山共和国规范对外贸易的法律为《外贸政策法》。

《外贸政策法》规定，为保护公共秩序、公共安全和公共道德，除对进出口货物作出特殊限制的领域外，进口或出口的货物不受数量限制和任何平衡措施的影响；[①] 在黑山共和国境内的货物进出口应当采用一致条件；[②] 在进出口货物的法律地位和关税方面，黑山共和国采取对等原则。[③]

《外贸政策法》对货物的自由进出口作出了如下限制：进出口的货物不能损害公共道德、公共政策、公共安全。不得对人类、动物、植物的健康或生命造成损伤。同时还需满足保护本国艺术、历史、古迹的要求。[④]

四、劳工法律体系

（一）劳动主管部门及主要法律法规

黑山共和国负责外籍劳动者管理的部门是黑山劳动与社会保障部，关于外籍劳动者进入黑山的有关规定及劳工保护制度，相关的主要法律法规有《劳动法》《外国人雇佣劳动法》。

（二）《黑山共和国外国人就业和工作法》

外国人如果取得经常或暂时的居住许可并得到外国人工作许可证就可以在黑山共和国境内工作，外国劳动者的工作许可由黑山共和国劳动局统一制作发放。并且在订立一份劳动合同时，外籍工作者必须作出一份陈述，声明接受黑山共和国法院对因劳动关系产生的纠纷的管辖权。[⑤]

雇主有义务提供以下资料以获得劳动保障部发放的工作许可：雇员的旅

---

① 《外商投资法》，第 6 条。
② 同上，第 6 条第 2 款。
③ 同上，第 6 条第 4 款。
④ 同上，第 6 条第 2 款。
⑤ 同上，第 15 条。

游签证或暂居证明，从事某种职业的资历证明和身体健康的证明；工作职位的位置和工作内容以及与此相关的一些细信息；所工作的公司、组织、分支机构在黑山共和国的登记证明；雇用外籍工作者的理由；雇员必须具备黑山共和国经常或暂时的居住许可。①

外籍工作者的工作许可证在以下情况下将失效：证件的有效期截止；劳动合同没有在发出许可证之后的15日内缔结；劳动许可证被撤销。②

如果雇主没有在规定的期间内同外籍工作者订立劳动合同或者在发放劳动许可证之前与外籍劳动者订立了劳动合同，那么雇主将受到最低工资10倍以上300倍以下的罚金。如果雇主指令外籍工作者从事劳动合同之外的其他劳务，那么雇主将受到最低工资10倍以上300倍以下的罚金。③

如果外籍工作者在没有取得经常或者暂时居住许可证和外国人工作许可证的前提下就从事劳务工作，那将会受到最低工资0.5倍以上20倍以下的罚金。在没有订立劳动合同的前提下为自然人或法人雇主提供劳务，将受到最低工资0.5倍以上20倍以下的罚金。④

五、建筑法律制度

黑山涉及建筑标准的主要法律是《空间开发和建筑结构法》。

在黑山共和国承包建筑工程不仅要遵守法律和规章的规定，还要符合相关的技术规范和质量规范。

有关合同建筑的当事人，包括投资人、建筑商、建筑工程的监督人对由其所负责的工程及附属设施对第三人造成的损害承担赔偿责任。上述负责人必须确保在建筑工程开始之前以及整个工程的建筑期间具备承担赔偿责任的能力，因此，对在建工程投保是工程建筑的必备条件之一。为在建工程的所

① 《黑山共和国外国人就业和工作法》，第11条。
② 同上，第19条。
③ 同上，第21条。
④ 同上，第22条。

投保的年度保险金额由承包人和保险公司协商确定，但是法律规定每年的投保金额不能少于5000欧元。

在黑山共和国境内从事建筑工程承包必须符合相应的技术规范。建筑物必须保证一定使用周期内的稳定性，必须符合法律法规所规定的防震、防火、防爆要求，同时还要符合生态环保要求，建筑施工不能对人体或空间环境造成损害，禁止造成热污染、噪声以及地面震动。[①]

六、小结

黑山共和国独立以来，政局基本保持稳定。黑山现政府重视发展同大国的关系，奉行睦邻友好政策，致力于促进地区和平与稳定。在黑山共和国开展投资、贸易、承包工程和劳务合作的过程中，建议相关企业积极利用保险、担保、银行、等保险金融机构的相关业务保障自身利益。

① 《空间开发和建筑结构法》。

塞尔维亚共和国

一、国情简介

塞尔维亚共和国（以下简称塞尔维亚）地处巴尔干半岛，大部分人信仰东正教，宗教对政治影响不大。官方语言为塞尔维亚语，英语、德语和俄语较普及。官方货币为第纳尔，不能与人民币直接结算。塞尔维亚为议会共和制国家，加入欧盟为该国外交政策的首要目标。2008 年，塞尔维亚自治省科索沃单方面宣布独立，在政治和经济上脱离了塞尔维亚的实际管辖，但塞尔维亚官方不承认其独立。

我国是塞尔维亚的第五大贸易伙伴，中国对该国主要的出口产品是机械设备、家用电器和电子产品、鞋类、车辆和零部件。自该国主要的进口产品是烟草及其制品、矿石矿渣、木制品、电器及电子产品。[①] 在塞尔维亚投资的中国企业总量较少，以货物贸易和批发零售业为主。近年，该国向外国投资者进一步开放了数字电视、有线和无线宽带网络基础设施等信息通信市场。塞尔维亚已与我国签署《深化两国战略伙伴关系的联合声明》以及涉及经贸、通信、农业等领域的一系列经贸合作协议。

二、投资法律体系

塞尔维亚的投资主管部门是经济和地区发展部。投资和出口促进局作为

① “中塞双边贸易统计分析”，中国驻塞尔维亚大使馆经济商务参赞处，http：//yu. mofcom. gov. cn/article/zxhz/hzjj/201507/20150701060349. shtml，访问日期：2015 - 10 - 12。

塞尔维亚经济部的直属机构，负责向外国投资者提供投资信息和咨询服务。[①]

（一）投资准入和优惠政策

塞尔维亚对外资参与国企私有化改革或参股、并购民企均持欢迎态度，但对于涉及国企改革的项目，塞方要求投资者承诺新增一定数量的工作岗位。该国禁止外资进入的行业是博彩业，限制外资的行业是军工业，重点鼓励投资的行业是汽车产业、农业、环保产业、基础设施建设、IT 产业和家电产业。[②]

针对开发性和并购性投资项目，塞方政府设立了专项优惠信贷基金[③]，对经过外国投资和出口促进局审批后符合条件的投资者，给予利率 1% 的优惠贷款。资助的领域涵盖贸易、旅游、工业生产、国际营销以及农业研发。对资助项目的标准要求如下：投资方在塞尔维亚参与最终的产品生产；投资项目具有可持续性、可实施性和研发有效性；能有效使用当地的人力资源；符合国际化营销战略；对当地社会发展有贡献；取得地方政府支持并豁免地方税优惠。投资方须将项目资助申请表递交到投资和出口促进局，经评估后，根据所得的分数确定相应的基金资助金额，由投资和出口促进局在外资项目有效期内分 4 次发放。同时，地方政府也提供了一定的行政和财政支持，包括减免地方税、优惠土地价格、减免基础设施使用费、简化企业设立的审批程序等。

塞方政府对农业、渔业、纺织生产、服装生产等特定领域的外资实行高额免税抵扣办法，免税抵扣额度最高可达外商固定资产投资额的 80%，使用有效期最长为 10 年。[④]

---

① SIEPA, Serbia Investment and Export Promotion Agency, http: //siepa. gov. rs/en/index - en/invest - in - serbia/liberalized - trade. html，访问日期：2015 - 10 - 12。

② Law on Foreign Investments of the Republic of Serbia, http: //www. docin. com/p - 532187069. html，访问日期：2015 - 10 - 12。

③ 商务部国际贸易经济合作研究院、商务部投资促进事务局、中国驻塞尔维亚大使馆经济商务参赞处，“对外投资合作（地区）指南——塞尔维亚（2014 年版）”，http: //www. fdi. gov. cn/1800000121_25_ 521_ 0_ 7. html，访问日期：2016 - 01 - 05。

④ 同上。

（二）企业税负

塞尔维亚政府对于投资固定资产达到800万欧元、新增就业人员达到100人以上的外资企业，免征10年的企业所得税；投资不足800万欧元的外资企业，可获得按比例抵扣减税的优惠。①

此外，中小企业也可获得免税抵扣优惠。抵扣额度比例为企业当年投资总额的40%，但免税抵扣额不能超过外商当年应交税额的70%。如免税抵扣额度未用，可留用10年。对新增就业工人的企业，2年内全免新增工人的工资税和社会保险税；还可根据用工类别，在2～3年期内免交新增人员的社会保险税。

（三）自贸区

目前，塞尔维亚共建成有7个自贸区，自贸区管理局提供一站式服务，简化运输、装卸、货运代理、保险等流程。提供通关便利，每个自贸区均设有一个海关办公室，提供快捷的进出口通关服务。②

自贸区内主要优惠政策如下：区内的商品和服务不受数量限制及普通商业措施的管控；区内企业为商业活动及生产设施而进口的货物免征关税和增值税；进入区内的商品以及与其相关的运输、存储等服务免征增值税，商品购买者以及运输、存储等服务接受者享有进项税抵扣权；区内基础设施的使用费用低于市场价格；区内建设免征土地开发补偿金；区内企业免征10年的公共事业税、土地使用金及公共设施使用费；区内企业可根据新增就业数量来获得当地政府的资金补贴。③

---

① Value Added Tax Law of the Republic of Serbia，http：//www. docin. com/p－532187657. html，访问日期：2015－10－14。

② Customs Procedures in Free Zones，Customs Administration of the Republic of Serbia，http：//www. carina. rs/en/Zakoni% 20engleski/Customs% 20procedure% 20in% 20free% 20zones. pdf，访问日期：2015－10－13。

③ Law on Free Zones of the Republic of Serbia，http：//www. docin. com/p－532187909. html，访问日期：2015－10－13。

三、贸易法律体系

（一）进出口管理

塞尔维亚与欧盟、俄白哈关税同盟、土耳其等签有自贸协定，是中欧自贸区成员，并享受美国给予的最惠国待遇。原产于塞尔维亚的商品进入上述地区和国家的市场可以免缴关税并不受配额限制。

《塞尔维亚对外贸易法》规定所有在境内依法注册的经济实体享有与当地企业同等的外贸经营权。除个别商品外，国家对进口商品无配额限制，基本上实现了自由进口贸易。出口方面，除对保障国内市场需要的少量农产品有一定的出口配额限制外，其他商品可自由出口。①

（二）关税制度

塞尔维亚海关每年公布新的海关税则表，分别列出自主关税、协议关税、优惠关税、减让关税及零关税等不同的税率。②

根据《塞尔维亚关税法》，为完成与外商长期生产合作而进口的原材料、半成品、构件及成品可受全免关税或减免一半关税的优惠待遇，但前提是须经塞尔维亚商会证明上述产品在当地不生产或生产的数量有限或产品质量达不到规定要求。对外国投资项下的商品出口及服务出口，免征增值税。③

① 商务部国际贸易经济合作研究院、商务部投资促进事务局、中国驻塞尔维亚大使馆经济商务参赞处，"对外投资合作（地区）指南——塞尔维亚（2014 年版）"，http://www.fdi.gov.cn/1800000121_25_521_0_7.html，访问日期：2016-01-05。

② 按产品类别平均关税税率的调整幅度一般为：国内不生产的原材料、零附件、设备的关税为 0%~1%；国内生产的原材料、零附件、设备的关税为 3%~5%；国内数量充足的设备关税为 8%~10%；国内大量生产的工农业产品的关税为 15%~30%；国内不生产、又是再生资料产品的关税税率为 10%~20%；对进口日用商品，如短缺将影响居民的生活水平，关税税率为 15%~20%；国内有能力生产的日用品关税税率为 18%~25%；奢侈消费品的关税税率为 30%。

③ Customs Tariff Law of the Republic of Serbia，http://www.docin.com/p-532185962.html，访问日期：2015-10-14。

四、劳工保障法律体系

（一）劳动法概述

2014 年塞尔维亚通过了新修改的《劳动法》，劳工制度规定较为严格。①

该法规定，劳动工资中包括工资税和社保金，最低工资限额由当地社会经济委员会确定。雇主和雇员须按一定的比例依法缴纳社会保险：退休保险和残疾补贴保险由雇主和雇员各承担一半；病假保险、事故保险、劳动基金和职工福利保险基金由雇主全部承担。

雇主和雇员均有权解除劳动合同，解除合同的请求须以书面形式提前 15 日送达对方。雇主应根据雇员的连续工作时间提供相应的休假，裁员须根据工龄支付一定的经济补偿金。

（二）外籍劳工管理

政府在外籍劳工管理方面实施居留许可和劳动许可制度。有意在当地工作的外国人须向内务部外国人管理局申办居留许可，有效期为 1 年，每年须申办一次。凭居留许可再向国家就业局申办劳动许可，有效期最长为 1 年。②近年该国就业形势严峻，因此严格限制外来劳务。但在高新技术产业、技术外包和软件设计等高技术含量的行业需要大量人才，政府鼓励外来高技术人才到此工作。但塞尔维亚对亚洲国家仍实行严格、复杂的工作许可审批制度和入境签证制度，工作许可常带有限制条件。

五、建筑法律体系

（一）招标投标

依据《塞尔维亚公开招标法》，在该国独立注册的外资公司，可依法直

① 商务部国际贸易经济合作研究院、商务部投资促进事务局、中国驻塞尔维亚大使馆经济商务参赞处，"对外投资合作（地区）指南——塞尔维亚（2014 年版）"，http：//www. fdi. gov. cn/1800000121_25_ 521_ 0_ 7. html，访问日期：2016 -01 -05。

② 同上。

接参与招投标，与当地公司享有同等待遇。没有进行注册的外国投资者，可通过与当地公司合作或委托当地代理的方式参与投标。投标之前，投资者须先向工商会的工程协会办理设计许可和施工许可，在企业资质和工程技术标准上取得工程投标资格。塞尔维亚工商会是审核企业设计许可和施工许可的申请资格是否达标的国家法定部门。[①]

外资企业参加承包工程项目投标的基本条件和规定如下：须在当地有合法经营点；5 年内无违法、犯罪及经济违规行为；无法院或工商、行政执法机构的强制勒令破产、清算或停业整顿等处罚记录；具有工商会颁发的有效许可；具有足够的经营业务资金和融资能力。

（二）工程建设

修改后的《塞尔维亚规划与建设法》简化了建设房屋等不动产的审批手续，取消了城建许可和建筑许可。要求将建筑工程设计分为总体设计、意向设计、主设计、施工设计和施工图设计。设计和施工单位必须是在塞尔维亚境内依法注册登记的公司，且设计和施工单位设计人员、工程和技术人员的学历和资质必须是经塞尔维亚政府部门认可与承认的。建筑的设计标准应用塞尔维亚的技术规范、工程质量和安全规则，并符合欧盟的基本要求。企业须持工商会建筑行业协会的推荐信和该会颁发的施工企业名录登记证明来申办设计和施工许可。[②]

六、小结

塞尔维亚在“一带一路”众多国家中具有得天独厚的优势，[③] 该国处于

---

① Public Procurement Act of the Republic of Serbia，http：//www. docin. com/p－532185886. html，访问日期：2015－10－20。

② New Law on Planning and Construction of the Republic of Serbia，http：//www. docin. com/p－532187182. html，访问日期：2015－10－17。

③ “塞尔维亚基本情况及我国‘一带一路’倡议实施条件”，中国驻塞尔维亚大使馆经济商务参赞处，http：//www. mofcom. gov. cn/article/i/dxfw/jlyd/201503/20150300910892. shtml，访问日期：2015－10－09。

欧洲和亚洲的十字路口，泛欧10号高速公路走廊和泛欧7号水路走廊可连接将欧洲大陆和西亚、北非进行连接，区位优势明显。作为中部欧洲自由贸易区和欧洲自由贸易联盟的成员国，塞尔维亚在关税和贸易范围上具有优势。而且当地劳动力素质较高，劳动力成本低于周边多数国家。

阿尔巴尼亚共和国

一、国情简介

阿尔巴尼亚共和国（以下简称阿尔巴尼亚）位东南欧巴尔干半岛西岸，当地居民主要信奉伊斯兰教，少数居民信奉东正教。货币为列克，官方语言是阿尔巴尼亚语。

阿尔巴尼亚为议会制共和国，实行三权分立的政治制度。总统为国家元首、武装部队总司令和国防委员会主席。由议会以无记名方式选举产生，每届任期5年，可连任一届。政府又称部长会议，是国家最高行政机关，议会是国家最高权力机关和立法机构，实行一院制，任期4年。

阿尔巴尼亚水力、太阳能资源丰富。矿产资源种类较多，有石油（探明储量约4.37亿吨）、铬（铬矿储量3730万吨）、天然气、沥青、褐煤、石灰矿和铜等。目前，阿尔巴尼亚开采、出口的主要矿产资源是铬矿和石油。[①] 2014年中阿贸易额为4.65亿美元，中国是阿尔巴尼亚第三大进口来源国，第四大出口目的地国。[②]

---

① 商务部国际贸易经济合作研究院、商务部投资促进事务局、中国驻阿尔巴尼亚大使馆经济商务参赞处，“对外投资合作（地区）指南——阿尔巴尼亚（2014年版）”，http://www.fdi.gov.cn/1800000121_25_522_0_7.html，访问日期：2016-01-05。

② “2014年全年中阿贸易简况”，中华人民共和国驻阿尔巴尼亚经济商务参赞处，http://al.mofcom.gov.cn/article/zxhz/201508/20150801081321.shtml，访问日期：2015-10-03。

二、投资法律体系

阿尔巴尼亚投资主管部门是投资发展署，其主要任务包括吸引外国投资，提高阿尔巴尼亚经济竞争力，鼓励创新和促进出口。政府鼓励投资者在不同领域进行投资，重点是农业、建筑业、旅游业、加工工业、矿业，以及基础设施领域，如能源、交通、电信等。2014 年，阿尔巴尼亚国家自然资源局证实，阿政府将提高矿产采掘业的投资准入门槛。有意投资矿业部门的企业在向阿许可证中心申请相关许可前，需缴纳投资保证金、环境保证金等费用，费用约等于投资总额的 10% 。①

（一）投资保护政策

1992 年，阿尔巴尼亚制定了《外国投资法》，旨在为外国投资提供法律保护，并规定外资享受国民待遇。任何投资纠纷均可提交地拉那仲裁法庭或任一阿尔巴尼亚法庭或国际仲裁机构仲裁。

（二）投资方向引导措施

1993 年阿尔巴尼亚颁布旅游业发展鼓励措施，鼓励旅游业领域的投资。2006 年 12 月 18 日阿尔巴尼亚议会通过《特许经营法》，旨在以 BOT 特许经营方式吸引外商直接投资，投资领域包括交通运输、矿业、电力生产和配电、电信等行业。为了改变电力供应严重不足状况，引导外资投向电力行业，2002 年 12 月阿尔巴尼亚政府 8987 号法律规定：建立 5 兆瓦以上的电站，或改造现有电站，所需的机器设备进口免缴进口关税，对电力生产所需的液体或固体燃料已缴的关税和消费税可获返还。为鼓励发展本国农业，国家免收农业燃油税。

① “阿尔巴尼亚投资环境分析”，一带一路研究院，http：//mp. weixin. qq. com/s? _ _ biz = MzAwNjU4MDY3OQ = = &mid = 207713993&idx = 5&sn = 0fa435b666831376adcb869ac0477668&3rd = MzA3MDU4NTYzMw = = &scene =6#rd，访问日期：2015 -10 -04。

（三）投资便利和协助措施

外商来阿尔巴尼亚投资无须审批，只须在全国注册中心实行“一站式”注册，一天内即可完成，费用1欧元。在阿尔巴尼亚投资的领域不受限制；合资企业的外资比例同样不受限制。为吸引投资尤其是外国投资，近年阿尔巴尼亚政府推出“1欧元倡议”，即对投资生产所需的土地和其他国有资产以及在一些税收方面，阿尔巴尼亚政府象征性地征收费用。外商在阿尔巴尼亚建厂可以购买或租用土地使用权，年限最高为99年，但不得转售和转租。阿尔巴尼亚政府能够协助投资商确定投资项目选址，寻找阿尔巴尼亚供应商，办理证件。阿尔巴尼亚政府提供鼓励措施和信息，对投资商提出的各种问题，指导其向政府部门寻求答案。

（四）金融、税费优惠措施

投资用途的资本货物如机器设备的进口免缴关税和消费税，延迟缴纳增值税，2008年3月中旬阿尔巴尼亚政府规定增值税的延迟缴纳时间为进口清关后12个月内。前5个财政年度内免缴利润税，第2个5年里利润税减免50%。财政年度通常以1年为单位。与投资有关的全部资产和合法所得均可自由汇出。投资所得红利免缴所得税，投资利润再投资，可获最高40%的利润税减免。生产出口商品，免交增值税。2007年年底起，企业所得税和个人所得税均降到10%。

三、贸易法律体系

阿尔巴尼亚主管贸易的政府部门为经济发展、贸易和企业部，负责经济、贸易和企业政策的制定和执行、双边和多边经贸协定的执行、政府援助、市场监管、相关特许经营合同的授予和监管、私有化、自由贸易区、签发经贸许可证、公共采购和招标拍卖等。

阿尔巴尼亚与贸易有关的主要法律有《商人和贸易公司法》《竞争法》《破产法》和《反倾销法》等。

在进口方面，禁止进口武器、放射性物质、军民两用物品、垃圾（可回收、加工和利用的除外）、消耗臭氧层的物质、濒危野生动植物、毒品等。在出口方面，除废金属一项禁止出口外，其他商品出口均没有限制。禁止出口的废金属包括贵金属废碎料、生铁和钢铁的废碎料、铜的废碎料（但废铜例外）、其他铸铜、镍的废碎料、铝的废碎料（但进口的铝制包装除外）、铅、锌、锡的废碎料。①

四、劳工法律体系

阿尔巴尼亚负责外国人工作许可管理的部门是社会福利和青年部。

（一）《劳动法》的主要规则

阿尔巴尼亚《劳动法》要求劳动合同须在开始工作之日起30天内以书面形式签订。合同可规定有3个月或更短的试用期。劳动合同可因双方协议而随时终止。此外，雇主有合法事由时，也可以随时单方终止劳动合同。除此之外，单方终止劳动合同的，无论雇主还是雇员都必须提前一定时间进行通知，否则法庭可要求雇主支付不超过1年工资的罚金。具体而言，无期限劳动合同的终止，雇主或雇员需提前至少30天通知对方并告知合同终止时间。有期限劳动合同的终止，合同中规定的期限期满时合同终止。试用期（就业前个月为试用期）的终止，通知期为提前5天。

劳动法同时还规定劳动者的社保金为工资总额的27.9%，其中雇主负担16.7%，雇员负担11.2%。社保金中包括0.3%的疾病保险、1.4%生育保险、21.6%退休养老保险、0.3%意外和职业病保险、0.9%失业保险和3.4%的健康保险。

（二）关于外籍劳务的规定

外国人在阿尔巴尼亚工作不超过3个月，不需要获得劳动社会事务和机

① "阿尔巴尼亚投资环境分析"，一带一路研究院，http://mp.weixin.qq.com/s?__biz=MzAwNjU4MDY3OQ==&mid=207713993&idx=5&sn=0fa435b666831376adcb869ac0477668&3rd=MzA3MDU4NTYzMw==&scene=6#rd，访问日期：2015-10-04。

会均等部的许可。工作许可申请表可从该部的移民司、阿尔巴尼亚驻各国使领馆和地方劳动办公室获得。签发或拒绝劳动许可的决定由相关当局在申请者递交申请和有关文件后30天内作出。

不同身份或者从事不同职业的外国人将获得不同的工作许可，学生和初次申请者只能获得“限制性许可”;[①] 自创业者、雇用2个以上阿尔巴尼亚居民的外国人及已获得限制性工作许可至少3年者可获得“无区域或工种限制许可”。许可的有效期通常为1年，可延长至5年，延长手续不超过1个月。在阿尔巴尼亚工作5年者可申请永久许可。

除专业技术人员外，阿尔巴尼亚对外国人务工控制较严，且有劳动配额。阿尔巴尼亚《外国人法》规定，工作岗位首先提供给本国人，外国人就业主要为在阿尔巴尼亚劳动者不具备专业能力和缺乏专业培训的部门和岗位，并要求企业雇用1名外籍人员必须同时安排2名本国人就业。[②]

五、建筑法律体系

阿尔巴尼亚《土地法》规定，除国家和政府机关、历史遗址、国家公园、公共机构和公共基础设施所占土地为国家所有外，其余土地如农田、建筑用地等将尽力实现私有化。阿尔巴尼亚法律禁止外国企业或个人直接购买阿国土地，但允许外国投资者或个人在阿设立商业公司，并以该公司名义购买或租用阿尔巴尼亚土地，租借期最长可达99年。[③]

阿尔巴尼亚对外国公司承保当地工程暂时没有明确的禁止，外国公司能否承包到当地工程取决于工程发包人。凡邀请国内外公司参加投标的项目，对外国投标者与本国投标者一视同仁。[④]

---

① 如缩短工作小时、在规定区域等。

② 商务部国际贸易经济合作研究院、商务部投资促进事务局、中国驻阿尔巴尼亚大使馆经济商务参赞处，“对外投资合作（地区）指南——阿尔巴尼亚（2014年版）”，http://www.fdi.gov.cn/1800000121_25_522_0_7.html，访问日期：2016-01-05。

③ 同上。

④ 同上。

六、小结

阿尔巴尼亚自身软、硬件投资环境有待改善，投资企业务必在投资前做好调研，充分全面了解阿尔巴尼亚的法律法规，依法办事。贸易方面要注意规范贸易流程，注重产品质量。建设工程方面，需进行风险评估并据此制定应对措施。劳务合作方面需要事先了解劳务合作项目的真实性，劳务人员需通过正规渠道出国，并遵守当地的法律法规。

罗马尼亚

一、国情简介

罗马尼亚位于东南欧巴尔干半岛东北部，有丰富的矿藏、森林资源。首都布加勒斯特是唯一的直辖市。

罗马尼亚实行民主共和制。总统是国家元首和政府首脑，1989 年 12 月 22 日以后实行多党制。据中国商务部统计，2013 年当年中国对罗马尼亚直接投资流量 2217 万美元。截至 2013 年年末，中国对罗马尼亚直接投资存量 1.45 亿美元。2014 年，中罗双边贸易额为 47.5 亿美元，其中中方出口 32.3 亿美元，进口 15.2 亿美元。截至 2014 年 12 月，中国在罗投资总额 8 亿美元。

二、投资法律体系

（一）外资准入与持股比例

按照罗马尼亚 2008 年 6 月底颁行的《投资促进法》的相关规定，外国投资准入需满足 3 个条件：不违背环境保护法律规范；不触犯罗马尼亚国防和国家安全利益；不危害公共秩序、健康和道德。在此前提下，外资可以选择在工业、自然资源勘探和开发、能源、农业、基础设施和通信、民用和工业建筑、科学研究和技术开发、运输、旅游、银行、保险、证券等领域开展。并且，罗马尼亚对内外资实行无差别、非歧视性政策，给予外商投资企业国民待遇，保证外国投资者自由进入国内市场，并参与私有化。除国家安全审查之外，对外国投资者参与经营何种行业不作限制，外资持股比例可达100%。

（二）公司设立

商事组织主要依据1990年31号《罗马尼亚公司法》。罗马尼亚法律允许外国与本地私人实体设立公司，并从事多种形式的营利活动。外国投资者可以采取以下形式在罗马尼亚开展经营活动：第一，新设商务公司、子公司或分支机构，可以选择全资或与罗马尼亚自然人、法人共同设立；第二，认购已设立公司的新增资本，或收购其股份、债权或其他类别的证券；第三，获得特许经营权、租约或其他管理经济活动、公共服务等协议；第四，设立罗马尼亚公司并获得非住宅用地土地使用权，从事房地产开发；第五，获取工业或其他形式的知识产权；第六，缔结自然资源合作勘探和开发协议。另外，外国投资者投资于罗马尼亚公司的出资形式可以包括外国资本、设备、动产、零部件或其他货物、服务、知识产权、技术专长及管理专业知识，以及从其他罗马尼亚公司获得的收益。公司法的相关规定主要包括：

有限责任公司股东人数至多不超过50人。注册资本金最低限额为200列伊（约50欧元），可以使用现金或实物出资。注册资本应划分为每股价值不低于10列伊的等额股份。股份不得上市流通买卖，但可以在股东之间任意转让。

股份有限公司注册资本金最低限额为9万列伊。股份划分为等额股份，每股面值不低于0.1列伊。每位股东初始投资不得低于其认缴股本的30%。采取货币出资的应在公司成立之日起12个月内实缴完毕；实物出资的需在2年以内支付。设立银行、保险公司等金融机构必须采取股份有限公司形式。

公司代表处由外国企业设立，代表本公司在罗马尼亚开展市场推广和调研活动，不得从事商业性、经营性行为。设立代表处应向罗马尼亚经济部申请。

外国企业分公司不具备法人主体资格，应在本公司授权范围内开展业务。

联合体为实现共同商业目标，有关各方可协商成立联合体。联合体并非法律实体，有关账务事宜由联合体中的一方负责。

罗马尼亚国家商业注册办公室负责企业的注册工作，查询网址为www.onrc.ro。企业注册的主要程序是：（1）提交文件及责任声明。办理注册手续由股东、经理人员或授权代表向商业注册办公室提交申请文件及法律要求的相关资料，并提交以下声明：3年内未能开展经营活动的责任声明、经营期间遵守消防、卫生环境及劳动保护等相关规定的声明。（2）核实材料。批准商业组织成立以其责任声明为依据。相关部门需要对申请材料的真实性和准确性进行审核，包括内务部下属消防部门核准火灾隐患的预防和消除措措施、公共卫生部门负责核准卫生状况、环境管理部门负责核准环境标准、劳动部门负责核准劳动保护标准。为方便工作，商业注册办公室应在接到申请的3日内将申请材料复印件转送相关部门。相关部门如发现申请材料有不符合要求之处，应限期更正。3日内未予以更正的，由相关部门提请贸易注册办公室处理。（3）领取登记证书。提交申请3日内方可获得登记证书正本，其中具体列明商业登记序号及公共财政部分配的唯一税务登记号，登记证书副本在申请提交后的5日内领取。

（三）外汇管理与利润汇出

罗马尼亚法定货币是列伊。1992年年底，罗马尼亚取消列伊年度利润中只能将相当于公司注册资本8%~15%金额的部分兑换成自由外汇转往国外的限制。依据国际货币基金组织章程第7条的要求，罗马尼亚已经达到了经常项目交易项下可以自由兑换这一要求。2003年年底，罗马尼亚开始放开资本账户的外汇长期流通业务。《外国投资法》规定，除国家银行有特殊规定外，居民和非居民之间经常项目和资本项目的外汇业务可以自由进行。非居民有权获得、持有、使用以外汇表示的金融资产，可在罗马尼亚银行开设外汇和本币账户，所持有的列伊和外汇可在外汇市场上自由兑换。

罗马尼亚完全开放汇兑，外国投资者在罗马尼亚境内获取的所有利润均可以按照外汇汇率转换成另一货币，并在纳税后流转出境。来源于股份、债券和其他证券的销售所得，以及投资所得亦能够被汇至本国，对用于利润汇款、债务清偿、资本所得、知识产权收益等资金的流入和流出无任何限制。

1997 年，罗马尼亚开始推动国内外汇市场自由化。2006 年国内银行间电子结算系统运作成熟，解决了之前资本流出迟延的问题，另外，实时电子银行清算系统的使用佣金也正在逐步降低。资本流入也不受限制。2006 年 9 月，罗马尼亚已经按照 IMF 的要求，实现了资本账户全面自由化，允许境外居民和非居民购买衍生品、国债券和其他金融工具。

三、贸易法律体系

罗马尼亚经济部负责制定并实施经济、贸易、产业、中小企业商业化、环境等领域的战略，促进出口。

2007 年 1 月 1 日罗马尼亚加入欧盟后，不再拥有单独规定海关税率和制定贸易政策的权力，而必须执行欧盟统一对外关税和共同贸易政策。欧盟对外实施的反倾销措施、配额和技术标准适用于罗马尼亚。

除协议配额规定的或危害人类健康及环境的少数产品外，罗马尼亚对进出口商品一般不实行许可证制度。另外，对于两用物项，即军民两用的敏感物品等，罗马尼亚采取一些非关税管制措施，由经济部发放进出口许可证。对于实施非关税监管措施的两用物项，其进出口由外交部下属出口管制总局负责审批。

加入欧盟后，罗马尼亚适用欧盟统一的进出口商品检验检疫规则。

为适应欧盟政策，罗马尼亚新《海关法典》（86/2006 号）于 2007 年 1 月 1 日生效。新《海关法典》与欧盟范本几乎完全一致，与旧法相比变化包括：第一，简化通关手续，强化后续监管。为此，法律引入了电子通关概念和对进出口货物实施电子检查的措施；第二，引入自由流动放行概念。2007 年 1 月 1 日起，并非所有进入罗马尼亚的外国货物均称为进口，在关税同盟的条件下，原产于欧洲国家的货物实现了在罗马尼亚的自由流动；第三，在强调缩短通关时间的同时，罗马尼亚政府提出在欧盟和本国两个层面，充分利用贸易政策和海关监管手段打击欺诈行为，包括进行强制性实物检查；第四，特许主体（指经认可有资信的通关代理及企业等）可享受便利化通关的待遇。目前，罗马尼亚有此类特许主体约100家，特许资格在欧盟成员国范围内相互承认；第五，按照欧盟标准对原产地规则和非优惠原产地规则进行了区分；第六，允许建立保税仓库，在保税仓库内存放货物无须履行清关手续，无需缴纳关税；针对进口加工、出口加工等单独制定了一套海关监管措施。

在关税方面，按照欧盟规范，罗马尼亚实行从价税。2007年1月1日起，罗马尼亚实行欧盟统一关税。按照新修订的《海关法典》，进口加工货物、出口加工货物以及保税仓库内的货物不要求缴纳关税，但需要提交与相关货物关税金额相当的银行担保。进口货物还应按海关价格的0.5%缴纳清关费。① 来自于罗马尼亚有贸易优惠安排的地区和国家的进口货物则不需缴纳清关费。②

罗马尼亚自1992年开始设立自由贸易区，制定不限制准入、货物再出口、免征关税等相关法规。另外，罗马尼亚的法律还允许向具有50年经营期限的公司或自然人租赁或转让建筑物或土地，外资企业在自由贸易区内与罗马尼亚本土企业拥有完全等同的投资机会。

目前，罗马尼亚有6个自由贸易区，主要位于多瑙河两岸以及黑海沿岸，包括苏利那自由贸易区、康斯坦察－南阿吉加自由贸易区、加拉提自由贸易区、布瑞拉自由贸易区、哥提西－阿拉德自由贸易区和奎袭自由贸易区。自由贸易区由罗马尼亚交通部主管，自贸区管委会负责管理区内一切商业活动。

四、劳工法律体系

罗马尼亚劳工主管机构是劳动家庭和机会均等部，负责罗马尼亚国内劳动力的保护。

《罗马尼亚劳动法典》是监管整个劳动力市场最重要的法律，内容包括

---

① 王南楠："罗马尼亚投资政策解析"，载《进出口经理人》2010年第4期，第28~29页。

② 欧洲委员会下属海关委员会，http：//ec. europa. eu/index_ en. htm，访问日期：2015－10－02。

劳动合同等。劳动法适用于罗马尼亚国民，以及在罗马尼亚境内工作或在境外为罗马尼亚公司工作的外国公民。2011 年修订的劳动法在员工考核和工资发放方面给予雇主更多自由，并放松了雇佣和解雇程序。

2015 年 1 月，罗马尼亚最低月工资标准为 975 列伊（约 223 美元），时薪水 6.225 列伊（约 1.49 美元）。

《劳动法典》允许工人未经事先批准组成并参加独立公会，并保证工人独立行使该权利。虽然法律允许大多数工人进行罢工，但是法律上冗长烦琐的批准手续导致举行罢工非常困难。若法院认定罢工不合法，则公司可以要求罢工组织者支付赔偿金。

对雇主和雇员之间的经济、社会、职业权益纠纷可以寻求劳动争议解决机制，由法院按照相关法律解决劳动争议，可以由雇员、雇主或工会提起诉讼。劳动合同、内部管理制度、集体合同均要求雇主在裁员时支付解雇金。劳动法典对裁员和解雇做了区分处理，仅在裁员的情形下需要支付解雇金。在经济特区、贸易区或港口内并无特殊的劳动待遇。

劳动法还对滥用劳动力、劳动卫生和安全条件加以规范，不过法律执行可能存在问题。罗马尼亚劳动部以及其他负有监督劳工工作环境安全、卫生等条件职责的公共部门一般只对不签订劳动合同进行调查和问责，而忽略企业是否为劳动者提供了安全、卫生的劳动条件。

劳动法禁止任何形式的强迫劳动。大多数工种要求劳动者最低年龄为 16 周岁，但是儿童在父母或其他监护人的同意下可以在 15 岁参加工作。法律还明确禁止了不得让儿童从事危险工作，列明危险工种的种类，并规定了相应的处罚。

按照《罗马尼亚劳动法》，在本地雇用非欧盟公民工作成本极高。外国公司经常采取职工岗位轮换、特别顾问合同和非现金福利等措施。

外国人在罗马尼亚工作需要领取工作许可证。工作许可证最长期限为 1 年，收取 200 欧元（可按照当日汇率支付列伊）手续费。学生和季节工收取 50 欧元手续费。工作许可证可以依据有效的个人雇佣合同自动续展。

五、建筑法律体系

（一）概述

罗马尼亚大型工程项目，包括路桥建设、水利水电和大型建筑的国家投资项目，都要按照本国和欧盟有关规定进行公开招投标。列入计划的项目会得到欧盟资助。因此，中国企业投标项目时将面对欧盟企业的竞争和欧盟资金资助附加条件的影响。外国企业必须在项目所在国注册企业，并争取与当地企业合作，以便获得同欧盟企业同等待遇。

（二）建筑工程承包

外国企业在罗马尼亚承包建筑工程原则上应在罗马尼亚注册、设立企业。对于私人项目，一般由业主同建筑商进行洽谈，达成一致后即可签订合同并组织开工建设。对于公共采购项目则需要遵循《罗马尼亚公共采购法》组织实施。

按照罗马尼亚法律规定，公共采购项目信息应分别在公共采购电子系统网站，以及罗马尼亚官方公报上公布，金额超过 518.6 万欧元的项目，招标信息还应在欧盟官方公报上公布。公共采购项目的招标和实施行为由罗马尼亚公共采购监督管理局依据《公共采购法》进行监督管理。另外，任何个人或实体均可就公共采购行为向国家争议解决委员会投诉。在投诉处理完毕前，相关部门应终止公共采购程序。对争议解决委员会的处理意见不服的，可以向法院起诉。

《公共采购法》规定，涉及罗马尼亚国防和国家机密的公共采购项目不适用《公共采购法》。

《公共采购法》规定了 5 种公共采购项目的授予方式：公开招标、限制性招标、竞争性对话、谈判和有限邀请。任何经济实体均有权参加公共采购项目的投标，但法律规定必须由本国经济实体实施的项目除外。经济实体可以单独参加投标，也可以联合其他经济实体共同投标，联合体在投标阶段不要求具备法人资格，但在中标后应按照相关政府部门要求组建法人实体。

另外，建筑法规允许分包，参与投标的经济实体可自行或根据招标人要求提出项目分包方案。

六、小结

罗马尼亚总体上政治稳定，烦琐的官方手续是罗马尼亚的重要问题之一，外国投资者在获得必要的规划许可、环境许可、财产证明、营业执照、设施接入等方面会耗时过长。有意在罗马尼亚投资的企业应当注意上述风险。

保加利亚共和国

一、国情简介

保加利亚共和国（以下简称保加利亚）位于欧洲巴尔干半岛东南部，主要民族为保加利亚族。官方语言为保加利亚语。居民主要信奉东正教。“争取欧洲进步公民党”是现保加利亚最大党派。

中国是保加利亚第九大贸易伙伴和第三大非欧盟国家贸易伙伴。自中国进口的主要商品为机电产品、贱金属制品和家具、玩具。2013 年中国在保加利亚开展投资的企业有 20 余家，主要集中在汽车制造、工程承包、农业合作、通信和可再生能源五大领域，对保加利亚直接投资流量为 2069 万美元，直接投资存量为 1.5 亿美元。①

二、投资法律体系

（一）投资主管机关

保加利亚政府 1997 年成立外国投资署。2004 年 8 月将其更名为保加利亚投资署。投资署是保加利亚主管投资的政府机构，隶属保加利亚经济和能源部，主要职责是负责投资政策制定、实施以及促进工作，为投资者提供信息咨询、市场调研、牵线搭桥和组织投资洽谈等服务。

---

① 商务部国际贸易经济合作研究院、商务部投资促进事务局、中国驻保加利亚大使馆经济商务参赞处，“对外投资合作（地区）指南——保加利亚（2014 年版）”，http：//www.fdi.gov.cn/1800000121_25_512_0_7.html，访问日期：2016-01-05。

（二）基本投资政策

保加利亚对外资企业并购当地企业无特殊限制，外资企业和当地企业享有同等待遇。企业在保加利亚的并购行为受欧盟企业并购及反垄断等竞争法的规制。涉及企业并购的法律法规分散在保加利亚的《商法》《商事注册法》《证券公开发行法》《保护竞争法》和《劳动法》等法律中。

根据上述法律的规定，外资收并购的主要手续及操作流程包括：在召开企业全体大会前1个月向商业注册管理部门提交总体并购计划、管理层报告和独立财务专家报告；参与并购的各个企业召开全体大会通过总体并购计划，并提出具体并购方案；向保加利亚商业注册管理部门提交并购后企业的注册登记材料，包括合并方案、新的公司章程、股东同意书及其他证明材料；保加利亚商业注册管理部门完成登记后，新企业即告成立，原企业债权、债务及其他权利和义务相应地转移至新企业。值得注意的是，并购过程很可能涉及小股东权益、债权人保护、劳工保护及反垄断等其他法律问题。

（三）公司设立

根据保加利亚新《商业注册法》，常规的企业类型有5种：一般合伙、有限合伙、有限责任公司、股份公司以及有限责任合伙。此外，还有个体贸易商、集团公司、分支机构等企业形式。公司注册要进行行政审批。公司及代表处要在保加利亚登记署以及在各地的分支机构、保加利亚商工会进行注册登记，税务、社保及统计等手续则无需另行注册。

有限责任公司注册资金的下限是2列弗（1欧元）；办理时间为1天，注册费为160列弗（80欧元）；需登记公司名称；提供有限责任公司的章程、出资情况；管理层人员名单等。除与有限责任公司相同的部分，股份有限公司存在诸多不同的条件。如注册资金下限发生了变化，股份公司的注册资金下限50 000列弗（25 000欧元）；申请材料包括申请表（公司全体管理层签字）、注册资金的银行证明、股份公司的出资情况证明（现金、非现金两种形式）、公证材料、支付国家税收的收据等内容。外国投资者注册贸易代表处应向保加利亚商工会提交申请并根据《保加利亚投资促进法》提供材料。

以上内容具体条件可以参见商务部对外投资与经济合作司发布的《保加利亚投资指南》。[①]

（四）投资优惠措施

保加利亚政府1991年颁布《外国投资促进法》，规定外国投资与本国投资享受同等待遇。2007年9月，保加利亚在入盟后对《外国投资促进法》进行了第7次修改，主要变化为对高科技领域、在高失业率地区投资加强了支持的力度，对制造业、教育、可再生能源、研发、医疗以及信息产业6个行业新增了优惠政策支持，取消了对钢铁、船舶、化纤制造行业的外商投资优惠政策。在保加利亚投资的外国企业可申请欧盟基金，但不享受欧盟其他优惠政策。[②]

保加利亚行业鼓励政策主要体现在对大型投资项目的支持政策中，主要集中在再生能源、教育卫生保健、能源、信息技术等领域。对于在保投资固定（非固定）资产，并且满足条件的投资项目都将获得为期3年的优惠政策鼓励，但是要在获得主管部门颁发的投资证书之后。[③]

根据保加利亚《投资促进法》的规定，投资分A、B级和优先投资项目。[④] 划分标准：A级为投资2000万列弗以上，B级为投资1000万列弗以上。工业高科技业务的门槛有所降低，分别是700万和400万列弗，服务业高科技业务则更低，为400万列弗和200万列弗。对于优先投资项目，一般的要求是投资1亿列弗，雇用劳动力200人。但高科技园区降至3000万列弗和50名雇员；高科技和知识密集型服务（如教育、研发等）为2000万列弗和50名雇员。根据雇员人数和具体所在地的经济发展和就业状况，投资额门

① 商务部国际贸易经济合作研究院、商务部投资促进事务局、中国驻保加利亚大使馆经济商务参赞处，“对外投资合作（地区）指南——保加利亚（2014年版）”，http：//www. fdi. gov. cn/1800000121_ 25_ 512_ 0_ 7. html，访问日期：2016－01－05。

② “保加利亚主要投资优惠政策”，中国驻保加利亚经济商务参赞处，http：//bg. mofcom. gov. cn/article/ddfg/tzzhch/201402/20140200499395. shtml，访问日期：2015－09－24。

③ 同上。

④ Investment Promotion Act（Title amend.，SG 37/04），the world law guide，http：//www. lexadin. nl/wlg/legis/nofr/eur/lxwebul. html，访问日期：2015－10－07。

槛还可进一步降低。被评为 A、B 级以及优先投资项目可以得到保加利亚政府相应的政策支持。

1. 高失业地区的税收优惠

保加利亚政府鼓励外资流向保加利亚高失业地区（每年公布 1 次）。[①] 对于在保加利亚失业率较高的地区进行投资的企业，保加利亚政府有特别的优惠政策。主要条件包括：一是地区失业率要比全国平均水平高出 35% 以上；二是生产活动必须集中在这一区域；三是申请免除的税费应当不包括社保等不可免除的事项。对于符合上述免缴税费的企业，在获得优惠之后还有诸多惠后义务。比如优惠的税费必须进行有效再投资，以 3 年为限。再投资应主要投向固定资产，对非固定资产的投资不应超过投资固定资产的 25%，事后也不能立即将这些固定资产进行转卖。除非是由于企业的失业率高于全国平均失业率 50 个百分点以上时进行合并重组。对于原本属于现在被除名的高失业率地区，企业仍享有 5 年内申请税后优惠的资格。对于企业正在筹建、尚未投产时被除名的地区，投资企业仍然有 4 年的优惠资格。

2. 特别优惠措施

2013 年 3 月，保加利亚发布了最新的高失业率地区清单。[②] 保加利亚政府对于失业率高于全国平均水平 50% 以上的地区给予特别的抵税优惠措施，投资该地区的企业可以获得相当于首期投资资产总额 10% 的税收豁免，但免缴的税款必须在此进行再投资，期限为四年。[③]

3. 保税区

保加利亚自 1981 年开始建立了保税区，目前共有 6 个保税区，主要位于

---

① “保加利亚主要优惠政策”，中国驻保加利亚经济商务参赞处，http：//bg. mofcom. gov. cn/article/ddfg/tzzhch/201402/20140200499395. shtml，访问日期：2015 – 10 – 07。

② List of municipalities with unemployment rate equal or higher than the country average for the year 2012, Ministry of Economy, Energy and Tourism Ordinance No. RD – 16 – 295 of 25 February 2013, http：//www. investbg. government. bg/files/useruploads/files/list_ of_ municipalities_ (unemployment_ for_ 2012) _ eng. doc，访问日期：2015 – 10 – 07。

③ “保加利亚主要优惠政策”，中国驻保加利亚经济商务参赞处，http：//bg. mofcom. gov. cn/article/ddfg/tzzhch/201402/20140200499395. shtml，访问日期：2015 – 10 – 07。

连接通向欧盟、中欧、前苏联、中东及北非等主要国际市场的战略通道上。所有的保税区都是国家提供土地及基础设施，保税区是由股份公司或国有公司管理、经营。

保加利亚的保税区的特征：以生产、储存、加工或转口为目的，其产品免税；可兑换外币自由使用；收入可没有任何限制汇往国外；管理设置以最大可能满足投资人的需求；良好的铁路连接；劳动力成本低且有较高的素质。①

三、贸易法律体系

（一）贸易主管机关

经济和能源部是保加利亚政府经济、能源、贸易和投资的主管部门。加入欧盟后，保加利亚全面执行欧盟共同贸易政策。

（二）欧盟的进出口管理规定

欧盟进口管理法规为1994年制定的《关于对进口实施共同规则的（EC）3285/94号法规》以及《关于对某些第三国实施共同进口规则的（EC）519/94号法规》。欧盟鼓励出口，一般产品均可自由出口，仅对少数产品实施出口管理措施。出口管理法规包括《关于实施共同出口规则的（EEC）2603/69号法规》《关于危险化学品进出口的（EEC）2455/92号法规》等。欧盟出口贸易限制政策属于欧盟共同外交与安全政策的一部分，如欧盟对中国的武器出口禁令。此外，欧盟还对两用产品和技术实行出口管制。欧盟理事会第1183/2007号法规附有一份禁止出口长单，并详细规定了共同体出口授权体系、信息交换条例、成员国间磋商等内容。②

在进口许可制度方面，欧盟主要有监管、配额管理和保障措施3类。此

---

① “保加利亚主要优惠政策”，中国驻保加利亚经济商务参赞处，http：//bg. mofcom. gov. cn/article/ddfg/tzzhch/201402/20140200499395. shtml，访问日期：2015－10－07。

② “欧盟对外贸易政策和法规”，中国驻欧盟经济商务参赞处，http：//eu. mofcom. gov. cn/article/ddfg/f/201506/20150601013316. shtml，访问日期：2015－10－07。

外，欧盟海关通过各种技术要求，包括标准、卫生和植物卫生标准等作为进口管理手段。欧盟采取监控措施的产品有来自第三国的部分钢铁产品、部分农产品、来自中国和越南的纺织品和鞋类，农产品税目的38%受配额保护并实行进口许可证管理。欧盟鼓励出口，一般产品均可自由出口，仅对少数产品实施出口管理措施。欧盟实施的贸易救济措施主要有反倾销、反补贴、保障措施和针对中国的特殊保障措施及纺织品特殊限制措施等。①

四、劳工法律保障

（一）劳动合同的相关规定

保加利亚《劳动法》规定，雇主和雇员必须签订用工合同，否则将施以罚款。② 保加利亚的劳动合同分为不定期和定期两种，一般情况下签不定期合同，以书面形式明确表达。希望签订定期劳动合同者除外。③ 定期合同的期限为3年（包括3年），定期合同的签订必须是雇员自主提出或者针对一些临时性、季节性的短期工作或者一些替代性的职员之间可以签订定期合同。

此外，针对需要特殊技能人员的特殊岗位或者员工主动要求的情况下也可以签订试用合同。试用合同的期限为6个月。试用合同提出方可以在期满前单方终止劳动合同。④

《劳动法》规定工作时间为每天工作8小时。带薪假期为每年不少于20天。一般情况下，终止劳动合同提前通知的时限不超过3个月。定期合同规定需要提前3个月进行通知。在不定期合同中，如合同条款无具体规定，雇主需提前1个月通知被辞退雇员。如雇主有充分理由解雇雇员，雇员有权获得1个月工资的补偿。没有正当理由，雇员可要求支付4个月的工资作为

---

① “保加利亚关于贸易的相关法律和政策”，中国驻保加利亚经济商务参赞处，http://bg.mofcom.gov.cn/article/ddfg/waimao/201402/20140200499389.shtml，访问日期：2015-09-27。

② Labour Code, the world law guide, http://archive.bild.net/legislation/docs/7/lc.html，访问日期：2015-10-07。

③ 同上。

④ 同上。

补偿。

如因企业倒闭，或经营不善导致减产停工，劳动合同规定剩余时间超过15天的情况下，雇员有权获得不超过1个月工资的补偿，如劳动合同中签订时间更长，则以合同为准。对于工龄较长的员工，已获得享受养老金的权利，无论何种原因终止合同，雇员有权获得相当于2个月收入的补偿。如果雇员为同一雇主工作时间超过10年，则补偿金额应该相当于其6个月的工资收入。[①]

（二）外国人在当地工作的条件

所有获得保加利亚永久居留权、避难和难民身份的外国人和保加利亚人一样拥有被雇用的权利。但是，非本国公民在当地进行工作需要获得劳动许可。劳动许可包含工作时间、工作内容等相关的具体信息。保加利亚就业署（劳动与社会政策部的下属机构）签发短期工作许可。

外国人在获得工作许可和签订劳动合同后就获得了在保加利亚的居留许可，居留时间长度以劳动许可为准，每次不超过1年。短期工作许可获得延期后，居留许可的时间也可以相应延长，但总的期限不应当超过3年。雇主可以申请短期工作许可，许可的有效期应当以劳动合同的约定为准。有效期规定以上述内容为准。

保加利亚对于境内公司的非本国雇员数额有明确的限制。规定保加利亚公司（含外国人在其境内注册的公司）中的外国雇员比重不能超过10%（含10%），但是该规定不适用于不需要工作许可的诸多国家及区域一体化组织，如欧盟、挪威、冰岛等。由于金融危机导致的境内失业率不断攀升，政府安置就业的压力不断增加，因此，为了避免外来劳动力与本国国民竞争就业岗位，保加利亚政府只能不断缩紧自己签证政策。另外，为了加入《申根协定》，保加利亚政府将会更为谨慎地对待外国人的工作签证。因此，签证（尤其是工

① “保劳工法律的核心内容和在保工作风险”，中国驻保加利亚经济商务参赞处，http://bg.mofcom.gov.cn/article/ddfg/laogong/201402/20140200499394.shtml，访问日期：2015-10-04。

作签证）问题，仍然是外国人来保加利亚拓展贸易和扩大投资的瓶颈。[①]

五、建筑工程法律体系

保加利亚政府欢迎外国企业，包括中国企业，参与其基础设施项目建设，但是在实际操作过程中，常常制定出对中国企业不利的条件，如产品需在欧盟国家生产等。保加利亚大部分基础设施建设资金中的一部分由欧盟提供，因此，许多项目只能由欧盟成员国企业进行投标。中国企业在投标过程中经常遇到信息不透明、人际关系不畅等因素的干扰。[②]

（一）与建筑工程相关的规定

保加利亚政府和国企招标须按照《政府采购法》实施。在保加利亚投标需申请许可，向招标单位递交以前完成的工程业绩、企业资质证明、在招标单位注册后方可参与投标。保加利亚各部委网站不定期公告工程招标信息，企业可直接从经济和能源部、交通和信息技术和通信部、地区发展和公共工程部、公共采购署网站以及欧盟政府采购招标公报网站等获取信息。[③]

2013 年 1 月生效的《公私合伙法案》（The Public – Private Partnership Act）是有意投资保加利亚基础设施的我国企业必须了解的法律之一。采用公私合伙制模式的条件包括：不能根据《公共采购法》实施的活动，即根据《公共采购法》的规定不能够对公共资源的开发获取更高的经济价值或者合作方之间不能分化可能承担的风险；不能通过特别授权实施的活动，即可能在活动终结时，项目第三方无法获得预期收入，或者即使获得预期收入，私人投资者也无权使用的情形。

保加利亚的公私合作模式（PPP 模式）要求私营一方的必须为现存的法

---

① "保劳工法律的核心内容和在保工作风险"，中国驻保加利亚经济商务参赞处，http：//bg. mofcom. gov. cn/article/ddfg/laogong/201402/20140200499394. shtml，访问日期：2015 – 10 – 04。

② 商务部国际贸易经济合作研究院、商务部投资促进事务局、中国驻保加利亚大使馆经济商务参赞处，"对外投资合作（地区）指南——保加利亚（2014 年版）"，http：//www. fdi. gov. cn/1800000121_25_ 512_ 0_ 7. html，访问日期：2016 – 01 – 05。

③ 同上。

律实体或者新建立的项目公司。此外，还要求项目的资金要全部或者部分由私人一方提供；合同期必须在5～35年之间；在执行项目时要实现经济与风险相平衡。在具体实施阶段，法案规定公共合作方与私人一方企业（股份有限公司以及有限责任公司或者新建立的项目公司）达成合作协议。[①] 符合保加利亚《特许经营法》规定的特许经营模式的项目、《地下资源法》规定的项目以及符合《公共采购法》规定的公共采购项目不适用PPP模式。

《特许经营法》规定了授予特许权的类型，包括公共工程特许权涉及建设项目的实施以及已完成工程的管理与维护；服务特许权涉及公共利益服务的管理内容；生产（采矿）特许权涉及对自然资源的开采与提炼的内容。

《公共采购法》法案规定的公共采购活动包括3个领域建筑工程（包括建筑、工程、涉及一个或多个建筑和装修工程）、货物交付和服务提供。公共采购合同的缔约方有义务使其公共采购合同符合《公共采购法案》的规定和程序，立法者已经为此建立了一个确定的门槛，标准如下：在建筑工程方面，国内涉及的工程活动总价要求下限为26.4万列弗，对国外进行的工程活动总额要高于165万列弗；在货物交付、服务提供以及设计内容方面，国内相关活动的总额要高于6.6万列弗，涉及国外相关活动的总额则要高于13.2万列弗。[②]

（二）房地产及土地所有权的规定

保加利亚调整房地产及其交易的法律主要是《保加利亚宪法》《所有权法》《国家物权法》《市物权法》《民事诉讼法》《投资促进法》《地区发展法》《合同法》《公寓所有权管理法》等。

保加利亚房地产权属既可以是公有的，也可以是私有的。公共财产属于国家和市政所有，由相应的行政机构进行运营。在满足法律明确规定的条件

---

① “毕马威——投资保加利亚指南”，中国驻保加利亚经济商务参赞处，http://www.kpmg.com/BG/en/IssuesAndInsights/ArticlesPublications/Investment-in-Bulgaria-2015/Documents/2015-Investment-in-Bulgaria-web.pdf，访问日期：2015－11－03。

② 同上。

后，公共财产可以通过特许或租赁委托给第三方运营。在租赁的情况下，国有公共财产的租赁期不得超过10年，市属公共财产租赁期不得超过5年，且均需通过公开招标形式进行。公共财产不得在占有和过期地役权的基础上进行处分（例如买卖、捐赠、实物出资、交换等）和取得。但是，市属公共财产的限定权利可以依法授予第三方，例如建筑权等。私有财产的所有权可以属于个人、法律实体、国家和市政府，但对外国人有一定的限制。

下述情形中，保加利亚有权对成员国公民和法律实体取得土地所有权作出限制：自2007年1月1日起五年内，用于第二住所的土地；自2007年1月1日起五年内，农业、森林和林业用地。但是，上述限制不适用于希望在保加利亚安顿并长期居住的作为个体农民的居民，但其应当在保加利亚登记署进行登记。自2007年1月1日（保加利亚加入欧盟协议生效之日）起他们可以取得农业和林业用地的土地所有权，开展农业活动。

对于外国人取得土地的限制不适用于包含外国人的保加利亚法律实体。因此，外国法律实体或个人可以通过购买现存保加利亚公司的股份或权益，或根据保加利亚法律新设公司，从而取得土地所有权。而且，该公司可以是全资外企。但是根据保加利亚议会2015年2月新修订的《农业用地所有权法》，非欧盟国家企业和个人不得持有保加利亚农地所有权，已持有者必须在2015年10月1日前转让给有资格获得保加利亚农地所有权的法人或个人，否则将面临高额罚款。但非欧盟国家企业和个人持有保加利亚上市公司股份的除外。

六、小结

总体而言，保加利亚政府在贸易与投资方面的态度较为谨慎。对比欧盟其他国家，限制措施相对较多并且存在隐形的限制措施。政府的投资促进措施有明显的区域针对性倾向。对中国企业而言，如果在保加利亚进行贸易或投资，除了需要特别注意商业风险之外，还要注意保加利亚在土地与房产方面的限制。在劳工和工程承包方面，有可能受到非法律层面或心理上的排斥。

马其顿共和国

一、国情简介

马其顿共和国（以下简称马其顿）位于巴尔干半岛，大多数居民信奉东正教，少数居民信奉伊斯兰教，宗教对政治影响不大。官方语言是马其顿语，会说英语、法语、德语的居民较多。官方货币是代纳尔，与人民币不可直接结算。马其顿国家银行实行与欧元挂钩的汇率体制。马其顿是一个由多党组成的议会制民主国家，实行三权分立制度。1991 年通过公民投票的方式从前南斯拉夫联邦脱离。

该国的主要出口商品有钢铁、化工、服装、机械装备、烟草和葡萄酒。主要进口商品有石油及其制品、非铁金属、纺织品、钢铁及机械产品。[①] 我国是马其顿的第七大贸易伙伴，对马其顿出口的主要商品为牛肉、鸡肉、纺织品、服装、鞋、机电产品等，从马其顿进口的主要商品为铁合金、大理石、石灰石、车辆与轨道机车配件、葡萄酒等。我国与马其顿签订的双边协定有《经济贸易协定》《关于鼓励相互保护投资协定》《避免双重征税和防止透漏税协定》《关于动物检疫及动物卫生的合作协定》《关于植物检疫的合作协定》等。

---

① “马其顿对外贸易概况”，中国驻马其顿大使馆经济商务参赞处，http：//mk. mofcom. gov. cn/article/ztdy/201506/20150601020695. shtml，访问日期：2015 – 10 – 21。

二、投资法律体系

外国投资局是马其顿投资促进的专门机构，负责吸引外资，向外商提供优质的投资全程服务。此外，政府还新设了外资署，以加大吸引外资力度。

在马其顿，《外国人投资法》《公司法》《证券法》《增值税法》《贸易法》《外国贷款法》及《外汇业务法》等若干法律的全部或部分规定构成了该国关于外国投资的法律框架。

（一）企业设立

《马其顿公司法》规定外国投资者可在该国境内注册有限责任公司、股份公司、控股公司、无限责任公司等各种性质的公司。外国公司在马其顿设立的代表处不具法人资格，不得从事经营活动和签订合同。所有外国投资者都能获得与马其顿当地投资者相同的待遇。马其顿境内注册的外国公司必须遵守该国有关法律和规定，公司只能经营本公司注册范围内的业务，不能擅自扩大业务范围，如确有需要，应补办有关手续。通过公开投标，外国投资者可取得最长为99年的建筑土地租用权。此外，对于外国投资者参与马其顿国企私有化没有法律限制。①

（二）投资管理

马其顿除军事工业、武器交易、麻醉品交易、受保护的文物交易等领域外，其他领域均对外资开放。但外国人参与广播公司的投资比例不能超过25%。获取75%的银行股份需得到马其顿国民银行的批准。政府鼓励投资的领域有汽车配件、软件开发、食物加工、医药、水能开发、精细化工等。国外投资者在购买涉及保险事业管理权的股票时，必须通过保险业监管机构的

① Company Law of the Republic of Macedonia，全球法律法规网，http：//www. mse. mk/Repository/UserFiles/File/Misev/Regulativa/Zakoni% 20ENG/LL_ CG_ TradeCompanies_ Dec_ 2004_ E. pdf，访问日期：2015－10－19。

同意。[①]

《马其顿外汇业务法》规定了境内开放资本交易的条件，外国投资者可以自由汇回利润和缴纳固定税及社会捐助后获得的股票基金。

根据《马其顿外国人投资法》，外国投资者协议应以马其顿语和外国投资者使用的文字写成，投资者应当在投资协议签字之日起的30日内向马其顿对外经济的主管机构报告。[②] 主管机构应当在30日内就投资协议是否违反马其顿法律而作出批准；不予批准的，投资者可在接到不批准法令的15日内向马其顿国家政府提出申诉，由政府裁定。[③] 外国投资者再投资或追加投资以及对外转让股份的，也应向主管机构报告。[④]

（三）优惠待遇

根据《马其顿海关法》和《马其顿税法》，外国投资者在以下情况可获得利润税的减免[⑤]：在马其顿前3年的投资，减免比例按总投资额确定；企业利润用于在该国再投资的（不含对汽车、家具、地毯、视听器具、家用电器和装饰物的投资），全部减免利润税；企业利润用于投资国内环保项目的，全部减免利润税；企业利润用于投资国内欠发达地区的，全部减免利润税。[⑥]

此外，投资建设该国公共工程的，有以下额外优待：减免10%的公司税和个人所得税；减免基础设施使用费；进口货物、原材料、机械设备免税。

---

① “马其顿外贸投资管理和壁垒”，中国驻马其顿大使馆经济商务参赞处，http：//mk. mofcom. gov. cn/article/ztdy/200612/20061204122391. shtml，访问日期：2015－10－21。

② 马其顿驻华使领馆：《马其顿共和国的外国人投资法》，第18条，载《东亚中欧市场研究》1997年第10期，第48－51页。

③ 同上，第19条。

④ 同上，第20条。

⑤ Macedonia Investment Climate Statement 2015：Investment Incentives，国务院发展研究中心信息网，http：//www. drcnet. com. cn/eDRCnet. common. web/docview. aspx？chnid = 5714&leafid = 22568&docid = 4025445&uid = 8004&version = YDYL，访问日期：2015－10－19。

⑥ “马其顿涉外投资税收法律简介及特点”，中国驻马其顿大使馆经济商务参赞处，http：//mk. mofcom. gov. cn/article/ztdy/200507/20050700151227. shtml，访问日期：2015－10－22。

三、贸易法律体系

马其顿经济部负责管理对外贸易。该国对一般产品实行自由贸易政策，对进口商品除个别商品外没有数量或价格限制。[①] 为了维修进口设备或维修耐用消费品而进口零部件不受限制。为了自身生产需要，或作为外国投资者的保证金而进口的设备、原料和中间产品也不受限制。[②] 禁止自然人进出口武器、弹药、炸药或制造武器的原材料；禁止在该国境内进口或转运危险废弃物。[③]

四、劳工法律体系

（一）劳动法概述

《马其顿劳动法》规定，劳动合同必须以书面形式签订，明确雇员的权利与义务、合同期限（固定或无固定）、工作地点、工作时间、休息时间、工资支付、劳动资格和培训等内容。雇主须为雇员缴纳养老保险、伤残保险、健康保险以及就业保险。病假许可不能成为终止雇佣关系的合法理由，且雇员在病休期间有权获得补偿性工资。[④]

（二）外籍劳工管理

外国劳务人员必须在马其顿内务部外国公民局办理工作许可与居住许可。[⑤] 对外国公民的工作许可时间为 3 个月至 1 年。外国公民申请居住许可时要提出申请的原因和证据，以及居住期间的生活来源。所以首先要取得工作许可，然后再申请居住许可。临时居住许可时间可达 1 年。外国公民的商务

---

① 《马其顿对外贸易法》第 10 条。

② 同上，第 8 条。

③ 同上，第 11 条。

④ Labor Law of the Republic of Macedonia, http://www.lexadin.nl/wlg/legis/nofr/eur/arch/mac/laborlaw.pdf，访问日期：2015－10－18。

⑤ "马其顿投资环境调研"，中国驻马其顿大使馆经济商务参赞处，http://mk.mofcom.gov.cn/article/ztdy/200806/20080605604073.shtm，访问日期：2015－10－22。

签证由马其顿内务部颁发，有效期为1年，可用来出入境多次。

尽管马其顿目前尚无限制外国劳务的法律规定出台，但由于失业率高居不下，当地政府严控普通劳务人员和技术劳务人员的进入。外国公司在马其顿雇用员工时，必须保证在公司内部有马其顿公民就业，并为其缴纳强制保险，否则该公司外籍劳工的工作签证将不被批准。[①]

五、建筑法律体系

目前，马其顿尚未出台与建筑工承包市场的限制和准入有关的法律法规。马其顿建筑工程承包市场小、存在很多小规模的建筑公司，竞争十分激烈。而且马其顿的建筑公司在国际承包工程市场上已立足多年，如果我国承包公司想进入马其顿的建筑工作承包市场，最好能够带资承包，否则很难拿到项目，因为当地政府或者国际援助马其顿的项目大多要求承包商带资或有相当的融资能力。因此，目前我国承包公司想要开拓马其顿建筑工程承包市场仍有一定的难度。

中资企业在该国参与工程投标时，应与当地公司联合投标，尽量把低级劳务工程分包给当地公司，因为在当地工程投标的评标中，当地公司分包有非常高的加权分。[②]

六、小结

马其顿已与多个国家和地区签订了双边经济合作协议，其中13个国家是世界经济合作与发展组织的成员。近年来，马其顿不断加强基础设施建设、完善内部管理机制，以提高经济效率、振兴国民经济，正成为巴尔干半岛上的投资重点国家。

---

① “马其顿对外劳务合作市场调研”，中国驻马其顿大使馆经济商务参赞处，http://mk.mofcom.gov.cn/article/ztdy/200702/20070204398889.shtml，访问日期：2015-10-22。

② “马其顿承包工程市场概况”，中国驻马其顿大使馆经济商务参赞处，http://mk.mofcom.gov.cn/article/ztdy/200303/20030300076670.shtml，访问日期：2015-10-24。

虽然投资环境良好，我国企业仍需保持风险意识，在马其顿开展对外投资贸易合作过程中可以使用中国政策性保险机构——中国出口信用保险公司提供的信用风险保障产品，或者使用中国进出口银行等政策性银行提供的商业担保服务。

后　　记

随着“一带一路”建设的不断深化，我国积极发展与沿线各国的合作伙伴关系，为现有的合作机制注入新的内涵与活力。本书主要介绍印度尼西亚、孟加拉、新加坡、越南、印度、蒙古、柬埔寨、沙特阿拉伯、哈萨克斯坦、马来西亚、老挝、菲律宾、俄罗斯、白俄罗斯、伊朗、土耳其、马其顿、黑山、文莱、波兰等65个国家的基本国情、投资法律体系、贸易法律体系、劳工法律体系及建筑法律体系这五个方面的内容。

在上述65个国家中，新加坡、文莱、阿尔巴尼亚、白俄罗斯、塞浦路斯、约旦、爱沙尼亚、尼泊尔等多个国家已与我国签订了投资保护协议，各国也采取了一系列措施改善投资环境，并提供诸多优惠以增加对外资的吸引力，但由于各国在政治背景、法律环境、企业管理制度乃至语言、宗教、文化、习俗等方面的巨大差异，我国企业在实施“走出去”战略时通常会面临水土不服的尴尬。

为减少投资者在进行投资决策时无所适从甚至屡屡碰壁的风险，本书按国别提示了在政治（包括战争内乱、主权危机、国有化征收、政策变动和政府违约等）、法律（包括市场准入、企业设立、外汇汇兑、企业税收、关税、检验检疫、进出口配额及许可证管理、劳动合同与劳工保护、外国人工作许可等）、环境保护、宗教习俗等方面的风险，为投资者在上述国家开展投资合作业务提供较为客观且全面的指引，例如在投资谈判和投资合同的签署阶段应注意设计合理的交易结构，各国政府对于具有战略意义的特殊行业的外资准入通常设置较高的门槛和繁杂的审批程序，故而在重大项目的立项时应当进行尽职调查和法律风险评估，项目交割阶段应当关注争议解决措施。本书还介绍了外国投资者设立公司的程序，尤其是有关土地的特殊法律规定因国而异——有的国家规定外国投资者有权取得土地的所有权，有的规定仅可以取得土地使用权，有的规定仅能通过租赁的方式使用土地等。另外，由于白俄罗斯、土耳其、叙利亚等国家正处于经济转型阶段或者政局特殊、法律政策缺乏稳定性，投资者应当时刻保持灵活的经营头脑并关注法律动向。由于篇幅有限，而投资者的具体需求各有不同，本书仅能起到基本的指引作用，无法为投资者可能遭遇的所有法律难题答疑解惑，望读者予以谅解。

《“一带一路”国家法律服务和法律风险指引手册》由上海对外经贸大学法学院国际经济组织法律文本研究中心与南通市司法局共同合作，由法学院院长倪受彬教授带队，吴岚副教授、杨宏芹副教授以及耿业红老师等组成三个项目小组负责具体实施，其中吴岚副教授负责土耳其等11个重点国家和爱沙尼亚等34个非重点国家有关法律法规的搜集、翻译、整合工作；杨宏芹副教授负责菲律宾、马来西亚等10个重点国家有关法律法规的搜集、翻译、整合工作；耿业红老师负责罗马尼亚、埃及等10个重点国家有关法律法规的搜集、翻译、整合工作。华东政法大学法学院马得懿教授、南通市社科联党组书记、副主席徐爱民、南通市商务局贸促会陈莉秘书长、南通市商务局外经处王宁副处长、南通市商务局外派劳务服务中心严如岐主任、江苏江花律师事务所高彬主任、南通建工集团海外公司张喜一副总经理、中天科技国际公司龚俊副总经理等来自科研院所、外资管理部门、法律实务界以及企业界的专家对指引手册进行了严肃、认真地评审，提出了宝贵的意见和建议，尤其要感谢南通市司法局党组书记张武林局长对本书的大力支持和多方帮助，在此一并致以衷心的感谢！

在本书的编写过程中，我们参阅了我国驻各国大使馆经济商务参赞处、我国外交部、商务部以及各国主管部门等机构的官方网站，同时也借鉴了各位学者的论文及专著，在此致以诚挚的谢意。由于时间仓促及水平有限，不足之处在所难免，欢迎批评指正。

附　件

国别	主管机关	执行局	网址
新加坡共和国	对外投资主管机关	经济发展局	www. edb. gov. sg
	公司注册机关	会计与企业管制局	www. acra. gov. sg/home/
	外汇主管机关	金融管理局	www. mas. gov. sg
	税务机关	国内税务局	iras. gov. sg
	对外贸易主管机关	国际企业发展局	www. iesingapore. gov. sg
	外国人工作许可管理机关	人力部	mom. gov. sg
	土地交易主管机关	土地管理局	www. sla. gov. sg
马来西亚联邦	投资主管部门	国际贸易及工业部	www. miti. gov. my/
	贸易主管部门	国际贸易及工业部	www. miti. gov. my/
	劳工主管部门	人力资源部	www. mohr. gov. my/index. php/en/
	建筑主管部门	建筑工业发展局	www. cidb. gov. my/
印度尼西亚共和国	投资主管机关	投资协调委员会	www. bkpm. go. id
	银行和金融机关	财政部	www. depkeu. go. id
	能源和矿业开发机关	能矿部	www. esdm. go. id
	贸易主管部门	贸易部	www. depdag. go. id
	劳工主管部门	劳工与安置部	www. nakertrans. go. id
	工程建设主管部门	公共工程部	www. kimpraswil. go. id

续表

国别	主管机关	执行局	网址
缅甸联邦共和国	外商投资及企业注册登记主管机关	投资委	www. dica. gov. mm. x – aas. net/
	劳动主管机关	劳工部	www. moles. gov. mm
	贸易主管机关	商务部	www. commerce. gov. mm
泰王国	投资主管部门	投资促进委员会	www. boi. go. th/index. php? page = index
	贸易主管部门	出口促进部	www. thaitrade. com/
	劳工主管部门	劳工部	www. mol. go. th/anonymouse/home
	建筑主管部门	工业部	www. industry. go. th/
老挝人民民主共和国	贸易主管机关	工业贸易部	www. moc. gov. la
柬埔寨王国	投资主管部门	发展理事会	www. cdc – crdb. gov. kh/
	企业登记主管部门	商业部	www. moc. gov. kh
	外汇主管部门	国家银行	www. nbc. org. kh
	进出口主管部门	海关与税务司 商业部	www. customs. gov. kh www. moc. gov. kh
	建筑业主管部门	国土规划与建设部	www. mlmupc. gov. kh
	劳动主管部门	劳动与职业培训部	www. mlv. gov. kh
越南社会主义共和国	投资主管部门	国家计划投资部外国投资局	www. mpi. gov. vn
	贸易主管部门	工贸部	www. moit. gov. vn
	劳工	越南政府	www. chinhphu. vn
	建筑业主管部门	越南建设部	www. xaydung. gov. vn
文莱达鲁萨兰国	投资贸易主管机关	工业与初级资源部	www. industry. gov. ba

续表

国别	主管机关	执行局	网址
菲律宾共和国	投资主管部门	贸易与工业部	www. dti. gov. ph/
	贸易主管部门	贸易与工业部	www. dti. gov. ph/
	劳工主管部门	劳动与就业部	www. dole. gov. ph/
	贸易主管部门	海关就业总署	www. poea. gov. ph/
	建筑主管部门	贸易与工业部	www. dti. gov. ph/
	建筑业主管部门	建筑与城市建设部	www. mcud. gov. mn
	劳动主管部门	劳动部	www. mol. gov. mn
伊朗伊斯兰共和国	投资主管部门	投资和经济技术支持组织	www. investiniran. ir
	企业设立审批主管部门	商务部	www. moc. gov. ir
	企业登记主管部门	商务部	www. moc. gov. ir
	外汇主管部门	中央银行	www. cbi. ir
	贸易主管部门	商务部	www. moc. gov. ir
	进出口主管部门	海关	www. irica. gov. ir
	建筑业主管部门	建设管理局	www. mhud. gov. ir
	劳动主管部门	劳工部	www. irimlsa. ir
伊拉克共和国	外商投资主管机关	国家投资委员会	www. investpromo. gov. iq
	进出口管理主管机关	海关总署	www. iraqcustoms. org
	劳动主管机关	劳动力和社会事业部	www. molsa. gov. iq
	贸易主管机关	贸易部	www. mot. gov. iq
土耳其共和国	外商投资主管机关	投资促进局	www. invest. gov. tr/zh – CN/investmentguide/Pages/10Reasons. aspx
阿拉伯叙利亚共和国	外商投资主管机关	投资促进局	www. investinsyria. org
	对外贸易主管机关	经贸部	www. syrecon. org

续表

国别	主管机关	执行局	网址
约旦哈希姆王国	投资主管部门	投资委员会	www. jordaninvestment. com
	贸易主管部门	工业、贸易与供给部	www. mit. gov. jo
	建筑业主管部门	公共工程与住房部	www. mpwh. gov. jo
	劳动主管部门	劳动部	www. mol. gov. jo
黎巴嫩共和国	投资主管部门	投资发展局	www. idal. com. lb
	企业登记主管部门	经济和贸易部	www. economy. gov. lb
	进出口主管部门	海关	www. customs. gov. lb
	建筑业主管部门	公共工程交通部	www. public - works. gov. lb
	劳动主管部门	劳工部	www. mol. gov. lb
以色列国	外商投资主管机关	经济部投资局	www. investinisrael. gov. il
	贸易主管机关	经济部贸易局	www. moital. gov. li
	劳动主管机关	工业贸易劳工部	www. moit. gov. il
	建筑承包主管机关	国土管理局	www. mmi. gov. il
		基础设施部	www. mni. gov. il
巴勒斯坦国	投资主管部门	投资促进局	www. pipa. ps/index. aspx
沙特阿拉伯王国	外商投资主管机关	投资总局	www. sagia. gov. sa
	企业注册登记主管机关	商工部	www. mci. gov. sa
	劳动主管机关	劳工部	www. mol. gov. sa
	进出口管理主管机关	海关	www. customs. gov. sa
也门共和国	投资主管部门	投资总局	www. investinyemen. org
	外汇主管部门	中央银行	www. centralbank. gov. ye/
	贸易主管部门	工业与贸易部	www. moit. gov. vn/en
	进出口主管部门	海关总署	www. customs. gov. ye
	劳动主管部门	社会事务与劳动部	www. yemen - nic. info/

续表

国别	主管机关	执行局	网址
阿曼苏丹国	投资主管部门	商工部	www. mocioman. gov. om
	企业设立审批主管部门	商工部	www. mocioman. gov. om
	企业登记主管部门	商工部	www. mocioman. gov. om
	贸易主管部门	商工部	www. mocioman. gov. om
	劳动主管部门	劳工部	www. manpower. gov. om
	劳动主管机关	劳工部	www. mol. gov. qa
科威特国	外商投资主管机关	投资促进局	www. kfib. com. kw
	企业登记注册主管机关	工商部	www. moci. gov. kw
	劳动主管机关	社会与劳工事务部	www. mosal. gov. kw
	招投标主管机关	中央投标委员会	www. ctc. gov. kw
巴林王国	外商投资主管机关	工商部 经济发展委员会	www. moic. gov. bh www. bahrainedb. com
	企业注册登记主管机关	投资者中心	www. moic. gov. bh
	劳动主管机关	劳动部	www. mol. gov. bh
	贸易主管机关	工商部	www. moic. gov. bh
希腊共和国	投资主管部门	财政部	www. mof – glk. gr
	贸易主管部门	经济发展、竞争力和海运部	www. yen. gr
	建筑业主管部门	基础设施、交通和通信部	www. yme. gr
	劳动主管部门	劳动和社会保障部	www. labor – ministry. gr
塞浦路斯共和国	投资主管部门	商业、工业与旅游部	www. mcit. gov. cy
	贸易主管部门	商业、工业与旅游部	www. mcit. gov. cy

续表

国别	主管机关	执行局	网址
塞浦路斯共和国	劳动主管部门	劳动与社会保障部	www. mlsi. gov. cy
	建筑主管部门	交通工程部	www. mcw. gov. cn
阿拉伯埃及共和国	外商投资主管机关	投资部和自由区总局投资服务中心	www. investment. gov. eg
	对外贸易主管部门	工业与外贸部	www. mfti. gov. eg
	劳工主管机构	劳动力与移民部	www. manpower. gov. eg
印度共和国	外商投资主管机关	投资署	dushyant. thakor@ ficci. com
		财政部外国投资促进局	us. fipb – mof@ nic. in
		商工部投资促进与政策部	www. dipp. nic. in
	外汇主管机关	储备银行	www. rbi. org. in/
	劳动主管机关	劳工和就业部	labour. gov. in/
	进出口管理主管机关	海关	www. cbec. gov. in/
巴基斯坦伊斯兰共和国	投资主管部门	投资委员会	www. pakboi. gov. pk
	税务主管部门	联邦税收委员会	www. fbr. gov. pk
	贸易主管部门	商务部	www. commerce. gov. pk
	进出口主管部门	贸易发展署	www. epb. gov. pk
	建筑业主管部门	公共采购管理局	www. ppra. org. pk
孟加拉人民共和国	投资主管部门	投资局	www. boi. gov. bd
	企业设立审批主管部门	商务部	www. mincom. gov. bd
	企业登记主管部门	商务部	www. mincom. gov. bd
	外汇主管部门	中央银行	www. bb. org. bd
	贸易主管部门	商务部	www. mincom. gov. bd

续表

国别	主管机关	执行局	网址
孟加拉人民共和国	进出口主管部门	海关	www. customs. gov. bd
	建筑业主管部门	建设管理局	www. mohpw. gov. bd/
	劳动主管部门	劳工部	www. mole. gov. bd/
阿富汗斯坦伊斯兰共和国	外商投资主管机关	投资促进局	www. aisa. org. af
	企业注册登记主管机关	商工部	www. commerce. gov. af
斯里兰卡民主社会主义共和国	投资主管部门	投资管理委员会	www. investsrilanka. com
	企业登记主管部门	公司注册登记处	www. drc. gov. lk
	进出口主管部门	进出口管理局	www. srilankabusiness. com/
	劳动主管部门	劳动局	www. labourdept. gov. lk
马尔代夫共和国	外商投资主管机关	1. 旅游部（负责旅游） 2. 经济发展部（负责其他）	www. tourism. gov. mv www. trade. gov. mv
	企业注册登记主管机关	同上	www. tourism. gov. mv www. trade. gov. mv
	劳动主管机关	人力资源、青年和体育部	www. mhrys. gov. mv
	进出口管理主管机关	海关	www. customs. gov. mv
尼泊尔联邦民主共和国	外商投资及企业注册登记主管机关	工业部	www. moics. gov. np
	劳动主管机关	劳动与就业部	www. moltm. gv. np
	进出口管理主管机关	商业和供应部	www. moics. gov. np

续表

国别	主管机关	执行局	网址
不丹王国	投资主管部门	外国投资委员	www. nationsencyclopedia. com/Asia – and – Oceania/Bhutan – FOREIGN – INVESTMENT. html
	企业设立审批主管部门	经济部	www. moea. gov. bt/content/index. php
	贸易主管部门	经济部	www. moea. gov. bt/content/index. php
	劳动主管部门	劳动部和人力资源	www. molhr. gov. bt/molhr/
哈萨克斯坦共和国	投资主管机关	工业与新技术部	www. kazinvest. kz
	贸易主管机关	经济与预算规划部	www. minplan. kz
	劳工主管机关	劳动和居民社会保障部	www. enbek. kz
	建筑主管机关	国家土地资源管理署	www. auzr. kz
土库曼斯坦	投资及企业设立审批主管部门	经济和发展部	www. economy. gov. tm
	外汇主管部门	中央银行	www. cbt. tm
	贸易主管部门	贸易和对外经济联络部 商品和原料交易所	www. mintradefer. gov. tm www. exchange. gov. tm
	劳动主管部门	劳动和社会保障部 移民局	mlsp. gov. tm/page_ tdtum/start_ ru. html www. migration. gov. tm/
	建筑业主管部门	建设部	www. construction. gov. tm
吉尔吉斯共和国	投资主管部门	经济部 财政部	mineconom. gov. kg/index. php? lang = ru www. minfin. kg/
	企业设立审批主管部门	司法部 国家统计委员会 国家税务监察局	minjust. gov. kg/ www. stat. kg/ru/ www. sti. gov. kg/
	外汇主管部门	中央银行	www. nbkr. kg/index. jsp? lang = RUS

续表

国别	主管机关	执行局	网址
吉尔吉斯共和国	贸易主管部门	经济部	mineconom. gov. kg/index. php?lang = ru
	进出口主管部门	国家海关总署	www. customs. kg/index. php
	建筑业主管部门	住建部	gosstroy. gov. kg/ru/
	劳动主管部门	社会发展部 劳动、移民部	www. mlsp. gov. kg/ jashtar. org/
白俄罗斯共和国	投资主管部门	经济部	www. economy. gov. by
	贸易主管部门	贸易部	www. mintorg. gov. by
	建筑业主管部门	建设部	www. mas. by
	劳动主管部门	劳动和社会保障部	mintrud. gov. by/en
波兰共和国	外商投资主管机关	信息和外国投资局	www. paiz. gov. pl/
		经济活动注册与信息中心网站	prod. ceidg. gov. pl/ceidg. cms. engine/? F1886f97b – 43a9 – 4b16 – b197 – cc969b6917ba
	进出口管理机关	农产品与食品质量检验总局	www. ijhars. gov. pl
		国家计量局	www. gum. gov. pl
		兽医检疫总局	www. wetgiw. gov. pl
		卫生部	www. mz. gov. pl
		农业市场署	www. arr. gov. pl
		农业与农村发展部	www. minrol. gov. pl
立陶宛共和国	投资主管部门	经济部	www. ukmin. lt
	企业登记主管部门	注册中心	www. registrucentras. lt/index – en. php
	贸易主管部门	经济部 外交部	www. ukmin. lt www. urm. lt

续表

国别	主管机关	执行局	网址
立陶宛共和国	进出口主管部门	海关	www. cust. lt
	建筑业主管部门	环境部	www. am. lt
	劳动主管部门	移民局	www. migracija. lt
爱沙尼亚共和国	投资主管部门	经济事务部	www. jordaninvestment. com
	贸易主管部门	经济交通部	www. mkm. ee
	劳动主管部门	劳动部	www. tta. ee
拉脱维亚共和国	投资主管部门	投资发展署	www. liaa. gov. lv
	企业登记主管部门	企业注册局	www. ur. gov. lv
	贸易主管部门	经济部	www. em. gov. lv
	进出口主管部门	财政收入服务局（税务、海关）	www. vid. gob. lv
	建筑业主管部门	国家建筑监管局	www. vbi. gob. lv
	劳动主管部门	劳动力监管局 公民及移民局	www. vdi. gov. lv www. pmlp. gov. lv
捷克共和国	投资主管机关	投资署	www. czechinvest. org/cn
	贸易主管机关	工业和贸易部	www. mpo. cz/default_ en. html
	劳动主管机关	劳动与社会事务部	www. mpsv. cz/en/
	公共采购主管部门	地方发展部	www. mmr. cz/en/Homepage
斯洛伐克共和国	投资主管部门	投资促进局	www. sario. sk
	贸易主管部门	经济部	www. economy. gov. sk
	进出口管理部门	海关	www. colnasprava. sk
	劳动主管部门	劳动、社会事务和家庭部	www. empolyment. gov. sk
	建筑主管部门	交通、建设和地区发展部	www. telecom. gov. sk

续表

国别	主管机关	执行局	网址
匈牙利	投资主管部门	投资促进局	http：//hipa. hu/
	企业设立审批主管部门	经济法院注册庭	www. companyincorporationhungary. com/the – court – of – company – registration – in – hungary
	外汇主管部门	国民经济部	www. kormany. hu/en/ministry – for – national – economy
	贸易主管部门	外交事务与贸易部	www. kormany. hu/en/ministry – of – foreign – affairs – and – trade
	建筑业主管部门	国家发展部网站	www. kormany. hu/en/ministry – of – national – development www. kozbeszerzes. hu
	劳动主管部门	人力资源部	http：//www. kormany. hu/en/ministry – of – human – resources
斯洛文尼亚共和国	投资主管部门	企业、创新、旅游、发展和投资促进署	www. spiritslovenia. si/en
	企业设立审批主管部门	注册法院	VEM
	企业登记主管部门	企业信息查询	www. sloveniapartner. com evem. gov. si
	贸易主管部门	外交部	www. mzz. gov. si
	建筑业主管部门	招标信息	www. uradni – list. si
	劳动主管部门	劳动、家庭事务和公平机会部	www. mddsz. gov. si
克罗地亚共和国	外商投资主管机关	1. 企业和手工业部（中小型企业） 2. 经济部（大型企业）	www. minpo. hr www. mingorp. hr
	劳动主管机关	劳动和退休制度部	www. mrms. hr
	贸易主管机关	外交和欧洲事务部	www. mvep. hr/en/

续表

国别	主管机关	执行局	网址
波斯尼亚和黑塞哥维那	外商投资主管机关	外国投资促进局	www. fipa. gov. ba
	对外经济贸易主管机关	对外贸易和经济关系部	www. mvteo. gov. ba
塞尔维亚共和国	投资主管部门	经济和地区发展部 国家投资计划部	www. merr. gov. rs www. mnip. gov. rs
	贸易主管部门	贸易和服务部	www. mtu. gov. rs
	建筑业主管部门	环保和土地规划部	www. ekoplan. gov. rs
	劳动主管部门	劳动与社会政策部	www. minrzs. gov. rs
阿尔巴尼亚共和国	投资管理机构	投资署	www. aida. gov. al
	贸易主管机关	经济发展、贸易和企业部	www. ekonomia. gov. al/
	负责外国人工作许可管理	社会福利和青年部	www. sociale. gov. al/
罗马尼亚	投资主管部门	经济部	www. minind. ro
	企业设立审批主管部门	国家商业注册办公室	www. onrc. ro
	外汇主管部门	公共金融部	www. mfinante. ro
	贸易主管部门	经济部	www. minind. ro
	建筑业主管部门	公共管理和地区规划部	www. mdrap. ro
	劳动主管部门	劳动家庭和社会保障部	www. mmfes. ro
保加利亚共和国	投资主管机关	投资署	www. investbg. government. bg/en
	贸易主管机关	经济和能源部	www. mi. government. bg/en
	劳工主管机关	劳动与社会事务部	www. mlsp. government. bg
	工程招标信息公布部门	地方发展和公共工程部	www. mrrb. government. bg/en/
马其顿共和国	投资主管部门	财政部	www. moi. gov. mk
	贸易主管部门	经济部	www. economy. gov. mk
	建筑业主管部门	环境与自然规划部	www. moepp. gov. mk
	劳动主管部门	劳动与社会政策部	www. mtsp. gov. mk